走专业化发展之路

语文教师专业化发展的实践与思考

邱道学 著

清华大学出版社

北京

内 容 简 介

本书结合作者的教育教学实践，从预习、备课、听课、评课、课程设计、课堂教学、测试评价、统计分析、语文课程的性质、功能与特点、教学思想研讨等诸多方面，对中学语文教师的专业化发展进行了思考。

本书将教学的外在环节与具体内容联系起来，统筹考量，寻找语文学科的一些基本要求，探究语文教师在教学实践过程中需要遵循的一般原则，进而探索语文教师专业化发展的途径与方法，呈现的都是作者在教学实践过程中所做的总结、反思与探究。

图书在版编目（CIP）数据

走专业化发展之路：语文教师专业化发展的实践与思考/邱道学著. --北京：清华大学出版社，2015（2022.12重印）

ISBN 978-7-302-41275-5

Ⅰ.①走… Ⅱ.①邱… Ⅲ.①语文课－师资培养 Ⅳ.①G451.2

中国版本图书馆 CIP 数据核字(2015)第 195741 号

责任编辑：赵轶华
封面设计：常雪影
责任校对：袁 芳
责任印制：沈 露

出版发行：清华大学出版社
　　　　　网　　址：http://www.tup.com.cn，http://www.wqbook.com
　　　　　地　　址：北京清华大学学研大厦 A 座　　　　邮　编：100084
　　　　　社 总 机：010-83470000　　　　　　　　　　邮　购：010-62786544
　　　　　投稿与读者服务：010-62776969，c-service@tup.tsinghua.edu.cn
　　　　　质量反馈：010-62772015，zhiliang@tup.tsinghua.edu.cn
印 装 者：三河市铭诚印务有限公司
经　　销：全国新华书店
开　　本：185mm×260mm　　印　张：17.5　　字　数：400 千字
版　　次：2015 年 10 月第 1 版　　印　次：2022 年 12 月第 3 次印刷
定　　价：48.00 元

产品编号：064981-02

序 一

　　语文教师的书架或书桌上总会见到一两本教学经验谈之类的书籍，这类出自一线教师之手的教学经验谈，在一般读者眼中是属于专业学问，难以触碰；而在专业人士眼中，它们又多似学术含金量不足的东西，似可说是食之无味、弃之可惜的鸡肋，在他们看来，这类立足操作和应用的经验，至多属于工艺方技之术，难言其学问。于是，这些似学问又非学问的教学经验大多未被教育研究者认真对待，更遑论进入教育科学的学术殿堂了，它基本上是默默地在专业教师圈子内流传，此种状况透露出我国教育研究领域的重大缺陷：理论与实践相脱节，重理论，轻实践；重理念，轻经验。

　　实践经验之于学科教育教学的意义可以说怎么强调都不为过，只要是亲历教学工作的人，一定会产生这样一种认知：教育特别是基础教育实质上就是由一系列经验性的活动和行为组成的，无论你具备多么充足的教育教学理论，一进课堂就会发现，你该说什么、你该做什么是按照另一种程序进行的，就像游泳，一下水就会发现你在岸上知道的东西基本上都无法用，水性的世界才是你要面对的。处在实际的教育教学场景之中，一如面对实实在在的水世界，你不可能仅凭教学理论和理念这类后台运行的东西展开教学，你需要应用性的、操作性的程序。教学经验正是对这种程序的探索与发现。如果说教育教学理论是基础教育这棵大树的主干，那么教学经验就是它的枝叶，教学活动有声有色地呈现、日新月异地变化，都有赖于经验的成长和绽放，这些得自教学实践的智慧有如随风飘散的花粉，携带着一个个发现的创意，衍化出一个又一个新的教学事件，变成一堂一堂的语文课。事实上，任何一个时期、任何一个国度，基础教育的质量、水平、功效、风貌都是由各种各样的教学经验支持并造就的，可以说，经验就是教育教学的生命线。

　　当然，实践经验的重要性并不等于每一种具体经验的正确性，教育教学实践性经验的正确性和价值取决于其体现教育教学规律的水平，取决于依存于这些规律而产生的应用、操作程序的发现和创造。探索教育教学规律获得的理念、思路和理论视野，无疑是酝酿、摸索、提炼实践经验的重要背景，缺少清晰、透彻的理念和原理，将使实践及实践经验的发现和研究失去深广的空间，导致许多实践经验处于朦胧不明难以言说的状态，或者停滞于低水平、简单化的境地，这也就是多年来我们的教学经验研究数量甚巨但质量不高的深层原因。所幸这种状况正在发生改变，特别是母语教育教学学科，从 20 世纪末的大反思以来，语文这一看似最简单而实际上最复杂的学科进入了全方位、全系统重新认识、重新构建的新阶段，从学科教育目标到特点，从课程内容到学习方式方法，一系列新概念、新原理、新模型的探讨，初步呈现出一个以语文素养为教育目标的原理框架。正是在新语文教育教学的理论语境中，一批展现着理论视角又具有突出实践取向的教育教学经验研究成果涌现出来,赵谦祥、程红兵、余映潮、李卫东、吴泓、王君……这些响亮的名字以及他们创造的实践经验已成为语文教育的一道风景,同时也标志着语文教育教学经验研究的新高度。研读这些成果,你会发现,这些来自教学实践基层的经验,不仅立足实在的教学事实之中,而且他们所揭示的教育教学程序总是深刻地触及学科教育整体的规律性认识,这些成果不仅展示着经验本身,而且还是对经验的反思,这个特点应该是这一阶段语文教育经验研究的共性,这种特点和质量表明教育教学经验探讨已经自觉地上升到了教育教学研究的高度,经验研究已经进入了教育学教学论研究的范畴,它不再是教学论的派生物,而是一种新的教学论——学科教学的实践知识。

在体现这一特点和品质的研究成果中,我们遇到了邱道学老师,遇到了《走专业化发展之路——语文教师专业化发展的实践与思考》一书。该书题域是如何实现专业化发展,回答却不同寻常,邱老师无意从学理上进行系统阐述,而是着眼于语文教师常规工作中的几个关键点:备课、发现、听课、探讨、测试、取经,通过展现一组组的实践个案,由一个一个的教学事件——故事、创意、教学经历、反思,总结一个个的教学经验,思考并回应了语文教师如何实现专业化发展这一问题。从教师专业化发展这一主题来看,该书的思路是从专业发展的内涵上进入的,其题旨是,对于语文教师自身来说,专业发展的不二法门,就是对语文教育教学的规律性、程序性的不懈探索与实践,就是对合规律的、有效的教育教学行为的不懈探寻,专业化发展就是教育教学经验的成长、发展。这一认识和思路从学理逻辑上看,实属常理,并无新意,显示这一思路质量的是书中展开的语文教育教学实践经验及其思考的深度。

翻阅该书,你会发现它与常见的语文教育教学经验谈不同,它不是把视线停留在时下教育学关注度较高的热点、焦点问题上,也不是按"学院派"的经验总结模式提供主流理论话语的经验印证,而是平实地呈现出语文教学的日常景观、常规形态,真实地叙述他和他的同事们手中一个个的"实验",再现他对语文教学复杂工程的点点滴滴的发现和感悟。或许你会认为这一大堆语文教学的实践个案和反思并没有一个惊天动地的宏大主题,似乎都是些日常教学事态中的"杯水风波",但我认为,对语文教育改革和教学经验研究而言,比大主题、大动作更难,也是更需要的,是在常态系统工程内一系列问题、一系列环节上富有实效的实践和改造。毕竟,一种教育教学的经验生态的系统创建和形成才是任何改革的理想境界。邱道学老师的实践和思考属于这一层面,是这个过程中的一处风景。

显然,是否呈现出实践的新鲜经验是判别常态教育教学研究质量的试金石。邱道学老师的书中呈现的不是常态语文教学各种场景的平面描写,而是渗透着研究视角和发现教学叙事。"问题意识"和"程序性发现"是两个重要特质。请允许我对这两点略作展开。

首先是问题意识,该文集涉及语文教学的方方面面,不论是某一课、某一单元的教学设计,还是教学反思;不论是某个教学活动环节,还是教学方式方法的实践,在每个考察的对象中都能发现研究者的问题意识,是这些问题导出了实践和思考。在他提出的一系列问题中,我认为,更有价值的不是那些较大的问题,而是较深的问题,不在于那些热点问题,而是那些隐性的问题。例如,书中也提出了语文阅读中如何进行对话的问题,高中语文选修课的设计和实施问题,这些大而热的问题固然重要,但它们已成为语文教学界共同的问题,而一些深层、隐性问题的发现,更显示作者的眼光和深度。相信读者会对作者与他的同事们一起实施的"预习作业""预·备"型文言教学策略实验感兴趣,这一实验的设计与实施就应对着一个语文教学的隐而不显的问题:语文课堂教学的内容和任务如何确定?这一问题的指向,就不是简单地强调预习环节的作用,也不是把预习不适当地放大为主导环节,而是让预习中的问题成为有效的教学内容的来源,这一指向合理地坚持了课堂教学的主导地位,又打开了语文教学内容开放性构成之门。

又如,用读书小条培养学生课外阅读习惯的实践中隐匿着一个十分关键的问题:对于中学生的语文学习习惯的养成而言,外力的控制引导是否必要?如何拿捏控制的度?课外阅读这一语文学习的重要内容为什么长期以来总是难有成效,反思起来,与人们对阅读规律及其习惯养成规律的认识有关。阅读规律告诉我们,兴趣是阅读的发动机,而兴趣是自然的,不能由外力控制生成,强按牛头不喝水;习惯养成规律又告诉我们,人成长过程中的学习习惯一定需要外力控制和引导,没有规矩不成方圆。在这两种认识之下产生的课外阅读策略,往往是一控制就死,一放开就消亡,很多学校、老师、家长都面对着这样一个两难选择。第三种选择来自一个新的问题:什么控制能够保留自主性,又受到引导?问题的这种问法就已经包含着一种整合地看待阅读习惯培养的思考,这一思考比之后他们创造出来的办法更为根本、更有意义。

以上两例,已让我们看到邱道学老师的语文教育教学经验研究的水准,他的问题意识是有力度的,而且,他多是在常规教学形态的框架和环节上提出问题。诸如:书面语言表达能力的培养从哪儿做起?诵读的必要性何在?阅读评点习惯如何培养?诗歌鉴赏能力培养的切入点在哪里?小微写作训练的意义何在?获取阅读信息的基本途径是什么?测试对语文学习的意义等,这些问题使他的实践和思考探入语文教学的地表。

其次是程序性的发现。教育教学经验研究的目标无疑是程序性方式方法的探讨和发现,在这方面,邱道学老师的文集显现了他和他的同事们辛勤的努力,当然也呈现了不少亮点,这些亮点表现出来的教学智慧营构着一种可称作语文教学的微观世界。基础教育教学说到底要靠微观的程序才能真正运转起来,微观程序的发现和构建使教育教学展现一种微观世界,犹如生态系统,是它决定着教育和教学的质量,决定着每个在其中受教育的孩子得到了何种滋养。这种教育和教学的生态系统当然不是自然天成的,它是一代代教育工作者、教育教学研究者努力探索和构建起来的。从这个意义上看,我们当下的现实远不够理想,我们的教育教学生态远未形成良性的、健康的生态,功利主义的雾霾和虚无主义、物质主义、娱乐主义的污染一再冲击着教育,侵袭着教育教学的肌体,使原本就发育不良的教育教学生态更加脆弱,基于这种背景,我更加深切地关注教育教学微观程序的探索与发现。我们有理由相信,唯有微观程序的探索、发现才是造成教育教学生态的根本,而健康的生态不仅是实现教育理想之必需,当然也是抵御各种污染之必需。新课程改革中,我们看到了这一进程的成果,邱道学老师和他的同事们的探索也是其中的朵朵浪花。让我们看看他的"小纸条"改变学生课外阅读的实验。

每个学生每天交给老师一张小纸条,内容:记录每天阅读的书籍类型(分为名著类、科技类、通俗类、作业类四部分)、时间,每个月统计每个学生小纸条上的数据,形成坐标曲线图,呈现阅读的数量、类型和时间的变化。这一看似简单得不能再简单的办法,隐藏着一个很不简单的教学程序。首先,学生每日填报小纸条并不显示强控制,因为老师并未对阅读内容和类型及时间提出要求,这里保留着学生自我管理、自主选择的空间;其次,面对组内、班内同学及老师,每个小纸条的主人会受到某种督促,这种督促也是自然发生的,并没有明显的、强势的外部压力,属于柔性的压力;最后,阅读类型的导向也是隐性的,并不显示规定的选择。但是,根据学生阅读发展的规律,加上类型提示的暗示导向,学生会自动地由作业类、通俗类,发展到科技类、名著类,因为只要时间保证,只要阅读的习惯初步形成,读者定会沿着由易到难、由浅入深的方向发展。事情果然按照设想的那样,一年下来,奇迹出现了,学生的课外阅读量、阅读内容都大为改观,最重要的是学生的阅读习惯由此而基本形成。一张小纸条发现了阅读习惯养成的重要程序:弱压力、柔性控制下的自我管理、自我选择。一张小纸条竟能产生如此巨大的作用,竟能解决中学生阅读习惯养成、阅读质量难以提高的重大难题,设计者、探索者的智慧和用心十分令人钦佩。

邱道学的文集中,此类探索教育教学程序的经验还有很多,有时我们会觉得这些微小的发现人人可为,一张小纸条改变课外阅读,用写对联来提高学生书面表达能力,教学生评点文章、写读书报告等,似乎平淡无奇,我想说,语文教育和教学的进步不能指望一两个重大举措,一两个灵丹妙药,它更需要的正是这类看似小小不言的程序,需要由这些程序连缀而成的一种常态,一种氛围,一种习惯。从这一点上看,邱道学老师的探索给我们一线老师一个启示:语文教学既要从大处着眼,更须微小处见精神。

与邱道学老师相识是十多年前了,那时他在首都师范大学攻读教育硕士,我作为他的毕业论文指导教师,与他有过一些深度的交流。他 2005 年毕业,倏忽十年,在我的印象中,他一直是一副朴实、诚恳而多有机智的小伙子形象,我常感到奇怪,为何岁月在他脸上竟没有留下刻痕,一直都是那么年轻、饱满而执着。与他的学术交往始终感觉到有一种距离,我们之间的对话常常是尽力在体察对方的意思,有时颇感周折,有时有电光石火般的对撞,也常有心有灵犀般的契通。后来,我明白了,我们俩,一个在岸上,一个在水中,他像水中泳将,希望我能从高处给他一些提醒和指点,而我深知一个不下水的教练的局限,所幸,我们总是能在相隔中找到相融的东西,于是,我们就一直在这种距离中谈论着语文……

业内有言,世界上最难做的事是教育,而语文更是难中之难。我深知,只有热爱语文教育的人,只有把生命投入到这个学科教育的人,才真正有资格说这句话。因为,他们——热爱语文教育的老师们的潜台词是:我们"痛并快乐着",因为我们是探索者。

邱道学老师是一个探索者,他的文集是他探索的脚印,他嘱我作序,我很荣幸,怹深惮不是最解其中三昧的人,唯有勉力为之。

朱贻渊

2015 年 3 月 10 日

于北语顶楼书房

序 二

教育"暖男"道学兄

道学兄嘱我为他的新书《走专业化发展之路——语文教师专业化发展的实践与思考》写评论。我很是惶恐。我平时也写点儿东西，但大部分是直抒胸臆的教育教学散文，既无深度，更无高度。我恐辜负了道学兄美意，迟迟不敢下笔。拖到书稿要付梓了，才鼓起勇气写一点儿。我的文字依旧粗糙浅薄，但感情真挚，想来道学兄是能够体味到一二的。

我和道学兄，相识很早，见面很晚。大约十年前，我还在重庆。因为频频给北京的《中学语文教学》投稿，偶然认识了首都师范大学的七槐子先生，惊为高人，便纠缠不放，想跟着先生学点儿真功夫。巴渝和京城，隔着千山万水，我的拜师学艺全在网上。七槐子先生有提携后进的诚心，我便从他那里渐渐知晓了一些京城的才俊并心向往之。道学兄便是其中一位。

先生嘱我多读道学兄。那些日子，先生推荐的道学兄的文字和语文教学并无直接关系。道学兄写的全是女儿成长的琐事。一次发音，一个表情，一回学步……拉拉杂杂，林林总总，点点滴滴，事无巨细，他全都认真记录下来并且思考研究。他不停地记录，先生不歇地推荐，我便前前后后读了好多万字。那些文字，用情之纯，之深，之真，天天感动着我，震撼着我。于是，虽然和道学兄不曾谋面，但我却早已成为了他的粉丝。

对这样的记录方式和记录热情，我深有共鸣。我理解道学兄的心境，我更懂这样的记录的意义。当时我当班主任，也正是当得如痴如醉的时候。我也激情昂扬地记录着一切，思考着一切——关于班级的、孩子们的每一个细节，于我都是珍宝，都是稀奇。以这样的状态做老师，日子便像鲜花，一朵一朵地绽放。而抚养一个年幼的生命，无论如何，都是一项繁重的工作。能把这繁重的工作艺术化的父亲，是了不起的生命艺术家。这样的男儿，他的为人父亲之路，一定是碧草葱茏、星辉满天的。这样的父亲来做教师，他的爱业和敬业，也必定不是来自上级的要求，而是生长于本心和本性。于是，对道学兄，虽不曾谋面，却早已引以为知己了。

后来我也到了京城。忙忙碌碌，连七槐子先生都很难见到，遑论其他朋友。终能和道学兄晤面，还要感谢教育科学出版社为周正逵先生的新书《探索者的足迹——周正逵语文教育论集》举行的发布会。我和他都在获邀之列。坐定，见对面有一清瘦书生模样的老师，年轻，像个大学生。我没来由觉得就应该是道学兄。果然是！他从容地接过话筒发言，极激情、极谦恭，亦极锐利。我印象最深刻的是他说他才从清华附小女儿班上上了一节课出来,他希望能够在小学、初中、高中都做一些尝试,努力打通三个学段,探索出一些语文教学的规律……我听他深情地侃侃而谈,早年温柔父亲的形象和眼前这个热血滚滚的语文人重合起来,那么可亲,又那么可敬!

再后来命运居然就牵引着我也来到了清华附中。再见道学兄时,我们已经是同事。我在初中,他在高中,平时也不容易见面。但似乎只要碰头,他必有让我动容之处。

第一回,他跟我聊起我们都认识的一位年轻教师,谈到她在教学上和班主任工作上遇到的困难,以及不断地自我发现和自我突破。他为年轻人的小小进步欢欣喜悦着,祝福这位老师能够走出低潮,早点儿找到做老师的幸福感。其实这位年轻人,并非道学兄的徒弟,也只是因为偶然事件暂时成为一个年级的同事,彼此都是匆匆过客。但他言谈之间表露出来的那份真切的关怀,让我也觉得温暖。道学兄,是多么善良的一个人啊!

第二回,他送来了自己主编的新书《小微写作范例与解析》。他的神色有些羞赧,反复强调这书还不够精致。他不知我内心的敬佩。高考微作文是新生事物,各种研究都还在起步阶段。他的反应之灵敏、步伐之迅捷、成果之及时,已足见他对语文的用心和用情。

第三回遇见,他便拉着我看他的新书稿了。我一篇一篇地读下来,内心汹涌着热浪。我知道这些文字的分量和意义。它们不仅是道学兄这些年来的语文教学研究成果的集中展示,更是一位志于研究的教师,对生活、对语文、对教育呈交的一份答卷。这份答卷上,记录的不仅仅是教学科研成果,也是一位草根教师对教师生存方式的诠释和践行。

我是多么敬佩道学兄啊!我自己是一线教师,曾经辗转多个城市、多所学校。我深知,在今日的教育背景下,要完成本职工作已经不易。教师无不被应试的"五指山"压得无法直腰,一波未平一波又起的教学方式的探索和改革,客观上也让一线教师负重累累,疲惫不堪。做老师,而且是高中老师,要优雅地教着、活着,这本身就是一项最艰难的课题。如果没有反思的意识、突围的意识、建设的意识、创造的意识,很快就会沦为现实的奴隶,被应试捆绑,步履踉跄,跌跌撞撞,心血耗尽而内心沧桑。

这本书,其实就是道学兄的突围。

怎么办?

首先,做这个时代的教师,对考试负责,我们责无旁贷。道学兄显然不是一个考试仇恨主义者,也不是一个考试恐惧主义者。对考试,他有自己的担当,他直面考试。长期以来,他带的班,考试成绩都可圈可点。更可贵的是,他还琢磨考试、研究考试、"玩转"考试。你看他的关于考试的研究:《日常教学中对考试的常见误解简析》《论语文常规测试对教学的正确牵引》《论高中语文常规试题的合理编制》《高中语文教学需要加强统计分析》……考试在道学兄那儿,成了他的思考资源库。一位驾驭着考试、研究着考试的教师,就让教师生涯中最寒冷冰凉的那一部分也有了动人的温度。

其次,和"考试"保持一定的距离,建设好自己的精神自留地,自我耕耘,自我成长。和"考试"保持一定距离的意思是:作为这个时代的教师,我们必须要为学生的前途负责,努力让学生考出好分数。这是一种担当。但是,更深刻的担当在于,我们更要为自己负责,为社会和教育的发展负责。我们必须为考试努力,但我们不能为"考试"活着。我们必须为"活着"而"活着"。"活着"的意义远远大于"考试"的意义。

也就是说,在完成本职工作、成功应对考试之外,我们还需有自己的方向,有天天为之思考、为之奋斗的目标。这些目标并不宏大,也并不遥远,它们就长在我们自己的教学生活中,像野草,像野花。在我们精神自留地的田园里,如果得到我们足够多的关注,给予及时的灌溉,它们就会漫山遍野地成长起来,让我们的精神原野荗荗郁郁,花香漫天。

比如,布置语文预习作业,似乎是天经地义的习惯,但我们是不是像道学兄一样追问:这些预习作业的价值到底在哪里?如何做才能让预习作业更有科学的依据?

又比如,为了促进学生的经典阅读,我们都绞尽脑汁,使出浑身解数。道学兄也有他的法子——"小条"促读法。类似的法子我们并不缺,我们缺少的还是追问,还是研究:一轮教学下来,这些小条中隐藏的规律是什么?我们做了,除了收获行为,是不是还能收获思想?

还比如,我们天天都会遇到学生的各种各样的问题。这些问题困扰着我们,打击着我们的教学热情,甚至逐渐摧毁着我们的教学自信力。除了呵斥、责备、抱怨学生越来越难教之外,我们是不是还像道学兄一样刨根问底:学生坚持不把作文标题写在正中央,这里边有什么原因?这个小问题又酝酿着什么样的教学改革的可能性?

还比如,我们都知道当老师必须读书。但如何读书?除了沉迷于文本解读的奥妙,痴心于教学技巧的研究,我们是不是也像道学兄一样,经由平凡的教育生活,有了寻根究底的兴趣。于是我们溯游而上,去寻找教育的源泉。于是,我们能够写出《叶圣陶语文教学理念之重温与借鉴》,能够沉浸到《周正逵语文教育思想要义初探》中……我们因之有了对理论的向往和追求。

读道学兄的书,我更加肯定一点:只要我们怀着思考的大脑每天从事平凡的工作,我们就会发现富有价值的教学科研课题是源源不断的。

读道学兄的书,我更加懂得李零的话:一个在现实生活中找不到精神家园的人,都似丧家之犬。是,作为一名普通的一线教师,超越繁重的应试任务的重要路径乃是——走专业化发展之路,让自己成为思考者和研究者。如果说做老师暂时还不能算是自由职业,那么,只有自由的思考和自由的研究能够把我们带向远方、带向自由。

读书、教书、写书,是我们的自我救赎之道。我们在这片精神的桃源里安顿自己的心灵,在功利化的教学市场面前守住简单和纯真,走向蓬勃和丰富,我们因此而成为教育真正的"暖男"——既温暖他人,更温暖自己。

以此简拙文字贺道学兄新书出版。

清华大学附属中学　王　君
2015 年 4 月 6 日
于清华园

从教伊始,我和几位老师一起曾接受过为期一学年的"微格教学"培训活动。当时的做法是,学校确定每次活动的主题,我们就自己选定的内容,按照活动主题的要求呈现自己的教学设计。我还清楚地记得,当时活动的主题有"教学资料搜集""问题设计""课堂切入点""教学重点难点分析""一堂课的目标""板书设计"等诸多方面。学校组织了一批经验丰富的老教师,利用课余时间,对我们所做的教学设计进行评价与指导。

那次为期一学年的"微格教学"培训活动给我留下了深刻的印象:一是经验丰富的老教师们对我们几位初登讲坛的年轻教师给予了无私而热情的关怀;二是活动的过程促进了我的成长,并在大约五年之后触动我开始对语文教师专业化问题进行思考。

生活中有很多"行业标准",国家也为学校课程制定了相应的"课程标准",只是学校教育问题过于复杂,很多课程尤其是文科课程建设的专业化要求无法简单"量化"或"程序化",不能简单"定量"或"定性"。对语文学科来说,由于没有数学、物理、化学、生物、信息技术等学科那样较为严密的逻辑体系,加之文学阅读、鉴赏与创作等活动中较强的主观个性色彩,连同语文考试内容与教学内容脱节等问题形成的冲击,使得语文教师们在面对个性不同、兴趣爱好各异、人生志向多样、生活环境各有特点的众多学生,落实国家制定的"课程标准"的时候,面临着特别复杂的挑战。

大约正是由于"课程标准"不能简单"定量""定性"与"程序化",加之课程内容理解的主观色彩较为浓厚,语文学科建设和语文教师专业化发展的任务较其他一些学科尤其是理科学科显得更为艰巨。在这样的局面下,语文教师个人的教学实践经验与课堂应变能力就显得尤为重要。但是,个人实践经验也未必纯粹是一个积极有益的东西。如果语文教师固守实践经验,仅仅从经验出发,按经验办事,就可能丧失很多理论提升的机会,损害语文教师专业化发展的根基。

回顾我在从教伊始那一学年所经历的"微格教学"培训活动,最大的收获是对语文教学的各个可能的"环节"有了较为清晰的认识。这些环节虽然只是课程的外在表现形式,但我意识到,这些外显的形式也很重要。似乎正如军队所进行的队列训练,看起来只是形式上的要求,但对一支纪律严明的军队来说,这种外在形式上的要求正是内在战斗力的积极体现。如果没有严格的队列训练,这支军队就可能纪律涣散,进而就可能只是一群乌合之众。课程的环节之于课程的内容,是否也如军队的队列训练之于战斗力呢?

基于这些懵懂的认识,我试图在具体的语文教学实践中,将教学的各个外在环节与具体内容联系起来统筹考量,寻找语文学科教学的一些基本要求,探究语文教师在教学实践过程中需要普遍遵循的一般原则,进而探索语文教师专业化发展的要求与途径。本书所呈现的内容都是笔者在教学实践过程中所做的总结、反思与探究,多数是公开发表的,其中包含作者以第一作者身份与谢玄、汤莉、胡静老师合著的文章各一篇,另有两篇与首都师范大学文学院刘占泉老师合著的文章;也有少量在公开场合所做的教学讲座;还有一部分是曾在学校内部交流的文章。所有这些文章,研究领域集中在中学语文教师专业化发展方面,涉及预习、备课、听课、评课、课程设计、课堂教学、测试评价、统计分析、语文课程的性质功能与特点、教学思想研讨等诸多方面。

语文教师专业化发展是一个大课题,本书选取了其中的六个方面做若干阐述。由于个人教学实践与理论修养的局限,或有许多值得商榷的问题存在。如果能够引起大家的讨论,也算是一种侥幸的收获吧! 不当之处,敬请方家批评、指正!

邱道学

2015 年 6 月

目 录

绪论　中学语文教师专业化发展浅谈 ································· 1

专业化发展:语文学科与语文教师 ······························ 3

第一辑　语文教学从准备开始 ·································· 9

语文"预习作业"的教学价值实践探索 ······················ 11

《春江花月夜》课堂教学回顾与反思

　　——兼谈"教学预案"与高中语文"翻转"课堂 ············ 16

"预·备"型文言教学策略探究与实践

　　——"古代人物传记"单元实验报告 ···················· 25

让语文课充满参与热情 ······································ 36

宋词单元四讲 ·· 43

选修教材"中国古代诗歌欣赏"的教学设计与实践浅探 ········ 53

诗词读解"手法"概要 ·· 72

第二辑　探寻教学实践性知识(一) ····························· 81

让语文课"响亮"起来 ·· 83

探索学生课外阅读规律,帮助学生对课外阅读进行规划

　　——清华附中高 0603 班读书小条活动回顾与分析 ········ 88

课文"评点"的实践与功效浅探 ······························ 93

"对联创作引领学生书面语言训练"实践报告 ················ 97

探寻"如坐春风"的感觉

　　——"青春读书课"之"三步读书法"浅探 ················ 103

"杂感"的特点与写法 ·· 109

第三辑　探寻教学实践性知识(二) ····························· 113

听课十年的收获与感想 ······································ 115

中学语文课程需追求"深入浅出" ···························· 119

中学语文课程需注意"返璞归真" ···························· 122

语文教学要遵循教学规律,讲求教学格调 ···················· 125

语文课堂要有节奏感 ·· 127

《大堰河——我的保姆》教学案例引发的思考 ·················· 129

《静女》课堂实录及课堂教学反思 ······························· 136

和同学们谈谈语文学习 ··· 145

教师个人知识与同课异构 ······································· 147

第四辑　用好测试评价工具 ··································· 151

日常教学中对考试的常见误解简析 ······························· 153

论语文常规测试对教学的正确牵引 ······························· 156

论高中语文常规测试题的合理编制 ······························· 160

高中语文教学需要加强统计分析 ································· 164

第五辑　发现语文学科教学知识 ······························· 175

"高中语文选修课性质功能与特点分析"研究报告 ·················· 177

课文读解视角选择与合理确定教学重点的因果关系 ·················· 184

小微写作训练思路初探 ··· 192

获取阅读信息的基本途径 ······································· 197

侧面描写的艺术魅力 ··· 200

现代文阅读简答题的审题与作答 ································· 203

谈谈文学作品中自然环境描写的几个作用 ·························· 209

第六辑　语文教师的专业素养是怎样炼成的 ·················· 219

为什么只留四个格 ··· 221

在教学实践中提高中学语文教师专业素养 ·························· 223

中学现代文教学的一次调查与若干思考 ···························· 229

中学语文教学要注重基本规律、基础知识和基本技能 ·············· 238

质朴而活泼的耕耘者

　　　——《用语文锤炼学生的思维品质》书评 ·················· 242

周正逵语文教育思想要义初探 ··································· 246

叶圣陶语文教学理念之重温与借鉴 ······························· 253

中学语文教师专业化发展浅谈

"专业化"是与"业余"相对应的一个概念。"业余"意味着只知道一些皮毛，未能有深入系统的研究；而"专业化"则意味着进行了深入研究，不只"登堂"，而且"入室"，业务水平与思想方法等都达到一个很高的境界。在绪论部分，笔者力图从语文学科的特点与功能、教师自身专业发展需要及教师专业发展途径等三个方面，对语文教师的专业化发展做一些探究。

专业化发展:语文学科与语文教师

一、专业发展源起专业分工

1. 语文具有独立的学科精神

古代中国有"文史哲不分家"的说法存在,这种说法也得到了一些人的认同,但实际情况并非如此简单。

细细想来,从《诗经》《楚辞》"汉乐府""古诗十九首""魏晋南北朝诗歌"到"唐诗""宋词""元曲""明清诗歌"直到现代中国的"现代诗歌"甚或"后现代诗歌",这一条诗歌发展的线索活脱脱地独立存在着,它们或许具有某些史料价值,或许具有某种哲理情趣,但它们就是文学,与历史、哲学保持着清晰的界限。

远古的神话传说、晋朝干宝的《搜神记》、唐传奇、"三言""二拍"等白话短篇小说、明清传奇、《儒林外史》《聊斋志异》等文言小说、《金瓶梅》、享誉世界的"四大名著",乃至晚清"四大谴责小说",等等,这一系列的伟大文学作品也没有被"史学"或"哲学"的漩涡卷吸裹挟,而是以独立的文学品格立世长存。现代中国的诗歌、散文、小说等更是蓬勃生长,散发出文学独有的芬芳,流传后世。

我们可以斩钉截铁地说:古代中国的诗、词、曲、小说等文学形式与"二十四史"等史学著作或《周易》《论语》《老子》等哲学著作,有着迥然不同的社会功用。古代中国的文学,从一开始就具备独立的品格,不是附庸,也并不混沌。

自然,历史或哲学的表达需要借助文学的手段,而语言文字是文学创作、史学记事或哲学表达等都必须采用的载体。《史记》是史学著作,虽然它的文学性很突出,但是它本质上仍然是历史。我们可以说,《史记》文字表达上的有声有色凸显了历史的生动性,凸显了历史的人文性,是文学手段帮助《史记》成为一部伟大的历史著作,但我们不可以说《史记》就是纯粹的文学作品。我们可以鉴赏评价文学手段如何帮助《史记》成为有情有义的历史,但我们不可以把文学说成是与历史混搭的存在。同样,《老子》借助语言文字与文学手段传达哲学观念,它本质上是哲学著作,与文学不属一家。当我们在中学语文教科书中选入某些史学或哲学作品的时候,目的应当是帮助学生看到语文是如何帮助历史或哲学充满生命力,而不应当说那就是语文,因为它们只是借助了语文。

在社会分工日益精细化的今天,学科专业化发展是历史必然。现在,我国在学校教育中所开设的语文、数学、物理、化学、生物、政治、历史、地理、体育、美术、音乐乃至综合社会实践等科目,都有其鲜明的独立性,教育功用也各有侧重。语文作为其中的一门学科,其专业化发展的要求自不待言。

2. 语文的特点与功用决定语文学科的本质

汉字广泛适用于社会生活的方方面面,字音、字形、字义彰显着汉字的特点,而语文规定着使用汉字的基本方式方法。所以,汉字是语文的基本物质形态,汉字的特点规定着语文的基本特点,而汉字的功用经由语文世界得到发挥。语言文字、文章、诗歌、戏剧等是语文的外在形式,说理、记事、抒情、交流、表达是语文的核心功用,为遣词造句、布局成篇而艺术地运用汉字,是语文的基本特点。透过其"特点"与"功用",我们可以跳出"历史""哲学""政治""科学技术""生活"等笼罩在语文上的迷雾,直逼语文学科的本质。

现在有许多人,对语文学科的"性质"问题纠缠不休,这实在是一个大大的误区。事物的"性质"会因其所在的环境而发生变化,也会因其适用的"目的"不同而改变。橘生淮南则为橘,生于淮北则为枳;同样是碳元素,可以组合成普通的石墨,也可以组合成坚硬的金刚石;同样是一块砖头,可以是有用的建筑材料,可以是砸坏房屋玻璃的"凶器",也可以是戏剧舞台上的道具;那些阿拉伯数字"0123456789"是什么性质呢,是否也有工具性呢?化学学科的性质是什么?历史学科也有人文性,物理学科也不离开数学等学科的支持而具有"综合性"吧!所以,与其纠结于讨论语文学科的性质,不如致力于讨论语文学科的"特点"与"功用"。

循着文学的特点与功用审视语文,我们发现,当西周的采诗者按照官府的要求去倾听并采集民间歌谣的时候,他们一定是感知了"言为心声"的人性本真,想要走进民间文学的领域,寻找其中蕴含的社会政治或世俗生活的心声;而当韩愈强调"文以载道"的时候,他一定是站在一个有抱负的政治家的立场上,呼唤社会政治领域的观念与主张可以借助文学的手段传播。当袁枚大力倡导"性灵说"这一诗歌创作和评论的主张,继承和发展以公安派为代表的"独抒性灵,不拘格套"文学主张的时候,他一定受到了人间性情的感召,关注了自我内心自然流露的声音。文学的特点赋予语言文字强大的社会功能,使之作用于社会生活的方方面面,语文学科把语言文字作用于社会生活各个方面的特点与功用提炼出来,呈现于学校语文学科的教育教学中。

于是我们发现,我们所说的"大语文"概念,其实应该准确表述为"语文大视野",因为语文可以在社会生活的各个领域里大放异彩:在社会政治领域、在文化艺术领域、在科学技术领域、在世俗生活领域……我们要有开阔的语文视野,但一定要保持独立的语文精神,独立的语文精神可以保证开阔的语文视野不致成为学科泛化的因由。

语文教师专业化发展的基本要求,就是把握语文学科的"特点",探究语文学科的"功用",探究帮助学生熟悉、热爱母语并进而艺术且熟练地使用祖国的语言文字的有效途径,弘扬语文学科的独立精神。

二、专业发展凸显学科精神

1. 从语文学科规范看教师专业发展

语文学科规范能够凸显科学精神,提升学科内在品质。诚如医生打针须恪守科学精神、避免患者感染而遵循严格的操作程序,军队为提振士气、提升战斗力、避免成为乌合之众而遵循严格的训练条例,语文学科的学科规范对于凸显语文学科的科学精神、提升语文学科的内在品质具有重要意义。对联写作"一三五不论,二四六分明"的平仄要求促使对联创作外在形式工整,内在含义丰富凝炼,使得对联文化特征鲜明;古典诗歌"押韵"的外在形式要求促使诗歌语言富有音韵美,也使得内在的情感更富抒情性;中国古代所谓的"八股",其外在形式要求切合普通人的一般思维规律,文章架构"起承转合"的传统要求让文章的意义表达更流畅,前后文的逻辑关系更严谨;元杂剧"四折一楔子"的结构规范以及"宫调""曲牌"等形式要求,让元杂剧独树一帜,异军突起;西方古典戏剧"三一律"原则,同样促进戏剧语言更加精练,戏剧结构更加合理;现代社会论文写作"题目、关键词、摘要、正文、参考文献"等形式与内容上的要求,同样促进了论文写作的健康发展,有效避免了抄袭、编造等不良现象的出现。古代中国诗、词、歌、赋、散文、小说等文学形式的不断涌现与持续革新,无不推动着文学事业的繁荣发展。

基于以上这样的认识,中学语文教师对所任教的语文学科一定要有深刻的认知,能够深入学习学科知识、发现学科规律、把握学科本质、为这个学科的发展提出建设性意见,让语文教学具备科学精神,教学效果更加富有成效。其实,语文教育的革新与进步从来都是中学语文教师的神圣职责。而语文本身的革新与进步是中学语文教师成长进步的源泉之一。教师在教学中对语文教育内容与形式合规律地发扬光大,促进学科建设的深入推进,让语言文学之美广为人知,并且推陈出新,使得语文学科魅力四射,光彩照人。

2. 中学语文教师的社会角色与职业担当呼唤专业发展

在中国,中学语文教师有完善的培养体系、针对儿童青少年语文素养提升的工作体系与具有课堂学校背景的特殊沟通交流方式的职业与道德体系。中学语文教师的社会角色极具个性化特征,专业化发展的前景不容置疑。

先说说中学语文教师的培养体系。在中国,有专门的师范学校。师范学校开设的课程,除了本学科的专业课、公共体育、外语等课程之外,还有专门针对教师培养的"教育学""心理学""教师伦理学"等学科,帮助引导在校学生具备教师素养。对于非师范专业毕业的学生,如果从教,也需要通过教师资格审查,参加相关测试,取得教师资格证,然后取得教师资格。对于参加工作的教师,需要参加教师职称评定,获得"二级""一级""高级"等职称,乃至"特级"等荣誉称号。中学语文教师的培养体系,不仅持续提供教师专业化发展的外部动力,而且不断地为教师发展提供内在养分,改变着教师专业化发展的内在动因。

再看中学语文教师的工作体系。在学校教育体系之下,中小学语文教师面对的都是未成年学生这个特殊群体,这个群体对教师的职业精神有特殊要求,老师不能直接用对待成年人的方式对待学生。教师阐释学科知识的方式也与独立做学问或与成人交流应有不同,教师应站在未成年人的立场思考问题,因材施教。教师教学所用"教材"如何选择、编订、调配、使用,也要根据实际情况灵活变通。教师工作的环境主要在学校,而具体场所基本是在教室,除个人家庭事务或单位事务外,与其他学校的交流或许相对较多,而与学校外部社会的接触相对较少。教师的工作体系具有相对封闭性,那就是人员相对固定,场所相对固定,学习研讨的内容相对稳定,采用的方式方法也具有相对普适性。虽然"开放"的观念是教育者必须具备的品质,但这种"开放"主要体现在看不见的思想内容上,而在教育教学实施的外在形式上，它仍具有保守的特点。

再说说中学语文教师的职业与道德体系。同其他学科教师一样的是，中学语文教师须具备特殊的职业与道德修养。中学生所应学习的语文知识内容与小学不同，与大学中文系也不同；采用的教学方法乃至教学语言，面对中学生时与面对小学生、大学生时也是不同的；中学语文教师的职业要求具有相对独特性。再比如，在"学校"这个未成年人聚集的环境中，如何帮助未成年人健康成长，是一个"良心活儿"，教师须具备特殊的"良心"。另一方面，在面对未成年人的时候，教师的知识理智需与生命情感协通融合，然后作用于学生。许多大学者在面对中学生这个群体的时候竟然施展不了自己的本领，大概就是因为知识理智不足以使自己胜任教职。如果把眼光聚焦到中学这个特殊的阶段，其与小学和大学的差别也是相当明显的，中学语文教师需要认清这种差别。中学语文教师的职业与道德要求，因为学生的特定年龄阶段和学科知识的特定基本内容而具有特殊性。

这里，笔者捎带粗略谈一谈自己对"个人知识"的浅陋看法。"个人知识"能明显反映教师的职业特征，个人知识与个人学术背景有密切关系，受个人实践经验的影响明显，它能决定一个教师的学术品质，而个人学术品质是个人知识的外在表现；个人知识在一定时间范围内具有相对稳定性。教师个人知识的自我铸炼，同样离不开专业发展的强力呼唤。中学语文教师的个人知识一定带有明显的中学特色。

三、中学语文教师专业发展的途径

中学语文教师专业化发展，主要表现为对语文教育教学的规律性、程序性的不懈探索与实践，对合规律的、有效的教育教学行为的不懈探寻，专业化发展就是教育教学经验的成长与发展，以及专业意识的不断内化与升华。总体看来，在教学实践中获得专业化发展是中学语文教师专业化发展的基本特色。

在预习、备课、听课、评课、课程设计、课堂教学、测试评价、统计分析、语文课程的性质功能与特点探究、教学思想研讨、课程资源开发等诸多方面，语文教师都需要寻求专业化发展途径。现就其中几个常见的方面探究如下。

1. 教学准备工作

教学准备工作主要包含教师备课、学生预习等内容。

就备课来说，教师需结合学科知识和教学法知识，根据对学生学习情况的科学判断，选取教师与学生交流互动的视角，组织教学素材。教师尤其需要注意选取合理的表达方式与交流方式，帮助学生理解特定的概念，激发学生探究的热情。

就预习来说，须帮助学生发挥自己的个性特长，结合自身学习的兴趣爱好，主动积极地对学习内容做个性化研读。一方面，在预习过程中，不断积累知识，提高能力，增强价值判断；另一方面，要帮助学生学会发现问题，提出问题，探究问难，做好与老师同学交流的准备。把握学生思维特征，有效指导学生预习，也是教师专业化发展的重要课题之一。

笔者曾提出"教师教学预案"这一概念。所谓"教学预案"，就是教师在课堂教学活动展开之前，根据自己的教学设想，针对学生预习作业内容，考量课程内容与课堂呈现方式，对课堂教学活动所做的一个预备性方案。教师在使用"教学预案"的时候，需要根据学生学习情况的变化，适时修正或补充自己的教学思路，在必要时给予学生某些指点，也会在受到学生思路的启发时积极跟进。教师在学生学习过程中承当着导师与助手的双重角色,整个教学过程聚焦课堂研讨,以期呈现出一种教学相长的教学境界。

2. 课堂教学方式方法

课堂教学方式方法很多,比如,可从诵读、点评、课外阅读、写作等方面的教学实践入手,探寻语文教学的实践性知识,实现专业发展。

教师应当努力增强自己的教学实践性知识,更加灵活地选择适合相关内容的教学方法,让自己能够从多个角度看到教学大局。这里涉及许多复杂而具体的问题,比如,如何选择合适的课程资源并合理开发使用,如何充分理解课程的目标及关键思想并分步具体实施,如何选择合适的教学策略让教学活动更具科学性,等等。

教学实践中,特定的课程本身会给学生学习带来困难,而不同学生认知水平的差异更可能使得学生的困难呈现不同形式。帮助学生解决这些困难,需要教师选择合理的教学策略。在此过程中,教师尤其需要注意寻找自己的教学系统与学生问题之间的因果联系。

"听、说、读、写"是语文学习的基本内容,听说读写教学实践中师生互动的规律、学生知识吸收消化与兴趣形成和能力转化的规律、学科知识在教学过程中如何呈现的规律、师生在学科知识学习过程中情感态度价值观交流碰撞与形成的一般特征与规律,等等,值得我们认真研究。

3. 听课与评课

善听在知音。在日常教学中,可通过对听课与评课的有关案例进行分析,探寻教学实践性知识。

研究某些教师具有典型意义的教学内容,进而研究其将学科内容转化为教学内容的过程,从中总结出我们可以借鉴的规则,大约是我们听课与评课的要义所在。进行大量的教学案例研究,不仅能帮助教师解剖、观察有价值的教学内容样例,直观欣赏教学实践性知识的呈现方式并探寻其形成过程,还可能为构建教师专业发展模式提供依据。

他山之石,可以攻玉。相互之间的学习借鉴是教师进步提高的有效手段,通过合作学习达到共同进步,也是教师专业成长的有效途径。

比如,我们可从语文教学"深入浅出""返璞归真""遵循教学规律、讲求教学格调""注重课堂节奏""有趣"等视角,以及基于教师本人的学术背景与实践经验提升学术品质等角度,对教学实践性知识做一些探究。

4. 教学测试

一般来说,测试具有评定、诊断、反馈、预测和激励的功能。语文常规测试一般不是为了对学生做出评定,而主要是为了诊断学生学习或教师教学中出现的问题,对教师组织教学的情况和学生主动学习的效果提供反馈信息,对学生的学习前景做出预测,为教师下一步的教学设计提供依据,通过测试激励学生学习,激励教师对自己的教学做出开创性的调整。

作为常规教学的有机组成部分,测试是为教学服务的,日常测试应当坚持测试与促学促教有机结合,力求让测试成为促学促教的有效手段。基于这样的认识,笔者以为,教师专业化发展面临一个不可忽视的问题,那就是教师要学会合理运用测试评价工具。

我们还可特别研究语文教学需要加强统计分析的问题。统计分析的手段运用到语文教学中,将有利于增强语文学科的科学精神,促进语文学科的健康成长。

5. 学科本质研讨

从根本上说,对语文学科本质的清醒认识,才是语文教师专业素养提升的基础条件。我们可从学科教学实践操作、学科教育思想与学科教学理念等层面聚焦于语文学科本质的认识与讨论,以期寻找教师专业素养提升的正确起点与准确方向。

另外,语文教师专业素养的高低,不仅取决于教师本人的禀赋与学习生活经历中所积累的基本修养,更取决于教师本人对包括自己在内的众多人的语文教学实践的总结、反思与探究程度。这种总结、反思与探究的方法有很多,比如:叙事的方法、案例的方法、问卷调查、教学文件(教案)分析、深度访谈和课堂观察,等等。以教学实践为基础,理论联系实际,可以获得专业素养提升的智慧。

如果我们希望能够通过一定数量的教学实践研究工作为教师专业化发展提供一些样例,并且期望能为开发教师专业化发展课程提供一些依据,那么可对影响语文教师专业素养形成的要素在实践层面做深入的思考。

(作于 2015 年 7 月,学清苑家中)

语文教学从准备开始

　　犹如战前准备充分与否影响战争的胜负,教学准备工作充分与否将直接影响课堂教学的质量与水平。"兵马未动,粮草先行",教师该如何做好教学准备工作,也是教师专业化发展的重要课题之一。

　　指导学生按照学习需求做好预习作业,激励学生学习热情,遵循教学规律认真撰写教学预案,是教学准备工作的重要内容。

　　本部分主要就"预习作业""教学预案""预·备'型教学策略""课堂参与""单元教学策略"等几个方面,对教师专业发展在教学准备阶段的一些基本原则进行探究。

语文"预习作业"的教学价值实践探索

多年来,我校语文组在教学中加强对预习作业的指导与使用,取得了一定的教学效果。总结并反思预习作业的价值与作用,形成如下一些认识,罗列于此,敬请方家指教,以帮助我们加深认识,改进工作,取得更好的教学效果。

一、为什么做预习作业

由于中国客观条件限制,学校普遍进行大班教学,班级学生数量一般都在 45 人以上。在这样的班级里,老师对学生一对一因材施教的难度很大,但是我们又必须"带着镣铐跳舞",力争在这样的大班教学中也能关注到每一位学生,这就要求我们找到老师和学生能够及时互动的有效平台。这个平台需要具备以下特点:①学生能够全员参与;②老师能在较短时间内了解每一位同学学习、思考的实际情况;③不同学生能在较短时间内把各自的想法集体传递给老师;④师生通过这个平台形成互动,进而分别调整教学与学习策略;⑤这个平台不受无关信息干扰,有利于学生专注思考;⑥这个平台上传递的信息应先于课堂教学。

我们找到了一个平台,那就是"预习作业"。学生将预习情况以书面语言的形式呈现出来,就形成了预习作业。所有学生都把自己独立思考的具有个性化的问题以作业的形式交给老师,老师可以在较短时间内对这些问题进行归纳分析,形成教学策略。

这个平台,大约古已有之。现在重新审视,发现它具有如下特点。

其一,预习是学生主动学习的开端,也是进行深度思考、研究的前奏。做好了预习作业,也就意味着启动了思考的程序,开启了探究的航程。从这个意义上讲,预习作业是学生主动学习的思维起点。

其二,预习意味着对所学内容先期进行主动研究,这是学生主动学习的理想状态之一。教师根据学生预习研究的进度与深度设计教学内容,将自己的教学建立在充分了解学生现状的基础之上,也就自然而然地将课堂建成了师生对话的平台。教师和学生聚焦于预习中呈现的问题,"解决问题"也就顺理成章地成为课堂的主要功能之一。

其三,学生在预习作业中提出的问题,正是需要老师帮助他们解决的问题,也是需要老师在课堂上与学生沟通、交流的焦点所在。有了预习作业,老师就能了解到学生研究的程度与水平,据此调整自己的教学,解答学生的问题,顺应学生的需要,走进学生思维的脉络,找到与学生逻辑思维的交汇点。可以说,预习作业是课堂学习的逻辑焦点。

其四,如果没有预习作业,或者预习作业做得很草率,学生课堂学习的起点就会自然降低,课堂所需时间就会自然增多,课堂效率也就会变低。我在教学实践中明显感受到:预习作业的质量直接影响乃至决定着语文课堂的质量。

二、预习作业的格式与做法

我们建议,预习作业可以有较为固定的格式,例如:①新字词、新句式;②新常识;③新问题、新思考、新探究。这个格式其实就是基础知识和问题探究两个部分。之所以把新字词、新句式与新常识分开,是为了把基础知识做得更细致、更扎实一些。

预习作业的重点是"新问题、新思考、新探究"。这部分内容分为三个部分:一是提出新问题;二是对新问题做初步解答;三是对某些自己特别感兴趣的内容做一些探究。比如文章的线索是什么,或者对作者所使用的某一项典故进行探究,对与课文相关或者课文里提到的某一部书做拓展研究,诸如此类。

预习作业做在一个专用的本子上,不要做在一张孤零零的纸上,也不要做在网络平台上。做在某一张纸上,容易丢失;做在网络平台上,彼此的思维容易提早受到影响,也容易受到网上其他无关信息的干扰,更不利于学生练习写字。专用的本子将预习作业积攒起来,能帮助学生看到自己思维进步的轨迹,或者思维因偷懒而退步的实际证据,有利于督促学生进步。

学生做预习作业,步骤大致如下。

其一,一般要先看课文与课下注解,把课文里面的新字词、新句式列出来。新字词只要注音解释就可以了,新句式可以加上一句点评或赏析,还可以对自己感兴趣的语言进行仿作。

例如,学生对《师说》所做的仿作。

呜呼,天才之不存也久矣,欲人之学习也难矣。向之天才,其出人也远矣,犹且努力学习焉。今之凡人,其下天才也亦远矣,而懒于学习,是故强亦强,弱亦弱。强者之所以愈强,弱者之所以愈弱,其皆出于此乎? 爱子女,买参考书以辅之,于其身也,则厌学焉。惑矣! 参考书之不做,教科书之不看,或买焉,或弃焉,条件优越而不用,吾未见其聪也。

仿作的意义在于读与写的结合及相互促进,这大约也应是预习作业的重要价值之一。

其二,学生要把学习到的新常识固化下来,主要是文学、文化常识。这部分内容主要看课下注解,也可以是自己研读、拓展的材料。兹举一例如下。

学习郁达夫《故都的秋》这篇文章,有学生在预习作业中列举了《沉沦》《春风沉醉的晚上》《北平的四季》等数篇自己已经阅读过的文章,并且对《北平的四季》做了初步解读(节选)。

作者并没有急于写四季,而是先从北平的美开始写起。层层递进,感情逐渐增强,之后自然而然写起了北平冬季之美。作者写冬季的美,总结起来就是三五知己,在冰天雪地的漫漫长夜中,在温暖的家中谈笑风生。显出诗人的浪漫情怀,与那十分纤细的敏锐的感官……回顾他写《故都的秋》时的心境……

其三,新问题、新思考、新探究。学生首先需要把自己新发现、新遇见的问题罗列出来,然后做初步思考,并针对自己的思考做初步探究。初步思考可以是有理有据的思考,也可以是感性的设想,甚至是幻想性质的思考;初步探究主要是为自己的初步思考寻找证据,或者寻找理论支撑。此部分内容在下文有较多呈现,兹不赘述。

需要指出的是,如果学生预习作业做得草率,老师需要帮助学生加强对预习作业的认识,端正态度,掌握方法,下决心做好。

三、老师如何批改和使用预习作业

教师批改预习作业,主要有三项任务:一是检查基础知识落实情况,确保学生不是简单应付;二是登记没有提出问题的学生名单,督促并鼓励他们下次提问;三是对全班学生提出的问题进行汇总与归类,揣度学生提出问题时的思维起点。

以上三项任务,第一项和第二项容易完成,不再赘述。第三项是工作的重点,下面重点说一说。

教师使用学生的预习作业,一个重要的方面就是据此了解学生的思维起点,揣度学生的思维方式。举个例子来说,有学生问:

"女之耽兮,不可说也"句中,"说"为何一定是通假字? 这里把"说"当作跟别人说,同后文意思也不相悖,甚至同"兄弟不知"还有呼应,岂不更好?

学生提这个问题,关注了上下文,还做了相应的思考,难能可贵。但学生对文本的研读,还不够细致、深入。在课堂上,我和学生共同分析,注意到《氓》的这一节是从"桑之未落,其叶沃若"谈起,主要谈的是"耽"的后果,这个后果不是不能对别人说,而是难以自拔。

以这个问题为契机,我们顺理成章地谈及了人们对"桑之未落,其叶沃若""桑之落矣,其黄而陨"的三种解说:①"女孩的年轻貌美"和"女孩的年老色衰";②"那个男子的花言巧语"和"那个男子的无情和冷漠";③"爱情的热烈与投入"和"爱情的破裂与死亡"。从诗句内容分析,第③种说法显然更为合理。

对于解决更深层次的问题,揣度学生的思维方式,对我们的课堂教学尤其具有重要意义。例如,有学生问:

《故都的秋》如此清、静、悲凉,一点都不积极向上,我们为什么还要把它当作名篇来学习?

这个问题很复杂,学生的确动了脑筋。但单从文章的字面上分析,这个问题不太容易得到较为满意的答案,我于是就着这个问题,鼓励学生做进一步的探究学习,最后形成了"郁达夫的性格与其文学风格的关系"研究专题。兹摘取两段如下。

(1)家庭的因素造成他怕羞、畏缩,成就了一个性格忧郁的郁达夫。郁达夫青年时代在日本留学十年。在日本,这种性格继续成长着。期间,郁达夫忧伤的性格中又增添了不少对国家民族的忧虑和自卑感。此外,中国传统文人大都具有悲秋情节,郁达夫也受到了这个传统的影响。《故都的秋》这篇文章悲凉的特点,大约正是作者这种悲凉的性格与文化传统的综合。郁达夫将自己所经历过的情感融入自己的作品中,流露出其性格中的悲凉、凄清之感。

(2)郁达夫曾说:不知拥护、爱戴、崇仰的国家,是没有希望的奴隶之邦。这句话体现了他的爱国热情,也表现了隐埋在他内心的激昂性情。郁达夫没有享受江南的风情之秋,而是从青岛赶到北平,来感受壮烈、悲凉之秋,在破屋陋院中淡然地享受着这生命终结的北平之秋——与那北平当时风雨飘摇的现状多么吻合——并愿以生命的三分之二保留住祖国的北国之秋。他，一定怀揣着一颗深沉的爱国之心！

综上所述，关注学生预习作业中提出的问题，关注学生思维的起点与走向，有助于老师结合学生思维的实际情况，引领学生做更为深入的探究研讨。

预习作业的使用，需遵循以下原则。

原则一：学生不做预习作业老师不讲课。如果学生预习作业完成的情况整体不好，我就停下来，用正常上课的时间做预习作业，其中有一个必要的项目，就是把课下的注解转移到课文文字行间里，文言文这样做尤其有必要。现代文则要求学生查找作者背景等有关资料，并对文章内容做简要分析。作文课也是一样，学生一定要对自己所写的内容进行必要的搜寻，找到一个恰当的表现角度，展示自己独有的个性，写出自己独有的思想。

原则二：课堂教学一定用学生的预习作业作为起点。课堂教学一定要有针对性，从解决学生在预习作业中提出的问题入手。这样做，一方面尊重了学生预习的成果；另一方面也会进一步调动学生做预习作业的积极性。用学生的预习作业作为课堂教学的起点，还有助于加快课堂教学的节奏，直接抓住学生思维的焦点。

比如，我校高 1308 班王雨菲同学，在预习作业中谈及《故都的秋》中的标点符号的使用问题，有如下发现。

这篇文章的标点符号使用，不平常之处有三点：第一，使用了较多分号；第二，很多应该用句号的地方使用了逗号；第三，应该使用顿号隔开的地方也使用了逗号。

篇幅所限，举一例如下。

"屋角，墙头，茅房边上，灶房门口，它都会一株株的长大起来……"在前三处，使用顿号为佳。

就着这个问题，我鼓励同学们对《故都的秋》中的标点符号与表情达意的关系做了进一步探究，揭示出郁达夫写作此文时的一些情绪状态。

可以看出，作者起初还能以较为平和的心态来开始作文，可能到了后来越来越激动，标点的使用便不再那样讲究……

还有同学就着这个问题对语文教材提出了建议。

对这几处错误使用的标点，编入高中语文教材时，编者是不是应该略做修改呢？

原则三：课堂教学的思路一定要以学生的问题为先导。有些时候，老师或许有比较得意的教学设计，为确保教师的教学设计从学生的实际情况出发，能一步步渐入佳境，以学生在预习作业中提出的问题为先导十分必要。预习作业就像一座桥梁，一端是学生的现有思维水平，另一端正是最近发展区。课堂教学引领学生从预习作业启程前行，走上探索未知的旅程。这是使用预习作业的程序性问题，需要有条理，不能乱了程序。

原则四：以训练学生的思维为出发点。一般需用深入的探究拓展，而非直接的解说，解决预习中提出的问题。预习作业中有些问题具有较高的探究价值，我们有时能够以此引领学生做一个乃至多个系列的思维训练。直接告知学生答案，无疑是十分生硬的，也会浪费探究得到答案的缘由的机会，不利于帮助学生达到"触类旁通""举一反三"乃至"融会贯通"的学习境界。事实上，我们解答预习作业中的问题的时候，常常会自觉地到文本中寻找依据，并从相关背景处寻求帮助，一般也不会直接告知学生答案。例如，《氓》中为什么用"桑"来起兴？

我鼓励学生们阅读文本寻求答案，同学们很快就联系到"抱布贸丝"，女孩要采桑养蚕吧！"桑"，是那个女孩熟悉的事物，是她生活的一部分。这也正印证了"风"采自民间的特点。

对学生预习作业中出现的这类比较"简单"的问题，老师万万不可轻视，因为有时，我们还可以借此机会拓展一些内容，比如在学习《氓》的时候，就有同学提出了这样一个问题。

为什么《诗经》创作的那个时代普通百姓的文化水平都那么高，都会写诗？比如《氓》中的那位女士，《采薇》中的那位士兵。

这个问题看起来很幼稚，因为学生显然对《诗经》没有做必要的了解，不明白《诗经》成文的过程：民间歌谣，官家采录。但我们可以从学生的这个问题出发，鼓励学生继续了解《诗经》的来由，了解时代背景，并进一步扩展到了解后来汉乐府诗歌的来源，也就水到渠成，不生涩了。

四、预习作业的效应

对学生而言，预习作业不仅是一项"作业"，也是一个展示自己思维个性的舞台。在做过一定次数的预习作业以后，老师引领学生回顾自己的预习作业本，学生将会发现自己思维发展的某项曲线，或者某一突出特点，发现自身思维的某种优势或不足。如果把某几位同学的预习作业放在一起比较，相互取长补短，必定能够促进彼此的进步。

对教师而言，使用预习作业，意味着增加了一次和学生对话的机会，而且是以书面语言表达的高智商的对话，是一种经过了思考以后的思想碰撞，容易缩小师生之间因思维习惯不同而形成的差距，形成一种思维合力，推动课堂高效运转。而学生的奇思妙想，也不断地撞击着老师的思维模式，提醒老师永不懈怠，不断进步，到达教学相长的美好境界。

对课堂而言，预习作业常常是课堂的有效切入点与关键突破点所在，是课堂的有效预热手段之一。有了预习作业，课堂就有了师生的"共同语言"，课堂交流的渠道因之顺畅，流水不腐，户枢不蠹，课堂也就鲜活起来了。

（作于 2013 年 11 月）

《春江花月夜》课堂教学回顾与反思
——兼谈"教学预案"与高中语文"翻转"课堂

一、本次教学预想是如何形成的

　　和学生一起学习鉴赏《春江花月夜》，已历四次四届学生了，前后时间跨度已达十年之久。回顾这四次学习讨论的经历，内心颇不满意。本学期再次拾起这首著名的诗·我反复诵读文本，寻找教学灵感。诗文开篇处浩阔朦胧的美景再次浮现在我的眼前；紧随其后的"江畔何人初见月？江月何年初照人？"两个巨大的问号再次扣紧了我的神经；诗文中游子思妇的"扁舟"与"明月楼"这种小儿女情态与前文浩阔朦胧的美景相比，格调似乎仍然显得"娇小"！后人为什么要给予其"孤篇盖全唐"的美誉？

　　端详这个熟悉的文本，回顾这些熟悉的问题，这一次，我决意要给自己一个答案。

　　在反复阅读文本十余遍之后，灵感终于出现了。我与文本中的"初"字和"谁家、何处"两词似乎心有灵犀，对上眼了。追溯这个"初"字，可以有明月景象形成之初、人月相望之初、情感诞生之初、境况变动之初等诸多解答，呈现出一种由个人内心情感变化到古往今来天地变迁的沧桑感，这不正是一种宇宙哲思吗？而"谁家、何处"，呈现出一种不定指的状态，传达出作者对普天之下所有具有这种情感的人们的理解与关怀，这不正是一种普世情怀吗？这样深沉的情感与纯真的情怀，使得诗的格调在我心中高扬起来。终于，诗歌那浩阔朦胧的美景与这种宇宙哲思、普世情怀协调统一起来。正是：情有多深，境就有多大；情有多纯，景就有多美。

　　我于是转而寻找教学的切入点。在以前的教学中，我总是习惯于从诗歌的"意象"出发，对诗歌的意象、意境做"审美分析"，几乎是用"论证"的手法探求"情"和"景"是如何做到"交融"的。具体到《春江花月夜》，则是"论证"其如何做到"情、景、理水乳交融的"。这一次，我提醒自己，诗歌有诗歌的特点，我不能用议论文那样严密的逻辑思维来证明情与景的协调统一，我需要和学生一起，置身诗境，缘景明情，让情感在心中形成，情动于中，让学生的情感与诗歌的情愫互通共融。如何才能做到这些？"春、江、花、月、夜"五种景物，游子思妇的千里相思，不适合我们割裂分析，适合我们反复吟咏，那就选择"诵读"做突破口吧。诵读不能只是发出声音，还需要撰写诵读脚本，就以"撰写诵读脚本"作为此次课堂鉴赏活动的切入点吧！

　　基于以上设想，我对此次教学活动做了以下预想。

【文本分析】

孤篇盖全唐:本诗将深具古典文学情韵的五个经典意象糅合在一起,浑然天成,圆融成境。如果单个分析,难免生硬、割裂。

这五个意象,朦胧唯美,给了读者广阔的生发空间。闻一多先生曾给这首诗以极高的评价:"在这种诗面前,一切的赞叹是饶舌,几乎是亵渎。"又说"这是诗中的诗,顶峰上的顶峰……"

文本特点决定教学方式。关照本诗情、景、理水乳交融的优美、深邃意境,以撰写诵读脚本为手段,对诗篇进行赏析品鉴,揣摩诗情。在诵读过程中,尝试以情带声,做到声情与文情谐和,是一种适宜的教学方式。

【学情分析】

班上同学合作学习的积极性比较高,自主探究能力比较强,在诗词鉴赏学习的课堂上经常表现出较高的诵读热情,同学的审美鉴赏品位也比较高。采用这种教学方式,符合学生实际情况与兴趣爱好。

【教学目标】

学生通过合作学习,品味、鉴赏本诗景、情、理谐和共融的特点;撰写诵读脚本;提升学生诵读能力。

【教学重点】

完善诵读脚本,诵读本诗。

【教学难点】

品味、鉴赏本诗景、情、理谐和共融的特点。

【预习作业】

自由诵读本诗,并以学习小组为单位合作撰写诵读脚本。

【教学过程】

(1)学生汇报小组合作预习成果并做诵读展示:①两个小组以对话方式展示交流预习时所做的诵读脚本并做诵读示范;②交流示范完毕后,全班同学在交流示范的基础上,对诵读活动进行改进。

(2)教师对学生的诵读脚本及诵读活动进行点评。

(3)在教师点评的基础上,全班同学进一步诵读文本。

【作业】

(1)根据课堂笔记,整理并完善本诗诵读脚本。

(2)有感情地诵读并背诵本诗。

二、撰写"教学预案"

为落实以上教学预想,我首先撰写了教师教学预案。

所谓"教学预案",就是教师在课堂教学活动展开之前,根据自己的教学设想,针对学生预习作业内容,考量课程内容与课堂呈现方式,对课堂教学活动所做的一个预备性方案。这个方案充分表达教师个人设想,并考虑为学生预留一定的思维空间,为老师未知的思维盲点预留可供填补的余地,以备教师在教学过程中进行动态调整。其主要目标在于倡导以课堂为主体,立足为课堂研讨服务。

"教学预案"与传统的教案不同。传统的"教案"也称课时计划,是教师经过备课,以课时为单位设计的具体教学方案。教案是上课的重要依据,通常包括班级、学科、课题、上课时间、课的类型、教学方法、教学目的、教学内容、课的进程和时间分配等。有的教案还列有教具和现代化教学手段(如电影、投影、录像、录音等)的使用、作业题、板书设计和课后自我分析等项目。

传统的教案凸显的是教师在课堂上的主导地位,课堂教学过程一般按照教案拟定的过程"循规蹈矩"地展开,学生需要循着教师的教学思路调整自己学习的内容与思维的方向。而"教学预案"则强调关注课堂,凸显的是老师在课前的周到准备与学生在课堂上的主体地位。教师在使用"教学预案"时,需要根据学生学习情况的变化,适时修正或补充自己的教学思路,在必要时给予学生某些指点,也会在受到学生思路的启发时积极跟进。教师在学生学习过程中承当着导师与助手的双重角色,整个教学过程聚焦课堂研讨,呈现出一种教学相长的教学境界。

老师本人对文本的深度阅读是师生对话的基础之一。为了让自己的备课活动与学生的预习活动步调一致,我在学生完成预习作业的同时,完成了如下"教学预案"(见表1-1)。

表 1-1　《春江花月夜》教学预案

文　　本	诵 读 指 要	赏 析 点 拨
《春江花月夜》 唐·张若虚	诵读需以情带声,声情并茂。	作者将深具古典文学情韵的五个经典意象糅合在一起,浑然天成,圆融成境。如果单个分析,难免生硬、割裂。这五个意象,朦胧唯美,给了读者广阔的生发空间。
春江潮水连海平, 海上明月共潮生。	"生"音调要略上扬。	江水广阔无边,明月浩瀚无垠。"平"浩瀚而阔大。"生"字尽显活力与生机,相比"升"字更有生命活力,更有情感。(学生会否关注"生"字?)
滟滟随波千万里, 何处春江无月明!	"滟滟"声音柔和而深挚; "千万"可延长声音,开口,声音朗朗; "何处"声音要略拉长。	"滟滟"词颇具华贵气度。"千万里"景象颇为壮观。明月无处不在。
以上四句,意境朦胧阔大,静谧唯美。(诵读节奏要舒缓,但同时不乏活力)		
江流宛转绕芳甸, 月照花林皆似霰。	"宛转""绕"要读得多情; "芳甸"发声要轻盈; "霰"要轻声读。	江、月、花交相映衬,清秀柔美。 "宛转"显出柔美。"霰"本指天空中降落的白色不透明的小冰粒,此处尽现花月皎洁之色。
空里流霜不觉飞, 汀上白沙看不见。	"空里流霜"读音要轻,声音要有空灵之感; "看不见"宜慢,以显天地一色,连延一体。	霜飞清寒,天地间朦胧一体。画面空灵,多情。
以上四句,意境空灵毓秀,唯美多姿。(声音要空灵、柔美、纯净)		
江天一色无纤尘, 皎皎空中孤月轮。	语调要舒缓。 "无"读音稍重。	画面纯净,突出月。"皎皎"突显月色洁白明亮。 明月孤高,境界阔大。

续表

文　　本	诵 读 指 要	赏 析 点 拨
江畔何人初见月？江月何年初照人？	"何人""何年"语带深沉。"人"适当收音。	由月及人，关照社会人生，问得深沉。追溯这个"初"字，可以有景象形成之初、人月相望之初、情感诞生之初、境况变动之初等诸多解答，呈现出一种由个人内心情感到古往今来天地变迁的沧桑感，正是一种宇宙哲思。（学生是否能对"初"字做深度分析？）
以上四句，意境阔大深沉。（疑问句，诵读声音要深沉而怅然）		
人生代代无穷已，江月年年望相似。	"无穷已"语气适当延伸，透出慨然。"望相似"语气要简洁。	江月永恒不变，人生代代承传，情境恒久如斯。
不知江月待何人，但见长江送流水。	语调可以平缓一些。"送"读出怅然。	人在地之角，月在天之涯，江水流淌无尽头。作者的思绪，幽远深沉。
以上四句，意境静谧而深沉。（陈述与感叹，诵读声音要沉静）		
白云一片去悠悠，青枫浦上不胜愁。	"悠悠"声音轻漾。	白云一片，有漂泊感，此处点出愁绪。"枫"景独特，"浦"常作离别之所。
谁家今夜扁舟子？何处相思明月楼？	"谁家""何处"语调要稍微轻一点。	"谁家""何处"，因其不定指，愈显相思之普遍存在。这正是一种普世情怀。（学生会认同这样的分析吗？）
可怜楼上月徘徊，应照离人妆镜台。	"可怜"语带遗憾。"徘徊"用声有吞吐之感。	"徘徊"回旋不进，似相思缠绵；"应"字显诗人牵绊关怀。（"可怜"有三个意思：①可爱；②可惜；③值得怜悯。这里应该取哪一个意思？老师理解不确定，看学生讨论情况吧。）
玉户帘中卷不去，捣衣砧上拂还来。	"卷不去""拂还来"语气要低沉一点。	月缠绵，人牵绊，深情无限。"卷""拂"显出不宁静情绪。
此时相望不相闻，愿逐月华流照君。	"相望"语气稍上扬，"不"语调低沉。"愿"要深情，突出关爱与牵挂。"流照君"语调要稍拖长一点。	"愿"字显出深挚情怀。"月华流照"是景，"愿逐"是主动意愿。
鸿雁长飞光不度，鱼龙潜跃水成文。	语气要显出遗憾。"不度""成文"语调略沉。	鱼雁也无法传书，流露无尽遗憾。山水相隔，相互牵绊而无法传情，有无尽遗憾。
昨夜闲潭梦落花，可怜春半不还家。（注："潭"通"浔"，水边）	"落花""春半"要语带伤感。	追忆梦境，虚写更增深情。落花春半，有许多伤怀。"落花"有多重意蕴：青春年华，四季轮回……（"潭"有两个读音，一读"深潭"之"潭"；一通"浔"，意为"水边"。到底应该读哪一个音？老师倾向读"浔"，需要学生帮助判断。）
江水流春去欲尽，江潭落月复西斜。	"欲尽""复"要语带痛苦。"去"声调略沉。"复"要读出意味深长之感。	回到眼前，实写再显多憾。"春"字在此处显出丰富蕴含：自然的春天，游子的青春，人生对青春的向往……

文 本	诵 读 指 要	赏 析 点 拨
以上十六句,愁情弥漫,深情翻涌,流露颇多人文关怀,意境朦胧缠绵。 (诵读语言要注意节奏变化,深情缠绵)		
斜月沉沉藏海雾,碣石潇湘无限路。	"碣石""潇湘"之间稍停顿,"无限"音略重些。"沉沉"声音低沉。	月"沉沉"而归海,有孤寂感;路"无限"而远隔,有天涯恨。相思牵绊,轮回无尽,千里相悬。
不知乘月几人归,落月摇情满江树。	"归"字要突出。"满江树"感情要饱满,"满"要深情款款。	"不知"再显普遍关怀,诗人没有沉溺于小我情感,而表达出普世情怀。"不知乘月几人归"饱含深情:作者对幸运团圆的归人给予祝愿,也对未能归家者寄予深重同情。"满"字凸显情思饱绽。"摇"字摇曳生姿,令人心醉神迷。 "情"字在此处,惹人情思:月光之情,游子之情,诗人之情……不一而足。 "落月摇情满江树"韵味饱满而悠远。
以上四句,情感深沉饱满,意境宁静幽远。(诵读语速要慢,语调深沉,有余韵)		
诵读本诗,整体语调要舒缓、沉静、多情。开篇处气韵要饱满,篇中问句要略深沉,中间情感抒发可以语带缠绵之感,情感波澜处要有起伏,结尾处需有悠长韵味。句中关键字词要突出。 整首诗四句一换韵,学生应该能够发现。		

"教学预案"确保我本人对文本进行了一遍仔细的梳理,并在梳理文本的同时对学生做预习作业的可能思维路径做了一次模拟或猜测。

课堂教学实践证明,我所做的这个教学预案起到了让自己的备课活动与学生预习成果相衔接的作用。我并不夸张地感受到,"教学预案"是老师为让自己的备课活动与学生预习成果衔接而采取的预防性教学手段。举例说来,在学生讨论分析过程中,除在以上我所关注的"初""谁家""何处"等处帮助学生做了有效提升之外,"愿逐月华流照君"一句中的"愿"字,学生也没有给予足够的重视,我提醒学生加以关注,他们于是发现,"愿"表达的是一种主动意愿。

三、学生完成预习作业

学生预习作业有两项内容:①自由诵读本诗;②以学习小组为单位合作撰写诵读脚本。第一项作业属于"软性作业",为保证这项作业落到实处,我要求每个小组需在课堂上展示诵读成果。第二项作业以书面形式完成,两个小组在课堂上将以"打擂"的形式对诗文做切磋赏析。

以下选择高1306班杨知颖同学撰写的诵读脚本进行展示(见表1-2)。小组每位成员的个人作品都将提供给小组,做讨论之用。

表1-2 学生撰写的诵读脚本

原 文	朗诵要领	分析鉴赏
春江潮水连海平,海上明月共潮生。	"潮水"声音放缓,强调"明月""生"。	潮水连海平,一望无际,声音舒展更能体现此景;明月作为诗人笔下重要的意象,不但将要寄托情思,也将引发一系列思考;用"生"而不用"升"使诗句生动起来,故应重读。

原 文	朗诵要领	分析鉴赏
滟滟随波千万里，何处春江无月明！	重读"滟滟""千万里"，声音上扬。	"滟滟"写出水面在月光下泛着波光的迷人景色，"千万里"更是将视野放远写出春江之景的阔大。
江流宛转绕芳甸，月照花林皆似霰；	轻读"婉转""绕"，灵活迅速，轻巧读"花林""霰"。	此句不再写景色阔大，笔锋一转写到江流曲折婉转，月下花林也如雪般晶莹美丽，所以语调应灵活轻巧。
空里流霜不觉飞，汀上白沙看不见。	"空""飞"轻读上扬，迅速带过；"看不见"语调放缓，拉长。	流霜飞过，应是轻巧无痕才不被察觉；汀上白沙与水融为一体，才叫人分辨不清。
江天一色无纤尘，皎皎空中孤月轮。	重读"无""孤"，"纤尘"稍轻。	这江天之间无一丝尘埃，空中只有一轮孤月，也是写诗人此时孤独一人，心中极静。
江畔何人初见月？江月何年初照人？	两个"何"重读放缓。	疑问词表达诗人的深思，也暗含感叹。
人生代代无穷已，江月年年望相似。	"代代""年年"语音拉长，"无穷已"扬声急止，"相似"重读。	叠词突出诗人感叹世事轮回不变，江月总当空；人虽不能活得长久，却可以一代代传承不息。
不知江月待何人，但见长江送流水。	"待""送"重读。	这两句与之前思古相呼应，写出诗人心中对未来的思考；但未来如何不可测，只能见时间与流水一刻不停地逝去。
白云一片去悠悠，青枫浦上不胜愁。	"悠悠"语调轻缓，"不胜愁"重读，"愁"拖长减弱。	白云轻盈悠悠飘过，离家之人却因怀念故乡而心中千万离愁，此二句直抒游子心中愁情，语气轻缓更能表达诗意。
谁家今夜扁舟子？何处相思明月楼？	"扁舟"一字一字读，音调波动如水荡漾，"相思""明月"重读。	"扁舟"等作为离别情的重要意象，要特别注重声音的画面感；"相思"与上一句中的"愁"一样直接抒情，也是重点词语。
可怜楼上月徘徊，应照离人妆镜台。	"徘徊"声音放缓，犹豫，"妆"先重后轻，轻而不快。	"徘徊"写出思念时人的情感来来去去不停歇，"妆"一词更体现出等待时满心期望却不知何时想象之景可变为现实的飘忽之情。
玉户帘中卷不去，捣衣砧上拂还来。	"卷不去""拂还来"慢读，特别强调"还"。	这种愁绪无论如何也无法拂去，困扰所有正经历离别的人们，因此语气应愁中带着些许无奈。
此时相望不相闻，愿逐月华流照君。	"望""闻"语调深切，"愿"重读，慢读上扬。	语调深切体现离人情深意切，"愿"字既表达美好愿望，也表达了许愿之人的爱意与决心。
鸿雁长飞光不度，鱼龙潜跃水成文。	"不""成文"重读，哀伤遗憾。	雁飞鱼跃都不能传达离人间的思念之情，只有无限的等待、期盼与无奈，令人哀伤。
昨夜闲潭梦落花，可怜春半不还家。	"闲""落"字轻慢，"可怜"上扬，强调"不"。	等待时的"闲"让人更多地把注意力放在思念一事上，花开花落所盼之人仍未归，心中愿望依旧得不到实现。
江水流春去欲尽，江潭落月复西斜。	"去"语调深远，"尽"强调急止，"复"强调无奈。	江上春景已经快要消散，空中明月也即将落下，此景不再，情却依旧深远。

续表

原 文	朗诵要领	分析鉴赏
斜月沉沉藏海雾，碣石潇湘无限路。	"藏"重读，迷茫，"碣石潇湘"之间拉长，"无限"放慢。	雾气浓浓遮住了游子与故乡之间遥远的路,因为种种原因无法归家的情感经过酝酿,此时已经达到极致,声音的延长不但体现遥远路途,也表达无尽哀情。
不知乘月几人归，落月摇情满江树。	"几""归"重读，"满"饱满拖长。	不知在这一夜有几人终得归,月落时各种思念、愁绪以及一切难以言说的情感已经铺满此景,江边树木随风摇动,好似触动了这景中满溢的情。

四、课堂呈现——兼谈高中语文"翻转"课堂

课堂上首先进行诵读展示。学生们选择了古琴曲《平沙落雁》、竹笛曲《姑苏行》、箫曲《春江花月夜》作为朗诵配乐,同学之间互相配合编排了不同的诵读形式。诵读成果显示,同学们对文本已经较为熟悉。

需要指出的是,此次诵读环节,占用了课堂近四分之一的时间。看起来,所用的时间比较长,似乎有些浪费。但这个环节不仅帮助同学们再次熟悉了文本,再次锻炼了诵读能力,而且有效营造了课堂气氛,让诗的旋律在同学们脑海中回旋,为后面的诵读脚本阐释做了很好的铺垫。

课堂进入第二个环节,学习小组派代表阐释本组的诵读脚本,两个小组以"打擂"的形式同步解说,相互质疑问难,并在此过程中做局部诵读示范。作为老师,我在一旁观摩并粗略记录整个阐释与质疑过程,对某些问题进行一些追问。意料之中的有,我之前对"初""谁家""何处"等处所做的思考,帮助学生加深了对文本的思考与理解。而让我惊喜的有,学生们对诗歌音乐性与某些词句的解读也超出了我的预料。比如,学生们汇报:

(1)开篇处"春江潮水连海平,海上明月共潮生","潮""海""海""潮"循环往复出现,读起来有回环之美。"潮"为动,"海"为静,有动静之美……

(2)"人生代代无穷已,江月年年望相似",此处"望"字较另一版本"只"字为好,因为"望"字有人的神态与表情,"只"字缺少这样的神态与表情。

(3)"可怜楼上月徘徊"一句中,"徘徊"的并不是月亮,而是人的心情,思念之情挥之不去。

(4)老师认为"昨夜闲潭梦落花,可怜春半不还家"句中"潭"通"浔",是"水边"的意思。我们研究后认为是有道理的。因为从下一句"江水流春去欲尽,江潭落月复西斜"句看,江边落月的景象也应该像诗的开篇处那样,有一个阔大的画面,如果读作"水潭"的"潭",画面就显得狭小,诗句的气象也就不足了。

(5)"江潭落月复西斜"句中"复"字很有韵味。就单个人来说,"复"是"又一次"的意思,说明这个人目睹明月西斜已经多次,思念之情已在心中缠绕很久;就上文"人生代代无穷已,江月年年望相似"来说,这个"复"就像是人世无数的轮回,永久的轮回,有一种"永恒不变的哀愁"的感觉。

课堂交流还有"教师点评、提问""疑难问题辨析""课堂小结"三个环节,兹不赘述。整个课堂40分钟,学生们讲了大约32分钟;我在"初""谁家、何处""愿"等处所做的追

问,加上总结本堂课的内容,以及点评同学们在本堂课上的表现,总共占用了 8 分钟左右。最后,全班同学在萧曲《春江花月夜》的乐曲声中集体诵读本诗,下课。

我们在课堂上呈现了如下板书内容(见图 1-1)。

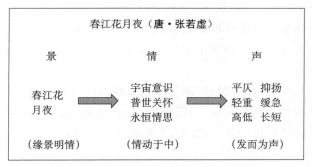

图 1-1 《春江花月夜》课堂板书

总体看来,学生们在老师的帮助下,以小组合作的方式,对文本进行了深入研讨,组织了一次完整的"翻转"课堂,圆满完成了此次学习任务。其特点主要有以下五个。

其一,学生深度预习工作为课堂研讨打下了坚实基础。

其二,课堂学习任务主要由学生自主完成。

其三,"教学预案"与学生预习作业有机衔接。

其四,教师的作用主要表现为对课程呈现形式的设计与对问题的深度引导。

其五,《春江花月夜》诗歌文体的特点在诵读与赏鉴中得以彰显。

受此次教学活动的启发,笔者对高中语文学科"翻转"课堂做了以下思考。

高中学生学习自主性比较强,对语文基础知识与基本概念已经比较熟悉,需要做更有挑战意义的工作,他们需要研究的乐趣。高中语文课堂该如何"翻转",更多需要考虑的,是结合语文学科的基本特点来探寻"翻转"的有效途径。

就阅读鉴赏课程来说,上课之前,学生需要认真阅读文本,发现问题,有针对性地查阅相关资料并对资料信息进行消化整理,力求对相关问题做出一定程度的研究。而对于写作课程而言,动笔写作或动笔修改,单篇文章修正或多篇文章对比修正,也是不可或缺的环节。对于基础知识、基本问题的讨论,有时需要落实在笔下,也需要做一定量的文字工作。

语文学科概念性知识与程序性知识也有其特殊性。语言文字与特定场合、特定情境的思想感情密不可分,比如,我们可以向学生讲明"比喻"这一概念,却无法将比喻出现的所有可能情境一一罗列区分。语文的"程序性知识"也有其天然的局限,比如,我们可以指出语文学科中最具理科特色的说明文行文的一般思维特点,却无法对不同文本语言文字的风格特点做出概括。

由于以上一些原因,语文学科无法做到用一个"公式"或"定理"来涵盖一系列的系统知识,语文学科内容的个性化过于突出,每一个文本、每一个段落、每一个句子、每一个词语都有特立独行的一面,需要有针对性地加以学习。我们不难想象,一个学生或许可以并不费力地背下《春江花月夜》这首诗,但却不能对其进行深度鉴赏,甚至可能对其中的某些词句也不能做出正确的解析。

同时,语文学科内容较强的情境特点,语言文字情感传达、信息传达的复杂性,也要求学生在预习过程中多做"个性化"探究。这与某些学科"一般原理"的推导研究是不同的。

因此,时下"翻转"课堂所提倡的课前"视频",在操作过程中还要认真考虑语文学科的复杂性所带来的具体要求。一般说来,资料查找与深度阅读工作、文字写作落实工作、个性化鉴赏评析工作,都不适宜通过视频的方式加以解决。在对《春江花月夜》这样的诗歌做诵读赏鉴的时候,更需要老师和学生专注于诗歌语言文字的表达,生发联想和想象,静下心来仔细探究。

基于这样的认识,放弃时下"翻转"课堂所追求的课前视频,转而借助传统预习作业的方式,加强对诗文字词句篇的深入研读,完成课堂的"翻转",对学习《春江花月夜》这首诗来说,是适宜的。有必要指出的是,"预习"工作本已具备并包含课前视频的内容与功能,其方式方法本也是丰富多样的。

(2015 年 3 月于清华园)

"预·备"型文言教学策略探究与实践
——"古代人物传记"单元实验报告

"预·备"型文言教学策略,是我们在长期教学实践中精炼出来的一套行之有效的文言教学策略。这套教学策略由三部分组成:①教师备课策略;②学生预习策略;③高效课堂策略。

教师根据课程目标与课程内容,在上课之前做必要的精心准备,不仅能帮助教师对课程做深度审视,而且能帮助教师有效寻找搭建与学生交流平台的途径。深度备课不仅考验教师学识的多寡,更能考问教师对教与学关系的思考,甚至考查教师的敬业精神与思维品质。如果教师的学养不足,那么对课程内容的开发必然单薄而肤浅;如果教师对教与学的关系缺乏思考,那么对教学过程的设想与把握必然紊乱;如果教师缺乏敬业精神或者思维品质低下,那么必定不能达到或很难达到教学的目标,甚至不能确立教学的目标。教师备课策略旨在为发挥教师的能动作用打下基础,并着眼于培养学生积极的态度与健康的情感。

对课程内容进行适度开发与初步探究,对课程目标进行捕捉与审视,是学生预习工作的主要内容。学生对课程预习工作投入的多与少,将直接影响课程学习的深度与广度,同时也决定了学生与教师互动交流的深入程度。学生质疑与创新能力的基础根植于预习过程,不在预习过程中做出独立思考,在未来的交流活动中将可能直接受到别人的影响而损害思考的独立性,创新思维能力也就无法独立产生。预习工作不充分,学生就无法搭建自己探究思考的平台,在学习中无疑将处于被动地位。学生预习策略旨在培养学生的质疑与创新能力,并着眼于学生基础知识的学习与巩固。

教师充分备课与学生充分预习相结合,必然产生强大推动力,推动课堂高效运转。独立思考的学生群体在教师的有效组织下思维碰撞,必然产生智慧的火花,结出丰收的硕果。而高效课堂也必然不断深化教师备课与学生预习的成果,反馈出众多有价值的信息,升华着学生与老师思维的品质。高效课堂是知识创新与思维碰撞的平台,是学校教学最主要的内容。高效课堂策略根植于教师备课与学生预习两种策略,旨在知识的深度探究与学生思维的优化,并着眼于提高学习过程的效率。

这里,我将学生预习简称"预",将教师备课简称"备"。二者交融碰撞,协同互动,产生强大动力,推动高效课堂。因此,我们称之为"预·备"型文言教学策略。

最近几年,我们在文言教学中对"预·备"型教学策略进行了积极实践。下面,以人教版语文必修四第四单元的备课过程为例,对我们的课程实践做具体说明。这个单元为"古代人物传记",所选作品均出自《史记》《汉书》《后汉书》等正史。这些传记中的主人公,或以政绩,或以品德,或以才干,名垂青史,令后人景仰、追慕。我们首先明确了以下三个方面的教学目标:①帮助学生选择适当的学习方式,学习文言基础知识,提高文言基本能力;②通过对课文语言文字的鉴赏品味,了解人物并欣赏人物形象,体会作者对笔下人物的感情倾向;③通过对文章写作手法的赏析,体味文章的风格与韵味。总而言之,就是从知识与能力、过程与方法、情感态度价值观这三个纬度来观照本单元课文。

一、教师备课策略

教师备课是开掘课程资源、选择课程建构材料、探索师生学习探究方式、调动自身精神状态以备推动学生有效学习的过程。教师备课策略主要包括以下六项内容。

1. 对重要作者的文化人格做详细介绍(以介绍司马迁为例)

对重要作者按朝代、生卒年月、人物生平与贡献做常规介绍,意义不大。因为学生通过课下注释自己就能基本厘清。我们认为,对重要作者的文化人格进行介绍,是老师备课应该重点关注的内容。以司马迁的介绍为例,我们主要准备了两项内容。

其一,介绍司马迁"行万里路,读万卷书"而成就《史记》巨作的经历,以期激励学生广博阅读,积极投身社会实践,有所作为。《史记·太史公自序》记载:"二十而南游江、淮,上会稽,探禹穴,规九嶷,浮于沅、湘;北涉汶、泗,讲业齐鲁之都,观孔子之遗风,乡射邹、峄,厄困鄱、薛、彭城,过梁、楚以归。"他以饱满的文化激情,游历大江南北。这种亲身考察、探究的态度,值得我们学习。除此以外,司马迁还有少时躬耕陇亩的农村生活经历。他师从大儒孔安国、董仲舒等,又在太史令任上翻阅到国家图书馆和档案馆的一切材料,还有随帝封禅、太初改历等众人注目的经历。这种师从大儒、读万卷书、投身广阔社会生活的经历,堪称典范。

其二,介绍司马迁"重于泰山"的忍辱负重精神,以期对学生进行人生观教育。司马迁遭受腐刑后,精神上遭受重大打击,生命遭遇重大挑战。他在《报任安书》中说:"肠一日而九回,居则忽忽若有所亡,出则不知其所往。每念斯耻,汗未尝不发背沾衣也!"但他又想到"人固有一死,死,或重于泰山,或轻于鸿毛",于是勇敢地活下来。试想,司马迁如果因为腐刑选择了死亡,那么,他的死将沦为一个悲剧。而选择坚强地活着,并且创作出《史记》这部不朽的作品,他的死重于泰山。现代中学生在面临人生的坎坷与困难时,应该向司马迁学习啊!

备课时这样来准备材料,能显出积极的情感与价值观来。

2. 对重要作品做针对性必要介绍(以介绍《史记》为例)

时代需要文学创新人才。司马迁对史学体例的创新永远给予我们启迪。备课的时候,抓住了这一点,就能对学生有所启迪。

在《史记》出现之前,有人以年代编写历史,但易流于琐碎的记账簿子,有人以国别分述历史,但难以处理复杂的事件与关系,《史记》则以纪传体的形式,本纪、世家、列传构成的主体以及书、表形式的合理补充,纵横交错,经纬相缀,全面、详细、真实、形象地向我们讲述历史。《史记》之前的史书时间跨度多为断代,而《史记》则将笔触向上延伸到中华民族的祖先黄帝时代,向下截流至作者司马迁生活的汉武帝太初年间,以三千年的大时间跨度向后人讲述中华民族的早期历史,故称"通史"。《史记》体例一出,后世官修史志都以此为准则。

当代中学生的创新精神,在文学领域里,也是难能可贵的。在司马迁身上,我们也看到了文学创新的精神价值。

关于《史记》的其他介绍,学生们自己开掘完成即可。

3. 对相关背景知识做深入研究(以有关匈奴的历史为例)

备课的时候,我们还需要放开眼光,对课文之外的相关知识做必要研究。比如,学习《苏武传》的时候,我们曾经问"且鞮侯单于初立,恐汉袭之",这正是汉朝攻击匈奴的大好时机,汉武帝为什么不攻打,反而还要"因厚赂单于"呢?要回答这个问题,我们只能回到历史中去寻找答案。于是,对匈奴与汉朝关系的研究势在必行。

备课的时候,我们对汉代时匈奴的情况做了研究,略述如下。

(1)崛起强盛时期。汉初公元前200年,汉高祖刘邦亲率32万大军征讨,在白登被匈奴冒顿单于40余万骑兵围困七昼夜。后用计逃脱,之后汉朝采纳了刘敬的建议,对匈奴实行"和亲政策"。

(2)汉匈大战时期。到汉武帝时,西汉经过近70年的休养生息,经济、国力大大增强,对匈奴从战略防御转为战略进攻,发动了三次大战:河南之战(也叫漠南之战)、河西之战、漠北之战。

(3)中衰时期。匈奴国的衰落时期从伊稚斜单于至呼韩邪单于,经历18任单于,从汉武帝元鼎年间到汉元帝建昭三年(公元前36年)灭郅支单于为止。伊稚斜死后,子乌维立,乌维死,子詹师庐立,詹师庐死,季父呴犁湖立(见表1-3)。在这十几年间,匈奴避居漠北休养生息。而汉朝因人力、物资损失很大,以及为了征伐朝鲜、西羌及西南夷,也暂时停止对匈奴用兵。公元前87年,汉武帝薨,汉朝暂时停止对匈奴的攻击。汉昭帝时(公元前81年),匈奴为缓和与汉的敌对关系,把扣留了19年的汉使苏武释放,以示善意。公元前33年,呼韩邪单于朝汉,提出愿婿汉以自亲,娶王昭君与汉修好。此时双方相安无事,局势安定,国力得到恢复,人口增加。呼韩邪死后,其后裔遵从他的遗嘱,与汉朝保持友好关系达30多年,直到王莽专政为止。

表1-3　匈奴中衰时期历任单于年表

尊号	名	在位起止年	在位年数	备注
乌维单于	乌维	公元前114—前105年	10年	伊稚斜子
儿单于	詹师庐	公元前104—前102年	3年	乌维子
呴犁湖单于	呴犁湖	公元前102—前101年	2年	儿单于季父
且鞮侯单于	且鞮侯	公元前101—前96年	6年	呴犁湖之弟
狐鹿姑单于	狐鹿姑	公元前96—前85年	12年	且鞮侯之子
壶衍鞮单于	壶衍鞮	公元前85—前68年	18年	狐鹿姑子

经过以上研究,苏武出使的时代背景清晰地展现在我们面前,我们开头的疑问至此也迎刃而解了,学生的认知,也因之而清晰。

4. 对课文中缺失的重要历史事件做必要补充（以《廉颇蔺相如列传》有关历史事件补充为例）

备课的时候，我们还需要关注相关历史事件，以期展示事件的完整面貌。做这项工作有助于老师全面看待历史事件，也有助于将来帮助学生正确分析问题。

在"完璧归赵"和"渑池之会"两个历史事件中，秦王为什么不杀蔺相如？我们一直都有疑问，清代王世贞的《蔺相如完璧归赵论》也没有能够对此做出有力的说明。老师在备课的时候，对此加以探讨，也许能够解决这个疑惑。

本文所叙史实发生在公元前 283—前 279 年之间，我们列举出赵惠文王年序大事。

十六年（公元前 283 年）　廉颇伐齐，取阳晋，秦伐楚，主要力量在对付楚国。

十七年（公元前 282 年）　蔺相如完璧归赵当在此年。

十八年（公元前 281 年）　秦伐赵，拔石城。

十九年（公元前 280 年）　秦取楚上庸及汉水北岸。

二十年（公元前 279 年）　渑池之会。次年白起破郢都，主要力量都在对付楚国。

在蔺相如"完璧归赵"和"渑池之会"时，秦的主要力量正对付楚国，所以它对赵国虽也虎视眈眈，但还抽不出主要力量来进攻，这就是蔺相如进行外交斗争取得胜利的客观有利条件。当然，蔺相如的主观努力——利用有利的形势，机智勇敢地进行斗争也是非常重要的。

5. 对节选的文字及其他内容做必要补充

本单元所选课文多为节选的内容，为全面展示人物形象，我们在备课的时候，要注意对节选的文字及其他内容做必要的补充，对"节选"的取舍问题做深入研究。

（1）以让廉颇的形象更丰满为例。《廉颇蔺相如列传》文后一段话：是岁，廉颇东攻齐，破其一军。居二年，廉颇复伐齐幾，拔之。后三年，廉颇攻魏之防陵、安阳，拔之。

（2）以《苏武传》课文相关内容为例。

第 5 段"反欲斗两主，观祸败……若知我不降明"之间所删节部分：南越杀汉使者，屠为九郡；宛王杀汉使者，头县北阙；朝鲜杀汉使者，即时诛灭。独匈奴未耳。

第 8 段"与武决去"后所删节部分：陵恶自赐武，使其妻赐武牛羊数十头。后陵复至北海上，语武："区脱捕得云中生口，言太守以下吏民皆白服，曰上崩。"武闻之，南乡号哭，呕血，旦夕临数月。

第 9 段"武等实在"后所删节部分：于是李陵置酒贺武曰："今足下还归，扬名于匈奴，功显于汉室，虽古竹帛所载，丹青所画，何以过子卿！陵虽驽怯，令汉且贳陵罪，全其老母，使得奋大辱之积志，庶几乎曹柯之盟，此陵宿昔之所不忘也。收族陵家，为世大戮，陵尚复何顾乎？已矣！令子卿知吾心耳。异域之人，壹别长绝！"陵起舞，歌曰："径万里兮度沙幕，为君将兮奋匈奴。路穷绝兮矢刃摧，士众灭兮名已隤。老母已死，虽欲报恩将安归！"陵泣下数行，因与武决。

第 10 段"武以始元六年春至京师……武留匈奴凡十九岁"之间所删节部分：诏武奉一太守谒武帝园庙，拜为典属国，秩中二千石，赐钱二百万，公田二顷，宅一区。常惠、徐圣、赵终根皆拜为中郎，赐帛各二百匹。其余六人老，归家，赐钱人十万，复终身。常惠后至右将军，封列侯，自有传。

备课时做这样的必要准备,教师在指导学生学习时就能多一份从容,不至于因准备不足而捉襟见肘。

（3）课外知识补充示例。

咏 北 海

（唐）汪 遵

汉臣曾此作缧囚,茹血衣毛十九秋。

鹤发半垂龙节在,不闻青史说封侯。

（《全唐诗》中华书局）

塞 上 曲

（唐）令狐楚

阴碛茫茫塞草肥,桔槔烽上暮烟飞。

交河北望天连海,苏武曾将汉节归。

（《全唐诗》中华书局）

注:缧囚:囚犯。//碛:沙石,沙漠;浅水中的沙石。//桔槔:井上打水用具。

6. 对文中费解的文字或注释进行考证,以备培养学生的质疑与探究精神（以《苏武传》中"蹈"字的理解为例）

《苏武传》中"凿地为坎,置煴火,覆武其上,蹈其背以出血",教材注"蹈"为"踩",非常不合情理。近人杨树达《汉书窥管》对此早有异议:"背不可蹈,况在刺伤时耶!"杨氏还进一步指出:"蹈当读为搯。《国语·鲁语》云:'无搯膺。'韦注云:'搯,叩也。'马融《长笛赋》云:'搯膺擗摽。'搯膺谓叩胸也。搯背者,轻叩其背使出血,不令血淤滞体中为害也。"现今许多选本秉承此说,比如朱东润先生主编的《中国历代文学作品选》,袁世硕先生主编的《中国古代文学作品选》。此说看似可通,但仍存有一些疑惑:既然轻叩苏武背部就可以使其体内瘀血流出,那么为何还要挖坑并往坑里放置"煴火"?"煴火"在抢救苏武的过程中究竟有什么作用?以上各家均未对此说明。

徐复先生《后读书杂志》独辟蹊径,从边地民族的风俗习惯出发,并依据冯承钧所译《多桑蒙古史》记载的"铁木真遇泰亦赤兀十二骑,铁木真独与战,敌骑十二矢并发,伤其口喉,痛甚,昏堕马。不儿古勒燃火热石,投雪于石上,引铁木真口,以蒸气熏之,及凝血出,呼息遂通",指出蒙古族有火熏的急救方法,与抢救苏武的情形比较相似,进而考证《苏武传》"蹈"字应是"焰"之形误。如果按照这样的思路来理解,则"蹈其背以出血"意为用火微熏苏武的背部从而使其体内瘀血流出来,正好与上文"凿地为坎,置煴火,覆武其上"的语义相承。我们认为徐复先生的说法于文更为切合,有关教材及文选应予以修正。

这方面的考证工作,学生做起来难度很大,老师在备课的时候做这项工作,有利于帮助自己明确在教学中怎样指导学生面对这样的问题。

二、学生预习策略

学生预习的过程就是建构知识的过程,同时也是为下一步交流、讨论做好准备。预习工作做得越好,学生的知识建构就越有力。学生预习课文,需要做的工作在本单元可概括为以下几个方面。

29

1. 初步熟悉课文情节

有同学对《苏武传》全文情节内容做了如下分析（见表1-4）。

表1-4 《苏武传》全文情节内容

①出身：年轻时因父亲的缘故，兄弟均做了皇帝的侍从官	②出使：为答单于善意，被派出使匈奴	③事变：副使私自参与谋反，不愿国家牵连受辱，欲自杀
⑧归乡：在部下巧计的帮助下，被迎归国，已由风华壮年变为白发老者	苏 武	④受辞：被审讯时，自认屈节辱命，自刺后被救
⑦忠义：在李陵情理兼备的说辞下毫不动摇，誓为汉室尽忠	⑥忍辱：被单于幽禁，放逐，饮血食草为生，后得单于弟供给衣食，又因牛羊被盗陷入困境	⑤不屈：面对审讯与威逼利诱，决然不屈，斥卫律不忠不义

有同学将《廉颇蔺相如列传》全文情节内容列表如下（见表1-5）。

表1-5 《廉颇蔺相如列传》全文情节内容（1）

完璧归赵	初显胆识	宁许以负秦曲	秦赵矛盾
		予秦璧复取璧	
	斗争经过	使人归璧于赵	
		冒死廷叱秦王	
	出使结果	城与璧互不予	
渑池之会	会前计议	相如从王行	
		廉颇送至境	
	会上斗争	迫使秦王击缶	
		反请咸阳为寿	
	斗争结果	秦不能加胜于赵	
		会后，秦不敢动	
负荆请罪	态度之别	廉颇不忍为下	廉蔺矛盾
		相如不与相争	
	说服舍人	并非畏惧廉颇	
		先大局后私仇	
	矛盾结果	为刎颈之交	

还有同学将《廉颇蔺相如列传》全文情节内容列表如下（见表1-6）。

表1-6 《廉颇蔺相如列传》全文情节内容（2）

事　件	廉　颇	蔺相如
	赵之良将……	宦者令缪贤舍人
秦以十五城请易璧	计未定	缪贤举荐，奉璧入秦
秦王坐章台见相如		归璧于赵
相如既归		拜为上大夫
赴渑池	送王至境，约立太子	计曰：王不行，示赵弱且怯也
渑池之会	盛设兵以待秦	请秦王击缶，请咸阳为赵王寿
相如归后	吾羞，不忍为之下	拜为上卿，位在廉颇之右

续表

事 件	廉 颇	蔺相如
	赵之良将……	宦者令缪贤舍人
二人相遇	宣言:我见相如,必辱之	不肯与会,引车避匿
舍人谏		先国家之急而后私仇
闻之	负荆请罪	宽容
结局	为刎颈之交	

这样的分析视角,反映出学生良好的思维品质。做了这样的预习,对文章整体架构的把握就比较到位了。这样的预习工作,有助于学生站在较高的起点,与教师及文本对话。如果没有这项工作,我们课堂的起点就比较低了。

2. 基本扫清文句障碍

本部分预习工作主要包含两项内容:文学文化常识;实词、虚词、特殊句式等。有以下注意事项:借助于课下注释、工具书;老师也可以提出重点词语要求学生定向解决;针对前几册文言词汇做必要的总结。

做这样的预习工作,能帮助学生学习文言基础知识,增强文言基本能力,为今后的阅读打下坚实的基础。这对培养学生触类旁通的能力,对学生文言基本功的进步,都具有重大意义。

3. 初步提出对课文的某些疑问

以我校同学对《廉颇蔺相如列传》提出的一些小问题为例。

(1)司马迁为什么将廉颇蔺相如合在一起作传?

(2)"伏斧质"与"负荆"两种请罪方式有什么区别?

(3)为什么秦王在最终饶其不死并款待蔺相如后,没有依当初所说,用十五座城来换玉呢?是觉得不值吗?

(4)蔺相如从秦王手中夺回和氏璧要撞柱子时,真的胸有成竹无所畏惧了吗?他会不会很害怕?

诸如此类的问题,涉及文中缺失的有关秦国进攻楚国无暇顾及赵国等历史背景材料,也直接涉及人物性格特点。我们对这些问题进行归类总结,组织学生讨论,直接进入课文探究,效果很好。

4. 对课文做深入质疑

以我校同学对《廉颇蔺相如列传》提出的疑问为例。

秦王斋五日后,即使最终不想答应,但诚意已够,而蔺相如此时"完璧归赵",是否使赵国理屈?蔺相如的做法与态度是否与他之前"曲直"论说相悖?所以我觉得蔺相如的做法,结局是成功的,然而从道义上讲是不妥的。是否这样呢?

针对这个质疑,老师可以补充清代王世贞《蔺相如完璧归赵论》,并对当时历史事件做补充,帮助学生进行深入思考。

5. 主动搜集、查询相关材料

预习《张衡传》,同学们对张衡的科技成就尤感兴趣,他们所寻找的图片与视频材料相当丰富,如台北故宫博物院所收藏的地动仪、记里鼓车、指南车等(见图1-2~图1-4),还有有关地动仪复原情况的录像片。

查询资料的过程,也是加深对课文、对人物理解的过程,这个过程充满了趣味,也必然充满智慧。这样的工作,有助于丰富学生的学习情趣。

图1-2 台北故宫博物院所收藏的地动仪　　图1-3 记里鼓车　　图1-4 指南车

6. 对相关知识做归纳总结

例如,学生对编年体和国别体史书的归纳总结(见图1-5)。

> 编年体:按年月日有次序地记载史事的史书。
> 例:《春秋》(孔子)——最早的编年体史书。
> 　　《左传》(左丘明)——叙事详备的编年体史书。
> 　　《资治通鉴》(司马光)——最大的编年体史书。
> 国别体:以国家为编排顺序记载史事的史书。
> 例:《国语》——第一部国别体史书。
> 　　《战国策》(刘向)。
> 纪传体:以为人物立传记的方式记叙史实的史书。
> 例:《史记》(司马迁)——第一部纪传体通史。
> 　　《汉书》(班固)——第一部纪传体断代史。
> 　　《后汉书》(范晔)——纪传体断代史。

图1-5 编年体和国别体史书归纳

这样的归纳总结工作,也是一项知识系统化的工作。学生只有亲自做了,才能获取完整的印象。如果由老师代为完成,可能影响学生的认知深度。

三、高效课堂策略

教师备课策略与学生预习策略扫除了课程核心问题的外围障碍,为架构师生有效交流的平台打下了基础,高效课堂应运而生。

1. 咬文嚼字,品味一处好语言

人物语言折射出人物灵魂,文学语言闪耀着艺术的光辉。对语言进行品味,是语文课堂的特质之一。同时,字里行间还能品味人物的个性。在学生对文字充分预习的基础上,我们以学生交流汇报、教师点评引导的方式,组织学生对文学语言进行有效品味,获得了较好的效果。以下是几组例子。

例：相如虽驽，独畏廉将军哉？——句中"虽"如何理解？

明确："虽"可以翻译为"即使"，也可以翻译为"虽然"。这里如果翻译成"即使"，是一种假设语气，说明自己并不"驽"，语气比较生硬，显得不谦虚；如果翻译成"虽然"，表明所说情况是实际存在，自己真的"驽"，语气显得更谦虚一些。

例：《苏武传》张胜"许之"，《廉颇蔺相如列传》赵王"许之"，《鸿门宴》项王"许诺"。三处"许"分别表现了人物怎样的性格特点？

明确：会武等至匈奴，虞常在汉时，素与副张胜相知，私候胜曰："闻汉天子甚怨卫律，常能为汉伏弩射杀之。吾母与弟在汉，幸蒙其赏赐。"张胜许之。张胜"许之"，何其轻易也！为一己私情，不顾国家大局，自私轻率"许诺"。

于是项伯复夜去，至军中，具以沛公言报项王，因言曰："沛公不先破关中，公岂敢入乎？今人有大功而击之，不义也。不如因善遇之。"项王许诺。项王此时"许诺"与开篇"大怒"形成鲜明对照。这两处表现表明项羽办事情是很情绪化的，属于"跟着激情走"的人，理性不足，缺乏政治的敏感和警觉。项羽有勇无谋，缺乏智谋，寡谋轻信，愚蠢"许诺"。

廉蔺送赵王赴渑池之会，相约"三十日不还，则请立太子为王，以绝秦望"。王许之。赵王爽快许诺，显示人物性情与心胸：赵王识大体，信任廉颇，有所担当，有胸怀，勇敢"许诺"。

司马迁以经济之笔墨，使人物形象毕现。三处"许诺"，三种个性胸襟。

例：面对李陵劝降，苏武为什么称李陵为"王"？

原文：王必欲降武，请毕今日之欢，效死于前！

明确："王"这个称呼，表明了李陵被匈奴封为"右校王"这个叛徒的身份，一下子揭去了朋友间叙旧谈心的幌子，立场鲜明地与李陵划清了界限，使谈话无以为继。而李陵也因此惭愧不已，最终痛苦而去。

2. 提纲挈领，解决一个好问题

只有提纲挈领解决主要问题，才能纲举目张抓住主要矛盾，从而帮助学生理清思路，以最快的速度建立起知识的架构，提高课堂效率。这样的问题，还有助于我们还原人物的历史形象。这需要深厚的文学读解功底，之前教师备课和学生预习所做的工作，其价值将在这里得到体现。

例：廉颇"宣言辱相如"与"负荆请罪"的举动，你觉得突兀吗？

明确：

（1）廉颇"宣言辱相如"并不突兀。因为文章第一、二两段，分别介绍廉颇和蔺相如的时候，介绍廉颇的内容多：战功卓著，地位显赫，名声远播。介绍蔺相如的内容少：主人地位低下，舍人地位更低下。二人形成鲜明对比，地位高下悬殊，为后文廉颇"且相如素贱人，吾羞，不忍为之下"的心理埋下了伏笔。

（2）廉颇"负荆请罪"也不突兀。因为在渑池会上，将相合计（廉颇蔺相如计曰："王不行，示赵弱且怯也。"），将相合力（秦王竟酒，终不能加胜于赵。赵亦盛设兵以待秦，秦不敢动），两个人已经有过合作的经历做基础。此外，渑池会前，"廉颇送至境，与王诀曰：'王行，度道里会遇之礼毕，还，不过三十日。三十日不还，则请立太子为王。以绝秦望。'王许之"。廉颇对赵王的这番话，非忠贞耿介之人不能言，廉颇"负荆请罪"所表现出来的坦荡、率真的个性在前面已经得到过充分显露。

这个问题不仅能帮助我们厘清文章三个故事之间的结构关系，还能帮助我们建立起对廉颇这个人物形象较为完整的认识。这是一个能贯穿整个文章精魂的问题，大大提升了课堂效率。

例：《张衡传》第一段说张衡"举孝廉不行""连辟公府不就""大将军邓骘奇其才，累召不应"，而第二段张衡又"公车特征拜郎中，再迁为太史令"，且后来还做了河间相等官职。他前后为什么会有如此不同的表现？

明确：这前后看似矛盾的举动，恰好反映了张衡的志趣所在。

我们注意到，在第二段"公车特征拜郎中，再迁为太史令"之前，作者交代了张衡这样做的前提：安帝雅闻衡善术学。这就说明张衡的志趣在"术学"，不在"孝廉"等其他方面。

第三段"顺帝初，再转，复为太史令。衡不慕当世，所居之官辄积年不徙。自去史职，五载复还"，更进一步强调张衡志趣在此不在彼。

所以，张衡先"作浑天仪，著《灵宪》《算罔论》"，后又"造候风地动仪"，成就中国科技史上的辉煌篇章，正是因为其志趣在此！由此可见，张衡的成就源于自身对"术学"的专注与追求。

张衡后来还做了河间相，并"称为政理"，是张衡政治才干与正直品格的表现，是对他科技成就的一个补充；也是他专注"术学"，造福大众精神的延伸。张衡的形象因此更为丰满。

所以，我们能从《张衡传》中读出张衡的鲜明志趣与个性来——而不仅仅是才干。

这个例子让我们得到这样的启示：作者选取的材料，一定是最能表现作者心目中人物形象的材料。《张衡传》的选材，表面上看是一个"详略"问题，而究其实质，却是人物的"志趣与人格"问题。范晔在选材上，也是别具匠心的。一个提纲挈领的问题，是解读一篇文章的钥匙。

3. 适当延伸，讨论一个好话题

对课文做文化延伸，可以借助话题讨论、探究其精神价值。围绕有价值的话题组织学生进行思想交锋与碰撞，能够让语文课堂点亮智慧的明灯，获得对问题的深入认知，大大提升课堂的价值。而学生思想认知进步的效率，也在这样的课堂上突飞猛进。我们语文教学的效率（不单单是课堂效率）将因之而有效提高。

例：有人赞叹说："苏武的忠义精神真的是空前绝后、光耀千古。"也有人认为苏武的这种忠义是一种不分黑白，盲目服从君主，为君主作无谓牺牲的"愚忠"。请结合课文，谈谈你的看法。

讨论内容示例（注：学生的讨论很丰富，这里仅举此例）。

苏武的忠诚不能说是愚忠，而是出于对国家的责任。

首先，请看苏武在听闻出事后的"第一反应"。

张胜闻之，恐前语发，以状语武。武曰："事如此，此必及我。见犯乃死，重负国"（在严重关头，苏武不是考虑个人的得失，而是立即想到如何才能不辜负国家的重托。"重负国"三字含意很深。不能预先发现和劝阻张胜所干的错事，一负国；马上要受到敌国的审讯，给国家丢脸,二负国)。所以,他忠诚的对象是国家,是人民,身为汉使,当卷入匈奴的政变时,他首先想到的是自己的汉使身份,不能引起汉匈两国的误会和纷争,他甚至愿意以性命来平息祸端,可见他是把边界的和平、国家的利益放在第一位的。

其次,请看苏武在整个事件中的两处表现。

表现一:"自杀"与"不再自杀"。原文如下:①单于使卫律召武受辞,武谓惠等:"屈节辱命,虽生,何面目以归汉!"引佩刀自刺(这句话有三层意思:一是表白自己没有参与匈奴的谋反事件,而且也不赞成有人这样做;二是表明汉廷没有指使他们这样做;三是教育副使张胜不要贪生怕死。在说过这番话以后再引刀自刺,情况就不同了。他自杀的行动,大大增强了说话的分量。不仅足以为国雪耻,扭转外交上的被动局面,而且还赢得了敌国的尊敬)。②单于愈益欲降之,乃幽武,置大窖中,绝不饮食。天雨雪,武卧啮雪与旃毛并咽之,数日不死(苏武为什么不再自杀?这时,理屈的已经不是在苏武方面,而是在匈奴方面。苏武坚持民族气节,拒绝投降,就能为国争光;丧失民族气节,接受投降,必然给祖国丢脸)。

表现二:"杖汉节"。原文如下:武既至海上,廪食不至,掘野鼠去草实而食之。杖汉节牧羊,卧起操持,节旄尽落(匈奴企图用艰苦的生活条件来消磨苏武的斗志,把他囚禁于地窖中,使他备受饥寒,接着流放苏武到荒无人烟的北海让他牧羊。然而,在极端恶劣的环境中,苏武不可磨灭的爱国精神再一次粉碎了匈奴的险恶用心。他手握汉节——国家民族的象征,在九死一生中维持着一个使者的使命)。他保持民族气节十九年,始终忠贞如一,这种忠诚表面看起来是对汉武帝的,但实际上更是对国家、人民的。

当然,苏武的忠诚里有没有愚忠的成分,我们认为还是有一些的。比如:李陵劝降时曾经提到苏武的两个兄弟尽心为国却枉死,但苏武却一味坚持汉武帝对他们父子有莫大的提拔之恩,因此愿意为皇帝肝脑涂地。李陵所言有合理成分,但不能作为变节通敌的借口。大丈夫终不能因一己私利而出卖国家、民族,成为敌对阵营的一员。

两千多年来,苏武崇高的气节成为中国伦理、人格的榜样,成为一种民族文化的心理要素。他是如此认认真真、兢兢业业地活着,用心用力,纯粹而极致。他的坚守使生命有了沉甸甸的重量。他本可以对自己不那么残忍,但他用坚守一笔一笔地镌刻生命。他告诉我们,生命原来需要一种精气神,至大至刚!

获得高效率文言教学的课堂,是一项系统工程。这项工程的建设者是学生和老师,需要学生的有效预习和老师的深入备课;这项工程还需要选取最精髓的问题做思维的支撑,选择最闪亮的话题做思维的路标。提纲挈领的好问题,韵味深长的好语言,价值丰盈的好话题,都是我们建设高效语文课堂的好材料。本单元文言教学,学生有效预习与教师有效备课,积极推动了课程的深入研讨,为高效课堂的运转打下了基础。本单元教学,学生的探究精神与思维状态被充分调动,我们对"预·备"型教学策略进行的全面尝试获得了积极效果,课程得到了学生精彩的反馈,取得了圆满成功。

(作于 2012 年 10 月)

让语文课充满参与热情

近年来,笔者对"参与式"学习进行了探究,引导学生积极主动地参与学习的全过程,让学生在参与中生动活泼地学习,在学习中积极主动地参与,认真而富于创造性地思考,体验学习的乐趣,探索成功的道路,实现自我的价值,取得了较好的教学效果。

一、参与的动机

学生参与的动机多种多样,每一种动机都可能形成一种强大的动力,推动学生积极参与到学习中来。当然,这些动机还需要老师发现、激励和引导,才可能被有效激活,进而达到最佳状态,最终成为学习的动力,帮助学生取得较好的学习效果。

1. 用"趣味性"激发学生参与的热情

古人早就说过,"知之者不如好之者,好之者不如乐之者"。如果能用趣味性激发学生的热情,那么学生将乐于参与到学习中来。在教学中,我对趣味性有一些初步的认识,简述如下。

(1)调节气氛。如果课程内容有趣,例如,一个出乎意料的小说结尾,一个独到的见解、一个生动的比喻,甚至一个巧妙的情节;或者课堂的参与方式有趣,如生动的讲解、自由的发言、亲身的体验,严肃而又活泼的风格等,课堂的气氛必定融洽。这样,课堂学习氛围将得到较好调节,从而收到较好的课堂教学效果。

(2)引领学生思考。趣味的作用绝不能停留在调节课堂气氛的层面,而应该上升到引领学生思考的高度。"有趣"能激发学生灵感的火花,激起学生探究的愿望——一个趣味性强的话题,可以让学生在有趣的氛围中探索。

(3)延伸、拓宽与加深的功能。这是"有趣"的最高境界。所谓"延伸",就是兴趣的延展和持久;所谓"拓宽",就是这种兴趣能引领学生积极学习,拓宽知识视野;所谓"加深",就是在兴趣的推动下,能对某些问题进行较为深入的研究。下面举一个实例进行说明。

在为学生讲解鲁迅的诗《自题小像》"灵台无计逃神矢,风雨如磐暗故园。寄寓寒星荃不察,我以我血荐轩辕"时,学生们不知道"灵台""方寸"这两个词的含义。我问学生,是否记得孙悟空的师父菩提祖师所住的那座山的山名。很多读过《西游记》的同学也未能答上来。我告诉同学们,那山叫作"灵台方寸山",还顺便提到古人为山川取名的一些讲究。同学们显然没有提防鲁迅和《西游记》还能有关系,课堂气氛活跃起来。说实话,许多高中学生对鲁迅都有隔膜,学习鲁迅的文章,他们向来有一种畏难和抵触情绪,而这次课上,他们显然对鲁迅多了一些亲切感。《西游记》和鲁迅也能建立联系,无论如何是让学生感到意外的,他们因此而兴味盎然。那次课后,有很多同学都阅读了《西游记》中我所提到的有关章节,有部分同学还一鼓作气读完了整部小说。而最为让人高兴的是,还有同学对"灵台""方寸"做了一番研究,搜集了大量的例句,做了有趣的解说。这,也许正是"有趣"所带来的延伸、拓展和加深的功能吧。

2. 用"有用性"满足学生的学习需要

我们的课必须对学生"有用",如果我们的课程脱离学生的知识需求,脱离学生的生活实际,脱离学生的思想实际,脱离学生的情感需求,那么,我们的课程必定成为没有用的东西,最终被学生冷落。"学以致用"固然不是完全的真理,但让学生在每一节课都能有所收获,也许是较为切合实际的做法。这"收获",也许可以算作对"有用"的最好注解。在教学实践中,我对此深有感触。这里,我愿意谈三点感受。

(1) 充实学生的知识,提高学生的语文能力。对中学生来说,学习基本知识和掌握基本技能始终是主要的任务。学习新知识,温习旧知识,对新问题进行思考,对旧问题有了新的视角,凡此种种,每一堂课都应该能充实学生的知识。如果学生在课堂上能有新的收获、新的感悟,语文能力得到提高,学生会喜爱这样的课堂。

(2) 丰富学生积极健康的情感。语文具有审美的特点,具有熏陶的功能,语文课堂应该用"美"和"情"来面对学生,帮助学生获得审美与精神的享受。中学生的人生经验尚不丰厚,而我们的语文和语文课堂具有丰厚的社会背景;中学生人生体验不深,我们的文学作品和语文课堂具有深邃的人生体验;中学生的情感日渐丰富,我们的语文课堂能引导他们为日渐丰富的情感寻找积极健康的方向。我为学生讲授《孔雀东南飞》,讲到"两家求合葬""自名为鸳鸯"时,和同学们一起,从文本出发,了解到焦家和刘家的后悔之意,联想到梁祝化蝶,联想到罗密欧朱丽叶,感受到爱情的忠贞与神圣,感受到爱情的责任与崇高……我以为,这样的课堂,就是充盈着积极健康的情感的课堂,就是对学生有用的课堂。

(3) 提升学生的思想认识水平。中学生的思想正处于走向成熟的阶段,他们对社会事物有自己的认识,但一般又不够成熟。如果我们的语文课堂能帮助他们提高对社会事物的认识,让他们感觉到自己的进步和成熟,那么,学生将对我们的课堂充满热情。这就要求我们,不能脱离社会生活的实际上课,对学生来说,我们的语文课应该有其积极的文化意义、积极的思想意义、积极的社会意义。比如,我曾为同学们讲过"文学典故"选修课,有同学在课后这样写道:"'典故'选修课帮我建立了一种感觉,那就是一种文化意识。面对近在咫尺的圆明园(我校紧邻圆明园东侧),我终于有了一种文化冲动,不再'没有感觉';我将不再从旅游所到之处购买玩具和珠宝,而代之以书籍和文艺;我对现实生活的认识似乎高远起来,我感觉到,每一座房屋都有文化,人们的每一个举动都有文化,我开始注意大街上的广告牌,注意每一座建筑物,我似乎看到文化正统率生活前进,我正洗去自己思想上的'俗气'。这种感觉越来越细微,深入我思想的每一个角落;这种感觉越来越强烈,武装我思想的每一个细胞。"思想认识的提高,将成为学生参与学习的强大动力。

3. 让学生获取思维的快乐

有的学生喜欢福尔摩斯,这是因为福尔摩斯缜密的思考和准确的判断吸引着他们。如果我们能让学生感受到思维的快乐,他们会努力地投入到思考中去。以下是我的主要方法。

（1）讲解与介绍。在学生初步了解的基础上详细讲解与介绍，这种方式快速迅捷，能让学生用最短的时间了解主要内容，把握问题的全貌。如果老师准备充分，讲解生动活泼，这种方式一般都会受到学生的欢迎，哪怕偶尔来一次"满堂灌"。当然，讲解与介绍的形式多种多样。比如，讲授《陌上桑》时，我在学生熟读的基础上，根据文本，为学生介绍叙事诗，讲解文章结构"赞罗敷""观罗敷""戏罗敷""斥使君""夸夫婿"，探索罗敷的外在美与内在美，揭露使君的轻薄与丑陋，彰显罗敷的美丽人格。学生在这样的讲解与介绍中获取思考与认知的快乐，对课文产生了极大的兴趣。

（2）头脑风暴，共享智慧。比如，对同一个问题，让每一位同学都把自己的见解表达出来，全班同学一起倾听，一起讨论，一起总结。这样，每一个同学都能从全班同学那里获取智慧，得到提高。学生的思维水平，将在同学的欣赏与共鸣中得到提高；老师的思维水平，也会在这热烈的气氛中，教学相长。共享智慧的形式多种多样，比如，我们为全年级同学创办了《作文交流周刊》，把各个班推荐的优秀作文刊登在上面，这样不但激发了同学们的创作热情，也有效增进了同学之间的交流。

（3）表现自我，张扬个性。比如，学生所熟悉的领域、学生有所研究的话题，学生独特的感受等，课堂要给学生充分表达自我的机会，给学生充分展示自我的舞台。中学生正值青春年华，有较强的自我表现的欲望，如果我们的课堂给他们张扬个性自由，他们的积极性将得到充分提高。比如，写作文的语言风格，有同学在这方面有独特之处，我便积极地给予评说，鼓励他们形成特有的语言个性，让他们写作的积极性持续保持高涨。再比如，有同学喜爱苏轼，我们便利用合适的机会，鼓励他为同学们介绍苏东坡，不仅展示了他个人的风采，也带动了其他同学研究的积极性。

4. 用成就感激励学生持久努力

成就感会带给学生持久的动力。一个思想的火花，一篇在班级公开发表的文章，成功破解一道难题，一次竞赛获奖，一场有意义的辩论会，老师同学们一个赞许的目光……都能激励学生继续努力。在这方面，我觉得有三点特别重要。

（1）真诚肯定学生。如果生活在批评和失败中，学生大多会情绪低落；如果生活在褒扬和成功中，学生一般会情绪高涨；如果在失败后获得成功，学生更会充满欣慰和快乐。比如写一篇作文，对基础比较差的同学，哪怕整篇作文错误百出，但只要有一个词用得好，我也会把这个词拿出来向同学们介绍，说这个词用得如何如何好，这样，这位同学就会看到希望的曙光，继续努力参与到学习中来。如果某位同学的思想有一个闪光点，我们也应该把这个闪光点尽情展示，为他们参与到学习中来鼓劲加油。

（2）为学生创造机遇。好的课堂应该能为学生创造成功的机遇。比如课堂的发言，要有公平和鼓励的原则，让全体同学都有机会参与，不能只局限于少数同学。课堂上，尤其要注意照顾好"弱势群体"，发挥好"强势群体"的辐射作用。为学生创造机遇是一门艺术，具体的做法需要我们用心去发现。我曾经遇到一位同学，学习基础差，没有什么特长，也不愿和同学们交流，课堂上也很沉默，整天形单影只，一个人在班级里"独处"。怎么办呢？我请她为参加背诵课文比赛的同学计时或数错别字出现的次数，鼓励她做评判输赢的裁判。经过一段时间的锻炼，她成了背诵比赛的积极参与者。

（3）注重整体效果。成就感应该属于整个班级，不能只属于某一位同学；成就感带动的是集体进步，不能在成就个别人时冷落大多数人。比如，我曾经尝试过一种方式，叫作"我们一起读名著"，就是在每一堂课前三至五分钟（另外还有专门的读书汇报课），请一位同学为全班同学介绍《三国演义》等名著，每节课两集，目的是帮助不爱读名著的同学熟悉名著，读名著，研究名著，同学们积极参与到读书活动中来，全班同学轮流上阵，或介绍，或评论，或抒情，效果很好。一学年下来，我国古代四大名著基本介绍完毕，所有的同学都了解了名著的概貌，很多同学对名著还进行了较为深入的研究，效果很好。

二、参与的准备

在上课前，为满足学生课堂参与的需要，我们需要做一些前期的准备工作，老师们对这些常规工作大都比较熟悉，我在这里只做简略的叙述。

1. 参与的心理准备

引导同学们做好参与的心理准备，特别是要求同学们各自进行独立思考，是做好心理准备的关键。

（1）酝酿。老师在课前要做好宣传鼓动工作。比如，布置学生完成好预习的任务，明确课上将要解决的问题，组织学生进行初步的思考或梳理工作等。总之，为学生的积极参与做好铺垫。

（2）组织。课堂有较强的灵活性，同时还必须有一定的程序约束。比如，人员分组、时间约定、讨论的方向和发言的安排、对"弱势群体"（如不爱发言的同学）的鼓励办法、对"强势群体"（如表现欲强烈的同学）的关注和利用、对课堂组织形式的安排等。总之，做好组织工作，使课堂秩序井然，效率高，形式活泼而不至于繁杂混乱。

（3）目标。课堂要解决什么问题，课堂教学的目标是什么；如何鼓励学生对问题发表见解，教学要达到什么目的，大概能给学生带来哪些收获……对这些问题，老师要心中有数。

2. 参与的材料准备

在课程开始前和课程进行中，围绕课程目标，我们要准备大量的材料。比如作业讲评课，老师必须掌握学生作业情况，对学生的作业进行深入的分析研究，在课程开始前将材料分门别类地组织好，对讨论的话题有较为深入和全面的把握。总之，课堂上要用到什么样的材料，课前要有相应的准备，不能上无准备的课。细致的准备工作也是课堂成功的关键所在。

三、参与的方式

学生的参与，离不开老师的指导；老师的参与，一定要结合学生的需要，和学生一起参与。教学相长的过程，必定是师生沟通的过程，师生共同参与的过程。参与的方式多种多样，没有固定的模式，但有基本的规律。我在这里简略叙述一些基本做法，仅仅是为了抛砖引玉，期望大家提供更好的范例，供我们共同交流学习。

1. 诵读与默读

认真读书，是学生与文本对话、与作者对话的重要前提。读课文，才能有机会了解课文,有机会体味课文,有权利评价课文。在读书时,我一直坚持诵读的方法,主要要求有三点:①精神必须饱满,做到眼到、口到、手到、神到;②领诵和听诵,把握要领,营造气氛;③响起每一个人的声音,言为心声,直抒胸臆。总之,真心读书,带着饱满的情感读书。要让学生真切地感受到,读书的声音就代表着对课文的理解和把握。我校选用周正逵先生主编的语文教材,高一学习《文言读本》,我们坚持诵读教学,效果很好。当然,轻声读和默读等方式也很重要,适时应用,收效奇特。

2. 听写与默写

听写与默写是帮助学生集中注意力,全身心参与学习的重要方法。听写的时候,学生不仅要注意听,还要诉诸笔端,对其注意力集中的程度要求很高,对手脑的协调配合也有很高的要求。默写的效果,正如朱熹所说,"使其言皆若出于吾之口""使其意皆若出于吾之心",是真正的参与。也许有人认为这个办法过于原始,过于笨,但实际上,中学生还是需要这种办法的。北京高考考试大纲规定学生必须背诵一定数量的古诗文,我用听写与默写的办法检查学生背诵,比以前单纯用口头背诵的方法要求学生,效果好得多。

3. 实践与交流

实践方式多种多样,比如学生亲身观察、亲手操作、实地考察、动手作图等。我们曾经让学生写"今天我洗袜子""我骑自行车""今天我值日""我游圆明园"等类型的作文,也利用学校军训、农训、各类文学社、小记者团等机会指导学生实践活动,很受学生欢迎。实践的过程,不仅是亲身体验的过程,也是知识融入生活的过程,理论实践结合的过程,是语文学习必不可少的环节之一。

交流包括口头交流、书面交流、肢体语言交流等几个方面,可以在个人之间、小组之间、班级之间进行。可以是书面语言交流,如黑板报、小报或作文比赛;也可以是对文本理解和把握程度的交流,如对问题的争论、诗歌朗诵比赛等。

4. 讨论与辩论

讨论要讲求效率,注重实效,任务明确,有条不紊,积极思考,有所发现。讨论的方向和目的要基本清楚,在讨论的过程中要注意随机应变,并且做好相应的记录。在讨论的过程中,要注意避免跑题甚至胡乱发言的现象。讨论最好在单位时间内完成,并在此过程中形成某些结论。讨论主要在小组内部进行,注意搞好协调组织工作。

针对不同的观点,或者针对同一问题的不同理解,也可以采用小组间辩论的方式,可以组织辩论赛;辩论可以是课堂上自由的发言,可以用论文宣读的方式来进行;在辩论之前,要组织学生进行较为深入的调查研究工作,并提醒学生注意文明礼仪的要求,防止在发言中出现胡乱发言的现象,或出现人身攻击的语言。辩论过程中同样要做相应的记录,并最好设置一位威信较高的裁判。

5. 体验与想象

体验有多种方式,比如情景剧、录像片等,也可以是亲身体验。体验和想象是分不开的,从某种程度上说,想象其实也是在寻找一种体验的感觉。比如,有同学把《谏太宗十思疏》中的"十思"画成连环画,有同学把《邹忌讽齐王纳谏》改编成三幕话剧,有同学把容易混淆的字编成顺口溜来识记(如"点成横戌戊中空,变成十字读作戎"),凡此种种,可以发掘出很多学生感兴趣的思路。

6. 表达与展示

不管是书面表达还是口头表达,老师都要注意给学生展示的机会。展示,一则可以为学生带来成就感;二则可以用相对固定的形式把学生的学习成果保存下来;三则可以让这些成果发挥更长时间和更大范围的影响而不至于很快就从同学的视野里消失;四则可以营造良好的班级学习氛围。我曾经办过班级小报,也曾经把同学们历次创作的优秀作文编辑起来,编辑成《优秀作文及诗词作品汇编》,不仅大大激发了同学们创作的热情,还成为同学们毕业后最好的纪念品之一。班级小报、黑板报、钢笔书法竞赛、团刊、优秀随笔展览、优秀作文宣读、运动会稿件等,有很多种形式,都能激发同学们参与的激情。

7. 问题与规律

发现问题,分析问题,解决问题,总结规律,也有很多值得研究的地方。我曾经为同学们分析过"现代文阅读中简答题的审题与作答",主要做法是:首先把同学们所作答案全部汇集起来,然后对这些答案进行分类,找出这些答案的优点或者缺点,再将这些优点和缺点分别归类,探究这些优、缺点产生的原因。做完这些工作以后,我把这些分好类的答案和优、缺点分别展示出来,提供给学生,帮助同学们认识这些优、缺点产生的原因,引导同学们学会审题,学会作答。这样做有几个方面的好处:第一,同学们关注自己所做的答案,他们参与的热情很高;第二,所有同学都审视别人的答案,与自己的答案做对比,在比较中发现自己的优势或不足;第三,所有同学都开阔了眼界,发现了新思路,总结了规律,得到了提高。问题与规律总是密不可分的,不能单纯为了解决问题,更不能空讲问题,而要从学生所做的答案出发,总结规律。

8. 对话与研讨

老师与学生对话,学生与学生对话,师生与文本对话,思想与行为对话,理想与现实对话,时间与空间对话,问题与答案对话……对话的方式很多,一切以调动学生的积极性为原则。对话的过程其实就是研讨的过程。我们学校每到高二年级上学期都要进行小论文的答辩活动,小论文的写作、讲评与答辩的过程,其实就是对话与研讨的过程,同学们对自己喜爱的领域进行研究,彼此切磋交流,气氛热烈。

9. 个人与集体

个人不能脱离集体但又必须展示自己的个性,集体必须团结一致但又必须照顾到每一个人。对于内向而沉默寡言的同学,我们要有适当的照应;对于反应机敏而口齿伶俐的同学,我们也要有适当的控制和利用。参与是个体的参与,也是集体的参与,我们要注意个人和集体的有机结合,让集体为培养和发展同学的个性服务,让每一位同学为集体的成长增色。

10. 参与的效果检验

每次课结束的时候,我们要对课程做一个小结。小结的方式也多种多样,比如一言心得、卷面小测验、学生汇报、问卷调查、成果展示、长期效果观察等,据实际情况而定。

四、"参与学习"营造活泼高效的课堂

实践证明,"参与"是调动学生积极性的最有效的方式之一。从被动参与到主动参与,

学生的学习积极性被调动,热情被唤醒,思维被激活,"做学习的主人"意识逐步建立,学习效率提高,学习实际收获增多,真正感受到学习的快乐。当然,在课堂参与的过程中,老师必须做大量的工作,深入了解学生,仔细研究问题,认真组织协调,做一位融知识、智慧和热情于一体的高瞻远瞩的老师。

不注重学生参与甚至排斥学生参与的课堂,将是死气沉沉的课堂,也必定是没有前途的课堂;而不讲求方式方法,不做充分的准备,随意参与,信马由缰的课堂,将是缺少效率的课堂,也必定是少有收获的课堂;只有经过精心组织,目标明确,同学们积极参与的课堂,才会是有活力的课堂,能带来丰硕成果的课堂。

（作于 2005 年 9 月）

宋词单元四讲

词,诗歌的一种。原是配乐歌唱的一种诗体,故又称曲子词、乐府、乐章等。句的长短随歌调而改变,因此又叫长短句。词又叫诗余、琴趣。词始于隋,定型于中晚唐,盛于宋。隋唐之际,从西域传入的各民族的音乐与中原旧乐渐次融合,并以胡乐为主产生了燕乐。原来整齐的五、七言诗已不适应,于是产生了字句不等、形式更为活泼的词。

词最早起源于民间,后来,文人依照乐谱、声律、节拍而写新词,叫作"填词"或"倚声"。从此,词与音乐分离,形成一种句子长短不齐的诗歌形式。五、七言诗句匀称对偶,表现出整齐美;而词以长短句为主,呈现出参差美。

词根据曲调上的变化,发展出长短不同的篇章,一般分为"小令""中调""长调"三类:五十八字以内为小令;五十九字至九十字为中调;九十一字以上为长调。慢词一定是长调,而长调未必是慢词。

词有词牌,即曲调。比较常用的词牌约100个。一定的词牌反映着一定的声情。词牌名称的由来,多数已不可考。

词的结构分片或阕,不分片的为单调,分二片的为双调,分三片的称三叠。按音乐又有令、引、近、慢之别。

"令"一般比较短,早期的文人词多填小令,如《十六字令》《如梦令》《捣练子令》等。

调 笑 令
(唐)韦应物

胡马,胡马,远放燕支山下。跑沙跑雪独嘶,东望西望路迷。迷路,迷路,边草无穷日暮。

(《唐宋词鉴赏辞典》上海辞书出版社)

"引"和"近"一般比较长,如《江梅引》《阳关引》《祝英台近》《诉衷情近》。

阳 关 引
(宋)寇 准

塞草烟光阔,渭水波声咽。春朝雨霁轻尘歇。征鞍发。指青青杨柳,又是轻攀折。动黯然,知有后会甚时节。

更尽一杯酒,歌一阕。叹人生,最难欢聚易离别。且莫辞沉醉,听取阳关彻。念故人,千里自此共明月。

(《唐宋词鉴赏辞典》上海辞书出版社)

而"慢"又较"引"和"近"更长,盛行于北宋中叶以后,有柳永"始衍慢词"的说法。

戚　氏
（宋）柳　永

晚秋天，一霎微雨洒庭轩。槛菊萧疏，井梧零乱，惹残烟。凄然，望江关，飞云黯淡夕阳闲。当时宋玉悲感，向此临水与登山。远道迢递，行人凄楚，倦听陇水潺湲。正蝉吟败叶，蛩响衰草，相应喧喧。

孤馆，度日如年。风露渐变，悄悄至更阑。长天净，绛河清浅，皓月婵娟。思绵绵。夜永对景，那堪屈指暗想从前。未名未禄，绮陌红楼，往往经岁迁延。

帝里风光好，当年少日，暮宴朝欢。况有狂朋怪侣，遇当歌对酒竞留连。别来迅景如梭，旧游似梦，烟水程何限。念利名、憔悴长萦绊。追往事、空惨愁颜。漏箭移，稍觉轻寒。渐呜咽，画角数声残。对闲窗畔，停灯向晓，抱影无眠。

（《唐宋词鉴赏辞典》上海辞书出版社）

词的韵脚，是音乐上停顿的地方。一般不换韵。有的句句押，有的隔句押，还有的几句押。像五、七言诗一样，词讲究平仄。而仄声又要分上、去、入。

由于词在晚唐、五代、宋初多是酒席宴前娱宾遣兴之作，故有"词为小道、艳科""诗庄词媚"之说。

随着词的发展，经柳永、苏轼，逐渐扩大了词的题材，至辛弃疾达到高峰，成为和诗歌同等地位的文学体裁。

《人间词话》：四言敝而有楚辞，楚辞敝而有五言，五言敝而有七言，古诗敝而有律绝，律绝敝而有词。盖文体通行既久，染指遂多，自成习套。豪杰之士，亦难于其中自出新意，故遁而做他体，以自解脱。一切文体所以始盛终衰者，皆由于此。故谓文学后不如前，余未敢信。但就一体论，则此说固无以易也。

《人间词话》：词人者，不失其赤子之心者也。故生于深宫之中，长于妇人之手，是后主为人君所短处，亦即为词人所长处。

《人间词话》：善乎陈卧子之言曰："宋人不知诗而强作诗，故终宋之世无诗。然其欢愉愁苦（怨）之致，动于中而不能抑者，类发于诗余，故其所造独工（非后世可及）。"（取自陈子龙《王介人诗余序》）

我们还必须注意，宋词作家的词作，多与自己的人生际遇紧密相连。阅读他们的作品，感受他们的个人命运与家国之悲，不能不想到"知人论世"（高二选修课本第一册《古代诗歌散文欣赏》第一章第一单元即为"以意逆志，知人论世"）说的个中道理。欣赏宋词，我们还要了解宋代，了解这个时代背景下每一位作家的人生际遇。

第一讲：品柳永词作，话点染手法（《望海潮》《雨霖铃》）

词有点染，柳耆卿《雨霖铃》云："多情自古伤离别，更那堪冷落清秋节。今宵酒醒何处？杨柳岸晓风残月。"上二句点出离别冷落，"今宵"二句，乃就上二句意染之。点染之间不得有他语相隔，隔则警句亦成死灰矣。（刘熙载《艺概》）

案：点与染分开说，而引词以证之，阅者无不点首。得画家三昧，亦得词家三昧。（《词学集成》引江顺诒语）

点染是画家手法，有些处加点，有些处渲染。这里借来指有些处点明，有些处烘托，更有意味。柳永《雨霖铃》:"念去去千里烟波,暮霭沉沉楚天阔。"点明"去去",就用千里烟波、暮霭沉沉、楚天空阔三样景物来烘托,衬出远别的离情。接下去说"多情自古伤离别,更那堪冷落清秋节",这里点明"伤离别",用"冷落清秋节"来渲染,再衬上多情,更觉难堪,所以说"更那堪"。这是一重渲染。再有下一句点明在冷落的清秋节伤离别,说"今宵酒醒何处?杨柳岸晓风残月",用"杨柳岸""晓风""残月"三样东西构成一种凄清的意境,来烘托在清秋节伤离别的感情。这是又一重渲染。这里有两重渲染,显得感情色彩更浓重。这样,先点明,后用景物渲染,烘托感情,收到情景相生的效果。(周振甫《诗词例话》)

渲染原属中国画技法的一种,为突出形象之用。以水墨或淡彩涂染画面,以烘染物像,增强艺术效果,亦可作"设色"解。渲,是在皴擦处略敷水墨或色彩(皴,国画画山石时,勾出轮廓后,再用淡干墨侧笔而画)。染,是用大面积的湿笔在形象的外围着色或着墨,烘托画面形象。渲染技法后用于文学领域,成为文学作品中一种常用的表现手法。作为文学表现手法的渲染,指通过对环境、景物或人物的外貌、行为、心理等做多方面的铺叙、形容和烘托,以突出描写的主要对象或主要方面,加强艺术表现效果。渲染的对象主要是环境、气氛、事件和人物。渲染的具体手法主要有反复、排比、夸张、层递、铺陈、烘托等。

渲染要围绕一定的中心展开:在绘画中,这个"中心"就是指"需要强调的地方";在文学中则指描写的主要对象或主要方面。使用渲染手法,要始终围绕这个中心展开,意象及词力始终指向描写的主要对象或主要方面。如柳永词《雨霖铃》,该词的中心在于抒发浓重的离别之苦,词人描写环境时写了凄鸣的寒蝉、傍晚雨后的长亭、催发的兰舟、烟波浩渺的楚天,还写了"执手相看泪眼,竟无语凝噎"的细节,以及想象别后的凄凉情景,这些描写都紧紧围绕着"离别之苦"这一中心铺展。经过词人如此层层铺垫堆积,让人难忍难承。

渲染要围绕中心正方向展开。渲染手法的这一特点,要求用于渲染的材料必须正方向支撑渲染的中心,而不能是相反。柳永《雨霖铃》一词中的环境及细节等描写,全都正方向支撑强化了"离别之苦"这一中心。因此,正衬手法属于渲染之下的具体手法,而对比、反衬则与渲染有着明显的区别。用于反衬的材料虽然也能对描写对象起到衬托作用,但这种作用是反方向的,这与渲染手法的要求是根本不同的。像"江碧鸟逾白,山青花欲燃""蝉噪林愈静,鸟鸣山更幽"之类的句子,均运用了反衬的手法,但不是渲染。

要对用于渲染的材料着色加彩。渲染,绘画中就是在画幅需要强调之处,加上或浓或淡的墨彩。引入文学中,这"色彩"指的是鲜明的颜色、有特点的形象、特具表现力的词语,运用了铺陈、排比、比喻、夸张、神话等手法。经过这番"着色加彩",这些渲染材料会更形象,更鲜明,更有力。

当然,运用渲染手法,并非一定浓墨重彩,也可用不太多的笔墨,而收到显著的渲染效果。渲染运用的效果,关键在于作者能否抓住事物的本质特点,并进行精致有力的描写刻画。

柳　永　词

柳永是北宋第一个专力写词的作家,柳永词标志着北宋词发展的一个阶段,他和乐工一起,创制了以篇幅较长、句子参差不齐为其特色的慢调。如《甘州子》只有三十三字,它的《甘州令》增为七十八字;《长相思》本双调三十六字,他增为一百零三字;《浪淘沙》本双调五十四字,柳永变为三叠一百四十四字。词体的繁衍和进一步完备,为宋词的繁荣奠定了基础。随着形式的扩展,柳词多用赋体,也多长于铺陈。课文中所选柳词《望海潮》《雨霖铃》,正是柳词赋体入词铺陈(烘托)渲染的典范作品,以下具体赏析(见表1-7和表1-8)。

表 1-7 《望海潮》(整体与局部,都是点染)

点	染(铺陈渲染,绝无萧条之象出现)
繁华	烟柳画桥,风帘翠幕,参差十万人家(都会) 云树绕堤沙,怒涛卷霜雪,天堑无涯(形胜) 市列珠玑,户盈罗绮,竞豪奢(繁华)
好景	重湖叠巘清嘉,有三秋桂子,十里荷花(湖山形胜之美) 羌管弄晴,菱歌泛夜,嬉嬉钓叟莲娃(民人昼夜之乐) 千骑拥高牙,乘醉听箫鼓,吟赏烟霞(官员留恋之乐) 异日图将好景,归去凤池夸

《望海潮》一词发挥了柳永用赋体手法写词的长处,可以说是一篇杭州赋。

表 1-8 《雨霖铃》(整体与局部,都是点染)

点	染(烘托渲染,绝无欢欣之象出现)
伤离别	寒蝉、长亭、晚、骤雨、留恋、催发、执手、凝噎(实) 念去去、烟波、暮霭、楚天阔(由实到虚) 伤离别、清秋节、酒醒、杨柳、晓风、残月、虚设(虚) (情景交融,虚实结合)

《雨霖铃》本是一支曲的名字。唐玄宗入蜀时,至斜谷口,连天霖雨,在栈道中闻铃声,隔山响应,他正悼念杨贵妃,因实景实情写下《雨霖铃》曲,以寄托离恨。宋代人倚旧声填词,柳永词亦源于此曲。

诗里用点染的,像韦应物的《闻雁》:"故园渺何处,归思方悠哉。淮南秋雨夜,高斋闻雁来。"点明归思,用秋雨、雁声来烘托。岑参《碛中作》:"今夜不知何处宿,平沙万里绝人烟。"点明无处投宿,用平沙万里来渲染。韦应物《休日访人不遇》:"怪来诗思清人骨,门对寒流雪满山。"点明诗思很清,用寒流和雪来渲染。全诗的意境都从烘托中表现出来。

李清照词《声声慢》,"点染"手法的应用也是很突出的。词中,作者以通俗自然的语言、铺叙的手法抒情写景,而抒情含蓄曲折,心中极愁,景景含愁,通篇是"愁",然而这一愁情作者却始终不说破,只是极力烘托渲染,层层推进,营造出一种"一重未了一重添"的凄苦氛围,给人留下更多的思索空间。词中作者抒发的那种非比寻常的凄苦哀愁(见表1-9),深刻、凄酸,别具感染力,堪称千古绝唱!

表 1-9 《声声慢》

点	染(烘托渲染,层层推进,尽是愁苦之象)
愁	寻寻觅觅,冷冷清清,凄凄惨惨戚戚。 乍暖还寒时候,最难将息。 三杯两盏淡酒,怎敌他晚来风急? 雁过也,正伤心,却是旧时相识。 满地黄花堆积,憔悴损,如今有谁堪摘? 守着窗儿,独自怎生得黑? 梧桐更兼细雨,到黄昏、点点滴滴。 这次第,怎一个愁字了得!

李清照此词,先层层烘托渲染,最后点明收束。如百川汇海,多条长河涌动,波澜汇聚东流,俄而至于大海,不由人望洋一叹,目瞪口呆,心胸无比震撼!

我国古典诗词,点染手法的运用是相当普遍的。帮助学生深入认识这种手法,也就帮助学生学会了这种鉴赏方法,掌握了这种写作技巧。

第二讲:品苏辛词作,尝典故味道(《赤壁怀古》《登建康赏心亭》《京口北固亭怀古》)

王国维在《人间词话》中有这样一段话:"稼轩《贺新郎》词送茂嘉十二弟,章法绝妙,且语语有境界。此能品而几于神者。然非有意为之,故后人不能学也。"辛弃疾在那首词中,用了不少典故,王国维赞赏辛弃疾在这首词中用典能够"几于神",并且是"非有意为之"。可见,用典是要根据表情达意的需要来操作的,就是作者确实有这种丰富的情感要表达,才适合用典。倘若作者并没有这种丰富的感情,为了卖弄博学,堆砌了许多典故,那就不行。所以不该"有意为之",最好是神来之笔,在笔端自然流露。

用典,必须是与作者所要抒发的感情结合着的,所以,我们在欣赏典故的时候,一定要透过典故,了解作者的思想感情。我个人总结,欣赏典故需要注意以下五个方面。

其一,从形式上看,感受典故简洁的特色。"填词"受字数限制,不能多言,而用典可以用简约的文字拈举特指的古事或古语以表达较多的含意(几乎所有典故)。微言大义是典故的重要特点,典故绝不繁杂啰唆。苏轼《赤壁怀古》用周郎典故,仅"谈笑间"三个字,即写出周瑜风雅闲散、谈笑自若、运筹帷幄的从容气度;又抓住了火攻水战的特点,只用"灰飞烟灭"四字,就将曹军的惨败情景形容殆尽。这样简练的文字,对表现人物形象,也是很有作用的,那就是:这样简练的语言特别传神,能抓住人物的主要特质。

其二,从表达效果上看,学习典故含蓄有味的特色。作者所要表达的感情复杂深厚,有些话可能还不能明说(如辛弃疾《京口北固亭怀古》"廉颇老矣,尚能饭否",表示虽老却不忘为国效力,有收复中原的耿耿忠心,可是朝廷一味屈膝媚和,权奸当道,自己被弃置不用),或者用自己的语言不容易表达清楚,所以借用典故,乃至借助语气(如辛弃疾《水龙吟》中季鹰典用反问句,许汜典用推测句,桓温典用感叹句,三种句式三种语气,一气呵成,传达出内心深重而强烈的感情),委婉传达。典故,一定是具有典范意义的经典的语言或故事,典故也因此耐人寻味——我们须注意词中每一个典故的经典特质和典范意义。

其三,从内容上看,感受典故意蕴的丰富性和历史的厚重之感。词人的经验层面同前人的经验层面因用典而叠合交融,给读者两次欣赏的享受,甚至多次欣赏的享受,比如辛弃疾《永遇乐·京口北固亭怀古》中使用了"孙仲谋"这个典故,我们很容易联想起他在《南乡子·京口北固亭怀古》中同样提到了"孙仲谋"这个典故:"何处望神州?满眼风光北固楼。千古兴亡多少事?悠悠,不尽长江滚滚流!//年少万兜鍪,坐断东南战未休。天下英雄谁敌手?曹、刘。生子当如孙仲谋。"不仅如此,我们应该还会想起《三国志·吴志·吴主传》:"十八年正月,曹公攻濡须,权与相拒月余。曹公望权军,叹其齐肃,乃退。"裴注:《吴历》曰:"……权行五六里,回还作鼓吹。公见舟船器仗军伍整肃,喟然叹曰:'生子当如孙仲谋,刘景升儿子若豚犬耳。'"曹操与孙权相持于濡须,曹操攻而不能破,且见吴军阵容整肃,孙权英武异常,深为羡慕。于是就发出了"生子当如孙仲谋"的赞语。后人常以此比喻希望晚辈英贤。甚至我们还可以联想到苏东坡词《江城子·密州出猎》:"亲射虎,看孙郎。"我们的这些联想和想象,和作者使用典故时的情感交映在一起,让我们得到了多重的美的享受。北京大学钱志熙教授有"借景"之说,譬喻说在昆明湖划船,远看玉泉山如在颐和园中,美不胜收。用典的美感,类此。

其四,从情感表达上看,感受典故的情感色彩。辛弃疾在《永遇乐·京口北固亭怀古》中赞美孙仲谋、刘裕,对刘义隆持批评意见,与廉颇颇有同感;而在《水龙吟·登建康赏心亭》中,对许汜持批评意见,作者不愿像许汜那样买房置地;而对于"季鹰",结合《晋书·张翰传》"人皆谓之见机"的评价,作者说自己不愿像季鹰那样弃官归隐,作者对季鹰持什么意见,羡慕还是批评?这就需要我们见仁见智了。对于桓温,作者应该是心情相通的了。借助典故表情达意,是辛词一大风格,教学中需要具体分析,细细品味。

附讨论材料:

《晋书·张翰传》记载:张翰,字季鹰,吴郡吴人也。父俨,吴大鸿胪。翰有清才,善属文,而纵任不拘,时人号为"江东步兵"。会稽贺循赴命入洛,经吴阊门,于船中弹琴。翰初不相识,乃就循言谭,便大相钦悦。问循,知其入洛,翰曰:"吾亦有事北京。"便同载即去,而不告家人。齐王冏辟为大司马东曹掾。冏时执权,翰谓同郡顾荣曰:"天下纷纷,祸难未已。夫有四海之名者,求退良难。吾本山林间人,无望于时。子善以明防前,以智虑后。"荣执其手,怆然曰:"吾亦与子采南山蕨,饮三江水耳。"翰因见秋风起,乃思吴中菰菜、莼羹、鲈鱼脍,曰:"人生贵得适志,何能羁宦数千里以要名爵乎!"遂命驾而归。著《首丘赋》,文多不载。俄而冏败,人皆谓之见机。然府以其辄去,除吏名。翰任心自适,不求当世。或谓之曰:"卿乃可纵适一时,独不为身后名邪?"答曰:"使我有身后名,不如即时一杯酒。"时人贵其旷达。性至孝,遭母忧,哀毁过礼。年五十七卒。其文笔数十篇行于世。

(《晋书》中华书局)

请问:张翰是"旷达之人"还是"见机之人"?

这个讨论也许没有定论,所以,典故也是含蓄复杂而有味的。("休说鲈鱼堪脍"中的"休说"是什么含义?)

其五,感受典故常用常新的新意(刘勰《文心雕龙》:据事以类义,援古以证今)。要真正读懂文章,你就必须走进典故的情境中,去揣摩,去体悟。

总之,典故包含的意义极为丰富,特别是诗人引用后,或深沉浑厚,或含蓄婉转,它蕴含着诸多的弦外之音,言外之意,反复咀嚼,可以浮想联翩。在阅读和鉴赏古典诗词中,了解这些典故的渊源,揣摩典故所赋予的新的意韵,可以体味到诗词语言的奥妙,品尝到诗词的无穷魅力,从而真正走进诗词所创设出来的艺术之境。

第三讲:走进李清照的内心世界,感受女词人的"小我"与"大我"
(《醉花阴》《声声慢》)

李清照,父亲李格非,刚直不阿,疾恶如仇,著《洛阳名园记》,以文章受知于苏轼,为苏门后四学士之一。母亲王氏,王拱辰(仁宗朝状元,翰林学士,吏部尚书)之外孙女,亦工文章。在这样的家庭里,李清照受到了良好的家庭教育。

她的名"清照",取自王维诗"明月松间照,清泉石上流",李清照骨子里所追求的是一种人格的超群脱俗,这就难免有超现实的理想化的悲哀。

李清照号"易安",取自《归去来兮辞》"审容膝之易安",陶渊明式的生活是李清照重要的生活理想之一,菊花也成为她一生的最爱。赵明诚在李清照的小像旁边题过一句话:"清丽其词,端庄其品,归去来兮,真堪偕隐。"她的词中,多有菊花出现。

在我看来,李清照的词作有"小我""大我"两种不同的境界。如果说《醉花阴》抒发的情怀表现了"小我"的李清照,那么《声声慢》就是"小我""大我"共生的李清照(见表1-10)。之所以这么说,是因为我注意到,南渡之前的李清照,多抒写个人独有的生活感受;南渡以后的李清照,在抒写个人情感的时候,往往能表现个人生活的时代因素,传达出那个时代带给人们的某些共同情绪,读来愈加撼人心魄。

表 1-10 对比阅读看李清照的"大我"与"小我"

《醉花阴》		《声声慢》	
薄雾浓云愁永昼,瑞脑消金兽。(闺房情调,有瑞脑金兽)	开篇言"愁"。有瑞脑金兽(内部环境,个人情怀)。	寻寻觅觅,冷冷清清,凄凄惨惨戚戚。	动作、神态、氛围与凄凉感受,凄惨愁苦。外向求索,时代感受。
佳节又重阳,玉枕纱橱,半夜凉初透。(佳节盼团圆,埋怨语气,玉枕纱橱仍是闺房情调)	佳节独守空房,内心颇有凉意。	乍暖还寒时候,最难将息。	"时候"艰难,并不仅仅指季节,恐怕也与时代有关。
东篱把酒黄昏后,有暗香盈袖。(似有采菊东篱之悠闲)	"把"酒消愁,动作具体;暗香盈袖也无心绪。	三杯两盏淡酒,怎敌他晚来风急?	与年轻"浓睡不消残酒"时大不同。"三""两"言"不足"也。
莫道不销魂,帘卷西风,人比黄花瘦。("愁"而不"悲"不"苦"。青年相思之愁,爱上层楼)	魂不守舍,憔悴自比黄花。白描手法是李清照词在艺术上的一个突出特点。	雁过也,正伤心,却是旧时相识。	"旧时"雁,也指家乡故土之雁。今昔对比,动人心魄。
"对比"小结:王国维《人间词话》云:"尼采谓:'一切文学,余爱以血书者。'后主之词,真所谓以血书者也。宋道宗皇帝燕山亭词亦略似之。然道君不过自道身世之戚,后主则俨有释迦基督担荷人类罪恶之意,其大小固不同矣。"	以情抒写个人寂寞之感,憔悴之意,相思之情。属于关注"小我"。 "对比"小结:李清照前期之愁:内在关照,当时感怀,慢慢倾吐,"小我"情绪。	满地黄花堆积,憔悴损,如今有谁堪摘? 守着窗儿,独自怎生得黑? 梧桐更兼细雨,到黄昏、点点滴滴。 这次第,怎一个愁字了得!	黄花憔悴,人亦憔悴。"谁"也不堪,"我"更不堪。"如今"亦含对比。 度日如年。如何"挨"过此生? 凄凉的声音强烈敲击作者心扉。黄昏凄苦。 篇末言"愁"。愁无尽,"愁"而"悲苦",老年凄苦心境,欲说还休。

续表

《醉花阴》		《声声慢》	
在我看来,李清照的后期词作,正是以自己的血书写的,正有"释迦基督担荷人类'痛苦'之意",较前期"清愁"明显不同,所以,其词其人显得"大"!	李清照后期之愁:外在关照,今昔对比,急促凄厉,"大我"之境。	《声声慢》原来的韵脚押平声韵,这里改押入声韵,调子急促凄厉,传达出无尽凄凉的愁思。以血书写。 补注:词境扩大,指思想意义和精神震撼力之大,能够动人心魄。	(词境扩大。作者的身世之痛、家国之痛、孤独之痛等,仅一个"愁"字如何包括得尽!这里,我们不能不说,李清照在抒写个人情绪的时候,灌注了时代情绪,书写出了时代背景下的"大我'。不仅关注"小我",而且反映时代"大我"。)

此外,宋词多为男性作家,以男性作家描写女性生活,代女主人公立言,对女性的思想、内心缺乏深入的了解。只有到了李清照,才开始了对女性内心世界的真正严肃而深刻的描绘。她以自己的生活体验为基础,描写自己对生活和自然的热爱,表达自己对丈夫的真挚感情,于委婉细腻中一洗过去词作中红绿绮艳的妩媚气氛,为词坛带来一种清高生活的意趣,咏抒出一种淡远的情怀,创造出一种空灵的意境。

王国维在《人间词话》中说:"大家之作,其言情也沁人心脾,其写景也必豁人耳目。其辞脱口而出,无娇柔妆束之态。此其所见者真,所知者深也。"以此为标准,李清照应无愧于词作大家之称。

对比感怀:从表1-10的对比中,李清照《声声慢》词思想意义和精神震撼力之大,使我感觉到,"婉约"与"豪放"的提法,是一个较为粗糙的说法。

对往昔繁华岁月的回忆,与今天的漂泊孤苦,形成鲜明对照,形成李清照后期词作的重要风格特征,作者在深深的叹惋中,表达出不尽的感伤。比如以下两首。

《武陵春》:风住尘香花已尽,日晚倦梳头。物是人非事事休,欲语泪先流。　　闻说双溪春尚好,也拟泛轻舟。只恐双溪舴艋舟,载不动许多愁。

(《全宋词》中华书局)

这首词是宋高宗绍兴五年(1135年)作者避难浙江金华时所作。当年她是五十三岁。那时,她已处于国破家亡之中,亲爱的丈夫死了,珍藏的文物大半散失了,自己也流离异乡,无依无靠,所以词情极其悲苦。

《永遇乐》:落日熔金,暮云合璧,人在何处?染柳烟浓,吹梅笛怨,春意知几许?元宵佳节,融和天气,次第岂无风雨?来相召,香车宝马,谢他酒朋诗侣。　　中州盛日,闺门多暇,记得偏重三五。铺翠冠儿,捻金雪柳,簇带争济楚。如今憔悴,风鬟霜鬓,怕见夜间出去。不如向,帘儿底下,听人笑语。

(《全宋词》中华书局)

李清照在经历了国破、家亡、夫死的惨烈之痛后,变得心有余悸,格外敏感了,即使是在"元宵佳节,融和天气"里,也无端地担忧风雨不期而至,排遣不了"人在何处"的哀痛伤感;她宁可谢绝酒朋诗侣的邀请,寂寞自处,去"帘儿底下,听人笑语",来压抑自己对故国家园的思念哀愁。国破、家亡、夫死、无子,封建社会一个女人的人生这样收场,简直太惨了。

南渡宋臣，在山明水丽的临安享乐。李清照则开始行吟双溪，不与当时的权贵同调。而且，还受着这批人的污蔑。在这种环境中，她不禁感伤地吟出"南来尚怯吴江冷，北狩应悲易水寒"，令人感慨深沉。《永遇乐》这首词运用今昔对照与丽景哀情相映的手法，有意识地将浅显平易而富表现力的口语与锤炼工致的书面语交错融合，以极富表现力的语言写出了浓厚的今昔盛衰之感和个人身世之悲。艺术感染力如此之强，难怪南宋著名词人刘辰翁每诵此词必"为之涕下"。

第四讲：比较苏辛词与柳李词，品味豪放与婉约（"柳李"指柳永、李清照）

《词话丛编》载：东坡在玉堂（翰林院）日，有幕士善歌，因问："我词何如柳七？"对曰："柳郎中词，只合十七八女郎，执红牙板，歌'杨柳岸晓风残月'；学士词须关西大汉，铜琵琶，铁绰板，唱'大江东去'。"东坡为之绝倒。

这个故事，大约是豪放与婉约的最好注脚。

明确提出词分婉约、豪放两派的，一般认为是明人张綖（yán）。清人王士祯《花草蒙拾》说："张南湖论词派有二：一曰婉约，一曰豪放。"稍晚于张綖的徐师曾，在《文体明辨序说》中指出："至论其词，则有婉约者，有豪放者。婉约者欲其辞情蕴藉（含而不露），豪放者欲其气象恢弘（宽阔、广大），盖虽各因其质，而词贵感人，要当以婉约为正。"

婉约与豪放并不足以概括风格流派繁复多样的宋词，但可以说明宋词风调具有或偏于"阴柔"之美，或偏于"阳刚"之美的两种基本倾向，有助于理解宋词的艺术风格。

婉约，是婉转含蓄之意。

词本来是为合乐演唱而作的，起初演唱的目的多为娱宾遣兴，演唱的场合无非宫廷贵家、秦楼楚馆，因此歌词的内容不外离思别愁、闺情绮怨，这就形成了以《花间集》为代表的"香软"的词风。北宋词家承其余绪，晏殊、欧阳修、柳永、秦观、周邦彦、李清照等人，虽在内容上有所开拓，运笔更精妙，并且都能各具风韵，自成一家，然而大体上并未脱离婉转柔美的轨迹。

因此，前人多用"婉美"（《苕溪渔隐丛话》后集）、"软媚"（《词源》）、"绸缪宛转"（《酒边词序》）、"曲折婉婉"（《乐府余论》）等语，来形容他们作品的风调。明人径以"婉约派"来概括这一类型的词风，应当说是经过长时期酝酿的。

婉约词派的特点，主要是内容侧重儿女风情（相思之情、离别之感），结构深细缜密（细腻曲折，曲尽内心感怀），重视音律谐婉，语言圆润，清新绮丽（节奏一般较为舒缓），具有一种柔婉之美（意向一般阴柔），内容比较窄狭（大都是个人情怀）。

豪放，古人解释为豪迈放纵。

"豪则我有可盖乎世，放则物无可羁乎我"（杨廷芝《诗品浅解》）。可见豪放的作品当气度超拔，不受羁束。徐师曾《文体明辨序说》云："豪放者欲其气象恢弘。"南宋人把苏轼、辛弃疾作为豪放派的代表，以后遂相沿用。王国维《人间词话》有云："东坡之词旷，稼轩之词豪。无二人之胸襟而学其词，犹东施之效捧心也。"又云："苏辛词中之狂。"

豪放派的特点，大体是创作视野较为广阔（能够超越个人情怀，关注社会民生，心系国家愁恨），气象恢弘雄放（开阔、刚强、壮美，有胸怀），喜用诗文的手法、句法和字法写词（想象、夸张、铺排，比较大胆），语词宏博（营造的意境博大），用事较多（用典较有特点，不同于婉约派的典故），不拘守音律（节奏狂放）。北宋黄庭坚、晁补之、贺铸等人都有这类风格的作品。南渡以后，由于时代巨变，悲壮慷慨的高亢之调应运发展，蔚然成风，辛弃疾戍为创作豪放词的一代巨擘和领袖。

豪放词派不但"屹然别立一宗"（《四库全书总目》），震烁宋代词坛，而且广泛地沾溉词林后学，从宋、金直到清代，历来都有标举豪放旗帜，大力学习苏、辛的词人。

当然，词有豪放与婉约之说，词作者却没有纯粹的豪放与婉约之分。苏东坡是豪放派的代表人物，但是他也有"十年生死两茫茫"的婉约之作；柳永是婉约词的代表作家，但他也有《八声甘州》"关河冷落，残照当楼"那绮丽悲壮的境界；辛弃疾词充满"了却君王天下事""气吞万里如虎"的爱国思想与战斗精神，但也有"海棠花下去年逢，也应随分瘦，忍泪觅残红"的婉雅芊丽，还有"明月别枝惊鹊，清风半夜鸣蝉"这样歌咏农村风光和农村习俗的恬淡之作；李清照是婉约大家，但她的词也有"九万里风鹏正举。风休住，蓬舟吹取三山去"的豪迈。

李清照豪放词《渔家傲》：天接云涛连晓雾，星河欲转千帆舞。仿佛梦魂归帝所，闻天语，殷勤问我归何处。　　我报路长嗟日暮，学诗漫有惊人句。九万里风鹏正举。风休住，蓬舟吹取三山去。

（《全宋词》中华书局）

这首《渔家傲》与作者一贯的词风有所不同。它借助于梦境的描述，创造出一个幻想中的神话世界，充分反映出作者的生活热情、对自由的向往和对光明的追求。作者在梦中横渡天河，直入天宫，强烈要求摆脱"路长"与"日暮"的困苦境地，然后像鹏鸟一样，磅礴九天，或者驾一叶扁舟，乘风破浪，驶向理想中的仙境。这首词具有鲜明的浪漫主义特色，词风豪迈奔放，很近似苏轼、辛弃疾。黄了翁在《家园词选》中说这首词"无一毫钗粉气，自是北宋风格"。可见，李清照的词风是多样的。

这首词给人印象最深的是大胆而又丰富的想象。作者创造出虚无缥缈的梦境，把天上的银河与人间的河流联系起来，把闪烁的星群想象成挂满篷帆的航船。作者正是乘坐这"飞船"驶入天上的神仙世界，受到"天帝"的接待。这的确是"穿天心，出地脐"的神来之笔。这样的词笔出自李清照，确实是"惊人"的。

这首词具有阔大而又豪迈的气度。词中阔大的形象、阔大的志愿，出自阔大的胸怀。女词人竟渴望借助万里鹏风把自己映入神仙般的奇异世界。这奇异的神仙世界是词人理想与精神寄托之所在。词中既有李白的放浪恣肆，又有杜甫的沉郁顿挫，这二者巧妙地结合在一起，使这首《渔家傲》成为独具特色的词篇。

所以，词作家的内心世界，是丰富而多情的；词作家的创作，是丰富而多彩的。宋词豪放与婉约两种风格取向的不同确实是客观存在，但具体赏析的时候情况又很复杂。实际情况是，即使具体到某一首词，也会呈现豪放、婉约两种风格并存的复杂情况。

（作于 2011 年 4 月）

选修教材"中国古代诗歌欣赏"的
教学设计与实践浅探

　　"中国古代诗歌散文欣赏"选修教材(人民教育出版社)涉及三个诗歌单元,在这三个单元的教学中,如何帮助学生转变学习方式,释放其学习主动性,发展其实践能力与创新精神,是一线教师需要认真思考并实施解决的一个重要问题。

　　笔者在教学设计与实践中,把这三个单元当作一个单元整体,打破教材(文选组合、阅读本位、文体循环和讲读中心)的格局,以诗歌鉴赏的几种基本方法为切入点,在教师的指导下,帮助学生通盘考虑,鼓励学生主动学习,制定了"知人论世""入境明情""诵读指导""比较阅读""改写体验""专题研讨"这六项诗歌选修学习策略。

一、设计思路浅探

　　开设选修课,是高中新课程在课程设置上进行改革的重要内容。怎样把选修课开设好,不完全是课程理论问题,还需要我们在选修教学实践中继续进行探索。选修,意味着把学习的主动权交给学生,因而在选修课的教学中应进一步加强对转变学生学习方式的关注。学习方式的转变,是新课程力图解决的一个根本问题。学生的实践能力和创新精神,只有在学生进一步释放其学习主动性的活动中才能得到更好的发展。课程设置问题和教学方式问题是紧密联系着的。没有学生学习方式的进一步转变,选修课程资源的建构是很难渐入佳境的。

　　"中国古代诗歌散文欣赏"选修教材涉及三个诗歌单元,在这三个单元的教学中,如何帮助学生转变学习方式,释放其学习主动性,发展其实践能力与创新精神,是一线教师需要认真思考并实施解决的一个重要问题。在此,笔者试图根据自己的教学实践,对这三个单元的教学做一些粗浅的讨论,就教于大方之家。

　　这三个单元的构成情况如下。

第一单元　以意逆志　知人论世

赏析示例:

　　长恨歌……白居易

自主赏析:

　　湘夫人……屈原

　　拟行路难(其四)……鲍照

蜀相······杜甫

书愤······陆游

推荐作品：

咏怀八十二首(其一)······阮籍

杂诗十二首(其二)······陶渊明

越中览古······李白

一剪梅······李清照

今离别(其一)······黄遵宪

第二单元　置身诗境　缘景明情

赏析示例：

春江花月夜······张若虚

自主赏析：

夜归鹿门歌······孟浩然

梦游天姥吟留别······李白

登岳阳楼······杜甫

菩萨蛮(其二)······韦庄

推荐作品：

积雨辋川庄作······王维

旅夜书怀······杜甫

新城道中(其一)······苏轼

扬州慢······姜夔

长相思······纳兰性德

第三单元　因声求气　吟咏诗韵

赏析示例：

将进酒······李白

自主赏析：

阁夜······杜甫

李凭箜篌引······李贺

虞美人······李煜

苏幕遮······周邦彦

推荐作品：

国殇······屈原

燕歌行······高适

登柳州城楼寄漳汀封连四州刺史······柳宗元

菩萨蛮······温庭筠

般涉调·哨遍　高祖还乡······睢景臣

中国古代诗歌发展概述

（内容略）

以上编排，虽然分为"赏析示例""自主赏析""推荐作品"三个部分，但是每个单元的"赏析示例"部分都仅仅是针对课文内容做了一点赏析，并没有给出具体的赏析方法示例。赏析的方式方法，需要老师做进一步的指导，更需要学生做进一步的研究。此外，从教材编排体例上来说，将这些诗歌篇目罗列在一起，仍然属于"文选"模式。对于这种教材模式，周正逵先生有一段精彩的论述。

有什么样的教材，就有什么样的基本教学方法。旧的语文教材体系主要包括四个方面：文选组合、阅读本位、文体循环和讲读中心，这四者结合成一体，就构成旧教材体系的基本特征。这种课本一个很大的特点，就是以讲读课文为其核心内容。一册书不管选多少篇，主体就是讲读课文，它就是教学基本内容，每学期老师的任务就是完成这些课文的讲解。

（周正逵《语文教育改革纵横谈》教育科学出版社）

我们自然不能走"完成这些课文的讲解"的老路。在教学的方式与方法上，我们必须有所突破。而教学方式方法的突破，又不能脱离教材凭空实施。因此，笔者以为，应该首先对这三个单元的教材进行优化整合，让这些内容适宜放开思路，发展个性，主动学习。一句话，要适合学生选修。

以上三个单元的标题分别是"以意逆志 知人论世"；"置身诗境 缘景明情"；"因声求气 吟咏诗韵"，这三个标题正是鉴赏诗歌常用的三种基本方法，并非某一个单元专用的方法。因此，这样设计单元的标题，似乎是要我们在某一单元重点运用某一鉴赏手段，循着这样的思路，笔者以为，可以把这三个单元当作一个单元整体，打破教材（文选组合、阅读本位、文体循环和讲读中心）的格局，运用诗歌鉴赏的几种基本方法，在教师的指导下，通盘考虑，鼓励学生主动学习。

鉴赏中国古代诗歌的常用方法有以下几种。

三个基本方法：①知人论世——特定背景与特殊经历（第一单元"以意逆志 知人论世"）；②入境明情——言象意（第二单元"置身诗境 缘景明情"）；③因声求气——用声音辅助理解（第三单元"因声求气 吟咏诗韵"）。

三种辅助手段：①比较阅读——横向与纵向、相似与相异、自我与他人；②改写体验——再体味与再创造；③专题研究——深入探究、定向突破的有效途径。

依据这些鉴赏方法，笔者在教学中设计了一系列的教学活动，取得了一定的教学效果。笔者不揣冒昧，在下文一一做简单介绍。

二、教学设计实施情况

1. "知人论世"教学设计

本次教学设计，笔者选取中国历史上著名的诗人或词人，比如李白、杜甫、苏轼、李清照，要求学生为他们制作"主要作品年谱"。这项任务由学生分小组自主完成。学生反馈，这项工作主要有以下功效：一是帮助学生了解了这些主要作品的创作背景，有助于理解诗歌的思想感情；二是帮助学生了解了诗人或词人的生平际遇，同时也丰富了学生的人生阅历；三是对诗人或词人的总体创作有了较为全面的把握，能帮助学生站在该作者创作全局的制高点上审视作者的某一创作。

在完成此项教学任务的同时，我还鼓励学生阅读人民教育出版社《中外传记作品选读》等课本,并推荐阅读林语堂《苏东坡传》等相关著作。

示例:李白作品年谱简编(见表1-11)。

表 1-11　李白作品年谱

时　间	背　景	经历与作品
公元 701 年	武则天长安元年	1 岁
公元 705 年	唐中宗神龙元年	5 岁。父李客率全家迁居剑南道绵州昌隆县
公元 710 年	唐睿宗景云元年	10 岁。读诸子百家,通诗书。"余小时,大人令诵《子虚赋》,私心慕之"(《秋于敬亭送从侄耑游庐山序》)
公元 715 年	唐玄宗开元三年	15 岁。观奇书,学剑术,好神仙,作《明堂赋》《拟恨赋》
公元 718 年	开元六年	18 岁。隐居大匡山,往来旁郡。从赵蕤学纵横术。《访戴天山道士不遇》约作于此年
公元 720 年	开元八年	20 岁。李白始漫游蜀中,曾登峨眉、青城诸名山
公元 721 年	开元九年	21 岁。在成都瞻仰司马相如琴台、扬雄故宅。此后几年游历蜀中各地。作《登锦城散花楼》
公元 724 年	开元十二年	24 岁。辞亲远游。有《别匡山》诗。游峨眉山,写有《登峨眉山》《峨眉山月歌》。出三峡,至江陵,遇司马承祯,作《大鹏遇希有鸟赋》,还写有《渡荆门送别》《秋下荆门》等诗
公元 725 年	开元十三年	25 岁。游洞庭,南穷苍梧。写有《江上望皖公山》《望天门山》《金陵城西月下吟》《杨叛儿》《长干行》等诗
公元 726 年	开元十四年	26 岁。春,自金陵至广陵,又东南游苏州、杭州、越州、台州,东涉溟海。然后回舟北上,复至扬州,散金三十万。卧病。写有《金陵酒肆留别》《夜下征虏亭》《苏台览古》《乌栖曲》《越中览古》《淮南卧病书怀寄蜀中赵征君蕤》《望九华赠青阳韦仲堪》等诗。在九华山题刻"金沙泉"三字
公元 727 年	开元十五年	27 岁。沿江西上,观云梦,寓安州北寿山。北游汝海、襄州,结识孟浩然。回安陆,冲撞李长史车马。与元丹丘一起受安州都督马正会和李京之长史接见。写有《代寿山答孟少府移文书》《上安州李长史书》等
公元 728 年	开元十六年	28 岁。春至江夏,改葬吴指南。暮春,送孟浩然之广陵。回安陆,寓居白兆山。写有《早春于江夏送蔡十还家云梦序》《黄鹤楼送孟浩然之广陵》《江夏行》等诗。与故相许圉师的孙女结婚
公元 730 年	开元十八年	30 岁。赴京求仕,失意而归。隐于安陆白兆山,有《安陆白兆山桃花岩寄刘侍御绾》《山中问答》等诗。遭受谤毁,有《上安州裴长史书》,要求雪谤。寓居终南山玉真公主别馆。写有《酬崔五郎中》《玉真公主别馆苦雨赠卫尉张卿二首》《乌夜啼》等。李白因元丹丘推荐,欲上终南山结交玉真公主,未果
公元 731 年	开元十九年	31 岁。下终南山。有《下终南山过斛斯山人宿置酒》诗。写有《古风》(大车扬飞尘)。西游邠州,有《赠裴十四》《登新平楼》《赠新平少年》等诗

续表

时　间	背　景	经历与作品
公元 732 年	开元二十年（鉴赏辞典上说《蜀道难》大约作于天宝初年，李白第一次到长安时写）	32 岁。春游坊州，有《春归终南山松龙旧隐》诗。友人元丹丘寄书问候，作《以诗代书答元丹丘》诗。在长安穷途失路，作《行路难三首》（其一、其二）。送友人入蜀，作《蜀道难》，寄寓功业难求之意。五月，离长安，由黄河东下梁园，作《梁园吟》。期间，李白二上终南山，欲结识玉真公主
公元 733 年	开元二十一年	33 岁。应元丹丘邀请，赴嵩山隐居。有《题元丹丘颍阳山居》《元丹三歌》《秋夜宿龙门香山寺奉寄王方城十七丈奉国莹上人从弟幼成令问》《冬夜宿龙门觉起言志》《梁甫吟》等诗
公元 734 年	开元二十二年	34 岁。春在洛阳，写有《古风》其十八（天津三月时）、《春夜洛城闻笛》。过襄阳，拜见荆州长史韩朝宗。写有《与韩荆州书》。与元丹丘同隐嵩山
公元 735 年	开元二十三年	35 岁。五月与元演越太行游太原，并曾北游雁门关。写有《太原早秋》及《秋日于太原南栅饯阳曲王赞公贾少公石艾尹少公应举赴上都序》等诗。期间，曾在北岳恒山题"壮观"二字
公元 736 年	开元二十四年	36 岁。春由太原经洛阳回安陆。岑勋千里寻访李白至嵩山，元丹丘请李白再至嵩山相会。写有《酬岑勋见寻就元丹丘对酒相待以诗见招》，著名乐府诗《将进酒》有"岑夫子，丹丘生"语，当作于此时
公元 737 年	开元二十五年	37 岁。移家任城
公元 738 年	开元二十六年	38 岁。游襄阳，有《赠孟浩然》诗。至颍阳元丹丘山居，旋别，有《颍阳别元丹丘之淮阳》。至陈州、宋城、下邳、淮阴、楚州，写有《送侯十一》《淮阴书怀寄王宋城》《经下邳圯桥怀张子房》等诗
公元 739 年	开元二十七年	39 岁。春在楚州安宜，有《赠徐安宜》《白田马上闻莺》等诗，重游扬州、苏州、杭州，《见京兆韦参军量移东阳二首》："潮水还归海，流人却到吴。"有《与从侄杭州刺史良游天竺寺》。秋至巴陵，遇王昌龄。昌龄有《巴陵送李十二》
公元 740 年	开元二十八年	40 岁。许夫人约卒于上年或是年。李白带子女离安陆至东鲁。写有《五月东鲁行答汉上翁》等诗。与韩准、裴政、孔巢父、张叔明、陶沔等隐于徂徕山，酣歌纵酒，时号"竹溪六逸"，写有《送韩准、裴政、孔巢父还山》等诗
公元 741 年	开元二十九年	41 岁。居东鲁，游东鲁各地
公元 742 年	天宝元年	42 岁。四、五月间，游泰山，有《游泰山六首》。这一年，元丹丘将李白多年前撰写的《玉真仙人词》呈给玉真公主，成功地将李白推荐给了玉真公主。秋，李白自南陵奉诏入京，有《南陵别儿童入京》诗。玄宗召见于金銮殿，命待诏翰林。冬，侍从温泉宫。写有《侍从游宿温泉宫作》《驾去温泉宫后赠杨山人》《温泉侍从归逢故人》等诗

时　间	背　景	经历与作品
公元 743 年	天宝二年	43 岁。待诏翰林，草《和番书》或《出师诏》，醉写《清平调》《宫中行乐词》，自以为升迁有望。有《金门答苏秀才》《送友人入蜀》等诗。秋，遭谗见疏。有《玉壶吟》《翰林读书言怀呈集贤诸学士》等诗。在长安，与贺知章、王维等做"饮中八仙"之游
公元 744 年	天宝三年	44 岁。正月，贺知章请度为道士还乡，李白有《送贺宾客归越》诗。三月，上疏请还山，玄宗赐金放还。写有《出金门后书怀留别翰林诸公》《春陪商州裴使君游石娥溪》等诗。秋，在梁宋间会见杜甫、高适，畅游梁宋，纵猎孟诸。冬，从高如贵道士受道箓于齐州紫极宫。写有《秋猎孟诸夜归置酒单父东楼观妓》《奉饯高尊师如贵道士传道箓毕归北海》等诗
公元 745 年	天宝四年	45 岁。春，与杜甫同游东鲁，写有《鲁郡东石门送杜二甫》
公元 746 年	天宝五年	46 岁。卧病东鲁。约于此春天作《闻王昌龄左迁龙标遥有此寄》。夏，李白、杜甫、高适俱在临淄，三人再次相聚。秋，怀念杜甫，写有《沙丘城下寄杜甫》。复思游越，告别东鲁诸公，写有《梦游天姥吟留别》
公元 747 年	天宝六年	47 岁。至越中，吊贺知章，写有《对酒忆贺监二首并序》《重忆一首》。返舟至金陵
公元 748 年	天宝七年	48 岁。在金陵，与崔成甫相遇，写有《酬崔侍御》《玩月金陵城西孙楚酒楼达曙歌吹日晚乘醉著紫绮裘乌纱巾与酒客数人棹歌秦淮往石头访崔四侍御》等诗。游扬州江阳县、庐江、舒州等地，写有《叙旧赠江阳宰陆调》《寄上吴王三首》等诗。期间，隐居舒州皖水之滨，写有《避地司空原言怀》《瀑布》等六首诗，并题刻于二祖寺石壁上
公元 749 年	天宝八年	49 岁。在金陵，怀念子女，写有《寄东鲁二稚子》《送萧三十一之鲁中兼问稚子伯禽》《静夜思》等诗。《闻王昌龄左迁龙标遥有此寄》约作于是年暮春。冬，写有《答王十二寒夜独酌有怀》
公元 750 年	天宝九年	50 岁。归鲁郡，写有《任城县厅壁记》《崇明寺佛顶尊胜陀罗尼幢颂并序》。秋，访元丹丘石门幽居，写有《寻高凤石门山中元丹丘》《秋日炼药院镊白发赠元六兄林宗》等诗
公元 751 年	天宝十年	51 岁。在梁苑，与宗楚客孙女结婚当在是年或此前。写有《虞城县令李公去思颂碑》。冬，离梁苑北上幽州，写有《留别于十一兄逖裴十三游塞垣》
公元 752 年	天宝十一年	52 岁。北上途中游广平郡邯郸、临洺、清漳等地。写有《登邯郸洪波台置酒观发兵》《赠临洺县令皓弟》《赠清漳明府侄聿》等诗。十月，抵幽州。初有立功边疆思想，在边地习骑射。有《行行且游猎篇》《幽州胡马客歌》等诗。后发现安禄山野心，登黄金台痛哭。不久即离幽州南下，写有《北风行》《远别离》等诗
公元 753 年	天宝十二年	53 岁。南下过魏州贵乡，县令韦良宰盛情招待。又西北游汾州，写有《魏郡别苏明府因北游》。回到梁园。又从梁园经曹南南下宣城。写有《留别曹南群官至江南》《自梁国至敬亭山见会公谈陵阳山水》《独坐敬亭山》《赠宣城宇文太守兼呈崔侍御》《陪侍御叔华登楼歌》等诗

续表

时 间	背 景	经历与作品
公元 754 年	天宝十三年	54 岁。春游金陵，有《春日陪杨江宁及诸官宴北湖感古作》等诗。五月至扬州，与魏万相遇，同返金陵，尽出诗文，请魏万编集。写有《送王屋山人魏万还王屋》。闻晁衡回国途中遇难，写有《哭晁卿衡》诗。秋冬，游秋浦、泾县，写有《秋浦歌十七首》《赠汪伦》等诗
公元 755 年	天宝十四年	55 岁。游皖南。回到宣城。与宣城太守赵悦交游，写有《赠宣城赵太守悦》《为赵宣城与杨右相书》《赵公西候新亭颂》。反对杨国忠发动的两次征南诏之战，写有《书怀赠南陵常赞府》等，冬，北上梁国。适逢安禄山陷陈留、洛阳，李白携宗夫人自梁园经洛阳西上华山
公元 756 年	天宝十五年、唐肃宗至德元载（七月，肃宗即位灵武，改元至德）	56 岁。从华山南下宣城，写有《奔亡道中五首》。过当涂，写有《春于姑熟送赵四流炎方序》。抵宣城，又往越中，写有《经乱后将避地剡中留赠崔宣城》。过溧阳，写有《扶风豪士歌》《猛虎行》《溧阳濑水贞义女碑铭》。至杭州，写有《感时留别从记徐王延年从弟延陵》。秋，与宗夫人隐于庐山屏风叠，有《赠王判官时余隐居庐山屏风叠》。冬，永王璘水军至寻阳，三次遣使聘请，李白下山入幕。写有《永王东巡歌》十一首、《赠韦秘书子春二首》《别内赴征三首》等诗
公元 757 年	至德二年	57 岁。在永王璘水军幕，随军东下。写有《在水军宴赠幕府诸侍御》。二月，永王兵败，李白自丹阳郡南奔，有《南奔书怀》。被系浔阳狱，写有《狱中上崔相涣》《上崔相百忧章》《万愤词投魏郎中》《浔阳非所寄内》等诗。宗夫人奔走营救，经宋若思与崔涣为之清雪。出狱，入宋若思幕。写有《中丞宋公以吴兵三千赴河南军次浔阳脱余之囚参谋幕府因赠之》《为宋中丞自荐表》等。旋卧病宿松，有《赠张相镐二首》及《赠闾丘宿松》。在宿松鲤鱼山上题刻"聪明泉"三字。岁末，被判长流夜郎
公元 758 年	乾元元年	58 岁。在流放途中。自浔阳启程，宗夫人弟宗璟送别，写有《窜夜郎于乌江留别宗十六璟》。至江夏、约州，写有《流夜郎题葵叶》《流夜郎至江夏陪长史叔及薛明府宴兴德寺南阁》《流夜郎赠辛判官》《与史郎中钦听黄鹤楼上吹笛》《江夏别宋之悌》《泛沔州城南郎官湖》等诗。至洞庭，遇郑昂被贬，写有《送郑昂谪巴中》
公元 759 年	乾元二年	59 岁。至白帝城遇赦，立即返舟东下江陵，写有《早发白帝城》。在江夏停留很久，写有《江夏赠韦南陵冰》《经乱离后天恩流夜郎忆旧游书怀赠江夏韦太守良宰》等诗。秋至岳州，遇贾至、李晔被贬，同游洞庭，写有《巴陵赠贾舍人》《陪族叔刑部侍郎晔及中书贾舍人至游洞庭五首》等诗。获悉崔成甫已卒，写《泽畔吟序》。闻襄州叛将张嘉延袭破荆州，写有《荆州贼乱临洞庭言怀作》《九日登巴陵旨酒望洞庭水军》等诗。至零陵，写有《赠卢司户》《上三峡》《与夏十二登岳阳楼》

时　间	背　景	经历与作品
公元 760 年	上元元年	60 岁。自零陵返江夏，有《早春寄王汉阳》《江夏送倩公归汉东序》等诗文。下浔阳，上庐山，有《庐山谣寄卢侍御虚舟》诗。赴豫章，有《下浔阳城泛彭蠡寄黄判官》《对酒醉题屈突明府厅》《豫章行》《经乱离后天思流夜郎忆旧游书怀赠江夏韦太守良宰》等诗
公元 761 年	上元二年	61 岁。暮春，送宗夫人上庐山，有《送内寻庐山女道士李腾空二首》。东下重游皖南，有《宿五松山下荀媪家》等诗。来注于金陵、宣城间，有《饯李副使藏用移军广陵序》《宣城送刘副使入秦》。欲投李光弼军未果，写有《闻李太尉大举秦兵百万出征东南，懦夫请缨，冀申一割之用，半道病还，留别金陵崔侍御十九韵》。至当涂遇族叔李阳冰，写有《献从叔当涂宰阳冰》
公元 762 年	宝应元年	62 岁。在当涂养病，写有《夏日陪司马武公与群贤宴姑熟亭序》《天门山铭》《姑孰十咏》《九月龙山饮》《九月十日即事》。冬，病重，"枕上授简"，将诗文交李阳冰编集。十一月，赋《临终歌》而卒。葬今安徽省马鞍山市当涂县龙山

2. "入境明情"教学设计

本次教学设计，主要引领学生认识"言象意"三者关系，并依据鉴赏诗歌意境的几种常用方法，鼓励学生选取几种不同的角度对诗歌进行赏析。

(1)"言象意"三者关系及注意事项

关于言象意这三者的关系，自古有三种不同的见解。

第一种是言不尽意而立象以尽意论。《周易·系辞》里说："子曰：'书不尽言，言不尽意。'然则圣人之意，其不可见乎？子曰：'圣人立象以尽意，设卦以尽情伪，系辞焉以尽其言。'"王弼《周易略例·明象》篇："夫象者，出意者也；言者，明象者也。尽意莫若象，尽象莫若言。言生于象，故可寻言以观象；象生于意，故可寻象以观意。意以象尽，象以言着。"《三国魏志·荀彧传》注引何劭《荀粲传》载荀粲的话说："盖理之微者，非物象之所举也。今称立象以尽意，此非通于意外者也；系辞焉以尽言，此非言乎系表者也。斯则象外之意，系表之言，固蕴而不出矣。"荀粲提出了意外、象外、系表之说，认为这些东西心或知之而不可尽言之，甚至根本就无从言之。

第二种是得意忘言并得象忘言论。《庄子·田子方》说："荃（捕鱼的器具，也写作'筌'）者，所以在鱼，得鱼而忘荃；蹄（捕兔的器具）者，所以在兔，得兔而忘蹄；言者，所以在意，得意而忘言。"王弼《周易略例·明象》里说："然则言者，象之蹄也；象者，意之筌也。是故存言者，非得象者也；存象者，非得意者也。象生于意而存象焉，则所存者乃非其象也。言生于象而存言焉，则所存者乃非其言也。然则忘象者，乃得意者也；忘言者，乃得象者也。得意在忘象，得象在忘言。"

第三种是言尽意论。欧阳建《言尽意论》说："夫天不言，而四时行焉；圣人不言，而鉴识存焉。形不待名，而方圆已著；色不俟称，而黑白以彰。然则名之于物，无施者也；言之于理，无为者也。而古今务于正名，圣贤不能去言，其故何也？诚以理得于心，非言不畅；物定于彼，非名不辩。言不畅志，则无以相接；名不辩物，则鉴识不显。鉴识显而名品殊,言称接而情志畅。原其所以,本其所由,非物有自然之名,理有必定之称也。欲辩其实,则殊其名;欲宜其志,则立其称。名逐物而迁,言因理而变。此犹声发响应,形存影附,不得相与为二矣。苟其不二,则言无不尽矣。吾故以为尽矣。"(《艺文类聚》卷十九)

重点介绍:王国维的意境论除了重视"象"与"意"的融洽关系外,还重视"情""景""事"本身。

鉴赏时需要注意的问题有以下几个。

① "言象意"的基点是"言",要帮助学生认真体味诗歌语言。

② "文字是一道桥梁。这边的桥堍站着读者,那边的桥堍站着作者。通过了这一道桥梁,读者才和作者会面。不但会面,而且了解作者的心情,和作者的心情相契合。"(叶圣陶《文艺作品的欣赏》)

③ "有一个时期,中学老师讲语文课时,强调这课书的主题或主旨是什么。因此学生对课文的主题或主旨可以讲得头头是道。可是学生对于课文中较难解的字或句子却不懂,那么他所讲的主题或主旨,不是从理解整篇课文中得来的,而是从老师那里听来的。因此,这个主题或主旨还不能够跟全篇中有些不懂的话联系起来,那些书就不是朱熹说的仔细理会,而是他说的'空言无实,不济事'。"(周振甫《文章例话·仔细理会》)

解读诗歌,一定还要有整体观念,不能断章取义。

① "采摘花瓣,得不到花的美丽。"(泰戈尔《飞鸟集》)

② "还有一样最能引读者入迷途的,是'摘句'。它往往是衣裳上撕下来的一块绣花,经摘取者一经吹嘘或附会,说是怎样超然物外,与尘浊无干,读者没有见过全体,便也被他弄得迷离惝恍。"(鲁迅《"题未定"草七》)古典诗词中固然有"诗眼""词眼""句眼",但反映的只是个体美,不能反映整体美。"摘句"式的诗歌分析,不可能把握诗歌的内在生命。我们要欣赏的,是由个体美所构成的整体美。

鉴赏诗歌还要注意"出乎其外"。

入乎其内,就是读者要置身诗境——根据作品的言象,联系作者其人和作品背景,根据自己的判断,领悟作品的个中妙处,试图与诗人取得共鸣;出乎其外,就是欣赏者与古诗拉开一定的距离,对作品做出客观的评价与判断。如果不能与作品保持一定的距离,就无法对作品产生冷静、客观的高情至论。

(2) 教学设计之专题研讨示例

说明:诗歌意境,情况复杂,鉴赏时可选择的角度很多。笔者帮助学生选取了"境界高低""景情变化""联想想象""主客关系"四个角度,结合相关诗词,做专题鉴赏活动。举例如下。

宋代词论家有"以景结情最好"之说,读下面几首以景结情的诗,谈谈这些诗的结尾都"好"在哪里。

① 重境界高低。

柳宗元《渔翁》:渔翁夜傍西岩宿,晓汲清湘燃楚竹。烟销日出不见人,欸乃一声山水绿。回看天际下中流,岩上无心云相逐。

(《唐诗鉴赏辞典》上海辞书出版社)

苏东坡欣赏此诗"以奇趣为宗",而删去末二句,使诗以"欸乃一声山水绿"的奇句结,不仅"余情不尽"(《唐诗别裁》),而且"奇趣"更显。其实,后两句对渔翁的生活环境做了更为生动的描绘,是诗境的进一步开拓与升华。因为"欸乃一声山水绿"表现的是人间实境,而最后两句则使人大有飘然出世之感,仙境之味顿出,能表现柳宗元被贬时孤傲高洁、超然物外的逸趣。

② 重景情变化。

王维《观猎》:风劲角弓鸣,将军猎渭城。草枯鹰眼疾,雪尽马蹄轻。忽过新丰市,还归细柳营。回看射雕处,千里暮云平。

(《唐诗鉴赏辞典》上海辞书出版社)

写到猎归,诗意本尽。尾联却更以写景作结,但它所写非营地景色,而是遥遥"回看"向来行猎处之远景,已是"千里暮云平"。此景遥接篇首。首尾不但彼此呼应,而且适成对照:当初是风起云涌,与出猎紧张气氛相应;此时是风定云平,与猎归后踌躇容与的心境相称。写景俱是表情,于景的变化中见情的消长,堪称妙笔。第七句语有出典,《北史·斛律光传》载北齐斛律光校猎时,于云表见一大鸟,射中其颈,形如车轮,旋转而下,乃是一雕,因此被人称为"射雕手"。此言"射雕处",有暗示将军的臂力强、箭法高之意。诗的这一结尾摇曳生姿,饶有余味。

③ 重联想、想象。

钱起《省试湘灵鼓瑟》:善鼓云和瑟,常闻帝子灵。冯夷空自舞,楚客不堪听。苦调凄金石,清音入杳冥。苍梧来怨慕,白芷动芳馨。流水传潇浦,悲风过洞庭。曲终人不见,江上数峰青。

(《唐诗鉴赏辞典》上海辞书出版社)

注:萧浦,一作"湘浦";一作"潇湘"。

"曲终人不见,江上数峰青",《旧唐书》称这十个字得自"鬼谣",其实无非说这两句诗是钱起的神来之笔。此联的妙处有:一是突然转折,出人意料。在尽情地描写乐曲的表现力之后,使乐曲在高潮中戛然而止,这是一重意外;诗境从虚幻世界猛然拉回到现实世界,这是又一重意外。二是呼应开头,首尾圆合。全诗从湘水女神出现开始,以湘水女神消失告终,形成一个有机的整体。结尾两句如横空出世,堪称"绝唱",但同时又是构成全篇整体的关键一环;所以虽然"不"字重出,也在所不惜。作者敢于突破试帖诗不用重字的规范,确属难能可贵。三是以景结情,余音袅袅。诗的前面大部分篇幅都是运用想象的画面着力抒写湘水女神的哀怨之情,结尾一笔跳开,描写曲终人散之后,画面上只有一川江水,几峰青山。这极其省净明丽的画面,给读者留下了思索回味的广阔空间:或许湘灵的哀怨之情已融入了湘江绵绵不断的流水,或许湘灵美丽的倩影已化成了江上偶露峥嵘的数峰青山;莫非湘灵和大自然融为一体,年年岁岁给后人讲述她那凄艳动人的故事?莫非湘灵的瑟声伴着湘江流水歌吟,永远给人们留下神奇美妙的遐想?这一切的一切,都尽在不言之中了。与白居易《琵琶行》中的名句"东船西舫悄无言,唯见江心秋月白"作比较,本诗句在意境的营造上似乎更胜一筹。

④ 重主客关系。

朱淑真《蝶恋花》:楼外垂杨千万缕,欲系青春,少住春还去。犹自风前飘柳絮,随春且看归何处。 绿满山川闻杜宇，便作无情，莫也愁人苦。把酒送春春不语，黄昏欲下潇潇雨。

(《全宋词》中华书局)

这之前，曾有宋祁写过"为君持酒送斜阳，且向花间留晚照"的词句，虽有名气，但只是词人的一面之意，不如朱淑真这里把主客双方的不同情意和心态共织于一体而又更有艺术的蕴含美。更何况，女词人进而描绘了"把酒送春"的典型环境是暮色苍茫、细雨淅沥的悲悒氛围中，益发令人黯然神伤。

小结：作品结尾处的以景言情之句，言有尽而意无穷，使诗的意境提升，韵味深长隽永。

3. "诵读指导"教学设计。

诵读的主要作用有三个。

其一，不正确的读音、断句要靠读出声音来发现和纠正。有学生朗读辛弃疾的《破阵子》词，将"八百里分麾下炙"中"麾"误读成"máo"，将"马作的卢飞快"误断成"马作的/卢/飞快"，我在课堂上发现后及时做了纠正。这样的情况在语文课堂上并不少见，如果仍然是"哑巴语文"，错误也许就会在沉默中被掩盖。在为文言断句的时候，除进行必要的推理外，还借助了读的语气，并根据文言虚词大多兼表"语气"的特点，编出了一个"虚词断句口诀"。

其二，准确地理解文意要借助诵读。诵读，是我们打开文章大门的一把钥匙。多读，能培养我们的良好语感。往往读出来，才能更准确地领悟文字内在的思想感情。请看王维的《相思》："红豆生南国，春来发几枝？愿君多采撷，此物最相思。"诗的第二句向来有争议，有人认为应该用句号。单从字面来讲，"春来发几枝"作为陈述句和疑问句均无不可，但如果我们读出声来，会明显地感觉到，读成问句会给人分外亲切的感觉，意味更为深长。而作陈述句处理，则显得有些平淡了。

其三，韵律和美感要凭借声音来表现。中国文学语言之美不仅表现在内容、意义和外在的形式上，还表现在它特有的声音韵律上。"之乎者也"、节奏和韵脚、排比和对仗等，其音乐之美，只有用嘹亮多情的声音才能充分体会出来。无论古文还是现代文，其特有的韵律与美感足以引起我们在诵读的时候"手舞足蹈"。要大声地朗读，品味汉语那种特殊的音乐美，吟诵出作品的精神和风采。

举办诗歌朗诵会是本次教学设计的中心环节，兹举一例如下。

(1) 古诗文诵读比赛篇目及规则

必诵篇目：

劝学

选诵篇目（一）：

《论语》十则

寡人之于国也

廉颇蔺相如列传（既罢，归国……）

屈原列传（屈原至于江滨……）

论积贮疏

选诵篇目(二):

陌上桑

鱼我所欲也

出师表

桃花源记

《论语》六则

生于忧患,死于安乐

曹刿论战

三峡

五柳先生传

木兰辞

白雪歌送武判官归京

茅屋为秋风所破歌

选诵篇目(三):

关雎

蒹葭

观沧海

饮酒

送杜少府之任蜀州

临洞庭湖赠张丞相

次北固山下

黄鹤楼

送元二使安西

使至塞上

闻王昌龄左迁龙标遥有此寄

行路难

望岳

春望

游子吟

酬乐天扬州初逢席上见赠

(2)竞赛规则

本次比赛是高 06 级语文学科竞赛的首场比赛,本年级 1、2、3、4、5、6、7、8、10 共九个班级以班为单位集体参加,以合诵的形式进行比赛。

本次比赛将从以下五个方面进行评分。

① 背诵时间为 8～10 分钟。

② 声音流畅、抑扬顿挫、吐字清晰、声情并茂、洪亮整齐。

③ 背诵的艺术表现力强,能准确传达对课文的理解。

④ 课文内容的艺术处理好,朗诵可以配乐。

⑤ 精神面貌和舞台效果好。

以上五项,各项赋分均为 20 分,总分为 100 分。比赛去掉一个最高分,去掉一个最低分,取平均分。

本次比赛必诵篇目为《劝学》,各班必须首先背诵此篇目。

本次比赛选诵篇目分三个部分。

选诵篇目(一)为备选课文,各班必须熟读成诵,如果比赛出现并列第一名,将由评委随机抽取其中一篇决出胜负。

选诵篇目(二)和选诵篇目(三)为必选课文,各班必须从中各选一篇课文参加比赛。

4."比较阅读"教学设计

(1)课内外对比阅读

过 陈 琳 墓

(唐)温庭筠

曾于青史见遗文,今日飘蓬过此坟。

词客有灵应识我,霸才无主独怜君。

石麟埋没藏春草,铜雀荒凉对暮云。

莫怪临风倍惆怅,欲将书剑学从军。

(《全唐诗》中华书局)

怀古诗一般都采用古今对比的手法,本诗是如何运用这种手法的？请联系你读过的一首怀古诗词(如苏轼《念奴娇·赤壁怀古》、辛弃疾《永遇乐·京口北固亭怀古》),分析其对比手法的使用有何特点。

参考要点:这首诗把自己的霸才无主和陈琳的霸才有主作了对比,自己书剑飘零和陈琳青史垂名,落脚点是古今人物命运的相反性。苏轼《念奴娇·赤壁怀古》全词也贯穿着词人自己和周瑜之间不同时代和际遇的对比,即年少有为和年老无成的对比,三国时期风云英雄和此时枉自多情的我的对比,落脚点仍然是古今人物命运的相反性,可谓与此诗有着异曲同工之妙。而辛弃疾《永遇乐》中有"廉颇老矣,尚能饭否"之句,则是词人与廉颇同样具有怀才不遇的遭遇,属于相似对比。因此,怀古诗词古今对比建立在人物命运的截然相反或相似上,都是借古事、古人以抒发今情,感古伤己,发人深省。

(2)充分利用课文资源,将"例子"的作用最大化

教材第 28、32、33、35 页分别有一个对比阅读的题目。笔者将这四处教学资源集中起来,形成集团优势,鼓励学生自主鉴赏(见表 1-12～表 1-15)。

表 1-12 对比阅读(一)

	夜归鹿门歌 孟浩然 山寺钟鸣昼已昏,渔梁渡头争渡喧。 人随沙岸向江村,余亦乘舟归鹿门。 鹿门月照开烟树,忽到庞公栖隐处。 岩扉松径长寂寥,惟有幽人自来去。	归嵩山作 王维 清川带长薄,车马去闲闲。 流水如有意,暮禽相与还。 荒城临古渡,落日满秋山。 迢递嵩高下,归来且闭关。
诗词		
创作背景	隐居襄阳期间所作	辞官归隐途中所见的景色和心情

续表

诗歌意象		
表现手法		
语言风格		
思想感情		
这两首诗的诗境有何异同？	这首诗写的"夜归"的归途，实际上是从世俗到隐逸的道路。 本诗多用白描，着墨清淡，显得淳朴。诗的后四句景色宁静、清幽，作者的心境也宁静、清幽。这样的艺术境界也是孟浩然的思想境界，二者达到了高度的一致，真正做到了"诗如其人"。	作者把归山途中的景色有层次地一一写来，情感一步步变化：出发时安详从容，途中一度凄清苦悲，最后恬静淡泊。可见诗人对归隐是积极向往的，感到闲适自得。 王维的诗，诗中有画，有丰富的色泽和光彩。
	这两首诗诗境上的共同之处是：人与自然在精神上高度契合，景物和感受诗意地结合在一起，恬淡，优美。	

表 1-13 对比阅读（二）

诗词	梦游天姥吟留别 李　白 （内容略）	梦　天 李　贺 老兔寒蟾泣天色，云楼半开壁斜白。 玉轮轧露湿团光，鸾珮相逢桂香陌。 黄尘清水三山下，变更千年如走马。 遥望齐州九点烟，一泓海水杯中泻。
创作背景		
诗歌意象		
表现手法		
语言风格		
思想感情		
这两首诗在主题和意境上有何差异？	本诗似乎有"人生如梦"的消极方面，但更有蔑视权贵，追求个性自由的积极方面，是诗人昂扬振奋、潇洒出尘气质的写照。 本诗意境明朗、坦率，充满阳刚之气。	在诗中，诗人求生的意志、对天国的向往与人生的短促、现实的困厄构成了尖锐的矛盾，困扰诗人的心灵。可看作是诗人苦闷的象征。 这首诗意境幽深、神秘，显得阴柔、纤弱。

表 1-14 对比阅读（三）

诗词	登岳阳楼 杜　甫 昔闻洞庭水，今上岳阳楼。 吴楚东南坼，乾坤日夜浮。 亲朋无一字，老病有孤舟。 戎马关山北，凭轩涕泗流。	与夏十二登岳阳楼 李　白 楼观岳阳尽，川迥洞庭开。 雁引愁心去，山衔好月来。 云间连下榻，天上接行杯。 醉后凉风起，吹人舞袖回。

续表

创作背景	杜甫写于晚年漂泊途中	李白写于流放途中遇赦以后
诗歌意象		
表现手法		
语言风格		
思想感情		
这两首诗在诗境和风格上有什么不同？	李白诗开头写岳阳楼四周的宏丽景色，接着把自己遇赦后的愉快心情融入眼前景色中去：大雁高飞，带走自己愁苦之心；月出山口，仿佛君山衔来好月。然后，诗人浮想联翩，在岳阳楼住宿、饮酒，仿佛在天上云间一般。最后，写楼上凉风习习，衣袖飘飘起舞，潇洒自如。这首诗用陪衬、烘托和夸张等手法，想象奇特，笔法洒脱，豪放飘逸。杜甫的诗沉郁顿挫。三四句写洞庭湖水划分了吴国和楚国的疆界，日月星辰就像昼夜漂浮在湖水中一般，极力形容湖水浩瀚壮阔、无边无际。后两联既有身世飘零、老病孤寂的感伤，更有家国之悲。其爱国爱民的宽广胸襟，与浩瀚壮阔的洞庭景色交融成一体，构成宏丽阔大的意境。	

表 1-15　对比阅读（四）

诗词	菩萨蛮（其二） 韦　庄 人人尽说江南好，游人只合江南老。春水碧于天，画船听雨眠。垆边人似月，皓腕凝霜雪。未老莫还乡，还乡须断肠。	忆江南 白居易 （其一）江南好，风景旧曾谙：日出江花红胜火，春来江水绿如蓝。能不忆江南？ （其二）江南忆，最忆是杭州：山寺月中寻桂子，郡亭枕上看潮头。何日更重游？ （其三）江南忆，其次忆吴宫：吴酒一杯春竹叶，吴娃双舞醉芙蓉。早晚复相逢。
创作背景		
诗歌意象		
表现手法		
语言风格		
思想感情		
这两首词在意境上有什么不同？	两人的词都用简洁、清新的语言勾勒了江南风光秀丽的图画，并把热爱、依恋江南的感情深深融进了这两首词中。 不同的是，白居易的词用清丽、淡雅的语言勾勒江南山水，而韦庄把人物形象的刻画也纳入其中。 不同的还有，韦庄的词在表现依恋江南之情的同时，还表达了漂泊难归的愁苦之情。	

（3）适当拓展对比——相似对比与相反对比

① 陆游《书愤》和《临安春雨初霁》都写于 1186 年，诗中也都流露出对世事的感慨，但由于《书愤》写于闲居山阴失意之时，所以诗中多愤激之情，诗风慷慨悲壮；写《临安春雨初霁》时，作者已奉宋孝宗之召到临安，被任为朝请大夫，权知严州军事，所以诗中不复忧愤，主要反映他旅居京城的孤寂心情，诗风清淡、婉丽。

书　愤

早岁那知世事艰，中原北望气如山。

楼船夜雪瓜洲渡，铁马秋风大散关。

塞上长城空自许,镜中衰鬓已先斑。

出师一表真名世,千载谁堪伯仲间。

临安春雨初霁

世味年来薄似纱,谁令骑马客京华?

小楼一夜听春雨,深巷明朝卖杏花。

矮纸斜行闲作草,晴窗细乳戏分茶。

素衣莫起风尘叹,犹及清明可到家。

②"古诗十九首"是汉末文人的作品,有人认为,"苏武诗"也是汉末文人的作品。请论证:下面所给的两首诗,创作年代的确相近。

苏武诗四首
(其三)

黄鹄一远别,千里顾徘徊。

胡马失其群,思心常依依。

何况双飞龙,羽翼临当乖。

幸有弦歌曲,可以喻中怀。

请为游子吟,泠泠一何悲。

丝竹厉清声,慷慨有余哀。

长歌正激烈,中心怆以摧。

欲展清商曲,念子不能归。

俛(同"俯")仰内伤心,泪下不可挥。

愿为双黄鹄,送子俱远飞。

古诗十九首

行行重行行,与君生别离。

相去万余里,各在天一涯;

道路阻且长,会面安可知?

胡马依北风,越鸟巢南枝。

相去日已远,衣带日已缓;

浮云蔽白日,游子不顾反。

思君令人老,岁月忽已晚。

弃捐勿复道,努力加餐饭。

提示:从诗歌意象、主题思想、表现手法、诗歌风格等方面进行论述。

5."改写体验"教学设计

《国殇》改写示例。

本次改写,可以改写为诗歌,也可以改写为小说或散文,兹举一例如下。

读《国殇》

天欲昏兮杀气兮,楚疆狼烟四起。

府帖至兮心怒兮,操剑挟弓以离。

既上马去黄沙兮,老母倚窗哀泣。

锐刀剑照惨月兮,铁盾甲映寒光。

壮士面无惧色兮，赤心悲而不伤。

负重盎跛征路兮，被坚甲淌河江。

昼顶酷日炎暑兮，夜走寒风冷霜。

行楚地而心系兮，遥望征途茫茫。

数日屡遇强敌兮，壮士争奔沙场。

黄沙漫天蔽日兮，卷杂尘塞风扬。

敌兵将多如云兮，吾师拔剑擂鼓。

操剑怒斩敌旌兮，张弓愤射敌魁。

骤雨下矢交坠兮，草乱摇刀相挥。

左骖殪右骖伤兮，两轮陷戎车摧。

凌余阵躐余行兮，杀敌兵斩敌将。

敌众我寡不抵兮，敌优我劣不当。

望余阵观四方兮，尸若山血如江。

污迷目沙掩面兮，背中箭臂负伤。

知将败仍不屈兮，紧握血刃顽抗。

孤力难挽狂澜兮，将殉身兵士亡。

自往既知不返兮，稚颜并无畏光。

不思伐善施劳兮，一心卫国护乡。

首身离心不惩兮，热血洒终不伤。

作楚兵诚无悔兮，宁身死独不降。

生楚杰死楚雄兮，安能苟活世上？

男儿亦勇亦武兮，英雄刚毅顽强。

人虽死神犹在兮，身虽殉魂不丧。

不念生不思归兮，独不肯负国望。

豪气人世隆隆兮，雄魂阴间荡荡。

吾问孰为英雄兮，乃壮士为国殇！

（高 1003 班　张元）

6. "专题研讨"教学设计

专题示例 1：一字（或一句）统领全篇的诗歌。

杂诗六首（之一）

曹　植

高台多悲风，朝日照北林。

之子在万里，江湖迥且深。

方舟安可极，离思故难任。

孤雁飞南游，过庭长哀吟。

翘思慕远人，愿欲托遗音。

形影忽不见，翩翩伤我心。

（《先秦两汉魏晋南北朝诗歌鉴赏辞典》商务印书馆国际有限公司）

问题：这首诗起笔两句"高台多悲风，朝日照北林"，历来被人称道，请赏析其妙处。

参考要点：起笔两句在内容上统领全诗，运用了即景生情（借景抒情）的手法，所选景物如高台、朝日、悲风、北林等都具有悲凉、阔大的特点，营造了高远的意境，渲染了悲怆的气氛，并以"悲"字奠定全诗的感情基调。

葛 溪 驿

王安石

缺月昏昏漏未央，一灯明灭照秋床。
病身最觉风露早，归梦不知山水长。
坐感岁时歌慷慨，起看天地色凄凉。
鸣蝉更乱行人耳，正抱疏桐叶半黄。

（《宋诗鉴赏辞典》上海辞书出版社）

问题：诗人的心绪集中体现在"乱"字上，全诗是怎样表现的？请简要赏析。

参考要点：本诗以"乱"为诗眼，情景交融，抒写了诗人的家国之思。首联借残月、滴漏、昏暗的灯光暗写诗人心烦意乱。颔联直写身体之病、羁旅之困、怀乡之愁，点明"乱"的部分原因，为进一步写"乱"蓄势。颈联转写忧国之思，以天地凄凉的色彩加以烘托，使烦乱的心情更推进一层。尾联用衬托手法，借疏桐蝉鸣将诗人的烦乱渲染到极致。

送 李 端

卢 纶

故关衰草遍，离别自堪悲。
路出寒云外，人归暮雪时。
少孤为客早，多难识君迟。
掩泪空相向，风尘何处期？

（《唐诗鉴赏辞典》上海辞书出版社）

问题：有人说，本诗以一个"悲"字贯穿全篇。你同意这个说法吗？为什么？请结合全诗进行赏析。

参考要点：同意。（第一小问）//本诗以一个"悲"字统领全文：首联写送别环境，直击"悲"字；颔联又写送别，抒依依不舍之情，"寒云""暮雪"紧扣"悲"字；颈联回忆往事，感喟身世，更显其"悲"。少孤漂泊，知音难求，刚遇知己，却又要别离，能无悲乎！尾联写故人远走，只盼早日相见，可风尘纷扰，何时才能相见？前途一片茫然，仍"悲"情不断。（具体分析）//总之，全诗将惜别、孤寂、感时伤怀等复杂情感融合在一起，给人以荡气回肠之悲凉。（总述）

专题示例2：杜甫诗研究。

引领学生大量阅读杜甫的诗歌，并推荐学生阅读梁启超《情圣杜甫》等文章。

三、小结

改变课程设置方式是转变教学方式的前提条件。本次单元教学设计，笔者首先着眼于课程设置方式的转变，从诗歌鉴赏的六种常用方法出发，设计课程学习的六项专题研讨内容，让学生在专题研讨中释放学习的主动性。随着学生学习主动性的释放，其学习方式也悄然发生变化——不再是单纯地听讲与回答问题,而是主动探究学习。

此外,随着学生学习主动性的释放与学习方式的转变,本单元学习资源的构建呈现了可喜的局面,那就是学生对学习资源的开发、建构力度大大加强,老师跟从学生的学习过程,享受学生的学习成果,并藉此积累了大量课程资源,师生教学相长,互相促进。

育英学校课程研究院李景龙老师在讲座结束 10 分钟后发来短信,这样说:邱老师您好!非常欣赏您今天的讲座。以我之见,您的讲座,其优点在于,为老师们恰当地处理教师、学生、教材三者之间的关系提供了一个范例。按照您这样设计教学,老师就不是教课文,而是教阅读。这样,老师跳出教材,在教学中再结合教材,教学就有了意境,学习就有了趣味。李景龙老师"教阅读"之说,颇有见地,也给笔者很多启发。自然,笔者在教学设计中,还设置了改写等环节,也有写作表达的考量,这方面的教学设计,还可以继续加强。

(作于 2013 年 10 月)

诗词读解"手法"概要

"手法"运用是诗人创作的匠心所在、灵感所在。认识古典诗歌的"手法",有助于我们揭开诗人的创作密码,走进诗歌的神圣宫殿,摄取诗的精魂。

引领学生认识诗歌"手法",需从一首首的诗歌入手,进而推广到认识一类诗歌,甚而举一反三,旁通别类诗歌;鉴赏时不仅要从局部入手,还需着眼整首诗歌。暂以问题解答的形式,举数例如下。

子夜吴歌①

李 白

长安一片月,万户捣衣声。

秋风吹不尽,总是玉关情。

何日平胡虏,良人②罢远征。

(《唐诗鉴赏辞典》上海辞书出版社)

注:①吴歌:文学史上对吴地民谣、民歌的总称,发源于江苏。②良人:丈夫。

(1)分析"长安一片月"一句在全诗表达中的作用。

学生分析示例:"月"点明时间是在晚上,与题目"子夜"呼应;而"长安"交代了地点。//本句总起全文,渲染出一片月光笼罩下朦胧安静的气氛。//月亮还代表思念,这为全文奠定了一个思念的基调,表现出妻子对远征丈夫的浓浓的思念之情,为后文"玉关情"做铺垫。

(2)这是李白的一首古诗。清朝人田同之觉得末两句多余,如果删掉而成一首绝句,"更觉浑含无尽"。你是否同意田同之的说法?为什么?

学生分析示例:不同意。//这首诗题为"子夜吴歌",是一种民谣,本无须追求结构上的完美。而要充分表达人们的思想感情,简单直白,直抒胸臆即可。//诗歌前两句对景物的描写,有触觉、视觉、听觉,而最后一句则从留守在城中的妇女思念在外打仗的丈夫的角度,表达人民希望战争停止的愿望,与前四句有机搭配。//如果删去这两句,诗歌意思表达过于含蓄,情感表达不能准确明朗,会失去民歌特色。

不同意。//虽然"玉关"已经基本点出了亲人思念边关战士的感情,但"吴歌"是民谣,不需要刻意营造保持朦胧的整体风格。//"何日平胡虏,良人罢远征"借女子之口说出,更体现女子质朴与深切的思念,感人至深。//末两句与前四句相连,有情有景有心声,浑然天成。//并且,末句这样直接地点出主题,不再是模糊的"玉关情",更具体写了夫妻感情,道出了人们的心声，表达了人们对安定、和平生活的向往。

不同意。//尽管最后两句与之前不大相似，但正是这两句最有力地抒发了诗人自己的感情。//前四句是以第三人称旁观者的视角，勾勒出千家万户为戍边将士赶制冬衣的景象，给人一种因战争负担而产生的凄凉之感，但意犹未尽，如果就此停住，无法表达诗人强烈的感情——李白豪放的风格可能也会让他继续写下去。//于是，末两句，诗人以将士妻子的口吻，询问将士何时归来，最生动地表现了人们厌恶战争、渴望和平与团圆的心理，表达了战争对人们负担的加重与亲情的阻隔以及人们对战争结束的渴望。

不同意。//按照田同之的说法，诗的结构固然"整齐"了，诗所蕴含的意义却被破坏了。//"玉关情"是什么情呢？下句进行了补充说明：何日平胡虏，良人罢远征。是在家独守的妇人渴盼自己的丈夫能早日平安归来。//最后这两句，使情感得以显现，将所诉的情感诠释得更到位，更贴近生活。//所以，我认为不能删去。

同意。//最后两句虽然直接写出了百姓的思绪，对战争的反感与对丈夫的思念，但读来过于直白，放在全诗中，读来也并无太多可推敲之处。//如果删掉后两句，诗中的"总是玉关情"之"情"便有了多重含义：对亲人的思念，对前线将士的牵挂，对"家""国"孰轻孰重的思考……读来令人遐思，全诗便具有了不尽之意。

同意。//首先，前四句中出现了"月""捣衣""秋风""玉关"等意象，已经足以讲清家中妇女思念远方出征的丈夫这一含义。因此，从内容上讲，第五、六句是多余的。//其次，前四句已经融情于景，第五、六句在此基础上直抒胸臆，显得多余，并且还破坏了诗的意境。

同意。//因为李白所写的最后两句，只是交代了平民在边境与胡人作战。虽然感情忧伤，但破坏了前两句营造的静谧氛围下深藏的伤感，还打破了前两句借景抒情的方式，破坏了前两句"浑含无尽"的神秘感。//去掉后两句后，"玉关情"仍能体现战争给人民带来的痛苦，但不直接说出，更加"浑含无尽"。

咏怀古迹（其五）

杜 甫

诸葛大名垂宇宙，宗臣[①]遗像肃清高[②]。
三分割据[③]纡筹策[④]，万古云霄一羽毛[⑤]。
伯仲之间见伊吕[⑥]，指挥若定失萧曹[⑦]。
运移汉祚[⑧]终难复，志决身歼[⑨]军务劳。

（《唐诗鉴赏辞典》上海辞书出版社）

注：①宗臣：为后世所敬仰的大臣。②肃清高：为诸葛亮的清风亮节而肃然起敬。③三分割据：指魏、蜀、吴三国鼎足而立。④纡：屈，指不得施展。筹策：谋略。⑤云霄一羽毛：凌霄的飞鸟，比喻诸葛亮绝世独立的智慧和品德。⑥伊吕：伊尹、吕尚。伊尹是商代开国君主汤的大臣，吕尚辅佐周文王、武王灭商有功。⑦萧曹：萧何和曹参，汉初名相，刘邦的谋臣。⑧祚：福。⑨歼：消灭，灭亡。

请结合诗句，谈一谈杜甫在对诸葛亮作评价的时候，运用了哪些手法，这些手法达成了怎样的效果。

学生分析示例：

示例1：首联中，作者用夸张的手法正面评价诸葛亮"垂宇宙"，表现诸葛亮品德高尚，令人肃然起敬。//颔联运用比喻手法，说诸葛亮是"万古云霄一羽毛"，赞美他绝世的智慧才能。//颈联运用正面对比，用"伊吕""萧曹"与诸葛亮作比较，突出他的才能、功劳与品德。//尾联陈述诸葛亮"志决身歼军务劳"，表现诸葛亮鞠躬尽瘁，死而后已的精神。

示例2：首联使用夸张的手法，将诸葛亮的大名夸张至"垂宇宙"，突出了诸葛亮的功绩之大，影响之广。//颔联使用欲扬先抑和比喻的手法，写诸葛亮虽无法充分施行心中大计，但仍像"万古云霄一羽毛"，有绝世独立的智慧和品德。//颈联使用比较的手法，将诸葛亮与"伊吕""萧曹"对比，突出其功绩之伟大，才能之高。//尾联直接陈述，将事情之难与诸葛亮的决心告诉读者，使人们了解诸葛亮迎难而上、鞠躬尽瘁死而后已的高尚品格。

再举一例现代诗歌。

民　歌

余光中

传说北方有一首民歌

只有黄河的肺活量能歌唱

从青海到黄河

风　　也听见

沙　　也听见

如果黄河冻成了冰河

还有长江最最母性的鼻音

从高原到平原

鱼　　也听见

龙　　也听见

如果长江冻成了冰河

还有我，还有我的红海在呼啸

从早潮到晚潮

梦　　也听见

醒　　也听见

有一天我的血也结冰

还有你的血他的血在合唱

从 A 型到 O 型

哭　　也听见

笑　　也听见

（《乡悉·余光中诗精编》长江文艺出版社）

这首诗采用了重章复唱的表现形式，请分析其作用。

学生分析示例：

①四个小节重章复沓,读来音韵和谐,有反复咏叹之美。②通过换词,整齐而不单调,反复而不平淡。③从黄河写到长江,再写到我,写到你和他,写到每一个人,内容递进,情感加深,表达了自己对祖国深沉的热爱与依恋。

以上示例,只是沧海一粟,笔者不完全统计,诗歌"手法"问题涉及的内容有以下几个方面。

表达方式:记叙、描写、议论、抒情、说明(诗歌中运用较少见)。

表现手法:烘托渲染、直抒胸臆、间接抒情、借景抒情(寓情于景和情景交融)、借物抒情(托物言志或象征)、借事抒情、寓理于景、借古讽今、虚实相生、动静结合、对比衬托、白描工笔、化用典故、抑扬结合、赋比兴、重章复沓等。

修辞方法:比喻、比拟、双关、对偶、夸张、借代、设问、反问、顶针、象征等。

结构方法:开门见山、首尾照应、层层深入、先总后分、先景后情、先事后理、过渡、铺垫、伏笔、起承转合、卒章显志等。

一、表达方式

表达方式是诗人表达思想感情的重要手段,常见的有记叙、描写、议论、抒情。

记叙:记叙人物的经历或事情的发生、发展、变化过程。"楼船夜雪瓜洲渡,铁马秋风大散关"(陆游《书愤》),作者用叙述的方式写自己亲临抗金前线值得纪念的往事。

描写:用生动形象的语言对人物、事件、环境所做的具体描绘和刻画。"江月去人只数尺,风灯照夜欲三更。沙头宿鹭联拳静,船尾跳鱼拨剌鸣"(杜甫《漫成一首》),这首诗从水中月影写起,生动描写了白鹭曲着身子,恬静地夜宿在月照下的沙滩,船尾大鱼跃出水面而发出拨剌的响声,一动一静构成了江上月夜宁静的美景。"菱叶萦波荷飐风,荷花深处小船通。逢郎欲语低头笑,碧玉搔头落水中"(白居易《采莲曲》),这首诗通过"欲语低头笑""碧玉搔头落水中"等细节描写,把女子的羞涩、纯真和内心的慌乱生动地表现出来。

议论:对人和事物的好坏、是非、价值、特点、作用等所表示的意见。"不识庐山真面目,只缘身在此山中"(苏轼《题西林寺壁》),苏轼议论的语言,揭示了人生哲理:人们在观察事物时,必须从各个角度进行周密调查,才能明白事物的真相和把握事物的总体。

抒情:分为直接抒情和间接抒情两种。

直接抒情又叫直抒胸臆。"生当作人杰,死亦为鬼雄",抒发了女词人慷慨激昂的人生理想,含蓄地批判了南宋朝廷苟且偷安、偏安江南的懦弱行为。"人生自古谁无死,留取丹心照汗青",抒发了文天祥精忠报国、鞠躬尽瘁死而后已的英雄气概。

间接抒情常见的有即景抒情(触景生情)、借景抒情、寓情于景、情景交融、托物言志等。

即景抒情(触景生情)是指遇到眼前的景物或场景油然而生感慨。李白的《春夜洛城闻笛》中"谁家玉笛暗飞声,散入春风满洛城。此夜曲中闻折柳,何人不起故园情",诗人听到折柳曲的笛声,不禁产生浓浓的思乡之情。

借景抒情,顾名思义就是借助景物来抒发情感。"昨夜雨疏风骤,浓睡不消残酒。试问卷帘人,却道海棠依旧。知否?知否?应是绿肥红瘦",李清照在这首《如梦令》中对春光的留念惜别之情,正是借助于海棠花一夜之间已是"绿肥红瘦"的景象来抒发的。

寓情于景就是把感情融入所描写的景物之中。同样是面对枫叶,刘禹锡觉得"霜叶红于二月花",而在送别人崔莺莺的眼中,却是"晓来谁染霜林醉？总是离人泪",他们都是把自己的感情融入景物之中,只是感情大相径庭。

情景交融的特点是环境的描写、气氛的渲染跟人物思想感情的抒发结合得很紧密。人在紧张和思想斗争激烈的时候乌云密布、电闪雷鸣,人在幸福和愉快时阳光明媚、鸟语花香。《登高》中诗人仰望漫无边际、萧萧而下的木叶,俯视奔流不息、滚滚而来的江水,在写景的同时,便深沉地抒发了自己的情怀。落木窸窣,长江汹涌,无形中传达出韶光易逝、壮志难酬的感怆。

托物言志就是通对事物的描写和叙述,表达自己的志向和意愿。"垂绥饮清露,流响出疏桐。居高声自远,非是藉秋风。"(虞世南《咏蝉》)作者所要抒发的人生感怀是:凡是品格高尚的人,总是严格要求自己,不断地提高自身修养,因而美好的声名自可远扬,不需要依靠其他人吹嘘。由此可见,写蝉是假托外物,而抒怀言志才是真正目的。

二、表现手法

表现手法是指诗歌的章法和技巧,包括以下几种。

渲染:渲染就是对环境、景物作多方面的描绘形容,以突出形象,增强艺术效果。杜甫的《登高》中"风急天高猿啸哀,渚清沙白鸟飞回。无边落木萧萧下,不尽长江滚滚来",就渲染出深秋江边的萧条、冷落的气氛,与诗人悲凉、伤感的人生感慨相吻合。

白描:原是中国绘画的传统技法之一,大致接近西洋画法中的速写或素描,其特点是用简练的墨色线条来勾勒画面,赋形写意,不事烘托,不施色彩。这种画法引入诗歌的创作中,那就是不用形容词和修饰语,也不用精雕细刻和层层渲染,更不用曲笔或陪衬,而是抓住描写对象,用准确有力的笔触、明快简洁的语言、朴素平易的文字,干净利素地勾画出事物的形状、光暗(声响)等,以表现作者对事物的感受。如温庭筠的《商山早行》:"晨起动征铎,客行悲故乡。鸡声茅店月,人迹板桥霜。槲叶落山路,枳花明驿墙。因思杜陵梦,凫雁满回塘。"第二联两句诗,就是六个名词(即六种景物)的组合,没有任何修饰语。它集中地表现了早行的辛苦。在鸡鸣声起、残月未落之时,冒着寒霜上路,可见早行辛苦。

用典:即在诗歌中援引史实,使用典故。古诗很讲究用典,这既可使诗歌语言精练,又可增加内容的丰富性,增加表达的生动性和含蓄性,可收到言简意丰、耐人寻味的效果,增强作品的表现力和感染力。如辛弃疾《永遇乐·京口北固亭怀古》中成功地运用了五个典故(孙权、刘裕、刘义隆等),诗人借助这些历史事实,含蓄自然而又充分地表达了自己的思想感情。

象征:象征是一种托物寓志的表现手法,在特定的事物中,寄托某种精神品质或抽象事理,由于长期使用,已被人们普遍接受。比如,梅花象征坚贞,兰花象征高洁,牡丹象征富贵,竹子象征气节,红豆象征相思,浮云象征游子,秋扇象征弃妇,子规象征悲愁。

移情:移情就是将人的情感转移到事物身上,使外物与人同喜同悲。如杜牧的"蜡烛有心还惜别,替人垂泪到天明",诗人没有说怎样惜别,却把这种感情转移到蜡烛身上,蜡烛无情,尚且替人垂泪,何况人乎?《扬州慢》也有"废池乔木,犹厌言兵"之句,乔木尚且厌恶战争,何况扬州百姓呢?

虚实相生:"寒蝉凄切,对长亭晚,骤雨初歇。都门帐饮无绪,留恋处兰舟催发。执手相看泪眼,竟无语凝咽。"上片除"念………阔"外,写的都是眼前的实景实事,写词人和心爱的人不忍分离又不得不分离的心情,是实写;下片写对别后生活的设想,是虚写,着意描绘词人孤独寂寞的心情。

抑扬:指欲抑先扬或欲扬先抑。如王昌龄的《闺怨》"闺中少妇不知愁,春日凝妆上翠楼。忽见陌头杨柳色,悔教夫婿觅封侯",诗人采用欲抑先扬的手法,先写少妇"不知愁""上翠楼",后面才写她忽见柳色而"悔恨"不已,形象地刻画出少妇情绪的微妙变化,表现出她的感伤和哀怨。

联想和想象:多为浪漫主义诗人所采用。李白《梦游天姥吟留别》以飞越的想象结构全诗,诗人的想象犹如天马行空,所描绘的梦境、仙境,正是他所向往追求的光明美好的理想世界。《望庐山瀑布》中的"飞流直下三千尺,疑是银河落九天",采用的就是联想。

正面描写和侧面描写:如汉乐府《陌上桑》对秦罗敷的描写:"头上倭堕髻,耳中明月珠。缃绮为下裙,紫绮为上襦。行者见罗敷,下担捋髭须。少年见罗敷,脱帽著帩头。耕者忘其犁,锄者忘其锄。来归相怨怒,但坐观罗敷。"前四句是正面描写,后八句是侧面描写。前四句夸张地写罗敷的服饰之美,是为了衬托人物的高贵和美好。至于罗敷具体怎么美呢?这是很难描绘的。于是作者笔势一荡,不直接写罗敷本身,而去写周围的人为罗敷所吸引的神态,通过侧面描写,给人留下无限的想象空间。

赋、比、兴:赋,就是详细地叙事写景,并表示出作者的态度;比,就是把一物比作另一物;兴,就是"先言他物以引起所咏之辞也"。如《孔雀东南飞》开头"孔雀东南飞,五里一徘徊",既是"兴",又是"比"。

重章复唱:也称重章复沓、重章叠唱等。基本特点有三点:①数个小节重章复沓,读来音韵和谐,有反复咏叹之美;②通过换词,整齐而不单调,反复而不平淡;③内容上一般形成递进等关系,情感加深或加厚等。

三、修辞方法

比喻:本是一种把一事物比成另一本质不同的事物的修辞手法,运用在诗歌当中,也称比兴。如贺知章《咏柳》:"碧玉妆成一树高,万条垂下绿丝绦。不知细叶谁裁出,二月春风似剪刀。"

比拟:把物当作人来描写叫拟人,或把人当作物来描写叫拟物。比拟有促使读者产生联想,使描写的人、物、事表现得更形象、生动的作用。例如:"霜禽欲下先偷眼,粉蝶如知合断魂。"(林逋《山园小梅》)

夸张:即故意地对事物进行夸大或缩小的描写,借以表达诗人异乎寻常的情感。合理的夸张虽不符合事理,却符合情理。在浪漫主义诗歌中,夸张的手法随处可见。例如:"天台一万八千丈,对此欲倒东南倾"(李白《梦游天姥吟留别》);"白发三千丈,缘愁似个长"(李白《秋浦歌》)。

对比:把两种对立的事物或者同一事物的两个不同方面放在一起,相互比较。运用对比,或使对立的事物的矛盾鲜明突出,揭示本质,给人深刻启示;或使事物对立的两个方面互相映衬,相得益彰,给人深刻印象。如高适《燕歌行》"战士军前半死生,美人帐下犹歌舞",以战士死在沙场与将帅纵情声色进行对比,形象鲜明,揭露深刻。再如"去年元夜时,花市灯如昼。月上柳梢头,人约黄昏后。//今年元夜时,月与灯依旧。不见去年人,泪湿春衫袖。"(朱淑真《生查子·元夕》)上阕写去年元夜时的幸福欢乐,下阕写今年元夜时的苦闷伤感,对比鲜明,突出景物依旧而人事已非的悲伤情怀。

衬托:利用事物间近似或对立的条件,以一些事物为陪衬来突出某些事物的艺术手法。利用事物的近似条件来衬托一事物,称正衬(在表现手法中叫烘托);利用事物的对立条件来衬托一事物,称反衬。例如:"人闲桂花落,夜静春山空。月出惊山鸟,时鸣春涧中。"(王维《鸟鸣涧》)诗歌中所写景物如花落、月出、鸟鸣等都是动景,同时又通过这些动景,更加突出显示了春涧的幽静。"鸟鸣山更幽",以动衬静,愈见其静。

附:动静结合指对人、事、景处于动态或相对静态时的描写。例如:"月黑见渔灯,孤光一点萤。微微风簇浪,散作满河星。"(查慎行《舟夜书所见》)全诗用白描手法写出了诗人夜晚在船上看到的景色,前两句写静态,后两句写动态。

<h3 style="text-align:center">景与情的衬托关系</h3>

(1) 正衬

① 以哀景写哀情。白居易《琵琶行》一开头"浔阳江头夜送客,枫叶荻花秋瑟瑟"句中萧瑟的秋景,是用来增添离别哀愁的。李商隐《无题》有"相见时难别亦难,东风无力百花残"之句,选择一个百花凋零的暮春景色作为分离的背景,必然倍增离恨,所以"别亦难"。这些诗句从不同的方面,摄取了凄迷的风景,作为分别的衬托,更加重了别离的愁苦。

② 以乐景写乐情。李白《夜下征虏亭》:"船下广陵去,月明征虏亭。山花如绣颊,江火似流萤。"征虏亭畔的丛丛山花,在朦胧的月色下,绰约多姿,好像一群天真烂漫的少女;江上的渔火和水中倒映的万家灯火,星星点点,闪闪烁烁,像无数的萤火虫飞来飞去,这些景物衬托出了诗人出游的喜悦之情。

(2) 反衬

① 以乐景写哀情。杜甫《绝句二首》(其二):"江碧鸟逾白,山青花欲燃。今春看又过,何日是归年?"融融怡人的春光越发衬出诗人归心的殷切。美好的景物与人物内心的哀怨形成鲜明的对照,给人以强烈的感染。

② 以哀景写乐情。钱起《暮春归故山草堂》:"谷口春残黄鸟稀,辛夷花尽杏花飞。始怜幽竹山窗下,不改清阴待我归。"一、二两句渲染出春光逝去、了无踪迹的凋零空寂的气氛,反衬出三、四句诗人对幽竹"不改清阴待我归"的欣喜之情。

王夫之《姜斋诗话》:"以乐景写哀,以哀景写乐,一倍增其哀乐。"可见,反衬手法用得好,效果更为强烈。

设问:故作无疑之问,然后自己回答;或者故作疑问,自己不答,让读者去思索体会。如杜甫《蜀相》:"丞相祠堂何处寻?锦官城外柏森森。映阶碧草自春色,隔叶黄鹂空好音……"开头一句,以问引起。

借代:不直接说出要说的人或事物的本来名称,而借用和该人、该事物密切相关的人或事物的名称去代替。用借代的手法可以突现描写对象的特征,引发读者联想,使其获得鲜明深刻的印象。如李贺《南园》:"男儿何不带吴钩,收取关山五十州?请君暂上凌烟阁,若个书生万户侯?""吴钩",古代吴地生产的一种弯刀,这里代指精良的武器。

对偶:对偶也叫对仗(古代持兵器保卫贵人,都是左右成对,名仗,后来成为仪仗),是指把字数相等或大致相等、结构相同或相似、意义相关的两个句子或短语对称地排列在一起。

对偶可以使表达的意思更加充分,更加明确;使音律显得抑扬顿挫,节奏鲜明,和谐悦耳。

反问:用疑问的形式表达确定的意思。用来加强语气,表达强烈感情。"江东弟子今虽在,肯为君王卷土来?"(王安石《叠题乌江亭》)使用反问句式,语气冷峻,强调了历史规律的必然性。

四、结构方法

统领全诗:如唐朝许浑《咸阳城西楼晚眺》:"一上高城万里愁,蒹葭杨柳似汀洲。溪云初起日沉阁,山雨欲来风满楼。鸟下绿芜秦苑夕,蝉鸣黄叶汉宫秋。行人莫问当年事,故国东来渭水流。"首句"一上高城万里愁",一个"愁"字统领全诗,奠定了全诗的感情基调。

开宗明义:诗歌开头就进入正题,不拐弯抹角,直接点明题旨或表达情感。如唐代杜审言的诗《和晋陵陆丞早春游望》:"独有宦游人,偏惊物候新。云霞出海曙,梅柳渡江春。淑气催黄鸟,晴光转绿苹。忽闻歌古调,归思欲沾巾。"诗歌开门见山,直接点出诗人的感慨:只有离别家乡、奔走仕途的游子,才会对异乡的节物气候感到新奇而大惊小怪,在这"独有""偏惊"的强调语气中,生动表现出诗人宦游江南的矛盾心情。

承上启下:这是古典诗歌最常见的方法,在文中起过渡作用的语句,使前后相邻的两层意思上下连贯,前后衔接,让诗歌结构严谨。

悬念:如"打起黄莺儿,莫教枝上啼。啼时惊妾梦,不得到辽西"(金昌绪《春怨》),诗歌前两句设置悬念,为什么要"打起黄莺儿,莫教枝上啼"? 原来是黄莺惊醒女子的梦,让她不能在梦中到辽西与丈夫相会,可见相思之切。

铺垫:为主要人物出场或主要事件发生创造条件而着重描述渲染。如"老人今年八十几,口中零落残牙齿。天阴伛偻带咳行,犹向岩前种松子"(施肩吾《诮山中叟》),诗歌前三句交代老人已经"八十几",而且"牙齿""零落","天阴""伛偻"咳嗽,铺垫中设悬念,这样的老人应该享福了吧,作者到此笔锋一转,形成对比,揭示谜底,他"犹向岩前种松子",沉痛地表现出人民的痛苦和辛酸。

伏笔与照应:伏笔即在故事发生前对将要出现的人物或事件做出某种暗示性的铺排。好的伏笔能起到暗示、点题、沟通作品内部联系、逆转人物关系等作用,使文理通顺、合情合理。照应是篇章前后某点内容的衔接,又叫呼应。前面交代过的话,后面得有照应;后面要照应的话,前边得先有个交代。照应能使情节连贯、脉络清晰、结构紧凑。

卒章显志:诗人往往在诗歌的结尾表达自己的心志或情怀,点明主旨。如"半亩方塘一鉴开,天光云影共徘徊。问渠哪得清如许,为有源头活水来"(朱熹《观书有感》),这首诗前两句用形象的比喻,描绘出一副天光云影倒映图,鲜活美好。第三句发问,第四句才揭示原因,"为有源头活水来",告诉人们,要想思想出新意,就得经常读书。而李白《梦游天姥吟留别》结尾"安能摧眉折腰事权贵,使我不得开心颜",则表达了诗人傲视权贵,对个人精神自由的追求。

(作于 2013 年 9 月)

第二辑

探寻教学实践性知识（一）

教学方式不仅是个形式问题，还是教学内容科学性与思维一般规律的外在表现。透过教学方式，我们可以窥知教学理念与教学思想的状态与程度。

学生的语文核心素养不仅来自于课堂教学，而且呈现于课堂教学。课堂教学是学校教育的主要方式，对语文课堂进行梳理探究，是语文教师专业发展的重要途径。

教学方式方法很多，集中在课堂表现方式上，有一些具有普遍意义的基本形态。本部分主要从诵读、点评、课外阅读规划、写作等方面入手，探寻语文教学的实践性知识，探寻语文教师专业发展在课堂教学方面的基本要求与有效途径。

让语文课"响亮"起来

多年来,我们语文组的老师对诵读教学进行了有益的实践。我校选定由周正逵先生主编的语文教材,高一学习《文言读本》,一年里学生在课堂上共背诵课文 40 篇、古诗词曲 60 首,并阅读浏览课文 64 篇,语文能力逐步提高,取得了可喜的成绩。与此同时,老师的语文水平也有了长足的进步,对语文教学的本质有了更深的认识。

一、让"哑巴语文"变成"响亮语文"

李扬的"疯狂英语"一扫"哑巴英语"的阴云而风靡全国,对人们学习英语产生了深远的影响。这一现象引起了我的思考。语文课不也正面临"哑巴语文"的尴尬局面吗? 我们需要正确认识语文学习的特点,要让"哑巴语文"变成"响亮语文"。

《文言读本》上、下两册共八个单元。新生入学后第一堂语文课上,我就对学生做了思想动员。为强化诵读效果,我明确要求学生必须背诵每一篇课文。当然,老师要先于学生背诵。我首先将书里的"正音读""察语气"和"断句读"等文言常识向学生做了说明,并在教学过程中特别重视以下三条。

(1) 不正确的读音、断句要靠读出声音来发现和纠正。有学生朗读辛弃疾的《破阵子》,将"八百里分麾下炙"中的"麾"误读成"máo",将"马作的卢飞快"误断成"马作的/卢/飞快",我在课堂上发现后及时进行了纠正。这样的情况在语文课堂上并不少见,如果仍然是"哑巴语文",错误也许就会在沉默中被掩盖。在为文言断句的时候,除进行必要的推理外,还借助了读的语气,并根据文言虚词大多兼表"语气"的特点,编出了一个"虚词断句口诀"。

(2) 准确理解文意要借助诵读。诵读是打开文章大门的一把钥匙,多读能培养我们的良好语感。往往读出来,才能更准确地领悟文字内在的思想感情。请看王维的《相思》:"红豆生南国,春来发几枝? 愿君多采撷,此物最相思。"诗的第二句向来有争议,有人认为应该用句号。单从字面来讲,"春来发几枝"作为陈述句和疑问句均无不可,但如果我们读出声来,会明显地感觉到,读成问句会给人分外亲切的感觉,意味更为深长。而作陈述句处理,则显得有些平淡了。

(3) 韵律和美感要凭借声音来表现。中国文学语言之美不仅表现在内容、意义和外在的形式上,还表现在它特有的声音、韵律上。"之乎者也"、节奏和韵脚、排比和对仗等,其音乐之美,只有用嘹亮多情的声音才能充分体会出来。无论古文还是现代文,其特有的韵律与美感足以引起我们在诵读的时候"手舞足蹈"。要大声地朗读,品味汉语那种特殊的音乐美,吟诵出作品的精神和风采。

二、建立诵读的规范

1. 精神必须饱满:眼到、口到、手到、神到

读书是一件需要全身心投入的事情,形式和内容都不能忽略。军队进行队列训练,讲求的好像只是外在形式,但如果缺了这一环节,就会变成乌合之众。读书也一样,如果没有端正的态度,精力就会容易分散,思想未免会懈怠。朱熹强调"整顿几案、正身体"等,道理也许正在于此。如果课堂上全班同学齐读的时候有人走神,那效果就如同乐队中奏出了不和谐音;如果个人读书的时候松松垮垮,那么他的思考就不能深入。基于这样的认识,课堂上我特别强调学生注意力要集中,读书时要有好的坐姿,要发出洪亮的声音,要看清每一个字,要积极思考所读内容。这叫作读书要"四到":眼到、口到、手到、神到。

2. 领诵和听诵:把握要领,营造气氛

为引导学生积极适应诵读的要求,我安排了领诵和听诵两个环节。领诵者可以是老师,也可以是某个同学。使用这种方法,直接把正确和积极的"读书声"传递给大家,便于尽快掌握诵读的要领。同时,可以有效地培养一些同学成为有特点的领诵者,为他们进一步发展打下好的基础。听诵主要是为了感染学生的情绪,激发学生的灵感。听诵主要分两种形式:一是部分同学(或老师)诵读,其他同学听;二是播放录音(或录像),所有同学都听。听诵时可以配放背景音乐(音量要适中),烘托阅读气氛。我甚至考虑可以开设"吟诵教学"选修课,营造吟诵的氛围,培养诵读能力。

3. 响起每一个人的声音:言为心声,直抒胸臆

"响起每一个人的声音"是诵读课的主要目标之一。在课堂上,老师的声音必须时时响亮,学生的声音也必须声声明朗。我一直鼓励学生高声发出自己的声音,并采用个人或小组竞赛等方式营造"声音的氛围"。每一天早读,每一堂语文课,都能听到悦耳的读书声。诵读的过程是思考的过程,是抒情的过程。三心二意,心猿意马,是读不出思想感情来的。我对学生讲明道理,提出两点要求:一是言为心声,即口中读着什么,内心也应该思考着什么,不能"口诵心非";二是直抒胸臆,能将胸中酝酿的情感脱口而出,将自己所理解的课文用声音传达给别人。总之,真心读书,带着饱满的情感读书。要让学生真切地感受到:你读书的声音就代表着你对课文的理解和把握。

经过一年努力,诵读规范逐步建立起来了。同学们已经较好地养成了诵读习惯,教室里书声琅琅,读书者心无旁骛,在"响亮"中不断接近阅读教学的真谛。

三、指导使用诵读和记忆的方法

摸索到好的读书方法,这是很重要的。我们进行了记忆方法的指导,希望帮助学生打下良好的语文基础,能够踏踏实实地读书,聚精会神地思考,培养理解、记忆、判断和创新能力。这里,简要说说我们教学中常用的几种方法。

1. 字词提示法

字词提示法循序渐进,帮助学生一句句理解和记忆课文,培养他们进行反复阅读的意

志品质,并且增强前后勾连的意识。在诵读教学的起始阶段坚持使用此法,可以培养学生踏踏实实、一字一句认真把书读好的良好习惯。其具体做法是:一般先选择出若干起提示作用的词语,经过熟读逐步减少提示词,直至完全取消提示,也就是帮助学生一步步"扔掉拐杖"独立行走。在这个过程中,为激起学生热情,经常采用小组竞赛、师生竞赛、同学互相检验、看字猜句(看提示字背诵上下句)、接上下句、听读结合等方式,高声诵读,熟读成诵。此外,老师在课上适当的时候插叙某些与作者或课文内容有关的文学典故,有利于形成和谐的课堂气氛,提高理解记忆的效率。

2. 图画示意法

图画示意法可以同时激发学生左右脑的记忆、理解功能,特别是开发右脑的功能,取得较好的记忆效果。具体做法是:根据课文内容,画出与之相匹配的图像,让学生根据图像联想回忆课文内容。这种方法不仅有利于对课文的理解和记忆,还有利于学生发挥想象力,增强创造力。

3. 要点引路法

要点引路法就是将文章内容变为若干能提纲挈领的问题,引导学生根据问题明确思路,达到背诵的目的。一篇课文的问题设计可以一环紧扣一环,显示出思维的严密和思路的流畅。这有利于对所学课文加深理解,还能突出教学重点,强化梳理和把握文章要点的能力。

4. 听写法

听写法是一种老方法了,我认为今天依然还有使用它的必要。听写可以强化学生"耳、手、心"协同到位,强化学生"亲自动手",熟悉字词句篇。我的听写方法主要有:①生字、生词听写;②句子听写;③对段落先听后写,也就是先听老师或其他同学读一段文章,然后再根据自己的记忆来写,既锻炼听,又锻炼记忆,还锻炼动手写的能力。

5. 联想记忆法

联想记忆法和听写法、图画示意法等思路相反,要求学生根据文章内容进行联想。具体方式灵活多样。比如,把文章创作成连环画,自己绘图以加强记忆;为文章找到合适的音乐配音,依据特有的旋律加强记忆。这样做能够激发学习兴趣,充分关照学生的个性特点,为教学增添色彩,提高趣味性。

6. 纲要回忆法

教师把文章的结构提纲或线索提示写在黑板上(或投影),让学生据此背诵。这种方法能帮助学生对文章进行整体认识,增强对文章的整体把握能力,训练逻辑思维能力。比如,学习苏轼《赤壁赋》第三段时,我和同学们一起将这一段的写作思路概括为三句话:触景怀古;怀古叹己;叹己生悲。我将这三句话板书在黑板上,要求学生以此为思路进行背诵,取得了良好的效果。

使用上述方法,一般遵循这样三个原则:一是循序渐进。要从容不迫,一段一段地背诵,一个环节一个环节地理解清楚,不能囫囵吞枣,急于求成。每一堂课都有计划,也有变化,重点突出,步骤清晰。二是"读"与"思"结合。熟读中要有思考,思考也为熟读和背诵提供更清晰的思路,二者是相辅相成、携手并进的。三是多读少讲。一节课四十五分钟,学生多读多领悟,用三十分钟以上;老师抓住重点讲解,控制在十五分钟以内。心理学研究表明，学生的注意力最多只能持续集中十五分钟。如果老师长篇累牍地讲，势必影响教学效果。（当然，在特定情况下，不排除老师"一言堂"取得最好效果的可能。）我们坚持把课堂诵读的时间还给学生，珍惜他们的生命，力求不浪费每一分钟。

诵读和记忆的过程也是审美的过程。通过诵读，将文字转化为饱含情感的声音，培养锻炼学生的口头表达能力；挖掘文学作品的思想内涵和深层情感，培养学生的语言感知能力；通过对作品从表达形式到情感内容的分析和领悟，丰富学生的思维和情感。在诵读教学的过程中，我还设计了从"仿写"到"创造"的两步练习法，希望能引导学生从把握文章的外在表达形式开始，进而把握语言的内在意蕴，这对长久记忆所诵读内容，起到了一定的辅助作用。同学们普遍反映，诵读之余，心中的热情和灵感被"声音"唤起，有一种衷达的欲望。对耳熟能详的作品，情不自禁进行模仿。古文的音韵之美、简约之美，陶冶了学生情操，培养了学生良好的语言能力和浓厚的文学趣味。很多同学的文言习作语言优美动人，构思新颖独特，内容生动活泼，行文富于美感。同学们说，诵读唤醒了自己创作的灵感。

四、"响亮语文"引导我们走向新的教学境界

这一年的诵读教学，将文字、声音、形象、审美熔铸在一起，特别挖掘出了"声音"这个语文教学中最容易被忽略的因素，复活了"语文"本身的精神和血肉。"哑巴语文"变成"响亮语文"——这是取得良好的教学效果的关键所在。

从熟读到背诵，从模仿到创新，也许正是语文学习的有效途径之一。我们进行诵读教学，强调的不仅仅是多读，还强调多思考，多模仿，多创造。学生们普遍反映，诵读使得他们对文章语言有了更高的要求，平淡无味的语言已经不能得到他们的青睐；诵读使得他们有了更好的语感，说话或写作时很自然地就能创造出许多优美的句子；诵读使得他们语言的神经更加敏锐，创作的欲望不时被唤起；诵读使得他们积累了更多的知识，对问题理解更加深刻，对文学的审美有了更多的灵感。这不是一种以往苦求而不得的教学境界吗？语文课一旦"响亮"起来，学生学习的激情随之被激发，教与学融合在一处，遂生绚丽景象。

我相信，"响亮语文"将引导我们走向新的教学境界，收获更多的语文学习果实。

附录1　虚词断句口诀

"盖""夫"大多在句首；"于""而""则""以"句中间；"曰"后往往加冒号；"耶""乎"常与问号连；"矣""耳"后面用句号；"哉"字后面跟感叹；"者""也"主要表停顿，或句或逗仔细断；引号情况很复杂，多动脑筋别乱点。

附录2　文言习作一篇

学　习　论

清华附中高0316班学生　姚天龙

学习不好，非智商不高，条件不优，必在分心，分心则低效，罔殆之道也。

诸君课堂之外，小则吃喝，大则玩乐。较吃喝玩乐之花销，与学习之花销，其实百倍，玩乐之所耗精力，与学习之所耗，其实亦百倍。思吾辈之父母，经千辛，历万苦，以有微薄之财，吾辈视之不甚惜，举以花光，如弃草芥。今日花几十，明日花几十，图一时爽快，数日之后，财源又竭矣。然父母之钱有限，花钱之欲无厌，花钱愈多，欲望愈强，故离家数日而

钱袋已空矣。至于借钱,理固宜然,有人云:"花钱享乐,犹抱薪救火,薪不尽,火不灭。"此言得之。

呜呼,天才之不存也久矣,欲人之学习也难矣。向之天才,其出人也远矣,犹且努力学习焉。今之凡人,其下天才也亦远矣,而懒于学习,是故强亦强,弱亦弱。强者之所以愈强,弱者之所以愈弱,其皆出于此乎? 爱子女,买参考书以辅之,于其身也,则厌学焉。惑矣! 参考书之不做,教科书之不看,或买焉,或弃焉,条件优越而不用,吾未见其聪也。

学习狂未尝玩乐,而成绩不俱高,何哉? 学习过度劳其身也。身虚体弱,效率亦低矣。或有智者,始有远略,决不熬夜,是故成绩决不下降,至于上课不听,始速祸焉。再者,听课认真,知识十拿九稳,后某科考试再,提笔速答之。既速而准确低,及格无望。只顾其速而未顾准确矣。向使上课认真听讲,时间合理安排,不贪玩乐,做题认真,则成功之数,夺魁之理,当与天才相较,或未易量。

呜呼,夫吾辈皆凡人,其能弱于天才,而犹有可以赶而超之之势,夫以天下之大,而从吾辈失败之故事,是又在吾辈下矣!

注:本文语言上模仿苏洵《六国论》和韩愈《师说》等文,结构上模仿《六国论》。

(作于 2004 年 7 月)

探索学生课外阅读规律，帮助学生
对课外阅读进行规划
——清华附中高 0603 班读书小条活动回顾与分析

　　从 2006 年 9 月 1 日至 2008 年 4 月 1 日，清华附中高 2006 级 3 班同学全员参与，以逐日上交读书小条的形式，走过了一段不平静的阅读之路；之后，转入自我管理阅读阶段。2008 年 7 月 13 日，在结束高二学业即将进入高三生活之际，全班同学以"拥有小条的日子"为题，对自己高中两年的读书之路作了总结与回顾。

　　在过去的两年里，同学们还写过 10 余次读书感想或读书汇报。为直观展示同学们的读书时间安排与阅读内容的基本情况，我将同学们 2006 年 9 月 1 日至 12 月 31 日的读书情况绘制成一个读书坐标系，对阅读内容做了简单的统计，并将同学们在这四个月里撰写的四次读书感想与这些读书统计坐标放在一起，以统计研究的形式呈现出来；选取同学们在 2007 年 3 月、5 月、6 月、10 月所做的四次读书总结，与 2008 年 7 月所作的"拥有小条的日子"编辑在一起，作为同学们坚持读书小条活动的过程展示。

　　设计读书小条，并坚持做完这个工作，对老师或许是带有理想色彩和强制手段的一种阅读引导方式。我认为，中学生是能够做到每天都读书的，希望能以读书小条的形式帮助或督促同学们读书，并在读的过程中学会自我管理，逐渐形成自己的阅读习惯，确立自己的阅读兴趣。而坚持填写读书小条，对学生是一种意志的考验和精神的磨砺，这或许是一件琐碎的事情，一种每天必须面对的负担。每天都要交给老师一张不到两根手指宽的纸条，汇报自己的读书情况，会敷衍应付吗？在读书汇报的时候，会羡慕别人读书的收获吧，同学们互相攀比吗？在每个月底粘贴那 30 张（或 31 张）读书小条的时候，会被自己亲手填写的小条引入回忆吧，同学们特别快乐吗？在日复一日上交小条的过程中，同学们的心理必定受到影响，行为习惯必然会有改变。我想，小条能帮助同学们唤起自己对阅读进行统筹规划的愿望。

　　语文老师如果能协助同学进行阅读自我管理和自我规划，帮助同学们养成良好的阅读习惯，培养高尚的阅读品位，成就纯洁的人文情怀，拥有高雅的道德情操，是一件荣幸的事情。我愿意为此作一些有益的探索，作一些努力。这里，我不能不说，我感到万分欣慰：所有同学都坚持逐日上交读书小条，认真参与读书汇报；所有同学都给予了读书小条真心的评价，真诚地对此进行回顾与总结。我们的读书活动有始有终，过程有完整的记录。

就这样,我一手导演的读书小条活动结束了。这次活动为我的日常教学注入了新的灵感,也引领我对语文教学进行了一次再认识。

这次活动首先考验了我的毅力。设计并提前印好小条,每天坚持收小条,收回以后还要将它们归入各自的信封里,到月底组织学生粘贴并写出读书感想或读书汇报,然后收集起来,汇总,也算一个小小的工程了。现在,我将同学们撰写的读书感想或读书报告集中起来,汇编成册,算是给自己的一点奖赏吧。

这个假期,我认真阅读了每一位同学两年来所做的读书感想与读书报告,对同学们参与读书小条活动的情况有了较为完整的印象。一般来说,读书小条活动促进了同学们参与阅读的积极性,加速了同学们对语文课外阅读进行规划和自我管理的步伐,帮助同学们对阅读的意义进行了较为深入的思考。统观每个月的读书小条,结合同学们撰写的感想与报告,我愿在这里对此次"小条"活动做一个简略的回顾与分析。

首先,我最关心的是,帮助学生养成良好的阅读习惯一般需要多长时间。

从"小条"活动反映的情况来看,帮助高一学生养成良好的读书习惯,一般至少需要三到四个月的时间。好的阅读习惯逐渐形成后,还需要一个强化的过程。

我注意到,同学们的阅读过程,大致有以下特点:除个别同学外,绝大部分同学在初中阶段阅读量很小,阅读积累很少;"小条"活动的第一个月,同学们一般都会经历"新鲜""应付""麻木""震撼"几个阶段,在月末总结时产生改进阅读的愿望;"小条"活动的第二个月,同学们的阅读兴趣进入"觉醒"阶段,他们能根据自身特点选择相应篇幅或相应类别的作品,进行有益的阅读尝试;"小条"活动的第三个月,同学们的阅读兴趣进入"调整"阶段,他们一般会在上月尝试的基础上进一步明确自身特点,并对阅读方向做出初步规划;"小条"活动的第四个月,同学们基本都能对阅读时间做出合理安排,每天或每周的阅读时间基本稳定,阅读内容基本确定;"小条"活动的第五至第六个月,同学们的阅读活动基本稳定,并能对所阅读的内容发表自己独立的见解;之后,阅读活动逐渐进入自觉阶段,并能在阅读中自我总结。当然,受考试或其他学科学习等因素影响,阅读活动会有调整或波动,但对阅读的认识趋于成熟。在整个"小条"活动期间,同学们对名著的阅读呈现"热情""畏难""搁置""调整""重新开始"这样一个变化过程,但有约五分之一的同学始终"逃避"阅读名著,大约五分之一的同学能每月都坚持断断续续或持续读名著。

请看岑浩宁同学 2006 年 12 月读书统计坐标(见图 2-1),这是"小条"活动的第四个月。

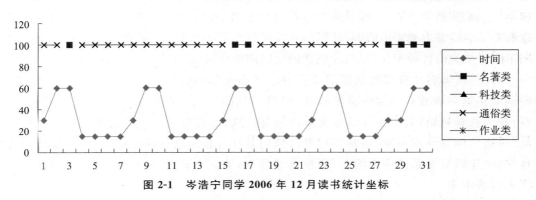

图 2-1　岑浩宁同学 2006 年 12 月读书统计坐标

该同学分配给每一天的读书时间很有规律:周一至周四各门功课压力较大,语文阅读用时15分钟,以通俗类为主;周五阅读时间增至30分钟,周六、周日阅读时间为一个小时。在经过3日、16日和17日两次适应后,该同学从28日开始坚持阅读名著(此后一直接续),每日阅读时间从28日开始也增至30分钟以上。而在前三个月,他每天的阅读时间分配是无序的。第四个月以后,他的阅读习惯基本养成。

我曾经有过这样的想法,就是让学生每个星期都总结一次,或许这样能提醒学生更频繁地关注自己的阅读情况,他们对阅读状况改进的速度或许会更快。我很遗憾自己没有这样做做试验,但从同学们的阅读实际情况来看,第一周,他们大多是有新鲜感的,不会有什么问题;第二周以后,"阅读是一项任务"的烦恼会产生,此时总结,也许能有警醒的作用……我当时没有这样做,主要是因为我担心这样做显得很琐碎,容易招致学生的逆反;我还考虑,"小条"积攒到一个月的时候,"震撼"的效果也许更强烈。现在看来,这种"震撼"确实取得了比较好的效果,而同学们在每天收小条的过程中互相比较、互相学习的气氛经过较长时间的酝酿,也给了同学们从容调整的时间,给了他们认真涵养的机会。

其次,在帮助学生寻找阅读兴趣点的过程中需要注意哪些问题。

在初始阅读阶段,学生们的选择各不相同——此时,不用老师强调,同学们也知道名著是老师最希望他们选择的——老师不要期望他们都能选择名著,而要有耐心,让他们自己慢慢"走近"名著。通过"小条"活动,我发现,课外阅读的起步阶段对同学们来说其实是一件"痛苦"的事情:他们知道名著好,可是读起来常常感觉很枯燥,甚至还有语言(如文言)上的障碍。我们老师其实也有这样的经验,比如我在第一次读《红楼梦》的时候,必须是耐着性子才能读下去的,感觉就像是受到了虐待!所以我想,我们对同学们提出读名著这个要求的时候,要有耐心,即使是读《围城》这样有趣的著作,对学生其实也是莫大的考验。

"小条"活动的最初阶段,学生们看《读者》,看《青年文摘》,看《格言》,看与教材《文言读本》配套的《现代文选读》,看《故事会》,等等,有些内容甚至是非常幼稚的。这个时候,老实说,我是以一种豁达的态度来看待这个问题的。我坚持一个原则:绝不武断地说学生不可以看什么,绝不强行要求学生看什么。事实证明,我的这个做法是基本正确的。

学生自己选择的篇目,要允许学生在阅读中自己判断筛选。只有学生自己做出了判断,他们才会接受老师的相关建议,对自己的阅读做出调整。中国有一句俗话,叫作"欲速则不达",老师急于求成,一味要求学生赶快读名著,其结果可能招致学生更多的不理解。老师要学会给学生充裕的时间,让他们在彼此间的不断影响下自我调节,只有帮助他们克服了阅读中途的各种不良反应,才能帮助他们调整口味,接受名著的营养。

其实,同学们非常理解老师的良苦用心,"小条"活动的第一个月,全班有五分之一的同学在第一周就开始阅读世界名著,但是强烈的"不良反应"迫使他们做出调整。这时,有人选择短篇,有人选择通俗文学作品等。这时,我通过"小条"活动发现,他们并不是"逃避",而是寻求一种"等待与调整",他们是在寻找阅读的最佳突破口。观看同学们在2007年以后所做的读书报告,我惊喜地发现,绝大多数同学已经在不知不觉间回归到了名著中来。

通过这次"小条"活动,我深刻地认识到:阅读习惯和阅读兴趣是学生在阅读中自然形成的。老师不能传授现成的办法，只能进行必要的引导，或者创设一定的条件——比如"小条"。在学生的心目中，一切没有尝试过的办法都会引起他们的好奇，老师如果能多引导同学之间互相交流阅读的感受，那么，他们将能加快这一尝试的进程，尽早寻找到适合自己阅读的最佳方案。所以，每天收小条，可以增进同学间对阅读问题的互相交流；每月写读书感想或读书汇报，可以激发同学们相互交流与自我调整的积极性。

另外，如果有同学始终拒绝名著，或者选择了科普等领域的著作，也不要大惊小怪。拒绝名著，或者是兴趣不在这个领域，或者是暂时在其他功课的压力下被迫放弃，但只要有阅读的意识和习惯，他们也将有所收获；选择了科普等领域的著作，他们将开辟一片崭新的阅读天地，将语文学科的素养融入其他学习领域，在其他领域的学习中取得更大成绩，这将是语文学习的最高境界之一——语文学科的作用将得到更好体现。

再次，在组织学生进行阅读活动的时候教师要注意做好以下工作。

组织学生进行阅读活动是一个系统工程，在这个系统工程实施过程中，老师要做好一系列的工作。除制作、印刷与收发小条这样的技术问题外，对同学们阅读情况的适时把握与适时引导尤为重要。

每天收上小条，将它们分别装进各自的专用信封，在这个过程中，我对同学们的阅读情况有了较为全面的把握。对坚持阅读活动的同学，课间见面给予一两句话的鼓励；对正在寻找自己阅读兴趣点的同学，碰见后对他所阅读的领域做一两句评说；对昨天没有读书的同学，问一句是不是其他学科的作业遇到了困难耗费了时间；对可能在小条上填写了不实信息的同学，有必要时不时装装糊涂，或者故意问问他读书后的感受……这样，老师与同学们积极互动，小条成为师生沟通的桥梁。

每个月底的读书总结或汇报交流活动，是同学们互相促进的平台。同学们在每天上交读书小条的时候，其实已经在互相比较了，这种比较持续到月底，老师借助课堂这个平台，组织同学们总结交流，其实是给同学们一个综合展示的机会，一个"比武打擂"的"擂台"。在比较交流中，同学们互相比较，互相学习，最重要的是，互相提供阅读信息，互相成为对方的"阅读榜样"。这样，可以增强班级阅读学习的气氛，增加同学们阅读学习的热情，将阅读活动推向深入。事实上，很多同学对月末的总结交流充满了期待。

这里，我有另外一点深刻的感受，那就是，老师的坚持很重要。很多时候，总会有个别同学没有交读书小条，这时，课代表或老师就会去"催交"。如果是小条已经写好而忘了交上来，没有关系，交上来就好；如果是前一天没有读书，所以没有填写小条，也没有关系，写上姓名，写上"无"，交上来——实行"零报告"制度。这样，在月末学生将这一个月的读书小条集中起来粘贴时，他们不仅能看到对自己阅读态度做具体记录的所有小条，也一定为老师不放弃的精神所感染，慢慢养成自己的读书习惯。

事实胜于干瘪的说教，老师提供"小条"这样特殊的材料，让学生自己教育自己。自己的读书活动做得扎实，学生们在作总结的时候将获得满足的成就感，单是看那记录了自己读书历程的小条，也足以引起他们的感叹——滴水汇集成波澜壮阔的大海——大海才会引起他们更多的感叹；自己这个月的读书活动做得不好，月末总结时，他们的心理会有空虚的感觉，看着小条自我感受，内心的负疚感具象化——没有积累，一筐土也没有，何时堆起一座高山？

从老师教学的角度,我还有一个切身感受,那就是语文学科必读篇目虽然可以在一开始就提出来,但不要指望学生会对这些篇目"优先阅读",最好是随着阅读的一步步深入,慢慢提出要求,而且最好能针对具体某一位学生提出来。老师要有耐心。

最后,阅读活动的目的是什么。

语文老师指导课外阅读,是为了提高同学们的语文素养。但是,阅读的效果,绝不会只体现在语文学习领域。好的阅读习惯、好的阅读兴趣能够将阅读转化为能力,自然地辐射到其他学科——此时,语文的本质体现为"兴趣、水平与思维能力"——比如,有一些理科成绩比较好的同学,在阅读的过程中,对自然科学著作产生了浓厚兴趣而愿意去读这方面的书,而阅读进一步帮助他提高自己的学科学习水平和学科思维能力,进而发展为这方面的爱好者甚至成为这方面的专家。

如果这样,语文学习的强大魅力岂不具有了更大的诱惑力?语文素养的重要性将更加突出。

现今,专门为大学输送人才的中学里,特别是以理科为主的示范学校里,有很多揶揄语文课程的顺口溜,比如"物理难,化学繁,数学习题做不完,英语天天口中念,语文轻轻放一边""数学英语是虎,物理化学是狼,专吃语文小绵羊"。这些顺口溜无非是说,数理化和英语等学科"抢走了"学生们绝大多数学习时间或学习精力,语文学科在这些学科面前,往往是不被学生重视的对象。

形成这种局面,一方面,因为这些学科是现代科学技术的基础学科,符合社会的需求,并且不认真学一般不能掌握;另一方面,语文这个基础学科的重要地位没有得到足够的显现,语文学习的乐趣与成就感没有被学生发现。

"小条"活动"强迫"同学们走过了一段艰苦的阅读历程。在活动过程中,同学们对阅读进行了各种有益的尝试,领略了各类作品的风采,确立了自己的阅读兴趣,寻找到符合自己的阅读方式,发现或部分发现了阅读的乐趣所在、作用所在,这对提高同学们的语文素养,无疑是有帮助的;对同学们精神世界的熏陶,也应该是有帮助的。我还注意到,部分同学,比如鲍福均同学,对自然科学著作产生了浓厚的兴趣,在"小条"督促下更好地完成了对这些作品的阅读,促进他学习物理学科的兴趣与信心,积极参加北京市物理竞赛活动,夺得二等奖第一名的成绩。这样的效果,不能不说是"小条"活动的收获之一。

通过"小条"活动,我想说的是,语文老师在指导阅读的时候,不要把目光局限在语文学科的"学习任务"上,而要注意照顾学生的兴趣爱好,让学生自己做出阅读的选择。语文学科的学习,绝不仅仅是语文学科本身的需要;阅读,绝不仅仅是为了语文的学习。

阅读,培养能力,颐养性情,充实生命。在互联网、电视等大量媒介与信息泛滥的时代,阅读,很艰难,但是,尤有价值。

(作于 2008 年 7 月)

课文"评点"的实践与功效浅探

一、"评点"简介

古人评阅文学作品，除加评语以外，还喜欢在文学作品的字里行间加上圈点，故有"评点"之谓。而所谓的评点之"点"，实际上就是圈点之意。它不像"评"那样以明确的语言来做评判，论说高低，分辨优劣，而是用一种符号来做提示或标记，通常有点和圈两种，也有用画线条来做标示的，其意义则与圈、点相同。汉代所谓的"点"，是指用笔在不必要、多余的、写错的或不适当的字旁加点去掉，称为"点灭"。到宋代，有些人在诗、文的关键之处用笔抹划或点出来，称为"抹""涂抹"或"抹笔"，以作提示，并与简短的评语结合在一起，成为完整意义上的评点。

就评点的形式而言，诗歌散文，多为眉批、尾批、旁批、题下批、夹批。小说戏剧，除以上形式外，书前还有一段读书法，谓之"总评"；每个章回还有回前总批或回末总批。评点的墨色以朱笔和黄笔为主。评点中的评语有长有短，通常说来，诗歌、散文的评点以精练见称，而小说、戏剧中的评语篇幅稍长，较重文采和口语，特别是一部小说前的读法之类，如金圣叹的"读水浒传法"、毛宗岗的"读三国演义法"、冯镇峦的"聊斋志异读法"、太平闲人的"石头记读法"等，都是文茂思深的上好评点，是我国文学评论中的优秀和典范之作。

中国古代许多优秀的文学作品，在后世的流传过程中，已经不完全是以一种单纯的文学形式存在的，而往往是与评点结合在一起的，是以一种评点文学的形式出现和存在的。有些甚至不止一种。也就是说，这种批评和文学同时并存的特殊文学现象或文学形态，在中国古代文学中是普遍存在着的。评点赋予作品以崭新的生命，且生生不息。有的评点与作品水乳交融，构成庞大的体系，甚至成为一门庞大的学问。比如《红楼梦》和其各种评点、研究，共同构成了"红学"。

将这种优秀的极具民族特色的文学批评与鉴赏方法运用于语文课堂，效果该当如何呢？

二、课文读解"评点"实践

在课文读解过程中运用"评点"方法，常常能够直击文章灵魂，激发思维的火花；"评点"思维的灵动性与逻辑思维的严谨性相结合，常常使得课堂活泼而谨严。这种神来之"评""点"，往往还能够激发学生参与的热情，为课堂带来活力与生机。评点往往能一语点破精妙，生动传神，引发读者醍醐灌顶式的顿悟，甚至能直接在作品、作者和读者之间架起一道桥梁。

"评点"法几乎可以囊括所有的问题,如艺术技巧、人物形象、思想情感等,涉及的文学领域也十分广泛,诗、词、曲、赋、骈文、散文、小说、戏剧,乃至民歌都有人做过评点。借鉴文学评点所涵盖的主要理论,在课文读解过程中,我们就某些字词或句段自由灵活地表达自己的感受和见解,或对整篇文章的结构或内容等艺术特色进行评说,或对作家创作特色、创作背景与创作历程等进行探讨,多有收获。

其一,古人评点常从整体着眼,对文学创作的性质、规律、特征等进行理论总结,包括创作动机问题、心理与情感问题、艺术思维及谋篇、布局、语言等问题,还有文学创作过程中的艺术思维问题等,均可为我们借鉴。

课堂评点活动中,注重提升整体阅读的意识。比如,杜甫《咏怀古迹》(其三)中"画图省识春风面"一句,这里的"省"字,教材注释为"曾经",有些费解、曲折。很多参考书把它注释为"省察",读音 xǐng,但这与对句的"空"字不对仗,因为"空"是副词,而"省察"之"省"是动词,失对。那么"省"怎么解呢?我们认为,"省"有"减少"的意思,然后再引申为"略微",是副词,读音 shěng。"省识"就是"略识",就是"不识",这样既与"空"形成对仗,同时这一句又紧承"一去紫台连朔漠",指出昭君悲剧一生的原因,且具有讽刺与批判的感情色彩。"环佩空归夜月魂"紧承"独留青冢向黄昏",同情昭君的愿望,具有感伤色彩。颈联与颔联既具有"转"的关系,颔联主事,颈联主情;又具有"承"的关系,第五句承第三句,第六句承第四句。如此阅读评点,整体阅读意识得到加强。

还可做"比较评点"。如:《苏武传》中,张胜"许之";《廉颇蔺相如列传》中,赵王"许之";《鸿门宴》中,项王"许诺"。三处"许"分别表现了人物怎样的性格特点?评点中,学生揭示出这三处"许"的要点:(会武等至匈奴,虞常在汉时,素与副张胜相知,私候胜曰:"闻汉天子甚怨卫律,常能为汉伏弩射杀之。吾母与弟在汉,幸蒙其赏赐。"张胜许之)张胜之"许之",何其轻易也!为一己私情,不顾国家大局,自私轻率"许诺"。(于是项伯复夜去,至军中,具以沛公言报项王,因言曰:"沛公不先破关中,公岂敢入乎?今人有大功而击之,不义也。不如因善遇之。"项王许诺)项王此时"许诺"与开篇"大怒"形成鲜明对照。这两处表现,表明项羽办事情很情绪化,属于"跟着激情走"的人,理性不足,缺乏政治的敏感与警觉。项羽有勇无谋,缺乏智谋,寡谋轻信,愚蠢"许诺"。(廉蔺送赵王赴渑池之会,相约"三十日不还,则请立太子为王,以绝秦望"。王许之)赵王爽快许诺,显示人物性情与心胸:赵王识大体,信任廉颇,有所担当,有胸怀——勇敢"许诺"。司马迁用极为经济的笔墨刻画人物形象。三处"许诺",三种个性胸襟。

其二,历代文学评点都非常注重对作家主体的研究,像小说家"兰陵笑笑生"研究、《红楼梦》的"索隐派"等,再如诗歌评点过程中评点者会自觉地为诗歌进行编年,甚至由此延伸出文品与人品的辩证关系讨论,这极大地丰富了古代文学理论。从宏观角度来讲,历代文学评点都极具时代意识。而在课文点评的过程中,我们也常常会在文章的字里行间发现作者的生活印记。

比如,欣赏《再别康桥》这首诗的时候,就有同学一眼发现了题目中的"再"字,指出作者与康桥告别,已经不是第一次了。此次再离别,情感自然别有不同。从"再"字入手,关注徐志摩在康桥的经历,挖掘文本背后的生活真实,对文本与生活的联系进行思考与探索,别有趣味。

其三,古人对各体文章都有批评与认同,如两汉对赋的批评、魏晋南北朝的文体辨析(文笔之辨)、唐宋时期的诗词评论、明清时期的小说评点和戏曲批评等,这些批评当中夹杂着文体间的互相比较,如"诗庄词媚"等,都是适应当时文体的流行状况而展开的,这种传统延续到晚清至民国,影响到各类文集编选家的文学观念和评点内容。在实际教学过程中,我们不仅关注不同文体的特色,也关注不同文体的"异'体'同'工'"之笔。举例如下。

朱自清《荷塘月色》首段末句:我悄悄地披了大衫,带上门出去。文章结尾:——这样想着,猛一抬头,不觉已是自己的门前;轻轻地推门进去,什么声息也没有,妻已熟睡好久了。

首段"悄悄"一词,突出主观心理状态,似乎是一种主动的逃避;而"带上门出去"这一动作,突出主观心态的不宁静。尾段"轻轻地推门进去",与首段照应。文章就像"画了一个圆",作者从家里出发,现在又回到了家。作者的心情,又回到了不宁静的状态吧!

再看《再别康桥》首段和尾段的艺术效果。

首段:轻轻的我走了,正如我轻轻的来;我轻轻的招手,作别西天的云彩。

尾段:悄悄的我走了,正如我悄悄的来;我挥一挥衣袖,不带走一片云彩。

这两段,语言的外在表现形式相同,格局意思相似。从开头到结尾,中间经历了这么多的追溯与抒情的过程,似乎还在原来的地方踟蹰,也"画了一个圆",作者在原地徘徊的情态毕现。首、尾段外在形式上的相似与呼应,传达了更深的情感意义。

《荷塘月色》与《再别康桥》,一篇散文,一篇诗歌,而艺术形式上的这种相似,不能不说是文学的魅力所在。

其四,在完成一次文学鉴赏时,评点主要有三种途径:①评点者与作者在创作时的心境保持一致,做到"披文以入情";②评点者从作品的声、色着手,鉴赏诗文的形式之美;③品味诗文的言外之意、象外之旨,甚至进行接受美学意义上的再创造。在课文鉴赏与读解过程中,需要鉴赏的眼光与犀利的眼神,不仅需要灵感,还需要有理性支撑;不仅注重内在情感的体验与揣摩,还需关注外在形式的作用,对作品或其中的形象进行再创造。

比如,《烛之武退秦师》课文开头:晋侯、秦伯围郑,以其无礼于晋,且贰于楚也。晋军函陵,秦军氾南。佚之狐言于郑伯曰:"国危矣,若使烛之武见秦君,师必退。"公从之。把句中"必"改为"或许、大概",会有怎样的效果?学生评点说,改了的话,就显得不坚决了,国君听起来或许会有怀疑。佚之狐进言郑伯也是有风险的,不成功会受到责怪。从这个"必"字看来,佚之狐慧眼识人,敢于担当责任。管住一个"必"字,深探了一个人的思想,这是颇有意味的。

烛之武说秦伯,那段话含义深刻明澈,语气委婉多变,有很高的话语表达技巧。评点时划分为五层,分别从内容、语气、作用等侧面依次分析。

第1层:郑既知亡。谦卑,示弱。(秦、晋围郑,郑既知亡矣。)

第2层:亡郑利晋。沉着,离间。(若亡郑而有益于君,敢以烦执事。越国以鄙远,君知其难也,焉用亡郑以陪邻?邻之厚,君之薄也。)

第3层:存郑利秦。诚恳,利诱。(若舍郑以为东道主,行李之往来,共其乏困,君亦无所害。)

第4层:回顾旧事。愤慨,激恨。(且君尝为晋君赐矣,许君焦、瑕,朝济而夕设版焉,君之所知也。）

第5层：分析未来。坚定，危言。（夫晋，何厌之有？既东封郑，又欲肆其西封，若不阙秦，将焉取之？阙秦以利晋，唯君图之。）

最后做出总结（以"利"说服对方）：抓住对方心理，晓以利害关系，激起往日仇怨，预测并提出建议。提请关注烛之武切入的角度、选用的句式、语序所包含的逻辑性，乃至用语的精心选择，如连续使用八个"君"来称呼对方，打动对方。

春秋战国时期，诸侯国之间关系复杂、微妙，如何分析利害得失，达到化敌为友、不战而屈人之兵的目的，这是一门高深的学问，由此催生了论辩术的发展。评点活动中，关注这个特点，增加了阅读的清晰度和趣味性。

三、"评点"的其他功效浅探

教学反馈显示，评点活动还有如下功效。

其一，要找到好的评点"点"，学生须亲近文字，敏锐洞悉文字信息，全面把握文字的作用与价值。评点工作做得多了，学生对语言文字就会更加敏感。

其二，在做局部评点的时候，要求我们瞻前顾后，通观全局，窥一斑而见全豹，或窥全豹而择一斑谈，这就能够锻炼学生兼顾局部与全体的文本驾驭能力。

其三，评点能培养学生的问题意识。寻找评论点的过程，也正是发现问题与解决问题的过程。譬如，这些动词为什么这样吸引我的注意？这个文学形象为什么让我如此感伤？评点的过程充满启发。

其四，评点能锻炼思维品质。评点的角度多种多样，在评点过程中思维的火花也丰富多彩。在对一个"点"进行评点的时候，需要展开多方位的思考方向，从而使得思维的品质逐渐提升。

其五，评点过程中，往往需要把所评点的内容放在一定的创作环境或文字背景下进行审视。否则，评点就可能流于肤浅。这将促使学生进行更为扎实的学习研究。

其六，评点可以提升学生的语言能力。评点不需要组织成文，而是有感而发，有话则长，无话则短，形式灵活机动，活泼自由。我们鼓励学生用自己的语言进行评论，提升语言能力。

当然，"评点"也有一些需要注意的方面：首先，从本质上来说，评点经常是感知型的，容易停留在感性认识阶段，不易上升到理性的高度；其次，太琐碎，难以搜寻主要观点；最后，易忽视对课文整体上的把握或观察，缺少系统性、论理性和逻辑性。这些情况，教学中需加注意。

（作于 2012 年 12 月）

主要参考文献：
[1] 孙琴安．中国评点文学史[M]．上海：上海社会科学院出版社，1999．
[2] 林岗．明清之际小说评点学之研究[M]．北京：北京大学出版社，1999．

"对联创作引领学生书面语言训练"实践报告

　　2011 年 9 月 1 日，我开始承担高二年级文科实验班的教学任务。教学中，我很快发现了一个严重问题：学生作文仍然处于"口语写话"水平，即作文基本使用口语进行创作。怎样引导学生回归书面语言写作，成为摆在我面前的第一道难题。在与班上的同学们接触两个月后，我做出了一个决定：利用对联创作引领学生书面语言训练。从 2011 年 11 月 11 日至 2012 年 1 月 3 日，我引导学生共进行了 30 次对联创作实践，取得了一定的教学效果，兹总结如下。

一、对联创作功用探究

　　做出利用对联创作引领学生书面语言训练的决定，源于我对"对联"这一特定文学形式的认识。

　　其一，一般来说，对联篇幅不长，创作起来看似简单，学生的抵触情绪不会太大，容易在班级有效推广；对联内容丰富，其简洁词句所包含的信息量往往较大。对联词句所需要的高度概括性，对锻炼学生的概括能力、遣词造句能力，极为有益。

　　其二，优秀的对联常常将记叙、议论、抒情等融为一体；文字或庄重，或诙谐，或质朴，或华丽；其内容涉及社会生活各个方面。对联的此类特点，易于引发学生兴趣，激起学生创作的热情。同时，这些特点对于训练学生书面语言的综合表达很有价值，甚至能够帮助学生找到他本人所喜爱的某种风格。

　　其三，为避免合掌对，对联上下两联往往选用截然不同而又相辅相成的两个角度，这对于学生选取创作角度的思维训练极具价值。这种创作角度选择的思维训练，容易深化到学生的一般写作实践中去，能提升学生作文谋篇布局的能力。

　　总之，这是一个简洁、适用而极具训练价值的文学样式。

二、对联训练策略

　　本次对联训练，我注意了训练形式与训练要求策略的选择。

　　训练形式上，主要有四项策略。

　　其一，同一内容，全员参与。我要求本班学生全员参与对联的创作，这一方面是为了营造班级对联创作的积极氛围；另一方面也是为了保障全体学生都能参与训练。为保证对联讨论时矛盾集中,我限定全班同学每次只就同一内容,自由选取角度进行创作。

其二,集中展示,轮流评说。全班对联作品集中上交给一位同学整理,在班级展示交流。这样做一方面有利于增强同学的责任心;另一方面也有利于在课堂上形成"对联冲击力",让同学们在相互对比、相互欣赏中获得成就感,获得进步的动力。本项活动由全班同学轮流负责,每次一人。

其三,集中印发,总结回顾。每两周我会将同学们创作并经过评说后的对联集中印发,全班同学共同欣赏,共同回顾,继续推动下一阶段的对联创作。这项工作也是一次阶段性总结,能帮助同学获得成就感。

其四,长期坚持,反复锤炼。譬如婴儿学习说话的过程,是一个长期模仿练习与内化的过程;中学生书面语言训练的过程,模仿(另文论说)之外,大约也要经历一个长期的练习与内化过程。基于这样一种认识,对联创作只有经过长期坚持,反复锤炼,其语言训练的效果才会显现,才能内化为学生的书面语言能力。实践证明,在连续经过了一个半月的训练之后,训练的效果显现出来了。

训练要求上,主要有三项策略。

其一,温故求新,趣味保护。为了让同学们在对联创作与评说起步阶段"有话可说",我要求同学们从高一年级所学课文入手,每次选取一篇课文,要求学生们针对同一课文内容进行创作。为保护学生的创作热情,激发学生思维的积极性,我们鼓励学生自由选取创作的角度,并在评说时尽量给予积极评价。同时,对旧有课文的复习与创新也有利于增强同学们这项创作的比较与竞争意识:看谁演绎得更好?

其二,循序渐进,逐步完善。在对联创作开始之前,我首先为同学们讲解了"对联基础知识"(见本文附录1)。在最初一周的评说修改中,我把修改的重点放在对联的形式上,主要针对"仄起平收"的要求,因为这是学生最初阶段常有的问题,他们往往会忽略"仄起平收"这一类"形式上"的要求。后来的创作事实证明,"仄起平收"这一类形式上的要求实际上促进了学生遣词炼句的热情,他们为既能准确表达又能满足这一形式上的要求而骄傲,他们愿意玩一玩这种"技巧"。创作形式要求落实以后,我们最终把创作与评说的重心放在了对联的内容神韵与情感表达上。

其三,积极扩展,主动突破。我组织学生进行对联创作,目的在于书面语言训练,而不在于对联。为此,在学生进行了一个半月的创作练习以后,我要求学生适当增加对联的长度,本学期最后两次训练中,我要求学生努力创作一副不少于30字的对联。虽然我没有明确告知学生我们要将对联的创作逐步"散文化",渐渐突破对联形式的限制,但在实际训练过程中,我始终清晰知道:我的目标是书面语言训练。

三、对联创作实践报告

我们采用"课下独立创作、课堂集中评说"的方式开展创作与交流活动。同学们在课下独立进行对联创作,至少提前一天将作品提交给负责整理评说的同学,材料整理完成后,以课堂十分钟演讲的形式,在课堂上集中展示评说。

本学期三十次对联创作与评说活动,涉及所学课文篇目或作家、作者如下:柳永、苏轼、辛弃疾、李清照、毛泽东、徐志摩、陶渊明、《雷雨》《雨巷》《大堰河,我的保姆》《氓》《离骚》《短歌行》《采薇》《琵琶行》《孔雀东南飞》《窦娥冤》《纪念刘和珍君》《故都的秋》《荷塘月色》《记梁任公先生的一次演讲》《廉颇蔺相如列传》《苏武传》《伶官传序》《烛之武退秦师》《荆轲刺秦王》《兰亭集序》《张衡传》《鸿门宴》《滕王阁序》。

总结一个半月同学们学习创作对联的实践活动，有如下事实。

一方面，我们可以通过同学们对联创作的前后变化，来看出这一活动的成绩。

在开始阶段，同学们总会犯这样那样的错误。

有的同学忽略了对联的"仄起平收"要求，要么仄起仄收（相如以口舌完璧归赵，廉颇凭诚意负荆请罪），要么平起平收（科举屡试不中，音律无师自通），甚至平起仄收（太史令才上术学，金龙降灵珠；河间相心下社稷，宝蟾承天命）。

有的同学忽略了上、下联的语法对仗，形容词对名词（阳嘉元年，地动仪出代代赞；机智巧算，政事之学样样通），偏正短语对主谓短语（楚天清秋阔，几逢花落；残月晓风情，梦断愁肠），等等。

有的同学被对联的形式束缚住了，削足适履，或者言语费解（致力民生治威严，专心术算造地动）；或者改变诗词名句（江南女子，执红牙板歌耆卿曲，晓风残月；关西大汉，持铜琵琶唱东坡词，大江去东）；或者上下联没有关系，只是凑字数（酒醒处，孤独岸，风情千姿弄；周王土，温柔乡，烽火戏诸侯），等等。

经过一个半月的训练后，同学们已经明确了对联的基本要求，能够熟练掌握对联的创作技巧，所谓可以"带着镣铐跳舞"了。我们可以看几个例子。

楚江怀三闾，天地念离骚——觉思宇

目断，偕一片琵琶；缄默云丝间，几缕哀叹

音回，衔几世孤苦；翩跹月圆时，一曲轻愁——孙小婷

仰观宇宙，顿悟时光流逝之迅速，悲喜相伴

俯察品类，难料生命消亡于无形，阴阳两隔——张安莹

……

我们可以从这几个例子中看出，同学们已经掌握了对联"仄起平收"的要求，上下联的语法关系基本上是对仗的，不再让对联的形式给束缚住了……

可以说，一个半月来，同学们在对联的创作上取得了很大的进步，对联创作已经入门了。

另一方面，我们还可以从同学们的话语看出这一活动的意义。

有的同学写出了自己的收获。

这是一件很有意义的事，它使得我每天都能拿起笔，写一些东西（觉思宇）。

掌握了写对联的基本方法，书面语言有所提高，获得了许多乐趣（孟祥瑞）。

在写每篇对联的时候，会对其内容、人物性格、中心思想、写作手法等方面重新进行思考，在回顾所学的基础上又加深了对已学课文的理解（贾香子）。

虽然每次会为一字半句耗费不少的时间，但事后对自己词韵的每一次进步都会感到欣慰（洪雁）。

有的同学回忆了自己的进步。

一开始不愿写，也总写不好，后来在每次的练习中渐渐有些会写了，也对诗、对联、古文这些有了更深的感受与认识（韩岩）。

写对联的过程是一个上下求索的过程。记得刚开始写古文的时候,如《廉颇蔺相如列传》《苏武传》,我全无灵感,觉得才华无从在对联中施展,看到大家的古典文学功底深厚,我很自卑。后来,讲《再别康桥》时,有几位同学开始了创新,把对联写成歌词和诗,这激发了我的创作灵感。《雷雨》的对联是我写的,这是第一副让我满意的对联,还被觉思字放在第一个讲,之后的对联我就写得越来越好,越来越文艺了。特别是遇到能激起共鸣的篇目,对联创作对我来说就是一种享受(袁梦)。

有的同学写出了自己的困惑。

写景说理的文章,觉得对联没什么感觉,仅是辞藻或文章道理的概括。而对于抒情的文章,则觉得有的可写(贾香子)。

有的同学还写出了自己的希望。

下学期还可以在内容深入性与针对性上下功夫,更加注重质量与精神内涵,以带动相关综合能力的提升(魏勍)。

……

不管是同学们的收获,还是同学们的进步,甚至是同学们的困惑和希望,我们都可以看出这一活动的意义,以及取得的成绩,并且激励我们带领同学们继续前进!

四、训练建议

我们建议在高二年级进行此项练习,理由如下。

其一,高一阶段为学生提供必要的素材积累与思维提升。

高一所学内容,为高二对联写作积累素材;高一时所作课文解读、文学点评、诵读涵泳等活动,为高二年级的对联创作打下坚实基础。从教学实际情况来看,初中所学课文内容普遍相对浅显,学生对那些课文的读解尚不够深入,难以引起学生再创作的愿望。在高一就进行对联创作,显得有些仓促。高中以后,随着学生年龄的增长,其对课文的读解能力显著增强;而高中所学知识的积累不仅日渐丰厚,而且对知识的理解也日渐透彻深入,思维能力与理解能力较初中都有较大幅度的飞跃。经过高一一年的积累,进行对联创作的时机在高二臻于成熟。

其二,对联创作为高二学生提供思维提升的平台,帮助学生有效提升书面语言表达能力。

对联在概括、抒情与评论等角度的选择上,都具有高度凝练的要求,有助于提升学生的思维能力水平。进入高三以后,学生面临着升入大学和十八岁成人自立的双重任务。高二时候进行对联创作,可以帮助学生对自己的思维方式进行有效反思与总结,进一步自觉提升自己的思维水平。高二年级进行此项训练,起点比高一更高,而在高三之前对文学语言的思维与运用能力进行总结,还有应试的作用。全员参与的班级对联创作与点评是一个擂台,同学们在这里有比较,有鉴别,有启发,有提升。这样的学习环境还可以帮助学生寻找并形成自己的书面语言风格,为有个性地成人自立做准备。

其三,后续训练设计考量。

高二上学期,我们在期中考试后一个半月的时间里每节课都连续进行对联创作训练,达到了强化训练的效果。下学期,我们一方面将继续精选对联创作的内容,让同学们有话可说,有感而发;另一方面,我们还拟调整训练策略,每周只在周二和周五的课堂上做对联讲评,其余时间留给学生进行创作,让他们有更多的时间在创作上下功夫,为点评做准备,以进一步提高创作与点评的质量。此外,我们还将努力做好进一步的总结工作。

附录1　对联基础知识

一、语法(对联的图画美、空间美)

1. 词性相同

名词对名词,动词对动词,形容词对形容词,虚词对虚词;方位词对方位词,颜色词对颜色词,数词对数词,量词对量词;联绵词对联绵词,叠词对叠词……

譬如:

> 两个黄鹂鸣翠柳,一行白鹭上青天。

> 五岭逶迤腾细浪,乌蒙磅礴走泥丸。

> 稻草扎秧——父抱子,竹篮提笋——母怀儿。

2. 结构相同

主谓结构对主谓结构,动宾结构对动宾结构,偏正结构对偏正结构,联合结构对联合结构……

譬如:

> 座上珠玑昭日月,堂前黼黻焕烟霞。

> 醉汉骑驴——颠脑簸头算酒账,艄公摇橹——作揖打拱讨船钱。

二、语音(对联的音乐美、时间美)

古今平仄声调的演变:平声(平);上去入声(仄)。

1. 仄起平收

譬如:

> 风声雨声读书声,声声入耳;家事国事天下事,事事关心。

> 写鬼写妖,高人一等;刺贪刺虐,入木三分。

> 寒塘渡鹤影,冷月葬花魂。

2. 马蹄韵

两个音节构成一个音步,平平仄仄,仄仄平平,像马蹄声,抑扬顿挫,音韵和谐;平平平平,或者仄仄仄仄,没有变化,单调乏味。偶数音节是音步点,平仄要求高,奇数音节不是音步点,平仄要求低;所谓"一三五不论,二四六分明"。

譬如:

> 千年古树当衣架,万里长江作浴盆。

> —　—　|　|　|　　|　|　—　—　|

> 文章西汉两司马,经济南阳一卧龙。

> —　—　—　|　|　|　|　—　—　|　|

三、条理层次

对联不可无条理,如出句对句语义重复,叫作合掌对,是对联的大忌。因为对联是精致的语言,而合掌对的语言啰唆。

譬如:

> 斯为美矣，岂不妙哉。
>
> 长空展翅，广宇翔云。

1. 并列关系

譬如：

> 一畦春韭绿（视觉），十里稻花香（嗅觉）。
>
> 晴川历历汉阳树，芳草萋萋鹦鹉洲。

2. 对比关系

譬如：

> 青山有幸埋忠骨，白铁无辜铸佞臣。
>
> 横眉冷对千夫指，俯首甘为孺子牛。

3. 递进关系

譬如：

> 学界泰斗，人世楷模。
>
> （毛泽东挽蔡元培）
>
> 日月两轮天地眼，诗书万卷圣贤心。

（朱熹题九江白鹿洞书院，上联写景，此地聚集日月精华，为下联铺垫；下联议论，此地有万卷诗书，可以学习圣人的嘉言懿行。）

四、对联格式

上联居右，下联在左。还可以有题款，上款一般在上联之右，落款一般在下联之左；题款的字一般要小一些。春联的门楣上还可以张贴横批，正确的书写格式是从右向左。

附录2　对联考试经典试题

陈寅恪《与刘叔雅论国文试题书》："今后国文试题，应与前此异其旨趣，即求一方法，其形式简单而含义丰富，又与华夏民族语言文学之特性有密切关系者，以之测验程度……似无过于对对子之一方法。"

1932年，清华入学考试，陈寅恪在国文试题中出了对对子。

上联：孙行者

参考下联：胡适之，王引之，王献之，韩退之，杜牧之，毛润之……

附录3　古代声调与现代北京话声调（见表2-1）

表2-1　古代声调

古代声调	现代北京话声调	例　字
平声	阴平、阳平	
上声	上声	
去声	去声	
入声	阴平、阳平	说出夕
		德白吉

（作于2012年2月8日，清华园南楼）

探寻"如坐春风"的感觉

——"青春读书课"之"三步读书法"浅探

开设"青春读书课"满一学年了(2004 年 9 月至 2005 年 6 月)。

开卷应当有益。作为一名教师,怎样才能有效地开好这门选修课,帮助同学们把"读"落到实处,在读书活动中切实受益,是我努力探求的一个重要课题。在我和同学们的共同努力下,我们在班级里营造了一个手不释卷、如痴如醉、如饥似渴的读书氛围。同学们青春的热情被书籍唤起,他们认真读书,用心品味,善于思考,深入领会,努力探究,积极创作。一年里,我们收获颇丰。学期结束时,我们以作文选编的形式,编选了近 16 万字的诗词作文小册子,取得了可喜的成绩。

一年来,在"青春读书课"的教学过程中,我结合同学们读书的实际情况,摸索出了一套较为切合学生实际的三步读书法,得到了学生的喜爱和认可,并初步取得了一些成果。下面,我借助教学中的三个实例,谈谈我对"三步读书法"的一些体会。

读书第一步:读思结合,在书籍中汲取营养,在思考中成长升华。

读书必得思考相伴,方能读出心得。茫然浏览,心不在焉,是无法读出个中滋味的。所以,作为"青春读书课"的最基本要素,我要求同学们及时地写作读后感,要点如下。

其一,有感而发,无感不强发。这里,我强调了要说真话。如果所阅读的作品能够引起同学共鸣,或者能够引发同学联想,那么,就表达出来;如果所阅读的作品没有任何能够感动你的地方,那么,也不必为完成作业而勉强发表感慨,更不要说假话,说空话。这样,可以有效地杜绝矫揉造作和无病呻吟现象的发生,营造"讲真话"的氛围。

经过一年的努力,同学们已然养成了讲真话的良好风气。表现在作文中,就是他们不再随意虚构故事,而是尊重生活真实,写自己的生活,用自己的语言特点表达;表现在思想上,就是他们不再随意抒发空泛的感想,而是细腻地、具体入微地表达自己的心声。最让我感动的是,一位因心存好奇而一时冲动偷了同学们一些贵重物品的同学,用随笔的形式向我说出了事情的真相。她说,同学们讲真话的氛围时时压迫着她,她不能不说出来。在这种教学法的要求指导下,同学们创作的大量"真心"作品,为"青春读书课"创造了良好的开端。

其二,有感及时发,不要拖延遗忘。这里我强调了要做读书笔记或读书卡片,也可以做旁批,随时记录,适时整理。同学们发现,这种方法有一个很大的优点,那就是能帮助他们集腋成裘,建立自己的"思想仓库"。把自己平时相对零散的思想及时记录下来,经过集中整理,既避免了遗忘和丢失,还能慢慢地联系起来,形成自己的"思想体系",帮助自己提高思想认识。在读书方法上,这样也调动了同学们在读书时候及时思考的热情。用思考的精神状态读书,收获自然颇为丰富。

其三,积极共享"有感",同学之间共同进步。这一年里,我为同学们印发过"姜蔓专辑""李程专辑""李慧专辑"等很多同学的"专辑"作品,供大家欣赏和交流,极大地调动了同学们的读书热情,也促进了同学们之间交流和借鉴。同学们共同思考,相互启发,一起进步,推动了读书活动的进一步深入。

实例欣赏:

任培萌同学在阅读席慕蓉的作品《夏夜的传说》时,很有感触,当即写下自己的感想,表达了自己生命的幽思和青春的热情(见表2-2)。这篇有感而发的作品表达了许多同学共同的心声,情感真挚,得到了同学们的热烈反响。

表2-2 《夏夜的传说》感想
清华附中高0316班 任培萌

夏夜的传说	左边的这首诗是席慕蓉的作品。在这里只截取了其中的一部分,感觉很好。

夏夜的传说

如果有人一定要追问我结果如何
我恐怕就无法回答
所有的故事
我只知道那些非常华丽的开始
充满了震慑和喜悦
充满了美
每一个开端都充满了憧憬
并且易于承诺 易于相信
但是
如果有人一定要追问我
最后的结果到底如何
我只能俯首不答 转回到我的灯下
在书页间翻寻追索
静静编织出 一章又一章有关于
夏夜的 传说
……
日夜循环
在辗转反侧间试着将岁月慢慢沉淀
所有不肯妥协的爱与恨
以及日渐沉重的思想和欲望
只好以熔岩的形象 沸腾翻滚
不断喷涌 囚禁在高温的心中
而在脆弱的表层
水气弥漫 云雾滋生
有朝露有夜雾不断前来 轻轻环绕
轻轻覆盖
仿佛有些忧伤可以忘记
有些错误可以原谅
在日与夜的交替间
有些梦想 可以重新开始盼望
(爱 原来是没有名字的
在相遇之前 等待就是它的名字

左边的这首诗是席慕蓉的作品。在这里只截取了其中的一部分,感觉很好。说不上为什么,对我来说,诗的感觉很亲切。它含蓄,唯美,在轻声吟读间,那种缥缈的意境便慢慢沁入心扉。像是阳光四溢的清晨坐在琉璃湖畔凝望平静湖水的感觉,又像是清爽的午后一个人悠闲地漫步在翠绿林间的感觉。淡淡的忧思在华丽的辞藻间萦绕,幽幽的感伤透过字里行间打动着年轻的心。

也许现在正是幻想的年龄,脸上挂着淡淡的忧郁,心中想着多年后自己沧桑的脸庞。"在所谓的时间的洪流里,我还是要长大。即使,我不想。"也许,记录下青春最好的办法,就是将它铸成文字,编织成美丽的小诗。现在的心境属于现在,时间就像一眼泉水,静静地流淌,悄悄地流出我们的生命。

……放下笔,呆呆地望着摆在眼前的珍爱的诗集,耳机中传来诺拉慵懒的、拽拽的声音,CD在飞快地旋转着,钟表的指针在不紧不慢地移动着……生活在继续,世界上每个角落都满是忙碌的身影。18岁,18岁说明了什么?真正地长大?置身于纷扰的世界中,会有多少无奈?这,是必经的?曾几何时,我托着下巴,趴在窗前,眨巴着清澈的、满是童真的眼睛,心中急不可耐地想,什么时候才能长大?为什么时间走得这么慢?为什么……

那时的世界是五颜六色的,明媚的阳光洒满每一个角落,每个人脸上都洋溢着幸福,"欢乐"是每天必不可少的玩伴。那一切仿佛是现在梦中都难得出现的奇景。一抹苦笑不经意地掠过嘴角。长大就意味着告别单纯、告别童真,告别曾经熟悉又陌生的记忆。也许可以不这样吧?也许。

窗外的柳树上好像悄悄地长出了小小的、不易发觉的小芽,春天早已敲响了我们的房门。春夏秋冬,春夏秋冬……季节有规律地变换着,年复一年。2005年的秋天很快就会迈着轻盈的华尔兹翩翩而

而一切的起始却是不经心的 就像天地初开 原来也没有什么一定要遵照的形象 就如平漠上千株白杨 原来也只是一次不经心的插枝 如果不是那偶然的顾盼　我们 原来可以终生终世永不相识 在雷电交会的刹那 为什么一定要是你　从我身后 静静走来 走进我心中央) 戏正上演 我们一定要等待与盼望 坚持要依次出场　凝神准备 随时欢呼　落泪　或者鼓掌 太阳系里所有行星都进入位置 我们的故事刚刚开始　戏正上演 而星光闪烁　时空无限 …… (《七里香:无怨的青春(时光九篇)》,花城出版社)	来。我站在 2005 年的车头,挂着一抹忧郁,遥望着车尾那落叶纷飞的季节…… 　　长大,就是要变得坚强,坚强地面对喧嚣的城市,陌生的人。也许当青春不在,我才会真正懂得这首诗的意境吧—— 　　我不能选择我的命运 　　是命运选择了我 　　于是　日复以夜 　　用一根冰冷的针 　　绣出我曾经炽热的 　　青春 　　　　　　　　　　　2004 年 11 月 13 日

读书第二步:深刻体味,寻找智慧的闪光点,在研究中获得感悟。

如果说读后感闪现的是同学们思维的火花,那么,在这些火花的基础上点燃同学们智慧的大火,形成熊熊燃烧的燎原之势,就需要引导同学们进行较为深入的研究,帮助同学们得到更为深刻的感悟。基于这样的认识,我向同学们提出了更进一步的要求,那就是深刻体味。要点如下。

其一,反思自己的读后感或者审视他人的读后感,再次体悟"感"的缘由。我组织同学们交流触发自己写作读后感的原因,寻找自己思维火花产生的思想根源。同学们围绕彼此思想的亮点,谈自己,谈他人,在互相交流中共同提高。大家彼此的智慧交融在一起,形成了智慧的海洋。在这样的交流中,取长补短,不断拓展自己思维的空间,为自己的思想寻求新的突破。

其二,寻找自己最感兴趣的话题,进行深入的总结和研究。在交流总结的基础上,我要求同学们选择一个自己感兴趣的领域,比如某一类人,某一种现象,某一个话题,某一位作家,甚至某一部作品,等等,进行较为深入的研究。实践证明,这种思路还是切合实际的。同学们普遍认为,这样专心致志的"专项"研究对大家的读书方法和学习兴趣都产生了切实的影响,大家在研究中对自己感兴趣的问题有了更多的关注和更深的感悟,取得了实实在在的成绩。比如尹雪菲同学,一年来专门研究李商隐及其诗作,对李商隐及其诗作有了深刻的认识,写下了凝结自己深刻思索与真挚情感的诗作《致李义山》;比如姚天龙同学,潜心研究古诗文优美的语言表达方式,创作了诸多文质兼美的文言作品,收获颇为丰富。

其三,深思熟虑,形成文字。把自己的想法梳理清晰,构思成文,表达出来,一方面作为自己读书成果的一种表现形式;另一方面也能促进自己思想的升华,此外还可以以文本的形式供大家交流,所以很有必要。这一年中,我们坚持这样做,让同学们找到了成就感,大家说,自己的劳动成果具体可见,非常喜人。

实例欣赏:

通过"青春读书课"的大量阅读,尹雪菲同学对李商隐本人及其诗作进行了深入研究,与李商隐进行了一番深刻的心灵沟通。她巧妙化用了李商隐《落花》《蝉》《凉思》《锦瑟》《北青梦》以及数首《无题》诗中的诗句,对李商隐及其诗作作了激情满怀的评价。下面,让我们一起欣赏这篇诗作,感受作者热情洋溢的研究心得。

致 李 义 山

清华附中高 0311 班　尹雪菲

你在画楼西畔回味昨夜的星辰
我在历史彼端感慨昔日的王朝——你的背影
你在山寺高阁中叹惋凋零的芳菲
我在书籍古卷里寻访迟到的东风——你的韵律
你在蓬山的道观中嗟叹自缚的春蚕
我在一样的晨曦下伤怀泪尽的烛火——你的生命

你不忍扫去脚下的落红　那些人　那些事
惹得所是尽沾衣
我不忘寻觅你的牵挂　你的魂　你的梦
只是眼穿仍欲稀
你有中国文人都有的落寂　在帝国的斜阳下顾影自怜
我有炎黄子孙都有的虔诚　已在时光的隧道边迷惘千年

可否告诉我　什么才是你真正的追寻
你在飘摇的名利场上飘摇　不过是徒劳恨费声
你在缠绵的情场上缠绵　却直道相思了无益
于是
你只好用颤抖的手
在格律的时代
格律万物的格律　然后轻轻压在时代的韵脚上
也在不经意间　把自己的一生格律
多少无奈

所以你只好用难解的诗句诠释你难解的情感
用艰涩的史典来隐喻这艰涩的年代

所以你的诗境总是那么深邃绵邈

你的萧瑟才会那么清冷　美丽　又难解
你是一个美丽的谜　时空流转了千年
深深地吸引着　这样的我

你愿意和我在天涯的尽头做个梦吗
追随彼此心中的青鸟　走出世界微尘
放下爱憎　不必追忆

让我们在庄生的迷梦中　在世界的大梦中
相遇
让我成为你的新知
从此你的锦瑟不再惘然

(2005 年 3 月 18 日)

读书第三步：塑造品格，探寻生命的光荣感，在读书中成就自我。

对一些问题进行较为深入的研究，自然会影响到同学们的兴趣爱好和思想方法，进而影响到同学们的气质和品格。基于这样的认识，通过读书塑造同学的品格，就成了我和同学们孜孜以求的目标。我向同学们提出了一个口号：在读书中成就自我。要点如下。

其一，把书籍当作一面镜子，读书自省。孔子说，"吾日三省吾身"。我对同学们说，"吾读三省吾身"。读书开启智慧，我们认为，从某种程度上说，书籍这种精神食粮是我们成长的支柱之一。书籍影响着同学们人格的塑造，特别是在读书中有了某些独到感悟的时候，他们的人格精神将得到滋养。在读书思考的基础上，塑造同学们美好的品格，成为我和同学们努力追求的目标。

其二，塑造自我的品格，表达自我。我主要要求同学们做了三个方面的工作：一是文本评价，就是对所读文本中透露出来的情感、人格和精神进行评价，为自己树立榜样；二是相互评价，就是同学之间互相评价对方的进步和提高，以这种方式认识他人并通过他人认识自我；三是自我评价，就是结合自己的读书成果，把自己现有的精神面貌和自己心目中的榜样进行比较，深刻认识自我。这种做法也许是理想主义的做法，但是一年来，这种理想主义的做法还是带给了我们很多惊喜。很多同学以书籍为镜子，照亮了自己的精神家园。比如李程同学的自我反思，就达到了较高的境界，其所创作的"杂想"系列作品，在同学们中间有着广泛的影响。

实例欣赏：

李程同学有一颗慧心，在"青春读书课"的课堂上，她潜心研读，认真反思，努力完善自我。她的作品充满着自我认识的幸福感，同学们读来也都觉得别有兴味。这里举她读完《世说新语》中有关王徽之雪夜探访戴安道的故事后所做的"杂想"一篇，感受作者塑造自我品格的不懈追求。

"五一"杂想

清华附中高 0316 班　李　程

鲜有时间，有闲心，像现在一样，躲在一个只有自己的角落，看看书，喝喝茶，吹吹风——干些自己想干的什么,抑或者只是坐着。

非常美慕那个古人,就是先贤王徽之,半夜想和朋友一起赏雪,就划着船去很远的朋友家,终于划到朋友家门口,却突然觉得没什么意思,于是又划了回去。曰:"兴起而至,兴尽而归。"率性之人,那活得是何等的逍遥自在。我爱煞了他的洒脱。梦想着有一天,自己也可以这么逍遥一回,不过至今还没有化为现实。

为什么没能实现呢?

第一,就算半夜我看到景色无限好,想去找朋友,也不敢出家门,因为会被父母发现,然后狠狠"苛"一顿;第二,就算父母不在家,三更半夜,我也不敢出门,怕被歹人所劫,弃尸荒野;第三,就算我平安到达了朋友家,也没那个勇气往回返,更没那个勇气敲朋友家的门。我一定会窝在朋友家门口直到天亮,然后等待着被朋友和朋友的家长狠狠"苛"一顿,抑或者被冠以"神经病"的美名。基于以上三点,我的梦想一直是梦想。

可古人就不怕了吗?

半夜行舟,就不怕被歹人所劫?夜访友人就不怕被人冠以恶名?他是一时太兴起而没顾虑到,还是不把这些琐事放在眼里?——我想是后者吧!即使他半路上遇到歹人,也会兴冲冲地拉着对方的手说:"这位兄台,钱的事一会儿再说,我们先来赏雪吧……"

而我又在怕些什么呢?

真的怕被父母责备吗?真的怕半路遇到歹人吗?——其实最怕的是被人当作"神经病"才是。归根究底,一个一向以"乖宝宝"形象出现的我,害怕面具被打碎,害怕光环的消失。再直接一点,就是虚荣。我在乎那些飘在别人嘴角的可以带给我虚荣的言语。一个从小泡在虚荣的蜜罐子里长大的我,骨子里滋生着虚荣的腐香,所以,从骨子里透出一种叫懦弱的情感。我害怕一切可以毁了我的虚荣的东西,所以一直踮着脚尖活着,畏首畏尾,像个贼(我厌恶这样的自己,想解决了这个令人作呕的灵魂,可惜我懦弱,所以一直没有成功)。

世上有两种人无畏,一是无知之人;一是无所不知之人。而我,在这二者中间,所以注定要怕一辈子吧?我只能偶尔躲在一个小角落,偷偷做些自己想做的什么,像现在一样吧。

(2005年5月1日)

以上三步读书法(读思结合,深刻体味,塑造品格),是这一年里我们在读书过程中建立起来的规范,也是我们一步一步追求的目标。尽管同学们在学习基础和思想认识上存在着各种各样的差异,但在每一个阶段,都有相对出色的同学发挥出榜样的作用,带动同学们前进。书籍是人类进步的阶梯,书籍是同学们成长进步的摇篮,书籍是教师撞击同学心灵的智慧宝藏。"青春读书课"带动我和同学们投身书籍的海洋,得到了精神和智慧的滋养。我们将继续努力,认真读书,争取更多收获。

(作于2005年7月12日晚,西二旗智学苑)

"杂感"的特点与写法

一、什么是杂感

杂感是感想类的文艺性议论文。它以议论为主,兼有抒情、叙事等特点。杂感一般运用形象化的方法,通过对具体事例的剖析,以征引、比喻、联想、引申、夹叙夹议等手法来阐发深刻的道理,抒发自我的情感,表达自己的思想见解。杂感题材广泛,内容丰富,篇幅一般较为短小,形式灵活。随笔、短评、札记、书信、日记、编后、序跋、演讲甚至诗歌等,都可以成为一篇好的杂感。

杂感一般有以下四个特点。

第一,篇幅短小,取材广泛,形式多样,不拘一格。杂感通常在三五百字到千字左右,几千字的很少。它笔墨不多,言简意赅。篇幅虽然短小,取材却广泛多样。点滴的感受,片断的思想,鳞爪的观察,大至宇宙,小到微尘,天南海北,古今中外,新闻时事,奇谈趣闻,皆可入文。作者评人、议事、说理、录言、记闻均可。

第二,有感而发,针对性强,敏锐迅速,犀利深刻。杂感对生活的反应敏锐迅速,犀利深刻,反映思想、表达见解即时性强。鲁迅说杂文"是感应的神经,是攻守的手足"(《且介亭杂文·序言》),是"匕首,是投枪,能和读者一同杀出一条自下而上的血路来的东西"(《小品文的危机》)。那么,杂感除具有这些特点外,还应该能够痛快淋漓地表达作者本人某时某地的某种特殊思想感情。

第三,浮想联翩,或冷嘲热讽,或幽默风趣,或理性深沉。杂感常常是作者活跃思想、浮想联翩的产物。写作杂感,常常运用讽刺和幽默的写法,通过轻松风趣的语言,采用影射、讽喻、双关、夸张、反语等修辞手法,在善意的微笑或无情嘲讽中,揭露生活中的假、恶、丑。当然,理性深沉的思索也是杂感的重要表现形式,这种写法也往往能够对问题进行更为深刻、更为全面的分析。

第四,说理形象,议论生动,情感充沛,语言简洁。杂感一般要求形象生动。它可以通过具体事物的描绘,把"理"寓于形象之中,使读者通过艺术形象自然而然地得出结论。杂感对形象一般只作"一眉一眼一足"的勾画,议论生动,既能够显出"活态",又可以表达独到的思想。因为是"感",杂感一般又具有情感充沛的特点,能显示作者的个性。杂感是形象与说理、情感与个性的有机结合。

二、应该怎样写作杂感

在杂感写作中,初写者常常苦于缺少杂感的味道。出现这种窘境的原因,除了对所写的问题想得不深、不透以外,还与作者生活经验的贫乏和知识面狭窄有很大关系。因此,在平时必须注重生活经验和知识的积累与开拓,不断扩大生活视野和知识面。杂感的写作,一般有如下特点。

第一,大题小做或小题大做。就是要求,或者抓住最尖锐、最能反映本质的重大的社会问题,或从一个侧面,抓住一点,去作文章。写作时或采用"大处着眼小处落笔"的写法,或采用"一粒沙看世界,一朵浪花见大海"的写法。可以"大中取小",也可以"小中见大"。具体地说,可以着眼社会大局,放眼整个世界,也可以从一个人、一桩事、一句话、一首诗、一篇小说、一条谚语、一个典故、一则笑话、一段历史传说等,作为发挥议论的依据,通过对照、联想、借喻、类比等手法,生发开去,或发掘深刻的主题,或表达自我的思想。

第二,勾勒形象,创造典型。鲁迅说:"我的杂文,所写的常是一鼻、一嘴、一毛,但合起来,已几乎是或一形象的全体。"(《准风月谈》后记)这正是对"勾勒形象"的最好说明。鲁迅说他"论时事不留面子,砭锢弊常取类型"。"取类型"就是勾勒形象。写杂感,也应当勾勒形象,创造典型。

第三,多方取譬,手法灵活。写杂感常常要通过贴切的比喻,或者类比、讲故事、使用成语典故来增强文章的生动性、趣味性,使抽象的道理形象化,以便于读者接受。比如,典故运用得好,能大大增加杂感的知识性、趣味性、生动性。例如,鲁迅在《做杂文也不易》中,将杂文比喻为"也照秽水,也看浓汁,有时研究淋菌,有时解剖苍蝇"的"小小的显微镜"。杂感也是如此。

第四,杂感要"杂"。杂感"杂",目的是从不同的角度深刻地表现主题,丰富思想内容;杂文"杂",不是空洞地讲道理,而是寓理于文,寓理于趣,体现内容的丰富性和知识性。

三、学生创作举例

近年来,我班同学在老师指导下,创作了许多杂感。我对同学们的具体要求主要有以下三点。

其一,有感而发,无感不强发。这里,我强调了要说真话。如果对一件事产生了共鸣,或者引起了联想,那么,就表达出来;如果没有任何受感动的地方,那么,也不必勉强发表感慨,更不要说假话,说空话。在作文中,不要随意虚构故事,而要尊重生活真实,写自己的生活,用自己的语言特点表达;在思想上,不随意抒发空泛的感想,而是细腻地、具体入微地表达自己的心声。

其二,有感及时发,不要拖延遗忘。这里我强调了要做写作笔记或写作卡片。同学们发现,这种方法有一个很大的优点,那就是能帮助他们集腋成裘,建立自己的"思想仓库"。把自己平时相对零散的思想及时记录下来,经过集中整理,既避免了遗忘和丢失,还能慢慢地联系起来,形成自己的"思想体系",帮助自己提高思想认识。这样也调动了同学们及时思考的热情。

其三,深思熟虑,形成文字。把自己的想法梳理清晰,构思成文,表达出来。

学生创作欣赏:

因为某情某景某事而生发感慨,有感而发,是高中生杂感的主要内容;审视自己生活中的"杂"事,是高中生杂感的主要内容之一。这里选取魏敬贤同学在高一结束,即将进入高二时所做的杂感一篇,让我们感受高中生杂感"杂"的特点。

站在高一的尾巴上

高 0104 班　魏敬贤

我们每个人都渴望到达某个高度,为了这个高度,我和千千万万同类加入到挤独木桥的大军的行列,南征北战坎坷拼杀之后,我终于幸运地——并不是很幸运地——到达对岸。

录取分数线为 589 分,我发挥失常考了 603 分,仍没有混上个住宿名额(住宿生分数要求高)。但怀揣录取通知书,还是激动不已。我租了三姨家的一间九平方米的小房,在房租的基础上,答应管我一顿晚饭。

当我充满信心整装待发时,我发现我已无法忍受这课程表般的生活,一切都变了……

我真不明白,研究"一个司机在离小孩三米远时紧急刹车会不会撞到小孩"有什么意义;也很难理解"分子离子游来游去结合分开"和我们的生活有什么关系;纵然学习古文有利于弘扬中华民族五千年文化,但一整年都学古文不知有什么特殊含义;数学发展到今天,还仍有出不完做不完的题,真是邪了门了;英语的教科书还是八几年全国通用的版本,真不明白为什么录音机里的男女像泼妇骂街一般吵个不停。我乏了。

承蒙班主任厚爱,我被提拔为团支书。中国是讲政治的国家,这意味着团支书比班长累好几倍。把来自五湖四海的五十一个同类的思想拧成一股绳,是一件多么难的事,上下四楼开会,搞活动,干好了是大家的帮助,一旦失败是自己的责任,无论多累、多烦、多苦,在同学面前永远是笑脸,在老师那儿一直是"您放心"。在自己这儿,我无言。

又是那可恶的水土不服。自然飘逸的棕色头发眨眼变得乌黑,当初白皙细嫩的皮肤如今黑得可以和昌平区的男生媲美,与日俱增的是雨后春笋般的棕色斑点和青春美丽嘎嘣痘。学校的伙食对于我这个上了初三才开荤的人来说,实在是油大了点,整个人肥了一圈!只有回房山家里待上一个月,才能找回当年的感觉。可到了家,又会有新的压力。

每个月 400 元的开销(200 元房租,200 元消费)对于他们真的不少,我只好一减再减,北京的物价高不可攀,清华附中这片沃土更不用说。爸爸问我,学习还跟上了吧!我说,跟上了。或者说,还行。所有人要的都是结果,"结果"两个字上嘴皮碰下嘴皮说出来容易,做起来何等的难!每次回家,我都要洗完所有的衣服,干干净净地回家,才显得我在外面不是很狼狈。我也从不把我一书包的不及格的他们不知道的我习以为常的卷子带回家一张,他们能看我的信,翻书包也未尝不可。我喜欢家里的卫生间,很大,充满着家庭香皂的清香,远比我的"舒肤佳杀毒香皂"好闻多了。

还是回到集体中来吧!我努力学好英语,因为班主任教英语,讨老师的欢心,就要从她的课上做起,这是我一向的想法。因此我在班上拥有一席之地。我只有一个要好的女生朋友,我把所有的感情寄托在她一个人身上,我甚至怕她突然走了,带走我所有的云彩。我看好本班的一个男生,介于清纯、稳重、幼稚、成熟之间的那种,这简直是男生中的极品。

但很快这种印象就如泡沫一般，虽然光彩照人，爆炸是早晚的事。他被本班一名有钱的"好色女"耍着玩，以致魂不守舍。我无动于衷，也无衷可动。也许男生都是这么变成男人的吧！我想。

五月阳光毒辣，麦子早熟。我回去帮奶奶割麦子。我明白了针尖对麦芒的含义，见到了比麦粒还黄的脸。我们顶着火爆的阳光，在田垄间俯身行进，挥汗如雨地收割着一束束金黄的麦穗。说实话，开天辟地头一回。晚上，我躺下了，到第二天下午才下床，脑里好多圈圈儿呀，奶奶老泪纵横地望着我，我笑，没事。我好像见到马克思了。多么慈祥的老人呀！我已经写了入党申请书，我们很快就是自己人了……感康、百服宁喝了一大堆，爸爸也从遥远的张坊赶了回来，没过几天，我活蹦乱跳。

站在高一的尾巴上，我看清了父亲和家人对我的希望，同学对我的信任。我的青春，我的时间，我的一切，我没有多少东西可以游戏了。物理老师是那么慈祥；化学老师的眼睛像充满220V电压，一闪一闪放电。我发现我还有很多事没做，很多事可以做。我打开一扇窗，眺望夏天是如此的绿。真的好像希望是本无所谓有无所谓无的，正如地上的路，其实地上本没有路，走的人多了，也便成了路。

（简评：文章将入学一年以来的经历用"杂"而不乱的文字娓娓道来：学校和家庭、个人和同学、学习和工作、情感与理性、彷徨与坚定等。文章充满了理性反思，情感充沛，感人至深。这样的"杂感"，难能可贵。）

（作于 2005 年 12 月）

第三辑

探寻教学实践性知识（二）

听课、评课、课堂反思，乃至教师之间的切磋与合作，是教师进步成长的有效途径。

语文教学应该遵循哪些基本原则，需要通过大量的课堂实例观察研究，因为实践是检验真理的标准，理论指导也需要依据实际情况做出具体调整。教师专业发展的有效途径之一，就是对课堂实例做出有效探究。

本部分从语文教学要"深入浅出""返璞归真""遵循教学规律、讲求教学格调""注重课堂节奏""有趣"等方面展开讨论，并关注基于教师本人的学术背景与教学实践经验提升学术品质等角度，对教学实践性知识做了一些探究，关注教师专业发展在这些方面的一般要求。

听课十年的收获与感想

　　向老教师学习,向同龄老师学习,向比自己年轻的老师学习;向本校老师学习,向外校老师学习,向全国各地的老师学习;听取教学一线教师的意见,听取专家学者的意见;获取专业知识,欣赏教学设计,聆听教学语言,探索教学规律,学习教学思想,审视自己的教学方式和教学观念……从教以来,我曾抱着各种各样的目的,怀着各种各样的心态,听了很多老师的课——作为徒弟听师傅的课,作为旁观者听别的老师的公开课;听别人准备已久的课,随意地去听老师们最本色的随堂课……

　　回顾十年的听课经历,我听课时所关注的问题,大抵经过了以下几个阶段的变化。

　　第一阶段,留意知识解说。

　　从教伊始,一方面,我发现自己要把某个具体的知识解说清楚,或者将某种抽象的道理向学生解释明白,是一件很不轻松的事情;另一方面,我发现自己的知识积累很不够,在实际应用中往往捉襟见肘;再一方面,由于教学经验不足,对知识所做的解说容易流于宽泛和空洞,我对学生的实际需要把握不够准确。所以,在听课的时候,我特别留意其他教师对有关知识所做的解说。比如说,他是怎样对一个句子做出正确解读的? 他是从哪个角度对问题进行解说的? 他为什么略去了某些内容? 他举了什么样的比较得体的例子? 他又发表了一个怎样的新的见解? 他又讲到了哪些我不曾知道的东西? 凡此种种。在这个阶段,我有一种比较强烈的愿望,那就是"听以致用",把在别人的课上听来的东西马上"移植"到自己的课堂上,期望能取得同样的教学效果。当时,也许是感觉自己和老教师的差距比较大,所以滋生了强烈的急功近利的心理,渴望自己能在最短的时间内通过听课这种最便捷的途径,把老教师积攒了多年的知识、经验、技巧、方法等所有我认为现实有用的东西,统统据为己有,立刻投入使用。

　　带着这种强烈的愿望,我在相当一段时间内,对具体的知识解说给予了特别关注。有时,我甚至天真地以为,我把老教师们所做的知识解说"复制"过来,认真"重演"一遍,再加上自己的一些小聪明,难道还不能够"青出于蓝而胜于蓝"吗?

　　第二阶段,关心问题设计。

　　我在课上努力采用从老教师那里学来的同样的知识解说,同样的操作方式,同样的切入角度,但课堂的效果却往往相形见绌,正所谓邯郸学步。我逐渐明白,我缺少对问题的精心设计,没有找到正确的操作方式。慢慢地,我开始关注其他老师对问题进行的设计。

　　在这一阶段,我对具体的操作方式有着浓厚的兴趣,对很多程序性、操作性的问题进行了较为深入的研究,逐渐寻找到了一些解决具体问题的可操作的方法。我常常注意:处理某一个问题,这位老师分了哪几个步骤,每一个步骤都有什么样的作用,这些步骤是怎样有机地联系在一起的?分析某一个问题,这位老师选取了一个什么样的切入点,他是怎样发现这个切入点的,这个切入的方式对我有哪些启示?分析一篇文章,他的这个问题为什么能引起学生的兴趣,这个问题是怎样切中要害的,这个问题为什么会起到提纲挈领的作用?在课堂上,这位老师是怎样帮助学生发现问题、提出问题、分析问题、解决问题的……随后,我开始认真设计自己所面对的问题。

在这个阶段,我就好像建立了一条组装知识的流水生产线,基本解决了"把知识讲清楚"的问题。但随之而来的,是我对自己的课程的强烈的枯燥感,用同学们的话说就是,老师能把知识讲清楚,但是上他的课"不太好玩"。我也曾经有一个比喻,就是,我就像一位厨师,所做的饭菜营养充足,只是味道不够好。这种感觉驱使着我,让我开始努力关注其他老师的教学艺术。

第三阶段,注重教学艺术。

这里我想做一点说明,我所说的"教学艺术"是狭义的"艺术",主要包括课堂组织形式、师生互动方式、幽默风趣的语言风格等。总而言之,就是在教学中具有可操作性的老师传授的艺术和学生参与的艺术。我的最直接的想法是,我的课程不仅应该具有知识的含金量,而且能够具有轻松愉快的气氛,活泼生动的形式。

我曾经关注过在教学中怎样插入有趣的故事,后来又注意到我所插入的这个故事不应该是哗众取宠,而应该是对所学习的内容有积极的作用,同整个课堂气氛和谐一致;我曾经关注过课堂上一些精彩的表演,后来又注意到这些精彩的表演不应该是肤浅轻薄的笑料,而应该是能够帮助学生加深对语言文字及其内容的鉴赏,通过形象的表演帮助学生提高抽象思维的能力;我曾经关注过其他老师各种各样的提问方式,但后来又注意到,这些提问的方式并不是外在的空洞的形式,而是要建立在对学生深入了解和对所讲授的问题有深入的研究这个基础之上,问题的内容决定问题的提出方式;我曾经关注过课堂的"复习、导入、讲解、分析、收束、作业"等所谓的"环节",后来又注意到,这些"环节"其实只是一种全面的描述和概括,在实际操作中,我们并没有必要墨守成规,非这样做不可;我曾经试图模仿有些老师成功的做法,但后来发现,我必须对这些他人的做法进行必要的变通,要实行"拿来主义",不能只进行简单的"克隆"。

教学艺术应该建立在深厚的教学功底之上。如果对问题没有深入的研究,对学生没有清楚的了解,对教学的目标没有明确的把握,那么,一切所谓的"教学艺术"只能是一纸空谈,整个课堂只能是一场闹剧,学生没有收获,教学无法深入进行。举例来说,幽默风趣的语言有助于学生加深对问题的理解,但如果脱离实际问题,便成为了"搞笑"而勉强制造的"幽默",那么就会蜕变成毫无意义的耍贫嘴。

在听课的过程中,我逐渐认识到,教学艺术是为教学内容服务的,教学艺术形式单调,很有可能就是对教学内容的把握不到位。我不能单纯追求教学的艺术形式,我还要继续苦练教学的"内功"。

第四阶段,探寻教学规律。

教学的规律,我主要关注三个方面:一是学科的知识规律;二是学生的认知心理规律;

三是因这二者相互作用而产生的规律——教与学互动的规律。

学科的知识结构有其内在规律,我们必须尊重这种科学规律。比如阅读教学的规律、写作教学的规律、文学鉴赏的规律、诵读教学的规律、听写的规律、启发的规律,解读某一个具体问题的规律、使用多媒体进行教学的规律等。听课的时候,我会审视这些规律是否被尊重,老师的教学设计是否符合这些知识的规律。

比如,学习同一篇文章,有多种不同的处理方法:有的老师以诵读为主要教学方法;有的老师以讲授为主要教学方法;有的老师可能会把这篇文章改编成课本剧进行表演;有的老师可能要求学生对文章进行改写或扩展,等等。再比如,不同的课程也可能会有不同的切入点:一副对联、一首古诗、一句名言、一个故事、一个传说、一段佳话、一种影响、一种风气、一个现象、一种情感、一段历史等。这样诸多不同的处理方式,有的符合学科知识的内在规律,有的就不符合学科知识的内在规律。在教学中,我们要审慎选择相应的方法。

学生的认知心理规律,一方面指学生的知识结构和心理特点;另一方面指学生接受知识的效率如何,即能否对学生产生持久的影响力和形成对问题进行深入探究的推动力。不同年龄段的学生,有不同的心理特点,有不同的知识结构,有不同的研究能力,但都有巨大的潜力。我们的教学必须符合心理学规律,符合教育学规律,符合学生的认知心理规律,这样才能取得最好的教学效果。

说一个最常见的问题:兴趣的作用是什么? 我在听课和教学的过程中曾进行过探究,有了一些初步的见解:①调节课堂气氛;②引领学生思考;③对知识有延伸、拓宽与加深的功能。注意到兴趣的这样三个作用,我在教学中努力尊重兴趣的规律,用纯正的教学趣味引导学生,感染学生,充分发挥课堂教学的作用,提高教学效率。在为学生讲解鲁迅的诗《自题小像》"灵台无计逃神矢,风雨如磐暗故园。寄意寒星荃不察,我以我血荐轩辕"时,学生们不知道"灵台""方寸"这两个词的含义。我问学生,是否记得孙悟空的师父菩提祖师所住的那座山的山名。很多读过《西游记》的同学也未能答上来。我告诉同学们,那山叫灵台方寸山,还顺便提到古人为山川取名的一些讲究。同学们显然没有提防鲁迅和《西游记》还能有关系,课堂气氛活跃起来。说实话,许多高中学生对鲁迅都有隔膜,学习鲁迅的文章,他们向来有一种畏难和抵触情绪,而这次课上,他们显然对鲁迅多了一些亲切感。《西游记》和鲁迅也能建立联系,无论如何是让学生感到意外的,他们因此而兴味盎然。那次课后,有很多同学都阅读了《西游记》中我所提到的有关章节,有部分同学还一鼓作气读完了整部小说。而最为让人高兴的是,还有同学对"灵台""方寸"作了一番研究,搜集了大量的例句,做了有趣的解说。这,也许正是"有趣"的魅力吧。

尊重学科的知识规律和学生的认知心理规律,我们也就尊重了教与学互动的规律。这样的教学,才易于让学生接受、参与,遵循规律有所创新。

第五阶段,关注教学格调。

我所谓的教学格调,主要指教师的个性特点在课堂上的成熟表现。每一位教师都有自己的个性,在课堂上,有的老师个性特点鲜明,能对学生形成积极的影响,对课堂教学形成积极的推动力;而有的老师却因自己的个性特点对课堂造成了负面的影响,甚至影响学生的学习热情,影响老师自身的形象。同时,我们还注意到,相当多的老师已经没有了个性特点,似乎变成了流水线上的工人,每一堂课基本上都在"按教学的程序办事"。一个功底深厚、掌握了教学规律而缺乏教学格调的教师，就像一台按程序运作的计算机，一位按图纸工作的高级技术工人，缺少创造的活力。

最近两年，听课的时候，我开始关注老师们的教学格调，收获很大。很多老师都有自己独特的教学格调：快乐而充实的、严肃而活泼的、严谨而生动的、深厚而和蔼的、多情而沉稳的、从容而富有启发的、飘逸而华彩的……听课时，我能感受到老师们独特的个性，感受到老师的个性在鼓动知识的潮流，感受到我自己也正接受老师个性的熏陶。知识也在教师个性的感染下，跃动起来，活泼起来，在学生的心里生根发芽，开花结果……我的教学格调是怎样的呢？还有待于我进一步努力形成。

第六阶段，学习教学思想。

我对听课最高境界的追求，莫过于发现老师们的教学思想，受到他们教学思想的熏陶。在很多老师的话语间，在很多老师的教学设计里，在很多老师教学格调的背后，都包含了老师们对教学的独到理解，闪现着他们闪光的教学思想。教学思想支配着老师们的教学行为，课堂的特点闪烁着老师的教学思想：有的课堂充满欢声笑语，有的课堂充满激烈争论；有的课堂让学生走上讲台，有的课堂让学生走进社会；有的课堂厚重有力，有的课堂生动感人；有的课堂富有启发，有的课堂精彩纷呈……

我深深感觉到，教学思想是在长期的教学过程中逐渐形成的，这种思想是教师对自己的行为取向和价值取向的认识和选择，包括：对学生的认识，对学生学习途径和方式的认识；对教师作用的认识，对教师传授或指导方式的认识；对班级组织形式的认识，对教育规律和心理学规律的认识；对学科知识的把握和认识，同时，也和自身专业知识的丰富程度密切相关，和自己的人生经历密切相关，和教师本人的不懈努力密不可分……教学思想根植于老师们思想的深处，有的已经被老师本人意识到并加以利用，有的虽然还处在无意识状态，但无时无刻不在支配着老师们的言行。要想建立或全面认识自己的教学思想，必须对自己的教学进行有效的反思和积极的探索，而我对以上这些问题的认识，都还很肤浅，把握还远不到位。要想建立自己的教学思想，还需要付出艰苦的努力。

我知道，摆在我面前的，是一条漫长的从教之路，那里有艰巨的探索任务。此时此刻，我甚至还没有成就自己独特的教学风格，何谈教学思想呢？建立自己独特的教学风格，探索并确立自己的教学思想，正应该是我将来奋斗的方向。

十年听课，收获大抵如此吧。以上这些回忆与感想，愿与各位同事共勉。

（作于 2006 年 9 月 1 日晚，西二旗智学苑）

中学语文课程需追求"深入浅出"

2008 年 6 月 17 日，我陪同三位从宁夏来的教师，听我校谢玄老师讲《牡丹亭》选段之《游园》。课程"导入"部分引起了我的反思。

课文前面附有"作者简介"，课程就从这里开始"导入"。谢老师介绍完汤显祖的名、字和籍贯，讲到了王守仁，告诉学生汤显祖受王守仁影响很大，然后介绍了陆九渊和王守仁的"陆王心学"，介绍了"程朱理学"和"陆王心学"之间的关系。其间，谢老师还讲到了沈璟和汤显祖的不同戏剧主张——"沈汤之辩"。最后，谢老师提到"东方莎士比亚"，讲到了"临川四梦"，课程便引入到《牡丹亭》，引入到这节课要讲的内容《游园》。我看了一下时间，一节课 45 分钟，这部分讲解用去了 20 分钟。然后，谢老师还介绍了"明清传奇"的一般特点，便开始了课文的诵读与讲解。讲解很详细，在第二节课结束的时候正好讲解并总结完毕。

我将这个"导入"部分概括为三个层次。

第一个层次是"程朱理学"和"陆王心学"的大背景，这其实也是社会背景的介绍。元代的《西厢记》、明代的《牡丹亭》，都歌颂爱情，追求婚姻自主和爱情自由，反对封建礼教的压迫和束缚。为什么这些作品受到人们的青睐？封建礼教到底是个什么样的东西？其实现在的学生对这些问题的认识很模糊。一般学生只是隐约知道，封建社会没有恋爱自由，封建社会有"三纲五常"（具体内容很多人也是不知道的）。"程朱理学"作为封建社会道德伦理的具体规范，正是《牡丹亭》创作的具体社会背景，这样的介绍，将封建礼教"具体化"，帮助学生深刻认识封建社会的伦理与道德，避免了对封建社会空泛模糊的介绍。而介绍"陆王心学"的特点，可以帮助学生认识汤显祖的创作思想特点。

第二个层次是"沈汤之辩"，解决了汤显祖的文学主张是什么的问题。如果单独介绍汤显祖的文学主张，似乎也是可以的。但将沈璟的"本色"文学主张与汤显祖的"文采"文学主张放在一起，"有比较才有鉴别"，汤显祖"文采"的特点立刻突出。《游园》的语言特点和人物塑造特色，即刻在学生的脑海里留下影子，为他们下一步的鉴赏打下基础。

当然，在学生认真研读学习课文之前，学生对这个问题不可能有清晰的认识。但这个介绍是有必要的，在初学阶段，学生需要对作者有一些初步的认识，这种认识，不能只是大略的生活背景和生活经历，还一定要深入到作者的社会思想与文学主张，这样，学生对他们才会有较为全面的认识。阅读他们的作品时，才能有较为敏锐的眼光，思考也才能较为深入。

第三个层次是"临川四梦",这一环节进入汤显祖创作的核心地带。具体到《牡丹亭》,谢玄老师对戏剧有关情节作了介绍:杜丽娘因渴望"爱情"而死,又因为"爱情的力量"而生,并提示学生关注作品的主旨。

"临川四梦"之"梦",很有特点。具体到《牡丹亭》,杜丽娘因何而"梦"? 讲到这个问题,《游园》这一选段在整篇《牡丹亭·游园惊梦》中的独特地位得以显现,学生对这一部分的认识立即加深,学习的兴趣也就被调动起来——这"游园"是"惊梦"的直接诱因。接下来的分析鉴赏,学生大约能全神贯注,仔细品味了。

谢老师要求我对他的这两节课做一些"评论",我便对谢老师说,我对他的这个"导入"很感兴趣,并将以上我所概括的三个层次说与他听。谢老师听后,感慨地说,他在各课的时候并没有意识到这三个层次,讲课的时候也是顺着课文的"作者简介"说下来的,并没有什么有意识的设计。感觉经我这么一说,把他讲课的水平"人为提高"了,把他讲课的艺术"人为美化"了。

我提醒谢老师说,有一点毫无疑问,那就是他对这些背景知识特别熟悉,对汤显祖的创作有比较深刻的了解。讲课的时候不用刻意操作,精彩的课堂浑然天成。谢老师表示赞同,他对这些背景知识的确有较为深入的研究。

从这两节课学生听课的情况来看,也很好。

由此,我注意到中学课堂的一个基本要求,那就是课程需做到"深入"。借评价谢玄老师这个"导入"的机会,我愿意对此作进一步的探讨。

从知识层面讲,我们对课程的认识与把握程度主要取决于我们学科专业知识是否丰厚与精深。学科专业知识浅薄,比如根本不知道汤显祖的创作风格,或者不了解"游园"之于"惊梦"的关系,那么,我们对课程的认识就不可能深入,觉得《牡丹亭》只不过就是一出"渴望爱情"的戏,《游园》这出戏仅仅就是杜丽娘触景伤怀,我们的课大约也就不能帮助学生认识这出戏的"社会意义"和"文学价值",甚至不能带领学生欣赏这部戏的戏剧语言。因此,教师的语文专业知识修养程度直接影响到自己对课程的"深入"把握程度。专业知识浅薄,课程自然浅薄,最后的结果只能是"浅入",甚至是"浅而不入"。如果教师的学科专业素养欠缺,甚至一些简单的问题也会出现错误,比如,有老师讲《与朱元思书》"疏条交映,有时见日",解释说,"稀疏的枝条相互交映,有时才能见到太阳",岂不是自相矛盾吗? 讲郦道元《三峡》"夏水襄陵,沿溯阻绝……虽乘奔御风不以疾也",解释说,"夏天,涨水了,水都漫上了山坡,路都被阻断了……即使乘着快马架着风也不觉得快",岂不谬乎!

从技术角度看,对课程的精心设计,也是做到"深入"的重要环节。影响课程设计成功与否的因素比较多,除了语文专业知识和专业态度以外,还有一个重要的方面:对教育规律的认识。

教师对教育规律的认识直接影响对课程的认识。对教育的认识肤浅,比如认为教育就是单纯的传授,那么,我们可能轻视学生的学习心理规律,轻视学生的创造力,进而轻视对课程的研究。教育学和心理学之所以成为师范院校的必修课,就因为它们是帮助教师认识教育本质和把握学生学习心理规律的科学成果。在实际课程操作过程中,如果我们不尊重这些规律,即使课程"深入",由于我们的课程设计可能违背了这些规律,学生认知起来很费劲,因而也无法做到"浅出"。再比如,如果老师轻视学生的创造力,那么就可能自己包办代替，满堂灌、一言堂，自己"入"自己"出"，学生似乎是局外人，自然也就无所谓"深入"了。

随着教学实践经验的增长，对教育规律的把握会显得越来越重要。如果单有教学实践经验的增长，老师的经验主义将越来越严重，理性的认识将受到越来越严重的排斥，教师的个人好恶将左右课程的进程与方向，"深入"将受到影响，"浅出"也将受到影响。如果教学实践经验与对教育规律的认识同步增长，我们就能做得越来越好。

能够做到"深入"的课程，往往能够让学生感受到"收获的喜悦"。老师讲得"深入"，学生思想认识得到提高，顺利走进知识的最近发展区，收获的喜悦油然而生。

我们有些语文课，曾经给过学生这样的印象：语文课，少上几节没有关系。为什么会给学生这样的印象呢？除了考试与教学脱节等原因外，课程不能"深入"也是重要原因之一。课程不能"深入"，学生就可能感觉到课程"平淡"，没有收获，学习就缺乏兴趣。课程不能"深入"，还可能造成老师讲课时传达的思想认识并不高于学生的思想认识，甚至有时候比学生的思想认识还要低的表象。这个时候，学生觉得语文课可以少上几节，也就不足为怪了。

至于"浅出"，我想，道理讲到明白处，学生自然就明白了。重要的是，这个"明白"的道理应该是"深刻"的，要深刻，必先"深入"。

（作于 2008 年 6 月）

中学语文课程需注意"返璞归真"

10月23日,我在北京大学附中听程翔老师为高二学生讲授《中国建筑的特征》,很受启发。回家以后,忽然想到,或者说意识到母语教育的一个重要特征,那就是学生学习的"语文",其实就是他们天天时时刻刻使用着的语言,并不是什么神秘的东西。一篇文章,蕴含的道理可能深刻,学术的价值可能很高,但我们教师讲授课文时,一定不能故弄玄虚,或把简单的问题复杂化,要返璞归真。

程翔老师的这个课程大略可以分为以下三个部分(本人总结,不一定完全符合程翔老师原意)。

(一)

师问:作者写了中国建筑的几个特征?(你觉得这个问题"弱智"吗?)

生答:九个。(会数10以内数目的学生都能答上来)

师问:这九个特征是平均用力吗?(你是不是仍然感觉这问题"弱智"?)

生答:不是。(读过几天书的学生,大约都能答上来)

师问:重点介绍的是哪几个部分?(你是不是觉得问题怎么都很"弱智"?)

生答:三、四、六,共有三个部分。(看一眼文字长短就知道,不难)

师问:既然三、四、六这三个部分是重点,我们把全文的序号重新排列一下,[同时板书]排列呈三、四、六、一、二、五、七、八、九……(你还觉得问题"弱智"吗?)

生答(不流利,可能因为有些意外):不可以……

师问:为什么不可以?

学生开始讨论(很有序地自己就分好了组):……

学生发言总结并明确:一、二是总体特征;三、四、五是结构特征;六、七、八、九谈装饰。

注:文本部分的结构等问题就这样解决了,很自然,一点都不生硬。

(二)

教师介绍写作的"全息理论"(借用生物学名词),大意是说生物解剖后,每一部分都能反映总体的特征。写作也一样。

学生似懂非懂。

老师提议,以"特点四"为例,要学生总结层次结构,并让同学在黑板上把层次结构写出来。

学生在黑板上写出来：

师问：哪些信息提醒你这一段有四个作用？

生答：关联词语、标点符号、重要提示语……

师总结并提示：这就是阅读的规律。我们写作时常犯的错误就是注重整体构架而轻视局部结构，注意要用心写好每一个局部结构。

程老师还有几个小问题，也很重要：墙不承重的优点(丽江地震的例子)；三、四能否调换位置；题目用"特征"为何不用"特点""特色"？ 兹不赘述。

注：文章的写作特色，课文的结构特征，阅读的技巧……学生都学到了！

（三）

师问：本文题为"中国建筑的特征"，九个特征介绍完了，文章似乎也可以结束了，作者为什么用了近一半的篇幅写中国建筑的"文法"与"词汇"？

学生(有些发呆，小组讨论再次自然形成)：……

学生与老师达成共识：看起来，这是一篇"说明文"，实际上，读完以后我们发现，这是一篇科学论文。我们怎么认识建筑的这些特征呢？ 讨论这个问题，才具有更高的学术价值！

学生们恍然大悟……

注：学生对文体特点的认识深刻起来。

再做一点补充：这节课没有借助任何现代化多媒体工具。没有游戏，没有趣闻，没有慷慨的言辞，没有高深的理论，老师好像也没有富丽的才华，学生好像也没有热烈的辩论。

貌似"弱智"的问题，其实直指"深奥"的核心。这样的课，学生和老师都朴实无华，问题和情理都清清楚楚。返璞归真的课程，学生轻松愉快，在不知不觉中将思维延伸到问题的核心地带。这样的课程，显示着老师独到的教学艺术和深厚的教学功力。

由此，我们可以注意到中学语文教学的"返璞归真"原则：教师"浅出"的讲解，有助于问题"深入"的挖掘；知识的传授与规律的解剖往往借助于最朴实的方式方法，高妙的教学技巧常常朴实无华。

独具匠心的课程，在学生面前不是以"高深莫测"的面孔出现，而是表现得朴素自然，一切都是那样的水到渠成，这样的课程，容易为学生接近，容易被学生理解，容易被学生接受。在学生眼里，学习的难度降低了，高深的道理不再"醉眼迷离"，学习的兴趣和学习的积极性自然也就提高了。

深刻的道理，"以浅出之"，才明白易懂，才容易为人理解并接受。中学教师，面对的是未成年的中学生，我们的课程又是以基础知识、基本技能为主要内容，我们的课程设计，包括我们的语言表达，固然要讲求"规范"与"文采"，但其中一个重要的原则却不能被忽略，那就是要"通俗易懂"。我们可以在课堂上展露才华，籍以唤起学生对我们的崇拜，或者激发学生对学科的崇敬，但是，在引领学生学习的路途上，我们更需要从学生的实际情况出发，用学生能够理解的语言，用学生最容易接受的方式，帮助学生走进语文的殿堂。

面对文本，老师的研究要深入；面对问题，老师的理解要深入；面对课堂，老师的洞察要深入。在"深入"的基础上，老师要学会用浅显的语言，帮助学生学习。所以，面对学生的时候，老师要学会将高深的道理"以浅出之"。

当然，"以浅出之"并不是一味讲求浅显易懂，在问题的设置上，我们还需要很多巧妙的手段，帮助我们将"浅显"的语言组织起来。陆游《文章》诗云"文章本天成，妙手偶得之"，课程的组织也需要"妙手"得之。我的发问指向何方？我的发问如何衔接？我的发问能启发学生的思维吗？我的发问有助于学生认识的提高吗？等等。因此，发问生硬，也是我们要注意避免的问题。

总之，课堂教学是老师和学生交流思想、增进了解、共同学习的过程。在这个过程中，语言表达愈简洁易懂，交流起来愈没有障碍，了解起来愈容易深刻，学习的效果才会愈好。中学语文教学如果能够最大限度地消弭语文学习的神秘感，返归语言学习朴实的真面目，就能够最大限度地扫除学生学习的障碍，唤醒学生语文学习的积极性。

（正文括号内语句为笔者加注，本文作于2008年）

语文教学要遵循教学规律，
讲求教学格调

9月21日下午听赵谦翔老师为同学们讲授《陌上桑》一文，深有感悟，特写此小文，顺便谈谈我对教学规律和教学格调的一些粗浅认识。

在同学们熟读课文的基础上，赵老师依据文本内容，首先为同学们简要介绍了什么是叙事诗；然后，在讲解过程中，赵老师用"赞罗敷""观罗敷""戏罗敷""斥使君""赞夫婿"五个标题对课文内容进行概括；而后，赵老师用罗敷的外在美与内在美，众人的"发乎情，止乎礼"，和使君的轻薄丑陋作对比，誉美抑恶；最后，赵老师用一首打油诗"罗敷采桑城南，美貌引人围观，使君戏弄罗敷，罗敷义正词严"和原文对比，突出原文描写之精彩和重要，并布置作业：作文"我熟悉的一位同学（老师或朋友）"。

听完这节课，我的脑子里立刻蹦出了两个概念：教学规律和教学格调。

所谓教学规律，在我看来，主要有两个方面：学生的认知规律和学科的知识规律。

毫无疑问，赵老师的这节课首先充分考虑了学生的认知规律。比如对叙事诗的认知，赵老师从文本出发，通过对时间、地点、人物、事件等方面的具体说明，帮助学生认识叙事诗的特点；再比如对文章内容的把握，赵老师用五个标题对文章内容进行概括，言简意赅，易于学生把握；再比如对文章思想意义的挖掘，赵老师用罗敷之美和众人之赏美，与使君的丑态作对比，使学生能够直观感受到美与丑的形象，感受正确的审美观和爱情观。所有这些，无不符合学生的认知规律。

学科的知识规律，我以为主要表现在对学科知识的认识和把握上。语文学科知识丰富，怎样认识、把握和处理这些丰富的知识，帮助学生有效学习，需要老师发挥教学的智慧。在这节课上，赵老师对《陌上桑》所具有的知识规律有深刻的认识，上段所说的题材特点（叙事诗），文章布局谋篇（五个标题），美丑对比，正是这种认识的反映。而赵老师用自己创作的打油诗与文本内容作对比的方式，对文本中的描写进行"有效赞誉"，更显示出对学科知识把握的深刻与独到。按照惯常的讲法，我们直接向学生介绍这种描写的妙处，也是无可厚非的。但通过对比的方式，无疑更能加深学生对这个问题的认识。赵老师随后布置的作业，还可以帮助学生将这种认识转化为自己的能力，通过作文的方式表达出来。

所谓教学格调，理应是因人而异的，而赵老师的格调一向是既活泼又严肃的。在这次课上，讲到罗敷对爱情的忠贞，讲到罗敷的外在美，讲到众人的围观，甚至在讲到使君对罗敷的戏弄时，赵老师把活泼和严肃处理得恰到好处。比如讲到众人围观罗敷时，很容易引起学生的哄笑,赵老师先用"爱美之心人皆有之"对众人的"围观"作了正面阐述,然后又用"发乎情,止乎礼"让学生在哄笑中对这个问题有了正确认识;接着,赵老师用"使君遣吏往""宁可共载不"与众人之审美对比,令使君的轻薄丑陋昭然若揭,并且使用了"腐败"等贬义词为使君定性,让学生进一步感受到善待美丽的可贵,感受到忠贞不贰的可敬。这样,从文本出发,结合具体课文,对学生进行生动形象而卓有成效的思想教育,正显示了赵老师这种独特格调的教学魅力。试想,换一种讲法,在课堂上大谈怎样描写美女才更吸引人,或者大谈众人围观罗敷的"丑态",甚至大谈使君怎样的无耻,又将有怎样的教学效果呢?

对教学规律进行深入探讨,对教学格调提出更高的要求,在这些方面,我应该好好向赵老师学习。

当然,赵老师在课堂上还有生动幽默的语言、丰富的语文知识和历史知识,兹不赘述。

(作于 2006 年 9 月 23 日晚,西二旗智学苑)

语文课堂要有节奏感

9月25日听徐老师讲授《陌上桑》,为其从容的节奏感和富于启发性的语言所深深感染,写此小文。

先说说徐老师从容的节奏感,主要表现在三个方面。

一是语速舒缓自如。徐老师讲课语速适中,该快时绝不拖沓,该慢时绝不慌张,读书时声情并茂,句读清楚,提问时语音清晰,用词准确。这种舒缓自如的语速富有感染力,整堂课上,学生们思维活跃,气氛热烈。

二是处理问题从容不迫。在文章精彩的描写部分,徐老师总是带领学生仔细分析。比如,在讲到"罗敷前置词"时,徐老师指出:一个"前"字,尽显罗敷的反抗精神,"她是走上前去指着使君的鼻子说这番话的"。在罗敷夸赞自己夫婿的段落,徐老师更是带领学生细细品味:白马骊驹,专城而居,盈盈冉冉趋步,洁白髭髯有须——高贵的风度,卓越的才能,尊贵的地位,这是多么优秀出众的夫婿啊。老师从容不迫的态度影响到学生的情绪,学生的思考也因此显得冷静和从容,我们在课堂上感受不到一丝的急躁情绪。

三是课堂气氛张弛有度。思考是活泼而严肃的,课堂气氛也是活泼而严肃的。怎样将活泼和严肃有机统一,徐老师也是从容不迫的。讲到罗敷之美,徐老师和同学们一起慨叹;讲到众人围观,徐老师和大家一起喜笑颜开。但突然,徐老师把使君和围观的众人放在一起比较:使君的傲慢、草率、丑陋,众人的"发乎情,止乎礼",鲜明的对比又显得那么严肃;罗敷对夫婿的夸赞,也是那么的语言轻快而充满自豪感。整个课堂,气氛张弛有度。

再说说语言的启发性。

语言的启发性其实是对问题深刻见解的外在表现。没有对问题的深刻分析,不可能产生启发性的语言;没有对问题的精心设计,也不可能有深入浅出的讲解。比如,讲到对罗敷的正面描写和侧面描写时,徐老师并没有满足于向学生讲清这两个概念,而是和学生一起,探讨作者为什么要这样写,这样写的好处是什么。同学们在"为什么"的启发下,对问题进行深入思考,发表自己的看法,交流彼此的心得,发现正面描写的衬托铺垫作用,发现侧面描写留给我们广阔的想象空间,取得了较好的课堂教学效果。

徐老师语言的启发性与其课堂教学从容的节奏感也是分不开的。试想,在一个忙乱的课堂上,"启发"何以存身?我曾经见过一些"赶进度""抢时间"的课堂,我自己也曾经抢过进度,在整个课堂为完成"进度"而匆忙往前赶的时候,老师已经不可能从容"启发",同学们也已经没有仔细思考的空间了。徐老师从容不迫的教学风格,为"启发"开辟了广阔的生存空间。

感想小结：要想让自己的课堂气氛融洽，让学生有所收获，老师一定要在课前对所讲授的内容有深入的研究，精心的设计。"从容"与"启发"源于自己对课文内容的深刻理解，源于自己对问题的精心设计，源于自己对课堂教学的熟练驾驭。在这些方面，我应该好好向徐老师学习。

（作于 2006 年 10 月 1 日，西二旗智学苑）

《大堰河——我的保姆》教学案例引发的思考

2013 年 11 月 1 日晚,在刘慧霞老师主持的课题会上,我和四位来自不同学科的老师(王静、李明娟、宫宝龙、郎艳)一起,谈论各自的教学案例,分享对各自案例的理解与困惑,我从此次交谈中还通过自己的教学案例——一个多月前一次偶然发生的教学实践——对自己的教学进行了一次新的审视与反省。

我意识到,我所提供的是一个与学生进行深度对话的案例。与学生进行深度对话,需要一些条件,从教十七年来,我或多或少具备了一些这样的条件——姑且分为外部条件与内部条件,具体内容在后文慢慢讨论——当然,在课堂上与学生进行深度对话,只具备对话的条件是不够的,还需要创设能够让这些条件派上用场的具体情境并寻找到合宜的实施手段。

我所提供的案例,其具体内容如下。

在之前多年的教学中,我一直认为,《大堰河——我的保姆》是一首情感真挚浓烈但同时又明白如话的诗,学生都能读明白,似乎无须多讲;对老师来说,这首诗也很不好讲,不仅因为内容明白如话,不容易找到下手的切入点,而且因为这篇长长的叙事抒情诗讲起来很容易显得琐碎。基于这样的认识,这首诗常常是安排学生自己读一读,老师并不作详细讲授。后来还有一段时间,甚至直接抛弃这篇课文,不讲了。

今年,我再次面对这首诗。起初,我打算仍如以往一样,让学生自己读读就好了——给学生一节课的时间,自读一下就好吧! 可是在当天晚上睡觉的时候,我却又忽然想,我是否该挑战一下这首诗,试着讲一讲。怎么讲? 我躺在那里想,我该怎样进入这首诗,"监狱"和"雪"这两个意象蹦了出来,我意识到,艾青处在一个艰难的处境里,我的脑子里蹦出了司马迁的那句名言"人穷则反本"。

学生在预习作业中也提出了这样一个问题:为什么艾青"看到雪"就想起了大堰河? 我似乎找到了一个很好的解答方向。

从"人穷则反本"这个解答入手,走进艾青的心灵世界,应该是一个很好的切入角度。艾青正是在处境艰难(穷:处境艰难)的时刻,想起了大堰河(艾青心灵的"本")。

第二天上午,我便和学生一起,学习了这篇课文。抓住"穷"与"本"这两个词,我在课堂上和学生一起品读这首诗,较为自然地走进了艾青的心灵世界,取得了较为满意的教学效果。

当然,本次教学也存在许多缺憾。比如,诗的味道,是缺失了。如果做一些改进,例如,把文本的诗行逐行串联起来,改写成普通记叙文的段落形式,让学生做一次对比阅读,体味诗行的形式之美与所表达的情感之美有何独特之处;或者直接欣赏诗行之美,也许会有更好的教学效果。

此外,由于此次课程上得有些仓促,没有做更为充分的准备,我还失去了一次和高素质学生进行文本对话的影像记录——上课的这个班学生素质很好——我后悔自己没有把课程用录像的形式记录下来,仅仅是做了文字上的追忆。

自然,这次教学经历还是带给了我一次自我审视与反省的机会。

接触这篇文章多次了,为什么直到十七年后,我才与学生在这首诗的解读上建立起深度对话的渠道?经过这次座谈,我更加明确地意识到,我现在已经能够借助别人的思想方法与观念,并能够在较好关注师生关系的基础上,展开与学生、文本及其他素材的对话。而这个对话,超越了以往简单的知人论世、言象意分析等方法。将别人的思想方法与观念(如司马迁的"人穷则反本")拿来为自己与学生及文本之间的对话服务,虽然不是第一次,却是真正来自灵感的一次。

回顾之前的教学生涯,也许,潜意识里,我在以前并没有真正把学生看作学习的主体,而是把学生当作接受知识的容器,后来甚至忽视了学生的存在,直接抛弃课文。现在,我或许有一些觉醒,把学生当作对话的伙伴,并且能和他们一起关注文本,与文本对话,并借助自己知识与经验上的某些优势,帮助学生解决某些问题。

毋庸讳言,艾青对大堰河的情感并不能为我所完全体味,我只是通过文本,发挥自己的想象"感知"了这种情感。随着年龄的增长,我自己的母亲渐渐衰老,并在2006年夏不幸摔伤了脚之后,我才切实感觉到母亲原来也需要我去照顾!另外,我自己的孩子在2004年冬出生,照顾孩子的兴奋喜悦让我体味到父母尊长的天然爱心!今秋重读大堰河,内心的天然情绪被唤起并与艾青那炙热的情感产生了共鸣——"人穷则反本"就是在这样的背景之下,在见到文本中的"监狱"和"雪"这两个意象后,划破记忆的长空,喷涌而出,赫然矗立在自己的眼前,形成了《大堰河——我的保姆》这个文本的一座丰碑。

在我个人的家庭生活发生改变的同时,我的教育教学这项工作也悄然发生着改变:一方面,我对学生的认识不断发生变化,开始真正关注学生思考问题的方式方法,关注他们内心真实的想法,并能注意循着他们的思路解答他们提出的问题;另一方面,随着自己对不同类型课文内容解读的不断深入,我对语言文字的解读能力有所增强,敏感程度也在增加。同时,在对"重点课文"有过较多关注之后,我开始关注一些以前被自己忽视甚至"抛弃"的"非重点课文",我的知识视野也在渐渐扩展。

总结起来,我改变的原因大约有以下几点。

(1)我仍然愿意挑战自己。

(2)我开始更清醒地关注学生提出的问题。

(3)我对文本的理解与关注更多,对文字更为敏感。

(4)我解决问题的方法与手段较以前更为丰富,知识之间联系的通道更为流畅。

(5)学生在预习作业中提出的问题对我形成了刺激,学生的想法能激起我的共鸣。

(6)文本所蕴含的情感在我的意识里逐渐活跃,我生活的经历使我的情感世界丰富起来。

……

这样看来,促进我的个人知识形成的条件,有外在的刺激与积累,也有内在的冲动与关注;知识之外,还有阅历与情感。我的个人知识,与我个人的思考与追求行进在同一条道路上——这条道路是内因与外因合力开辟的,我动一点感情,做一点思考,它就延伸一点;我付诸实践,它就呈现一点。

于是,我决定在另外一个班上和同学们重新欣赏这篇课文——这首诗,以弥补自己的缺憾。我的目标是:不仅要引领学生读出情感,还要引领学生读出诗的味道。

由于上一节课"诗的味道"比较缺乏,所以下一次,拟增设以下教学环节。

将诗的第四节、第七节、第十节、第十二节改写成散句,和学生一起欣赏表达效果和原诗有什么不同,原诗的表达效果好在哪里。

原诗的特点如下。

第四节连续用了八个"在你……之后",并且首尾用了同一句话"你用你厚大的手掌把我抱在怀里,抚摸我"。

第七节连续用了六个"她含着笑",并且首尾两次强调"大堰河,为了生活/在她流尽了她的乳液之后,/她就开始用抱过我的两臂,劳动了"。

第十节连续用了五个"同着"叙说大堰河的去世,并且首尾两次哭诉"大堰河,她含泪地去了"。

第十二节连续用了九个"呈给",表达自己对大堰河的赞美与热爱。

针对这些特点,我们仔细鉴赏,"诗味"一定会出来!

《大堰河——我的保姆》课堂实录

上课时间:2013 年 9 月 13 日上午

上课地点:清华附中高一(8)班

学情介绍:上课前一天安排了学生预习,要求学生了解艾青生平及本文写作背景。

课时规划:1 课时

师:上课!

生:起立!

师:同学们好!

生:老师好!

师:请坐。今天,我们学习一篇新的课文,《大堰河——我的保姆》(板书《大堰河——我的保姆》)。我们先一起朗读一遍课文,"大堰河——我的保姆",1,2!

师生:(一起诵读课文)

师:读得很好,同学们声音很洪亮,也带了一些感情。先问一个问题:艾青是在什么地方写这首诗的?

生:在监狱里。诗后面说"今天,你的乳儿是在狱里"。

师:艾青还因为什么想起了大堰河?

生:因为看到了雪! 诗的第三节说"今天我看到雪使我想起了你"。

师:大家对此有什么疑问吗?

生：（沉默）

生：为什么看到雪会想起大堰河？

师：在监狱里，看到雪，就想起大堰河，这是一种什么样的心理？这样类似的感觉大家有过吗，大家简单交流一下？

师：（板书"监狱""雪"）

师：有一些想法了吧，哪位同学讲给我们听听？

生：可能是艾青在难受的时候，就想到了一个可以安慰自己的人。

师：这个人和艾青是什么关系？

生：保姆。

师：为什么不是亲生母亲？

生：老师，我知道！因为艾青出生的时候，他妈妈难产，然后请了一个算命的，那个算命的说艾青克父母，他父母就把他送到大堰河家里去养了，一直到五岁才把他接回家，而且回家以后还不让艾青管爸爸妈妈叫爸爸妈妈，只能叫"叔叔婶婶"，对他还不好！

师：补充得太好了！这就叫作知人论世。预习得不错！因为亲生父母不爱自己，把自己交给了邻村的一个穷人大堰河抚养。因为大堰河把自己养大，自己和大堰河很亲，所以在自己被关进监狱，看到大雪，首先想到大堰河。我还想追问，艾青现在想起大堰河，是出于一种什么样的心理？

生：感恩……

师：一定有感恩的心情！可能还不止于此，假设一下，如果你处境不好，你会首先想起谁？

生：家里人。

生：能救我的人。

生：好朋友……

师：这些人对你来说都有什么共同特点？

生：和我比较亲近。

生：能够真的帮助我。

师：向大家介绍司马迁的一句名言，"人穷则反本"（板书"人穷则反本"），这句名言出自《屈原列传》。谁能解释一下，这话是什么意思吗？

生：人在穷的时候会回到根本上来。

师："穷"是什么意思？

生：贫穷。

生：穷困。

师：（板书"贫""穷"）见解有分歧了，我们来区分一下这两个词。在古代汉语里，这两个词意思不同。"贫"侧重于没钱花；"穷"主要指处境艰难。大家重新解释一下这句话的含义！

生：人在处境艰难的时候会回到根本上来。

师：比如说，你在突然要摔倒的时候，会有什么样的反应？

生：喊"哎呀！"

生:喊"妈呀!"

生:喊"天啦!"

(班上哄笑……)

师:要摔倒的时候,我们就"反本"了,反到哪个"本"上了?

生:妈,天!

师:"妈"是我们每个人的"本";而"天",老天爷,更是传统中所有中国人的"本"。艾青在处境艰难的时候,"反"到哪个"本"上了?

生:保姆!

师:(慷慨地)一个保姆,能被人认作自己的"本",这个保姆不仅超越了亲生母亲,甚至超越了"天"的地位,一定非同寻常! 大堰河是怎样养育艾青的,能让艾青在处境艰难的时候首先想到她,对她如此的亲切呢? 我们到艾青的诗句中找一找。(板书"养育之恩")

生:(看文本)

师:好了。同学们自己搜寻,自己归纳总结,自己完成这个问题,现在开始。

生:大堰河把我抱在怀里,抚摸我。

生:补充——艾青感觉大堰河是用"厚大的手掌"把我抱在怀里,抚摸我。

生:补充——大堰河是在干了好多好多的活儿之后还来抱我,抚摸我。

生:大堰河总是"含着笑"。

生:补充——大堰河是在干各种各样的活的时候"含着笑"。

生:补充——大堰河是在"流尽了乳液"之后去干活,还"含着笑"。

师:(插话)这是一种生活态度!

生:乐观!

师:(插话)看到这笑容,小小的艾青心情高兴。大家继续。

生:大堰河给艾青切冬米的糖,把艾青画的关云长贴在墙上,对别人夸赞艾青。

生:大堰河还老做一个梦,梦见艾青娶媳妇。

师:那个梦还有一个重要环节!

生:梦见艾青的媳妇叫她"婆婆"!

师:这个梦艾青怎么知道的? 诗里好像说"不能对人说"……

生:……(沉默了一会儿)不对别人说,说了别人会嘲笑她,可是她可以对艾青说,或者艾青能感觉到,与大堰河心有灵犀……

师:艾青能真切感受到大堰河的真爱! 我们把大家的意见总结一下,大堰河的日常生活……

生:很艰苦。

师:尽管生活艰辛,大堰河仍然……

生:把我抱在怀里,抚摸我。

生:对我微笑;给我糖吃。

生:赞美我;欣赏我的画;祝福我娶媳妇!

师:从一个人生活的不同角度总结一下,那就是……

生:……(讨论总结)

生:……物质上尽量满足我。

生:……精神上欣赏夸赞我。

生:……情感上抱我抚摸我!

师:概括得太好了!(板书"物质上尽量满足我,精神上欣赏夸赞我,情感上抱我抚摸我")大家可以比较一下,作者在亲生父母家里是什么感受?

生:做"新客"。

生:"忸怩不安"!

师:如此看来,真是"有情未必真父母"。正因为如此,作者在诗的倒数第二节对大堰河进行了直抒胸臆的赞美,我们一起读一遍。"大堰河,今天,你的乳儿是在狱里",1,2!

师生:(一起诵读)

师:大家思考几个问题——作者说大堰河的灵魂是"紫色"的,"紫色"有什么含义?"直伸着的手"是一个什么样的动作?还有,作者为什么一定要说大堰河温柔的脸庞是"泥黑"的?

生:"紫色"可能比较忧郁,就像紫色的丁香。

师:这是受了我们刚刚学习的"丁香姑娘"的影响,紫色丁香可能是比较忧郁的。大堰河生活艰难,她的灵魂有可能是忧郁的。但就艾青对她的赞美而言,"忧郁"似乎与赞美有一点距离。我们还有一个思路:紫色,在中国社会,通常还有什么样的含义?

生:紫禁城! 紫色比较高贵!

师:大堰河有高贵的灵魂! 这个解说与"赞美"是不是更一致? 这是一个认同度较高的主流的解说,其他的见解,同学们下去再探讨,好吧! 紫色的灵魂,就是高贵的灵魂! 下面,我们接着说下一个问题,"直伸着的手"……

生:是远远就要拥抱我的一个姿势!(做动作,全班笑)

师:"泥黑"呢?

生:朴实的!

生:受尽磨难的!

师:(紧接着学生的话)但是对我来说是温柔的! 顺便问问,同学们看到满脸黝黑的农民工,能产生这种情感吗?

生:……

师:我们学校的办学理念是"为领袖人才奠基",大家将来要做领袖人才,首先就要学会尊重最普通的劳动者! 这虽是题外话,但大家也要好好想想,一个不尊重普通劳动者的人,怎么做领袖人才? 同学们再看这一节诗,作者还是仅仅赞美大堰河吗?

生:……作者把感情升华了,他赞美天下所有的伟大的母亲,"我的大堰河般的保姆和她们的儿子"!

师:赞美天下所有的伟大的母亲! 大家再看看,作者称呼大堰河,现在用什么人称?

生:第二人称! 开始是第一人称,最后是第二人称。

生:第二人称直接呼告,感情更强烈,表达感情更直接!

师:我们再一起诵读一遍这首诗,带着强烈的感情,好吧。(深情地)"大堰河——我的保姆",1,2!

师生:(全班一起诵读)

　　　(诵读即将结束,下课铃声响。)

师:(待诵读结束,拖堂约 30 秒)下课!

生:起立! 老师再见!

师:同学们再见!

（作于 2013 年 11 月）

附录 1　语文学科探究式课堂教学评价标准(见表 3-1)

表 3-1　语文学科探究式课堂教学评价标准

评估项目	含　义	评分
目标确立	1. 目标能以学生发展为本,关注学生需求,符合班级学生情况 2. 目标的预设具体、明确,符合教育教学规律	10
学生状态	1. 学生思维呈激发状态,有深层的思考 2. 学生能自己提出问题,并积极寻求答案 3. 师生互动、生生互动充分、有效 4. 课堂气氛活跃、有序,学生参与度高	40
教师专业水准	1. 问题情境设置有梯度、有深度 2. 善于激发和引导学生,能根据学生状态对课堂做出适时、适度的调整 3. 能对课堂契机敏感把握,恰当引导,准确点评,适时归纳 4. 语言要体现语文教师的基本素质:规范、雅洁,感染力强,讲解没有知识性、科学性错误	35
教学手段	1. 能根据需要恰当运用教学手段 2. 板书设计合理、精要,书写美观、大方	10
作业设计	1. 能对课程内容起到复习作用 2. 能有适当的延伸研究效果	5

附录 2　教案应包括的十项内容

(1) 课题名。

(2) 文本分析。

(3) 学情分析。

(4) 教学目标。

(5) 教学重难点。

(6) 教学方法及手段选择。

(7) 教学内容及过程设计(含预习作业)。

(8) 板书设计。

(9) 课后作业安排。

(10) 教学反思。

《静女》课堂实录及课堂教学反思

上课时间:2004 年 9 月 30 日上午 10 点 20 分至 11 点 5 分

上课地点:清华附中高 0311 班

使用教材:全日制普通高级中学语文课本《文学作品选读》(上册),周正逵主编,人民
　　　　　教育出版社,2004 年 8 月第 1 次印刷

课堂背景:学生正学习《诗经》,已经欣赏了《伐檀》《氓》。本课为新课,未预习。

《静女》课堂实录

师:上课,同学们好!

生:老师好!

师:请大家打开课本第一页,今天我们学习一首描写爱情的优美诗篇《静女》。

生:哇……

师:看来主题很有震撼力,能引起大家共鸣。好,我们先一起读两遍。"静女其
姝",读!

生读:

静　女

静女其姝,俟我于城隅。

爱而不见,搔首踟蹰。

静女其娈,贻我彤管。

彤管有炜,说怿女美。

自牧归荑,洵美且异。

匪女之为美,美人之贻。

师:几个词语,我再强调一下。(边说边板书)

姝:美丽,美好。注意和"妹"区分开。

俟:等待。

踟蹰:读音为"chí chú",注意和"踯躅"(zhí zhú)区分读音。

娈:音"luán",美好。

贻:赠送。

说:通假字,通"悦"。

牧:郊外。

归:通假字,通"馈",赠送。

洵:诚然,实在。

下面我们把课文再读两遍,看看还有没有不明白的词语。"静女其姝",读!

(生读两遍)

师:如果还有不明白的词语,请提出来。

生:没有了。

师:很好,诗中的词语大家都明白了,那我们找同学翻译一下,看能不能准确传达诗的原意。

生(有同学举手):我来!

师:崔行健,你的手举得最高,你来翻译吧。

生(崔行健):那个娴静的女子真的很漂亮,她让我在城角等着她……(被老师打断)

师:请停一下。两个问题:约会的双方以"那个"相称,好吗?……(被学生打断)

生(集体笑声):应该称"亲爱的"!

师:看来这个问题解决了。那么第二个问题,把"俟我"翻译成"她让我等",也就是把"俟"作为使动用法来处理,是否合适,我们先存疑……(被学生打断)

生(几人同时说):老师,使动用法好。翻译成"她让我等她"能说明约会是女孩安排的,这样下文她捉弄男孩就显得更合理。如果直接翻译成"她在城角等着我",就显得像是男孩安排的,听男孩安排,她还敢捉弄男孩?……(全班笑)

师:看来崔行健领悟得很好……(全班又笑)……那么,我们就翻译成"她让我在城角等着她"。请继续。

生(崔行健):她躲起来不见我,害得我不知所措。

师:再停一下。"不知所措"把意思表达清楚了,但还不够形象……

生(崔行健):抓耳挠腮,来回徘徊……(全班又大笑)

师:很好,继续。

生(崔行健):亲爱的娴静女孩真漂亮,赠送我一支红色的彤管。彤管闪着红色的光泽,我真喜欢你呀,美丽女孩……(全班笑)……你从郊外回来,赠送我一枝荑,那荑实在是太美丽,不是那荑多美丽,只是因为那是你送给我的……(全班笑)……

师:中国有一个成语——

生:爱屋及乌!

师:崔行健翻译得好吗?

生:好!

师:翻译得好。下面我们再读两遍课文,读完后请欣赏老师为大家准备的一个翻译,看看有没有崔行健翻译得好。"静女其姝",读!

(生读两遍)

师:好,请大家欣赏老师带来的翻译(投影)。

PPMM 心眼好,约会等我在城脚,等了半天等不着,哎呀哥们好心焦。

心念 MM 模样好,赠我一根红管草,红管草上红光冒,哎呀 MM 好 PP。

郊外归来赠根草,这草稀罕且 PP,不是这草多 PP,哎呀 MM 才 PP。

生(全班轰动):老师还会这个!

生(有人故意问):老师,"PPMM"什么意思?

生(有人答):漂漂美眉!——(注:"PPMM"是时下流行的对"漂亮女孩"的称呼)

师:怎么样,比崔行健翻译得有味道吧!

生(有人小声说):老手!(全班继续轰动地笑)……

师:大家笑得很开心,说明这个翻译很有质量,请大家说说,这个翻译好在哪里?

生(七嘴八舌):很时髦……

押韵……

有感情……

师:怎么"有感情"?

生(七嘴八舌):男孩直接夸奖女孩心眼好、漂亮,语言很有感情……

都是口语,但是不俗气,读起来像读书面语……

很新鲜……

人称与原文一致,都是第一人称……

师:这个翻译,内容的内在逻辑上与原文一致吗?

生(安静下来):……

师:就是"等待""赠彤管""赠荑"三件事发生的时间,这样说合理吗?

生(陈凤娇):老师,您用"心念"这个词把后两段"赠彤管""赠荑"处理成第一段"等待"时候男孩的心理活动,一边等一边回忆,是合理的。第三节"自牧归荑"的"自"是"从"的意思,说明"赠荑"发生在此之前,作为回忆内容较好。

生(举手发言):我觉得这三段是并列关系,"等待""赠彤管""赠荑"三件事发生在三个不同的时间。这首诗是对这三件事的回忆。

生(举手发言):我认为"赠彤管""赠荑"发生在"等待"之后,是见面以后女孩给男孩的。"自牧归荑"可能是他们从"城隅"回去后发生的。

师:也就是说"牧"和"城隅"是前后呼应的。

生:是。

师:同学们发现了多种解读的角度,很丰富。还有别的看法吗?

生(沉默):……

师:大家提供了三种看法,看来,大家对这个问题都有自己的见解,而且都能从文本出发,找到自己见解的依据,都能自圆其说。课文后面的"鉴赏指要"也谈到了对这个问题的看法,目前还没有定论。我们把这个问题留在课后讨论,大家把自己的看法写在"周记"上,作为一次作业交上来,我们下次课专门对这个问题进行讨论。好吧?

生:知道……

师:流沙河有一篇文章,叫《情诗总要趣味高尚》,我觉得《静女》的趣味就挺高尚。下面,我们再读两遍课文。大家仔细看看,找一找,《静女》的"趣味"高尚体现在哪里?"静女其姝"，读！

（生读两遍）

师：《静女》的"趣味"都高尚在哪里？同学们交流两分钟。

（生交流两分钟）

生（举手发言）：情感很高尚。那个男孩一直夸奖、赞美女孩，说明他很坦率，很专一。

生（举手发言）：那个男孩"搔首踟蹰"，神态动作也很美，说明他内心很甜蜜。越着急说明他越甜蜜。（全班笑）

生（举手发言）：草的颜色也很美，"彤管"是红色有光泽的，书上注解"荑"是茅的嫩芽，我觉得是翠绿或白色的（拿不准），诗中草美和人美交织在一起，很有美感。

生（举手发言）：那个女孩很有情调……（全班笑）……她爱那个男孩，所以和他捉迷藏，让他着急，和他开玩笑。女孩心灵挺美的。

生（举手发言）：那个女孩送男孩的"彤管"和"荑"也都很美，也说明她有情调。

师：那我们总结一下（板书）：

情感美

神态美

色彩美

赠物美

心灵美

期待中的美（把后两节处理为第一节等待中丰富的心理活动）

生（有人小声说）：比《氓》美多了。

师：是啊，《氓》是悲，《静女》是喜；《氓》是对爱情的怨歌，《静女》是对爱情的恋歌。人生没有美好的爱情来支撑，是很遗憾的；珍惜并把握好自己的爱情，也是需要智慧的。

生（笑）：要对我们进行思想教育了！

师：正是。玫瑰花是美的，然而它如果开错了季节，是要枯萎的。大家爱情的最佳季节还没到呢！当然，即使将来大家的玫瑰花开对了季节，如果缺少精心呵护，也是要凋谢的。这话没错吧！

生（齐声）：对！

师：好，还有五分钟时间，大家把课文背下来。

生（各自背书）：静女其姝，俟我……（直到铃声响）

师：好。下节课我们默写课文。下课，同学们再见！

生：老师再见！

生（几个人）：老师，把那个翻译给我们吧……

附录1

语文课堂教学要"有趣"

——读《诗经·静女》教学实录有感

刘占泉

清华附中邱道学老师用邮件传给我教《诗经·静女》的课堂实录，引起我探究的兴趣。

其教学过程中,有这样一段,择要摘录如下。

师:很好,诗中的词语大家都明白了,那我们找同学翻译一下,看能不能准确传达诗的原意。

……

生:她躲起来不见我,害得我不知所措。

师:再停一下。"不知所措"把意思表达清楚了,但还不够形象……

生:抓耳挠腮,来回徘徊……(全班又大笑)

师:很好,继续。

生:亲爱的娴静女孩真漂亮,赠送我一支红色的彤管。彤管闪着红色的光泽,我真喜欢你呀,美丽女孩……(全班笑)……你从郊外回来,赠送我一枝荑,那荑实在是太美丽,不是那荑多美丽,只是因为那是你送给我的……(全班笑)……

师:中国有一个成语——

生:爱屋及乌!

师:崔行健翻译得好吗?

生:好!

师:翻译得好。下面我们再读两遍课文,读完后请欣赏老师为大家准备的一个翻译,看看有没有崔行健翻译得好。"静女其姝",读!

(生读两遍)

师:好,请大家欣赏老师带来的翻译(投影)。

　　PPMM 心眼好,约会等我在城脚,等了半天等不着,哎呀哥们好心焦。

　　心念 MM 模样好,赠我一根红管草,红管草上红光冒,哎呀 MM 好 PP。

　　郊外归来赠根草,这草稀罕且 PP,不是这草多 PP,哎呀 MM 才 PP。

(原文:静女其姝,俟我于城隅。爱而不见,搔首踟蹰。

　　　　静女其娈,贻我彤管。彤管有炜,说怿女美。

　　　　自牧归荑,洵美且异。匪女之为美,美人之贻。)

生(全班轰动):老师还会这个!

生(有人故意问):老师,"PPMM"什么意思?

生(有人答):漂漂美眉! ——(注:"PPMM"是时下流行的对"漂亮女孩"的称呼)

师:怎么样,比崔行健翻译得有味道吧!

生(有人小声说):老手!(全班继续轰动地笑)……

师:大家笑得很开心,说明这个翻译很有质量,请大家说说,这个翻译好在哪里?

生(七嘴八舌):很时髦……

　　　　　　　押韵……

　　　　　　　有感情……

师:怎么"有感情"?

生(七嘴八舌):男孩直接夸奖女孩心眼好、漂亮,语言很有感情……

　　　　　　　都是口语,但是不俗气,读起来像读书面语……

　　　　　　　很新鲜……

　　　　　　　人称与原文一致,都是第一人称……

后面还有对课文内容的鉴赏等教学内容,这里先略去不录了。相信读者与我一样,已经将思考的焦点集中在道学老师的那篇译文(诗)上——网络语言也可以进入语文课堂?我第一次读这个教学实录的时候,读到这里是皱了眉头的,因为网络语言不能直接进入语文教学领域,这是一条规矩。对此,我想了几天,思想上有一些变化。分三条说:①网络语言是一种新的语言现象,作为社会语言交际渠道中的一脉新流,它存在着,发展着,这是无法否认的;②存在的并不都是合理的,语文教育工作者有责任用我们认为正确的道理来干预社会语言使用、学习及传承等诸多方面的客观存在,目的是叫祖国的语言文字向着健康的方向发展;③我们的"干预"要特别小心,因为这项工作非常复杂,需要不断深入研究,均衡利弊得失,及时总结经验教训。根据这样的基本认识,我们来具体审视道学老师的这个译文。

先挑点儿小毛病:"爱而不见"是藏起来不露面的意思,从叙述的人称来揣摩,"我"已经知道"静女"到了城楼角,她是故意躲藏起来,不出现在"我"的视线里,而"我"呢? 明知道她顽皮,还忍不住要"搔首踟蹰",其情状诙谐有趣。可现在翻译成"等了半天等不着",味道略有不足。另,增添"心念"二字,并将"彤管"解释成"红管草",即第三节里的"这草",似乎把后两节诗都看作写"我"等待"静女"时的心理活动。这样理解全诗并非没有道理,但我觉得不是很好。《诗经》里一批作品略带"诗剧"的特色,具有一定的表演性,此篇即是。(当年我读大一时曾著长文向教《诗经》的老先生请教过这个问题。)猜想,那个好心眼的俏妹妹叫"我"搔首踟蹰了一小会儿之后,突然闪出身来,递上一根又红又嫩的白茅芽儿(即"彤管"和"荑",这两个词最好作同一物解),然后告诉"我"说:这草芽儿是从牧场那边采来的。"我"则珍藏起来视为美好奇异的信物,睹物思人,喃喃自语着:"匪女之为美,美人之贻"也。这样解读,是不是更多一些趣味呢? 在那堂课上,学生也提出了类似的质疑,道学老师因势利导,安排了一次笔头作业:"把这个问题留在课后讨论,大家把自己的看法写在'周记'上,作为一次作业交上来。"这样处理是恰当的。

但是,教师翻译的文字里出现了"PP""MM",这样处理是不是恰当,争议就会比较大了。我认为,这堂课道学老师抛出这个带有网络用语的译文,从课堂教学效果看,受到了学生的欢迎,激发了学习和探究的积极性,或许所得大于所失吧。应该允许这样的尝试,并及时做出进一步的研讨。"失"还是有的,且应引起足够的重视。第一,网络用语杂糅在规范用语之中,这样怪异的文字又出现在语文课堂的大屏幕上,无论如何这也是和国家关于使用"普通话"的具体规定相冲突的。第二,语文教学应该为学生树立语言运用的规范,语文教师的语言文字乃是体现这种规范的一个重要方面,如果开了这个杂糅网络用语的头,学生也纷纷效仿,局面将如何控制呢? 不无后顾之忧。

既然如此,我为什么还认为这次尝试"所得大于所失"呢? 因为这个"失"是可以弥补的。我试着在其"网络版"译文之后,增添第二个"规范版"译文。

漂亮妹妹心眼好,约会等我在城脚。故意和我藏猫猫,哎呀哥哥好心焦。

心念妹妹模样好,赠我一根红管草。红管草上红光耀,哎呀美得人心跳。

(注:原文"女"当指"彤管"。)

郊外归来赠根草,这草稀罕样子俏。不是草儿样子俏,哎呀妹妹送的宝。

试想,网络版译文可以先抛出来,起到引发兴趣的作用,接着指出用语不规范的问题,并启发学生换掉那些"PP""MM",改用规范的汉字汉语(普通话)。在这个"改版"的过程里,既有对课文的深入涵泳,又有文字表达方面的训练,同时也渗透了要正确使用现代汉语的规范意识。这是第一条理由。

其次,还因为道学老师的这次尝试蕴含着一个语文课堂教学的大道理,即"有趣"的语文教学才能真正受到学生欢迎。过去,人们在长期的语文教学实践中,不断探索着成功的奥秘,归纳出"有德"(人文精神之涵育)、"有用""有美""有效"等一批要点,这些都是宝贵的实践经验,应该上升到"语文教学论"的高度继续加以研究。然而关于"有趣"的研究还是不足的,在自觉性方面有待加强。我这几年阅读过大量语文课堂教学实录,也听过一些课,看过一些教学录像,发现一个有趣的现象:就一般情况而言,那些成功的课堂教学案例,除去其他因素之外,"有趣"乃是共有的一条优点。教师所设计的教学环节,师生共同经历的教学过程,如果其中连一个有趣的"点"(可简称"趣点")也没有,就不会收到好的教学效果。其通病是:教师教得乏味,学生学得乏味,连听(看)课者也跟着昏昏欲睡。

那么,这个"趣"字应该怎样理解呢?我想到三条含义。

纯正的语文教学趣味,这是"有趣"的基本要求。即以语文教学的真实需要为本,立足于比较高的教学境界,充分顾及学生语文能力的培养和人文精神的涵育,并将二者融合在一起。"有趣"不同于"逗乐儿",与庸俗肤浅、"多动症""浮肿症"等目前语文教坛上常见的毛病有着本质区别。道学老师教《诗经·静女》,一堂课学生根据不同的教学要求,先后共朗读课文八遍(最后专门留出时间,堂上背诵课文尚未计算在内),充分运用了"美读"这种鉴赏古典诗歌的好方法,还穿插进行了解释难词、研讨难点和布置课后笔谈等教学活动。而他抛出那个网络版译文,恰恰是在这堂课教程将近一半的"疲劳期",巧妙地起到调节精力的作用,同时引出新的教学环节。应该说,这个"趣点"承担了比较多的教学功能,不是蛇足,不是噱头,确有其真实的教学用途,趣味当属比较纯正,只是尚存瑕疵而已。

灵动、机智、幽默的语文教学风味,这是"有趣"的基本特征。堪称"有趣"的教学环节,来源于教学灵感和教学智慧,往往可归入忽发奇想、神来之笔那一类。道学老师的教学实录就是一个很好的例子。他熟悉学生的网络生活,捕捉到"MM"(美眉)和"PP"(漂漂)这两个网上常见常用的时尚用语,通过网络用语这架特殊的桥梁与学生达成了一种默契,于是出现了彼此间会心的一笑——所谓"趣"就油然而生了。

余味不绝,能够留下可持续生发扩展的语文学习空间,这是"有趣"的课后效应,或者叫作长久效应。凡事觉得有趣才容易产生持久的探究兴趣,此乃人之常情。语文教学也是这样。比如,道学老师抛出那个网络版译文之后,还可以有另外一种处理方法:指出网络用语不规范的问题,请学生课后用规范的语言帮助教师修改,做出个"规范版"来。这样设计,或许会产生一定的"课后效应"吧。我至今还记得"文革"期间读初中时,语文课上学习苏轼《石钟山记》遇到的一个"趣点"。文中写道:"……至莫夜月明,独与迈乘小舟至绝壁下。大石侧立千尺,如猛兽奇鬼,森然欲搏人;而山上栖鹘,闻人声亦惊起,磔磔云霄间;又有若老人咳且笑于山谷中者,或曰此鹳鹤也……舟人大恐……"课本注释上大概把"舟人"注成了"划船的渔民",有的同学质疑道:"既然上文说苏轼'独与迈乘小舟',为什么课本还这样注释呢?难道苏轼和苏迈就不'大恐'吗?"这个问题其实很好解释。那时周正逵先生教我们语文课,他并没有正面回答,而是做出惊讶的样子,鼓励我们仔细读课文,大胆说出个人见解。结果同学们读得认真,说得热烈,放学以后三三两两接着琢磨研讨。记得那篇课文,我是在不知不觉中背诵下来的。那天语文课上的情景,周先生后来作总结发言时的即席妙语,至今回想起来仍然历历在目、谆谆在耳。老师激活一个"趣点",竟然叫学生几十年后还记忆犹新,这是何等的"魔力"啊!

"有趣",这是语文教学论应该关注的一个概念。借评论道学老师提供的教学案例的机会,先简要谈出我对"有趣"的粗浅想法,希望能够抛砖引玉。其实,依照一般的教育教学原理来审视,这并不是一个新问题。古人早就有过"学之不如好之,好之不如乐之"的论述,从一个侧面揭示出了学习规律。如何将教学论的一般原则与咱们的语文课堂教学实践结合起来,解决好各式各样的新问题,这是我们的工作重点。这方面探讨的余地还比较大,从语文教学实践到语文教学论观点之间的提炼过程也具有一定难度,需要更加深入、细致的思考与总结。

(2004 年 10 月 7 日早晨至下午)

附录 2

课堂教学反思:怎样跨越"代沟"

邱道学

作为一名任课教师兼班主任,怎样跨越"代沟",使得文本、作者、老师和学生能心灵互通,一直是我孜孜以求的一个目标。这次《静女》教学是一次有意识的尝试。

感想之一:我尝试走进学生的"心灵审美"。

首先,对《静女》的翻译,使用的是时髦的网络时代的语言,消除了作为"代沟"主要特征之一的"语言沟",引起了学生的共鸣。

PPMM 心眼好,约会等我在城脚,等了半天等不着,哎呀哥们好心焦。

心念 MM 模样好,赠我一根红管草,红管草上红光冒,哎呀 MM 好 PP。

郊外归来赠根草,这草稀罕且 PP,不是这草多 PP,哎呀 MM 才 PP。

这样的翻译,虽然不能推广到每一篇文言文,但这种现象足以引起大家的思考。我们常说要从学生的实际出发,尊重学生。那么,我们有义务了解学生的现状,包括他们习惯使用的语言。相反,如果不深入了解学生的生活,只在他们生活的远处做无谓的呼叫,学生要么"听不着",要么"听不清",要么"听不懂",还有可能根本就"不知道听""不愿意听",怎么能有效果呢?我觉得这节课学生愿意接受我的"思想教育",能走进文本,重要原因之一就是我走进了他们的语言世界,和他们进行了"零距离"对话。我们只有真正走进了学生的生活,才能把学生从他们的生活中引领出来,走向更广阔的世界。

我不由想起另外一件教师和家长都很"头疼"的事情,那就是学生们爱不释手而家长老师深恶痛绝的"日本漫画"书。我现在建议,我们所有老师和家长先下些工夫研究一下那些"日本漫画"书,然后再"反对"或"利用"不迟,不要再"糊涂着"反对。"批判地反对"和"批判地接受"往往同等重要。

其次,坦率大方地为爱情诗审美,消除了作为"代沟"主要特征之一的"话题沟",开启了学生"高尚趣味"的大门。高中学生正处于青春期,逆反心理强。反对"早恋"不能靠说教,正确引导才是最重要的。

今天我们学习一首描写爱情的优美诗篇《静女》

情诗总要趣味高尚

情感美

神态美

色彩美

赠物美

心灵美

期待中的美(等待中丰富的心理活动之美)

这里,我告诉学生的话题和学生寻找发现到的"美",都是趣味高尚的。老师和家长应该相信,学生的正气是足够的,学生的趣味是高尚的,学生的智慧是闪光的,他们能很好地把握自己的思想行为。青春期学生需要倾诉的对象,也需要能倾诉的话题,老师和家长有义务为他们寻找这样的话题,并且是正面谈论,谈出美感来,引导学生的思想走向,陶冶学生高尚的情操。我们有理由相信,学生们能正确对待自己心中的爱情。

感想之二:从白话走进文言,用文言引领白话。

很多中学生对文言文都有或多或少的抵触情绪,而现代白话也正被他们"网络化"肢解。这种情况反映在教学中,就是文言文"学不懂",宛如一门外语;现代文"学不精",错字病句纷出。我在教学中感觉到,文言文与现代文缺乏必要的沟通,似乎两个阵营,其内在联系在实际教学中被割断。

受林纾翻译外国文学作品特有方式的启发,我一直想在文言教学中摸索一条有效的道路。林纾在懂得外文的友人协助下,根据原作内容进行意译,颇能传达原书的思想感情和神味,译得相当流利,优美动人。我想,文言的翻译大概也可以像这样操作。这次《静女》教学,正是在这样的思想指导下进行的。

既要挖掘出文言的神韵,又要显示白话的魅力,文言文翻译"美文化"也许是一种需要,力求"准确"的干瘪翻译应该讲求一些"美感"。这次《静女》的翻译,尽管是顺口溜的形式,但较好地传达了原文的美感和神味,将远古的文言和现代网络语言的距离拉近,易于学生接受而又能回到诗歌原文的形象。同样,现代网络语言也因为找到了"文言之根"而得到升华,引领学生生发出对于远古文化的崇敬之情。这种方式,我觉得在教学中是可以尝试操作的。当然,我不赞成用平庸的语言解读文言,怎样避免"平庸化"是在这样的尝试过程中应该注意的。

尝试刚刚走出第一步,我如履薄冰,希望能够得到方家的批评和指点。

注:我所定义的"代沟":①心灵的代沟,长辈和晚辈之"沟";②时代的代沟,远古和现代之"沟"。

(作于 2004 年 10 月)

和同学们谈谈语文学习

"怎样才能学好语文"是一个很有趣的话题,也是一个很复杂的话题。

但是,无论这个话题多么复杂,它一直有着自己内在的基本规律,把握住了这个内在的基本规律,我们就能走进语文的殿堂,登堂入室。

语文的基本能力大概可以用"识字、写字、阅读、表达"八个字来概括。识字,不仅要求会读这个字的音,还要识得它的结构与含义。写字,不仅要求有正确的笔画笔顺,还要知道它的正确使用范围。阅读,不仅要读懂表层的含义,还要读出深层的含义;不仅要关照整体,还要注意局部。表达,不仅要语言流畅,还要语言优美;不仅要有思想,还要有技巧;不仅要能感染人,还要能启迪人的心灵智慧。

同学们可能会说,做到这八个字,何其艰难! 我想说的是,只要用心,未必要出多大的苦力,也能取得成效。"识字"和"写字"这两个方面我这里就不说了,重点和大家谈谈"阅读"和"表达"。

先说说阅读吧。

举一个大家熟悉的例子。《烛之武退秦师》这篇文章,看到题目上面的"退"字,我们大概会想到这个字是"使动用法",这个"使动用法"绝不仅仅是语法上的表象,它正好反映了烛之武在整个事件中所起的作用:是烛之武使得秦师退去。这就是文章标题的作用。所以,读一篇文章,我们要首先关注文章的标题。

文章局部文字,也有其内在规律。《荷花淀》里五个妇女商议一起去看丈夫的那一段对话,体现了五个妇女的不同性格。在课文结尾处,打完仗以后,几个妇女在回家的路上,也有一段对话描写,就是"他们自己也笑了,今天的事情不算光彩,可是……"后面的那五句对话,仍然是前面商议看丈夫的那五个妇女说的,只是说话的先后顺序不同了。同学们分析前面五句话和后面五句话分别表现出来的人物的性格特点,看前后哪两句是同一个人说的,就很有意思。这两段对话,深刻反映了小说语言创作要符合人物性格这一规律。

自然,阅读中的问题有很多,但无外乎把握规律,读懂含义。所以,平时的学习中,我们要注意总结规律;在解读一篇文章时,要注意发现规律。比如,自然环境描写的几个作用:推动情节发展、揭示人物性格或心理、显示人物特殊的身份地位、表现主题、渲染气氛、为情节发展做铺垫、预示情节的发展、具有象征意义。我们在解读具体作品的时候,是否能够注意到这些作用? 所以,请同学们多多总结并掌握解读的规律吧。

再说说表达吧。

对同学们来说，表达一般指的是书面表达，主要内容是简答题与作文题。

先说说简答题吧。一句话，简答题作答要做到规范答题。怎么叫规范答题呢？就是条理要清晰，表述要明确，重点要突出。一个题目包含几个问题，答题的时候就分几步来回答；回答的时候观点要明确，引用要准确，分析要有据，延伸要合理，语言表述要完整。问什么，答什么，不含糊。

重点说说作文的问题。

作文的第一要义在健康的感情。没有健康的感情，是不会有好文章的。所以，不管写什么，我们的笔端都要常带感情。写景物要带着感情，写事件要带着感情，写看法也要带着感情，文章里的每一个字，都带着你的积极健康的感情，这样的文章，就能感染人，一般也就能产生积极的思想意识，让人感受到某种深刻的道理。所以，多培养我们的感情吧！

作文的第二要义在辞采。深刻的思想与健康的感情也需要积极的传播手段，能够让接触它的人一见倾心。对考场书面作文来说，这个积极的传播手段不可能是声音，也不可能是影像，只能是华彩的文辞和艺术的表达技巧。所以，在平时的写作训练中，我们要注意锤炼自己的文字，学会使用富有文采的语言，学会使用多种修辞方法，比喻、排比、拟人、夸张等手法；学会用典，掌握多种句式的表达技巧，等等。另外，我们要学会为文章精心布局，学会开门见山，学会吊人胃口等。这些方面，我们都能有所作为。

（作于 2010 年 9 月）

教师个人知识与同课异构

不同教师的个人知识通过课堂展示出来,便呈现出同课异构的缤纷形态。

2013年1月,针对一项有关语文课堂教学中"评点"方法运用的研究项目,我和本组的胡静老师分头做了一个有关"评点"的"概说"。我们约定,事先互不交流,分别按自己的思路完成,然后交流碰撞,最后再综合汇总。

稿子出来以后,内容上形成了惊人的"互补"关系,胡老师的稿子高屋建瓴,有着较强的学术性;我的稿子则循着"实用"的思路,与教学实践有较多结合。两个稿子融在一起后,理论与实际完美结合,简直可以算得一个典范之作(有点自吹自擂哦)! 庆幸之余,我马上联想到了刘慧霞老师组织的"个人知识与公共知识"课题研究项目。

胡老师是文学博士,叶嘉莹先生的高足,来中学教书第四年,算得一位新教师,其深厚的学养让自己的稿子充满学术气息,具体内容纲要(录标题)如下。

综论:中国文学批评及点评史概述

一、中国古代文学理论研究角度之一——发展分期

二、中国古代文学批评史研究角度之二——研究范围

三、历代文学评点所涵盖的理论

四、中国古代文学评点的理论与批评特色

我算是一位教书匠了。教书第十七年,本科毕业,工作9年后获得硕士学位,对中学的教学相对有较多的经验。我撰写稿子的思路与教学实践的一般过程有着高度的吻合,具体内容简介(录标题)如下。

中国古典文学"评点"方法概述

一、"评点"的由来与历史(重点考察"点"的历史演变)

二、"评点"的形式

三、"评点"的民族文化特色

四、"评点"的主要缺陷

单单根据我列举出来的标题,读者大概已经可以意识到,胡老师主要以学术研究的眼光着手撰写稿子,题目中的"史"字相较我所撰写的题目中的"方法",有更高的学术境界追求;当然,"方法"的实际操作性与教学实践更为接近。从两个稿件各自不同的四个小标题来看,着眼点也有明显的不同,胡老师着眼于文学"评点"历史的理论探讨与整体特色;我则对"评点"概念本身有着更多的关注。

从这两个稿子的不同出发,刨问根底,我们或许可以发现个人知识的一些特质。

其一,个人知识与个人学术背景有密切关系。从教育硕士的背景出发,我对教学具体问题有着更多的关注,在梳理有关"评点"的资料的时候,把"评""点"的具体操作方式放在了突出的位置,期望实际教学过程中能够"借鉴"这些方式,有着一种近乎实用主义的心态。而胡老师首先关注的是文学评点的发展分期,然后是范围和理论特色,这与她文学博士的学术背景和个人良好的学术修养有直接的联系,虽然与教学实际衔接并不紧密,但具有更高的学术要求。可以见得,个人的学术背景规定着个人知识的走向与表现。改变学术背景,自己的学术眼光或许就可以得到改观,自己的个人知识品质也许就能够得到相应改变。

其二,个人知识受个人实践经验的影响明显。就中学教学来说,我目前的实践经验相较胡老师更为丰富一些。在整理"评点"资料的时候,教学实践经验指使我从教学实际需要出发,重点考虑古人"为何"做点评,"如何"做点评,这些点评中有哪些"闪光"之处,我们现在的课堂教学可以从中得到哪些"启发",如何"操作"。对于我的这些考虑,胡老师自然也会考虑到,但是,她不会直接就着手开始这个工作,她会在学术理论方面下更多的工夫,认为这样才不会丢掉学者的风范——而教书匠有时候会认为这几乎是多余而不必的,可以略去。当然,在教学实践中,理论仍然是有用的,我可能只是"简单带过",而胡老师可能会花更多的精力帮助学生认知这些理论,尽管这些认识未必有助于学生的操作实践。

需要指出的是,个人实践经验未必纯粹是一个积极有益的东西。如果我固守实践经验,仅仅从经验出发,按经验办事,我就可能丧失很多理论提升的机会,学生也会因此丧失很多理论提升的机会。如果能够克服这种"经验主义",我的个人知识也将得到提升。另外,随着教学实践经验的增多,如果胡老师慢慢放弃自己的理论坚守,也可能慢慢降低自己学术的高度,使得自己的个人知识品质随着实践经验的增多而下降。

其三,个人知识决定个人学术品质,个人学术品质是个人知识的外在表现。中国文学"评点"是一种公共知识,我们用自己的知识视野审视这个公共知识,根据自己的需求获得自己的认知,对"评点"做出自己独有的解释,支配自己解释的便是我们自己的"个人知识"。因此,我们个人的学说展示出来的学术品质,正是我们个人知识的外在表现,我们的个人知识决定着我们个人的学术品质。

所以,如果想要提升我们的学术品质,必须首先提升我们的个人知识,这也许就是我们所说的"练内功";而要提升我们的个人知识,我们需要首先改变自己的学术背景——比如攻读更高的学位、接受更先进的学术理论、追求更高的学术视野等。除此之外,我们还要时时审视自己的实践经验,能够脱离经验主义,让自己的个人知识超越实践经验,保持更高的学术追求。

其四,个人知识具有相对稳定性。由于个人的学术背景具有相对的稳定性,个人的实践经验也有着相应的惯性,个人的学术视野与学术观念也会保持相对的持续性,因此,个人的学术品质也会具有相对的稳定性——这表明个人知识也具有相对的稳定性。在教师的教学生涯中,我们需要不断打破个人知识的这种稳定性,不断提升我们个人知识的品质,提升我们自己的学术品质。我个人回顾,攻读硕士学位之后,我个人的学术品质确实得到了提升。

　　综上所述,我不揣冒昧地为"个人知识"做一个粗略的描述:教师的个人知识,是基于教师学术背景和个人实践经验的一种知识认知,是个人学术品质的基础,具有相对稳定性。个人知识会随着个人学术背景和教学实践经验的改变而改变,提升自己的个人知识,必将提升自己的学术品质。

（作于 2013 年 2 月）

第四辑

用好测试评价工具

作为常规教学的有机组成部分，测试评价对教学具有重要意义，也是教师专业发展面对的重要内容。

测试评价一般是为了诊断学生学习或教师教学中出现的问题，对教师组织教学的情况和学生主动学习的效果提供反馈信息，对学生的学习前景做出预测，为教师开创性地改进教学提供依据。

本部分从日常教学中人们对考试的常见误解、语文常规测试对教学的正确牵引、高中语文常规测试题的合理编制、高中语文教学统计分析量化等四个方面，对教师使用测试评价工具的基本专业规范做了探究。

日常教学中对考试的常见误解简析

目前,在高中阶段,学生的日常语文学习似乎受到了考试的严重制约。不少学生陷进考试的泥潭不能自拔,不少老师面对考试手忙脚乱;考试的题型成为老师和学生积极研究的对象,考试的技巧成了不少老师与考生追逐的目标;考试似乎成了学生、家长、教师、学校和社会追求的终极目的,考试的功用似乎只是区分与选拔。"应试"已经成为一个标签,被深深镌刻在教育的脸颊上。

但是,我们知道,教育不是为了考试;而考试,也绝不等同于"应试"。考试的功用和意义,有待于我们冷静挖掘。

现阶段,学校教育中对考试的误解,主要表现在以下几个方面。

误解一:过分关注试题形式。具体表现为直接针对考试题型,编写相应的练习进行反复训练。这种训练方式有一个基本的思路,那就是只要学生对某种题型进行反复训练,掌握了这种题目的外在形式特点,就能在考试中对这种题型的题目做出正确回答。所以,我们见到,各种级别的"模拟题"层出不穷,这些模拟题被汇编成册,充斥图书市场,成为学校里很多老师最重要的授课材料之一。

有老师说:"只要见过这种题型了,考试的时候就不会心里发慌!"这话有一定的道理,因为对题目类型的熟悉程度将影响学生对试题信息解读的速度,但绝不意味着一位熟悉了某种题型的考生在考试的时候就能对试题做出正确回答。道理很简单,试题形式只是外在表象,题目的具体内涵无法根据外在形式做出正确解读。

所以,当我们听到有老师训斥学生"这种题型都练了好多遍了,怎么还不会做"的时候,我们一定要警惕:这位老师已经被试题的外在形式所吸引,不能自拔。

误解二:过分关注考试结果。表现为片面追求名次排列,无视考试的精神内涵,强调考试的最终结果。这种考试态度大概基于一个基本认识,那就是:考试结果好,就等同于教学(或学习)效果好;考试结果不好,就等同于教学(或学习)效果不好。有学生会因分数高而高兴,也会因分数低而悲伤。在某些家长那里还表现为:孩子在考试中得分高,就高兴;孩子得分低,就生气。所以,就出现了"分,分,学生的命根"这样的说法。甚至有老师为了教训"不听话"的学生,故意设置一次测验,设计一些学生力所不及的题目,让学生"不会做"而考出很低的分数,借以对学生提出警告!在考试结束进行试卷讲评时,甚至还有老师不对试题进行分析讲解而只强调最终答案,对学生发出这样疑惑的质问:"答案明明是 B,你为什么选 C?"

这种现象揭示了一个现实:我们很多人在热衷于追求考试分数的同时,缺乏对考试分数的统计分析,缺乏对考试的科学认识。家长要正确看待分数:孩子分数高的时候,也许是因为试题过于简单;孩子分数低的时候,也可能是试题过于复杂。老师要正确看待分数:日常教学中考试是为了发现问题,改进教学,不是为了争名次而讲求分数,或惩罚学生而把"考"当作老师的法宝。学生要正确看待分数:日常教学中考试不是为了争一个名次,而是通过考试发现学习中存在的问题,改进学习。

误解三:过分注重应试技巧。具体表现为对影响考试的客观因素过分渲染,过分关注知识能力之外的细枝末节问题。我们大概都听到过这样的分析:考试成绩不理想,因为我把时间都花在了某一道难题上而耽误了其他题目的解答;题目做错了,因为看错了标点的位置;题目没有答完整,因为我马虎,没有看清题目,把问题遗漏了;写了不少错别字,是因为考试紧张,题量太大,写字速度太快;题目没做出来,是因为这个题型以前没有见过;题目没答完,是因为做题技巧没有掌握好,做题速度太慢……其实,这些说法的实质都是逃避知识能力要求,舍本逐末,对考试外在的所谓技巧推崇备至。这种错误认识甚至还能给考生造成一些错觉:考前要吸氧,否则心里就害怕;要找心理老师做指导,否则就心虚……

应试的技巧对考试有一定影响,比如,涂抹机读答题卡的时候,铅笔削成什么样的形状最好用;在考场里紧张的时候,怎样才能让自己尽快平静下来;阅读试卷的时候,应该有什么样的考量;答题的时候,怎样能避免问题遗漏;怎样科学使用草稿纸,怎样注意考前考后的情绪调节,等等,都会对考试产生一定影响。但是,如果把这些细节问题归结为考试失败的主要原因,回避知识与能力上的缺陷,那就是典型的"怨天尤人"的做法。对于绝大多数考生来说,知识与能力始终是决定考试成败的关键。

误解四:过分依赖考试,考试的频率太高。具体表现为以考试代替教学,以频繁考试作为督促与测评学生的唯一手段。现在,很多学校里,不仅有每学期正常的期中考试与期末考试,还有每月一次的"月考",每周一次的"统练"和每天一次的"天天练"。真是所谓的"考练结合"。学生和老师的正常教学经常被这样的"考"与"练"无端打断,学生正常学习的连续性被破坏,老师正常的教学被干扰。学生对基础知识和基本技能的掌握还没有到位,考试就来了;老师还没能够帮助学生把知识的网格编织完成,"考与练"就把这网格冲击散开,老师不得不在考试后继续编织。

其实,学生的知识积累需要时间,知识消化需要过程,这个时间和过程需要相对完整,我们必须为学生提供思考与积淀的完整时间,每一阶段教学过程的完整性不能轻易就被"考试"打破。总之,我们不能把考试嬗变为干扰教学的手段。同时,我们也要再次提醒,题海无助于学生构建系统全面的知识结构,无助于学生综合素质的全面发展。考试的频率,不应过高。

误解五:过分注重考试的区分功能。具体表现为根据考试分数的不同把学生区分为好学生或坏学生(这种现象现在有所纠正,但仍然还很严重),或者根据考试分数的不同把学生分为"实验班(重点班)"或"普通班",在"分层教学"口号的掩盖下根据分数高低对学生进行归类。考试结束后,不注意对考试进行分析,发现问题;或者不注重解决通过考试所发现的问题,对出现不同问题的学生采用怎样的教育方式和方法疏于研究。

日常教学中,学生考试分数的不同只能说明学生面对所学知识出现了不同的问题。

我们老师要做的,是根据学生的考试分数这个知识能力的外在表现形式之一,帮助学生对学习中存在的问题进行分析,进而帮助学生改进自己的学习。但是目前,在很多时候,我们常常把分数作为一个简单的标尺,而不是把它看作可以揭示很多内在原因的外在表象。

当然,学校里很多急功近利的思想也阻碍或干扰着老师们静下心来对考试进行分析。学校经常用分数来衡量老师和学生,分数作为一个"硬道理"和"最终结果",不容老师和学生做出"辩解"。

误解六:把考试作为最终目标。具体表现为,学生仅仅追求考试的成功,不关注对考试中所出现问题的研究;家长追求考试的成功,把考试成绩的高低作为评价孩子成功与否的最终标准;教师追求考试的成功,把学生考试成功与否作为教学成功与否的标志;学校追求考试的成功,把考试成绩的高低作为办学成败的最重要标准,比如,只关心多少个学生考上了清华、北大,有多少学生上了港大、哈佛!

日常教学中,我们经常能发现不注重考试的手段作用和能力要求、不关注考试科学内涵的情况。以上简单罗列的其中几个现象,期望能引起我们足够的警惕。

其实,考试具有许多优良特性。廖平胜先生在所著《考试学原理》一书中指出,考试具有公开性、民主性、平等性、针对性、标准性、竞争性、导向性及诊断和反馈性等优良特性。正因为具有这些优良特性,考试才成为人类社会发展不可或缺的一种机制。在学校教育中,在运用"考试"这一特殊的教学手段的时候,我们一定要注意发挥考试的这些优良特性。

此外,在对待考生的问题上,从观念、规程、手段到实际运作,我们也似乎一直未能冲破考生是受控对象、必须被管的认识阈限,即或允许考生发挥其能动性、创造性,也只能是被动受控条件下的能动与创造。如何使考生真正成为符合人本原理要求的应试主体,也仍是我们在学校教育中有待努力实现的理想目标。

因此,要消除对考试的误解,就必须对考试进行深入研究,对教育教学中的考试现象进行深刻分析。只有认真研究考试,正确把握考试的精神实质,才能最终帮助老师和学生从考试中解放出来,进行卓有成效的语文教育学习活动。让学生从题海里解放出来,享受语文的乐趣;让老师从题海里解放出来,摒弃技术主义,开垦知识的原野。在日常教学中,让知识的源头活水流动起来,让知识能力帮助学生成长,让考试的科学精神得以显现,用知识与能力的火花让考试迸发出青春活力。我们一定要认识到,考试仅仅是一种形式,其科学内涵要求我们遵循教学规律,尊重学科特点,进行生动活泼的教学活动。

日常教学中,考试命题者要认真研究考试的科学精神,不能出现考试与教学脱节的局面,不能把考试作为终极目标。如果我们不能领会考试的科学内涵,那么,我们就可能永远困守在"考"的迷雾里,不见天日。让我们正确认识考试,研究考试与教学的密切关系,认真搞好教学,把"考"变为语文教学的真正"法宝"。

(作于 2010 年 7 月)

论语文常规测试对教学的正确牵引

作为常规教学的有机组成部分,测试是为教学服务的,日常测试应当坚持测试与促学促教有机结合,力求让测试成为促学促教的有效手段,做到:测试有关内容,发现并解决有关问题,帮助老师改进教学,帮助学生更好地学习。

研究表明,测试可以激发学生学习动机,敦促对知识的巩固深化,增进学后保存量,促进学生智能发展。

首先,测验可强化学习动机,促使学生思维高度集中,收到远高于平日课堂教学的学习效果。柯鲁格(W. C. F. Krueger)关于考试与学后保存量的实验表明,如果在实施考试之前,教师能以恰当的方法通知学生准备应考,并给予科学的指导,使学生形成良好的备考意识和应考心理,其学后保存量是未参加考试学生的两倍。另据美国学者亚勃罗夫(H. Yarbrough)和约翰逊(A. Johnson)的实验结果,那些比较聪明的学生,在有评分的学校里,比在不评分的学校里的聪明学生更具有积极的态度,学习效果明显优于后者。

其次,测验为学生创设了"再学习"的条件,对已经学习的内容至少增加两次重新学习、钻研的机会,就是分别通过备考和测试试题的解答重温,反思已经学过的内容。这种特殊形式的"再学习",并非对前期所学知识的简单再认,而是对知识的巩固、深化,直至内化,可促进知识间内在联系的把握,收到触类旁通之效,因此有利于学生的知识迁移能力、自学能力、思维能力、求异创新能力的发展。

在教学实践中,常规测试从属于常规教学,对常规教学起着牵引作用。苏联学者舒金娜曾指出,考试的功能有四种:其一,"学习功能",即帮助教师明确教学目标,为教师提供反馈,促进学生自我了解,激发学习动机,形成"超学习",增进学习的保留和迁移;其二,"控制功能",即调整教学进度,控制教学质量,维护文凭标准;其三,"组织功能",即协助教师或教育行政人员对学生进行分流、编班,检验、评价、推广新课程、新教材或新教法;其四,"发展功能",即导引教学发展方向,强化目标意识,激励学生奋发进取。

学校教育中,考与学的基本规律表现为:考什么内容,学生就学什么内容,老师就教什么内容;怎样考,学生就怎样学,老师就怎样教。当然,教和学不是机械死板的,不是以考试为目的的。笔者在这里强调的是:考试可以促进教与学,考试应该和学生学习、教师教学有机结合,不能脱节。在前人科学实验与理论研究的基础上,笔者在下文试图结合自己的教学实践,从微观角度具体讨论测试如何对教师教学和学生学习进行正确牵引。

其一，测试可以引导学生端正学习态度，帮助学生养成良好的学习习惯并对自己的学习成绩正确"归因"，激发学生的学习兴趣，促进学生主动积极学习。

要想利用测验引导学生对自身学习进行反思，最重要的一点，就是测验不能脱离学生相关阶段学习的相关内容。道理很简单，如果测验的内容与学生学习的内容关联甚少，那么，学生将轻视自己所学习的内容，并对测验质疑。因此，测验不能脱离学生学习的实际情况。否则，就不能对学生学习做出正确的引导，甚至干扰学习的正确走向。

举例来说，某一时段学生集中进行文言文学习的时候，测验试题中却忽略了文言文考题的分量而出现大量的现代文试题；在学生进行记叙文写作训练的时候，测验试题却要求学生写作议论文。这样一来，不仅教师的教学显得没有章法，教学招致学生的批评，更重要的是，学生的学习热情也将受到打击，他们将对教师教授的内容产生怀疑，在课堂上对教师讲授的内容失去应有的兴趣，进而不再认真听讲，不愿对教师提出的问题进行深入探究。

同时，日常教学与测验密切结合，还有利于学生养成良好的学习习惯。比如，在进行诵读教学的时候，在测验题目中涉及一定范围内一定量的背诵的内容，可以调动学生背诵的积极性，引导学生熟读经典作品；在测验中涉及所学课文的生字注音与词语释义，可以培养学生认真读书、缜密思考的习惯；在测验中设计与所学内容相关联的对比阅读作品，可以帮助学生进行深厚积累并培养深入涵泳的习惯；在测验中设计诵读这一环节，可以引导学生培养自己的诵读能力……诸如此类，值得我们认真研究。

这种测验与教学密切结合的思路，即学什么必定考什么，有利于引导学生踏踏实实对所学知识进行深入钻研；课堂教学内容对学生有更多的吸引力，有利于帮助学生养成良好的课堂学习习惯；学生所学知识在测验中有相应的能力要求，有利于引导学生对知识进行有针对性的拓展与延伸。

这里，不能不提到"归因"的问题。

比如，在测验与教学脱节的时候，如果有学生测验分数不好，他也许会归因于"试题内容我还没学呢"或者归因于"老师瞎出题"，而一般不会归因于"我学习还不够努力"或者"我的学习方法还有不足"；而在教学与测验密切结合的时候，如果有学生测验不好，他也许最先想到"学过的东西我怎么还不会做"，进而把测验的结果正确归因为"我的学习态度还不踏实""我的学习方法出问题了""课堂上我还应该投入更多精力""我的学习习惯还不够好""我对问题的探究还不够深入"或者"我的理解能力还有待提高"等。

学生对测验结果所做的"归因"，将直接影响学生日常学习的热情和效力。在测验与教学脱节的时候，如果有学生测验成绩好，他很有可能归因于"我就是有语文天赋"，进而得到一个错误结论"语文这门课，不用学习，也能得高分"，于是对语文学习生发消极情绪。

因此，当我们在学校里听到这样的声音"语文课，多听一节少听一节没有关系，一个月不上，照样考高分"的时候，我们应该发现，我们的教学出现了严重的问题，问题之一就是测验与教学脱节，教学处于无序状态，或者测验处于随意状态。

其二，测验也能对教师教学做出正确牵引。在日常教学中贯穿测验与教学紧密结合的思路，还有利于教师把握教学的主动性，有助于教师展开课堂教学，有助于教师梳理教学思路，为教师反思教学并对教学进行前瞻性设计提供依据。

教什么就考什么，学生自然重视教师所教授的内容，这样，教师的"教"就能自觉占据主动地位。当然,利用测试把握教学的主动性,要求之一就是教师须根据学习要求和所学内容拟定测验题目。比如,在要求学生背诵经典作品的时候,我们可以在试题中设计一定数量有关背诵的考查题目;在训练学生应用文写作的时候,我们在测验中应当设计一定数量的相关应用文阅读与写作题目;在我们要求学生掌握某些文言词汇的古今不同含义的时候,我们在试题中就应当设计一定数量的文言词汇古今不同含义的区分理解的题目;在进行诗歌鉴赏,要求学生掌握虚实结合这一写作手法的时候,我们就可以在试题中选用采用了虚实结合这一写作手法的诗歌作品供学生鉴赏……这样,测验与教学密切结合,能有效激发学生在课堂上学习的积极性,有利于教师教学活动的展开。同时,这也对教师的日常教学活动提出了更高的要求:所讲授的课程必须目标明确,重点突出;否则,编写试题的时候就会出现"不知道考什么"的情况。

所以,把握教学的主动性,要求之一就是教师须根据教学内容认真设计测验试题。而设计好测验试题的前提,是要求教师要在教学中认真梳理自己的教学思路,从而促进教师对自己的教学进行深入钻研,精心设计。

举一个例子,在我校高一集中进行文言教学的时候,我在试卷上设计了如下题型:文言文背诵(50分),文言实词虚词理解(30分),选自课外的文言文断句(10分),课外文言文阅读(20分),记叙文写作(40分,结合记叙文写作训练)。在家长会上,我曾经试图结合以上试卷内容,说服家长正确看待学生的分数。我对家长说:背诵50分,主要考查学生的学习态度,如果学习态度好,认真背书,这部分得分就应该比较好;实词虚词理解30分,主要考查学生的学习习惯,如果学生在读书时有认真思考的习惯,这部分得分就不会太低;断句(句读)10分,考查学生的文言语感,也是对读书效果的检验,如果学生平时读得投入,这部分就会有较好的成绩;课外文言阅读20分,内容里出现的实词虚词都是平时学习过的,算是拓展的部分,考查学生的知识迁移能力,迁移能力强,这部分得分就高。最后,我还补充说,背诵部分和实词虚词理解部分测验分数高,是为了引导学生养成踏踏实实读书、认认真真读书的习惯;而迁移能力的考察,是为了帮助学生摆脱死的知识,提高语文能力。

正因为测验是帮助学生提高语文能力的途径之一,日常教学中,教师引导学生学习基本知识,理解基本概念,掌握基本方法,形成基本能力。在课堂之外,引导学生根据教学要求,依托课堂教学,继续深入学习,并根据自身特点,发挥自己的长处,形成自己的优势。那么,在日常教学中,老师就不能仅仅把目光囿于在课堂上要讲的那一丁点内容,还必须把目光投向学生的深层发展,引导并帮助学生发展语文能力。这样,测验还对教师素养提出了更高要求,督促教师不断进取:不仅应该知道教什么,还应该知道怎样引导学生学习;不仅应该知道考什么,还应该知道怎样考;不仅应该有过硬的专业知识水平,还应该有丰富而先进的心理学、教育学、考试学常识,等等。

在测验结束以后,教师一方面可以依据测验结果,梳理教学思路,反思教学并对教学进行前瞻性设计;另一方面还可以对学生发展进行审查或预估。这方面内容,笔者将在"考试统计分析"一文中作论述。

总之,缺少测验或考试的教育是不健全的教育,而一流的教育必须有一流的测验或考试。日本学者梶田睿一在《现代教育评价论》中说:"无论是考试还是考察,都是为了把教育本身放在科学的、合理的基础上,从而就全局说,运用更合适的形式促进儿童、学生的成长与发展。"他还指出,"无论是把它(测试)看作反馈的机能也好,还是看作整速器的机能也好,都是教学者为了以稳健的步伐、有组织地进行学习所必不可少的措施。"香港学者肖炳基认为:"考试是了解学生的程度,发现学生的优缺点,以审查或预估学生的发展。"我国学者游正伦在《教学论》中阐述说:考试"对学生来说,鼓舞学习,督促复习;对教师来说,检查教学,了解效果,改进教学,总结经验;对学校及上级教育机关来说,了解教师教学情况、教学工作问题,改进领导;对国家来说,是选拔人才,择优的手段。"当然,本文所讨论的日常测验的功能主要着眼于日常教学,并不涉及人才选拔等方面的内容。怎样用一流的测验质量牵引一流的教学,值得我们一线教师深入研究。

(作于 2010 年 7 月)

论高中语文常规测试题的合理编制

《教育大辞典》认为,测试具有评定、诊断、反馈、预测和激励的功能。语文常规测试一般不是为了对学生做出评定,而主要是为了诊断学生学习或教师教学中出现的问题,对教师教学的情况和学生学习的情况提供反馈信息,对学生的学习前景做出预测,为教师下一步的教学设计提供依据,通过测验激励学生学习,激励教师对自己的教学做出开创性的调整。

为达到上述测验目的,语文常规测试题目需要精心设计,合理编制。高中阶段,学生的普通话应该达到什么水平(不同地区要求应有区分),正确掌握多少词语或成语,背诵多少经典作品,掌握多少文言知识,掌握多少现代文体知识,阅读多少数量的文学作品,具备什么程度的阅读鉴赏能力,写出什么样的锦绣文章,语文能力应该达到怎样的水平?在学生学习的不同阶段,语文测验应当怎样有针对性地设计相关考查题目?这些问题,都要根据学生学习的具体情况进行分析。笔者观察,在教学实践中,以下方面特别值得我们重视。

其一,要根据阶段学习内容选定测验范围。

在不同学习时段,我们总是面对不同的教学内容,需要解决不同的教学问题。因此,分布于不同学习时段的语文测试,自然要根据该时段的教学内容来拟定测验题目。如果测验题目与该时段教学内容脱节,将无法检测该时段学生学习与教师教学情况。所以,测验与教学必须紧密结合。比如,检测学生现代诗歌单元学习情况时,测验题目应该紧扣现代诗歌单元能力要求和内容特点,而不能把它作为试题的次要内容。

从测验的特性来讲,测验与教学紧密结合也是符合教学规律的。检前导后是测验的主要特性之一,检前,旨在导后;要成功导后,就必须科学检前。知得失之所在,明成败之原因,是检前的目的;明确继续努力的方向,确立新的奋斗目标,是导后的期望所在。这种检前导后的特性,在考与学的规律上正表现为:考什么,就学什么;怎样考,就怎样学。

在教学中,特别在不同的局部区域,我们往往对学生有一些具体要求,这些具体要求还可能直接关系到学生学习习惯的养成,关系到我们教学目标的实现。为配合这些具体要求的实施,我们在测验中也可以采取相应措施。比如,为了培养学生在读书时认真思考的习惯,帮助学生掌握相关词语或篇章语句,我们在测验中就可以针对相关篇目,限定相关词句范围,进行相关测验。

当然,在综合性测试中,测试题目所设计的内容可能会比较多,这时,不同内容在试题中怎样合理分配，以怎样的题型出现在试题中，还需要教师依据教学实际情况科学有据地进行把握。

这里，笔者还想指出，要根据阶段学习内容选定测验范围，大中型考试的频率必定不能过高。现在很多学校，每学期有"期中考试""期末考试"，还有每月一次的"月考"，每周一次的"统练"，每天一次的"天天练"，考试的频率高而又高，连老师上课都会口口声声宣称"这个地方考试的时候就会这样考"。这样的考试设置，必定影响我们阶段教学的完整性，对正常的教学秩序形成极大的冲击，对学生的知识积累与消化沉淀造成干扰。考试，要依据阶段教学内容正常安排。

其二，依据不同阶段教学内容和教学目标选定测验题型。

题型设置是一个复杂的问题。填空题、选择题、简答题、写作等是语文日常测验中较为常见的题型，当然，这些常见的题型都不是固定不变的，它们一般都具有多种表现形式。比如，填空题就具有限定型填空（规定字数或格式、内容等）和自由填空等多种形式，选择题也有单项选择、多项选择等多种形式。

不同内容一般都具有较为合适的题型。比如，翻译题能直接考查学生文言文阅读理解情况，但诗歌语言一般不能根据字面意义直接翻译；朗读能直接测试学生普通话水平，但朗读绝对不能反映一个学生书写是否规范；词义选择题能反映学生对词义的辨别判断能力，但学生的书面表达能力或口头表达能力无法根据选择题做出检测；等等。针对不同内容设计不同题型，需要我们慎重选择。

同时，不同阶段教学目标的不同，也对测验题型有不同要求。举例来说，同样是考查学生背诵经典作品的情况，在学生背诵的初始阶段，可以给出名句的上句，要求学生写出名句的下句；稍增加难度，给出名句的下句，要求学生写出名句的上句；再增加难度，要求学生根据某一名句写出相关段落内容；等等。随着教学的深入展开，在学生背诵的较为高级的阶段，考查学生背诵经典作品的情况时，试题中不再出现作品原词原句，而是给出意义提示性的语言，要求学生写出相关内容；还可以给出相同意境或相关意义的片段，要求学生展开合理联想，默写相关内容。

所以，根据测验目的的实际需要，我们需要解决考什么内容、如何设计题型、用什么方式来进行测验等问题。在测验中，老师必须慎重选择试题内容，设计相应的新题型，做出形式上的某些合理创新，让不同题型配合不同试题内容，体现对学生创新能力的不同要求，鼓励学生积极发挥创造能力。

不同的学生也会对不同的题型有不同的态度。比如，学习态度欠佳或基础薄弱的学生可能比较喜欢选择题，他们可以"随意"做出选择，还可以因为运气好在不懂的情况下做出"正确回答"；书面表达能力较好的学生对语言表述题目具有优势，而口头表达能力较强的学生则比较欢迎口头测试形式。所以，针对不同学生，我们的题型设置也应该有不同表现。

题型的分数设置对学生作答也会产生影响。有学生反映，他们的思维曾经受到一种分数设置形式的影响——比如，那是一道填空题，分值设置为"答对得 3 分，答错倒扣 3 分，不回答得 1 分"。设想一下，担心自己的答案会有错误的学生可能会选择"不回答"而保证自己得到 1 分，而这部分学生也许本来可以正确作答，这样，他们的得分将和因为完全不会作答而放弃的学生一样,在考试结果统计分析时,我们将很难将这两类学生区分开。所以,日常教学中,我们要慎重使用这类分值设置。

其三,依照所学内容及阶段教学目标设定能力层级,步步为营,做好知识迁移和思维拓展。

课堂教学的内容是有限的,而测验的内容范围必定超越课堂教学内容;教学对学生的能力要求是逐步培养的,测验对学生的能力要求必须反映阶段培养中的较高培养目标。在测验中,我们需要依照所学内容及阶段目标在试题中设定能力层级。

一般来说,日常测验试题可以有三个层级:第一层级是课上所讲的基本知识、基本概念;第二层级是与所讲的基本知识、基本概念联系较为密切、距离比较近的拓展内容(最近发展区);第三层级是在第二层级所拓展内容的基础上设计的具有较高能力要求的全新内容(稍远发展区)。举例来说,对某字词读音的考查属于第一层级;遣用该字词造句属于第二层级;根据该字词发挥联想和想象进行创造性运用属于第三层级。再比如说,背诵一首诗并理解这首诗的字面意义,掌握其写作手法属于第一层级;对这首诗的写作手法和深层含义进行分析鉴赏,并能对其他采用了与这首诗相同写作手法或者深层含义相仿的诗进行鉴赏属于第二层级;能在对所学内容有深入研究以后从多种不同角度对一首陌生的诗词进行较为全面的鉴赏属于第三层级。

毫无疑问,测试的过程也是学生知识迁移与思维拓展的过程。测试题目的合理分层编制,有助于学生的成长进步。通过测试这一特殊的教学手段,引导学生将知识视野延伸到课堂之外,帮助学生走进知识的"最近发展区",让学生的语文能力得到提升。根据测试特有的检前导后规律,我们发现,考试能否给学生学习以正确导引,取决于检前的考试是否科学。要使考试既能客观检前,又能科学导后,我们还必须根除长期以来测验存在的一些弊病,比如,测验内容仅限于课堂或书本,测验偏重于知识的再认或再现;测验方式或方法单一,仅限于笔纸测试;测验题型长期固定不变,同一题型结构屡考无变;对作答方式要求刻板,苛求答案的唯一或结论的公认;等等。这样,编制测试题目,也对教师的专业水平提出了较高要求。

其四,要注意以帮助学生积累知识和强化能力为目标的测试题目编制,注意测试题目的讲解需要。

在日常学习中,测试还是帮助学生积累知识和强化能力的重要手段。有时候,一张考卷,就是一份帮助学生积累知识和强化能力的材料。比如,在引导学生欣赏中国古典小说中环境描写的作用时,由于课时的限制,我们在教学中只能选用某几个有代表性的环境描写篇章,对环境描写的某几个作用进行重点探讨。在相应的测验活动中,我们按照所总结的规律特点,设计了一系列鉴赏题目,这些题目都是有代表性的环境描写片段,每一片段中环境描写的作用都各具代表性。这样的一套试卷,其实是帮助学生在课堂学习的基础上对知识进行迁移拓展,帮助学生强化相应的阅读能力。这样的试卷编制,就是以帮助学生积累知识和强化能力为目标的测试题目编制。这样,将所学知识规律以测验答题的方式传达给学生,不仅能帮助学生对所学知识进行全面总结及有效拓展延伸,还能帮助学生对同一问题进行集中思考讨论,并利用测验这一有单位时间限制及现场竞赛氛围的特殊形式,调动学生对问题进行积极而专注的思考。这样的形式,值得我们积极利用。

　　测验的另一重要环节，就是测试题目的讲解。测试题目的编制，一定要事先考虑到讲解的需要；讲解测试题目，也要注意照顾到试题的结构形式。讲解务必讲求清晰、有序，对学生有启发意义，注意发挥测试题目检前与导后的功能。讲解一套测试题，有时候就相当于帮助学生进行着很长一段时间的学习总结或前景规划。

　　总之，作为常规教学的有机组成部分，测验试题的编制是日常教学这一系统工程中极为重要的一环，值得深入探究。笔者的粗浅看法，远不能说清合理编制测验试题这一重要问题，亟待各位同人批评指正。

（作于 2010 年 8 月）

高中语文教学需要加强统计分析

在学校教育中,老师和学校也常常用数字来说话。比如,考试结束以后,我们常常会根据分数的多少来判断学生对所学知识的掌握程度;升学考试,像中考和高考,也主要根据学生考试分数的多少进行录取;学生们甚至有"分,分,学生的命根"这样的说法。数字的作用如此重要,所以引发了我进一步的思考。

保尔·拉法格(Paul Lafargue)在《回忆马克思》一书中指出:一门科学要想达到真正完善的地步,在很大程度上取决于它能否成功地运用数学。高中语文常规测试是语文常规教学的重要组成部分,对测试结果进行统计分析,可以帮助老师发现问题,进而采取相应措施,改进教学,并能有针对性地帮助学生寻找并认识自身存在的问题,掌握学习方法,培养学习习惯,提高语文能力。

思考之一:用统计分析的手段发现问题,改进语文教学。

请看下面某次语文考试后,学校对年级各班成绩做的比较分析(见表 4-1)。

表 4-1 各班成绩比较分析

班级	机读	译 1	背诵 1	作文	选择	译 2	断句	背诵 2	总分
1	16.8	0.7	24.8	30.8	13.0	3.0	1.8	12.7	103.6
2	15.5	0.6	24.2	30.9	12.1	2.7	1.5	12.4	99.9
3	17.9	0.6	28.3	31.7	13.3	3.5	2.3	16.8	114.7
4	16.0	0.6	25.7	31.3	11.6	2.5	1.3	14.5	103.5
5	14.9	0.4	24.6	30.6	12.0	2.3	1.3	11.9	97.9
6	15.6	0.3	24.8	30.4	11.7	2.2	1.2	13.1	99.4
7	18.7	0.8	28.7	31.6	13.2	3.7	2.0	16.7	115.4
8	18.5	1.0	28.8	31.7	13.8	4.1	2.9	16.6	117.5
9	13.1	0.4	10.9	32.2	9.6	1.1	0.6	4.3	72.4
10	15.6	0.6	27.6	31.2	12.4	2.3	0.9	15.5	106.1
平均	16.3	0.6	24.8	31.3	12.3	2.7	1.6	13.4	103.0

表 4-1 不仅能反映各班在总分上的差距,还能反映各班在某一种类型的题目上得分的差距。得分较高的项目,显示这个班在教学上比较成功;得分较低的项目,提醒这个班在今后的教学中需要改进或加强;得分普遍较高的项目,显示这个年级教学的优势所在;得分普遍较低的项目,显示这个年级教学的薄弱环节。通过为各项数据排序,我们还能发现某个班级有哪些优势项目,有哪些弱势项目,甚至能从中寻找到某个班级老师语文课的某些特点,比如从"译 1""译 2"两项得分来看,8 班的老师在教学中可能较好地注意了对

学生翻译能力的培养。

但是,表 4-1 并不能说明所有的问题。举例来说,在机读成绩一列中,9 班为 13.1 分,排名最后,与年级最高分 18.7 相差 5.6 分之多,我们是否就能断言 9 班的机读成绩相关内容教学没有成功呢?我们还必须进一步考察学生的具体特点,比如学生人数、学生类型等。进一步分析发现,9 班同学为体育特长生,他们的专长在体育,每天都有半天时间用于体育训练,文化课要求比其他同学低,而 13.1 分已经达到了 18.7 分的百分之七十,分析发现,9 班在这方面的教学仍然是成功的。再比如说,1 班比 2 班总分多出 3.7 分,是否就说明 2 班的教学比 1 班要逊色呢?根据表 4-1 中的统计数据,我们发现,除作文一项外,2 班其他各项都比 1 班要低,似乎说明 1 班总体上要好于 2 班,但进一步了解发现,2 班有 2 位同学交了白卷而得到 0 分,每人拉掉全班 2 分平均分,从而影响了整个班级的平均分。以后的教学中,做好这两个交白卷同学的工作很有必要,但我们不能就此说 2 班的教学总体上都不如 1 班。

因此,我们在统计各班分数的时候,还必须要具体到每一位同学的情况(见表 4-2)。

表 4-2 学生成绩比较分析

姓 名	机读	译1	背诵1	作文	选择	译2	断句	背诵2	总分
艾××	20	1	29	32	15	4	0	18	119
白××	20	1	28	34	15	2	5	17	122
鲍××	12	1	28	31	3	5	0	17	97
陈××	22	0	27	33	12	0	0	17	111
单××	14	0	29	33	12	4	3	17	112
董××	16	1	29	31	18	4	2	17	118
范××	22	0	29	30	18	3	6	18	126
冯××	14	1	28	32	15	4	2	18	114
康××	22	1	28	31	12	5	6	17	122
李××	22	0	26	32	12	6	6	14	118

再详细一些的统计,具体到"机读"成绩的每一个小题(见表 4-3)。

表 4-3 "机读"成绩比较分析

学 号	实词	实词	实词	虚词	虚词	虚词	古今义	句式1	句式2	句式3	总分
060101	2.0	2.0	2.0	2.0	2.0	2.0	0.0	2.0	2.0	2.0	18.0
060102	2.0	0.0	2.0	2.0	0.0	0.0	0.0	0.0	2.0	0.0	8.0
060103	0.0	2.0	2.0	2.0	0.0	2.0	0.0	2.0	2.0	0.0	12.0
060104	2.0	2.0	0.0	2.0	0.0	2.0	0.0	2.0	0.0	0.0	10.0
060105	2.0	2.0	2.0	0.0	2.0	0.0	0.0	2.0	0.0	0.0	10.0
060106	0.0	2.0	2.0	2.0	0.0	2.0	0.0	0.0	2.0	0.0	10.0
060107	2.0	2.0	2.0	2.0	0.0	2.0	0.0	0.0	2.0	0.0	12.0
060108	2.0	2.0	0.0	2.0	0.0	2.0	0.0	0.0	2.0	0.0	10.0
060109	2.0	2.0	2.0	2.0	0.0	2.0	0.0	2.0	0.0	2.0	14.0

纵向观察表 4-3 中"机读"成绩每一项的得分,我们会发现,"古今义"一栏学生得分普遍很低,说明我们的教学在这方面存在较多问题;在"句式 3"一栏学生的情况也普遍不

好,老师需要对这些方面的教学进行总结反思。横向观察表 4-3 中同学的得分,我们发现,060101 号同学得分较高,各项成绩都很优秀,我们可以请这位同学谈谈学习体会,帮助其他同学寻找有效的学习方法;060102 号同学得分较低,多数项目都未能得分,我们应该帮助他寻找原因,总结教训,端正学习态度,或者改进学习方法。

以上统计分析的思路主要表现为横向的比较,比如甲班级与乙班级之间、甲同学与乙同学之间的比较。在实际操作中,我们还可以引导学生对自己的测验成绩进行纵向比较。例如,某学期内某同学对自己先后三次测验的成绩统计(见表 4-4)。

表 4-4　某同学三次测验成绩统计

(数字单位:分;三次测验,作文均为 40 分,其余各项目分值相同,均为 10 分)

测　验	句读	翻译	实词	虚词	句式	仿作	记叙文
测验 1	5	3	10	6	9	4	30
测验 2	8	6	10	8	8	8	34
测验 3	10	9	10	5	10	8	36

从表 4-4 我们可以发现,该同学的"句读"能力逐步提高,已经达到了较高水准;翻译能力逐步增强,当然还有待进一步提高;实词掌握能力一直较好,这是他一贯的"强项";虚词理解能力表现不佳,在下一步学习中有待调整;句式能力较强,也是该同学的"优势项目"之一;仿作能力进步明显,当然也有待进一步提高;记叙文写作能力不断进步,应该总结经验,再接再厉。

试想,全班每一位同学都做出这样的统计数据,不仅能让老师详细观察到每一位学生学习进步或退步的情况,还能让学生详细了解自己的学习情况,认清自己的优势或不足。更为重要的是,这样的统计分析可以帮助老师、学生从细节处着眼,找到学习问题的具体症结所在,使老师下一步的教学或学生下一步的学习有更强的针对性。

在这样的统计活动中,老师还可以根据每一阶段教学的不同内容或不同要求,检验自己教学的效果。举例来说,这一阶段教学主要内容是诗歌鉴赏"虚实结合""乐景衬哀情""以动衬静"等手法,在测验中,我们设计了这一类的题目,测验结束后,我们可以对得分情况进行统计分析(见表 4-5)。

表 4-5　诗歌鉴赏测验得分统计

(全班 40 人,测验各项分值均为 10 分)

分　数	虚实结合	乐景衬哀情	以动衬静
8 分及以上	31 人	32 人	13 人
5~7(含)分	5 人	5 人	12 人
4 分及以下	4 人	3 人	15 人
班平均分	9 分	9.5 分	5.5 分

从表 4-5 可以发现,班级学生对"以动衬静"手法掌握较为欠缺,老师需要在教学中进一步加强对全班学生的指导;对"虚实结合""乐景衬哀情"两栏反映的情况,老师可以针对掌握情况不好的那一小部分同学做小范围的或个别的辅导,不必在全班做集体辅导。

这里还需指出的是,在对测试结果进行统计分析的基础上,老师还能帮助学生对今后的学习进行预估,指导学生依据自身实际情况改进自己的学习,更快取得进步。

因此,在考试结束以后,老师对考试各项数据作必要的统计分析,不仅能发现整个班级存在的普遍问题,帮助老师较好地把握班级整体情况,进而改进自己的教学,还能发现每一位学生存在的具体问题,帮助老师认清每一位学生的个别情况,为老师因材施教提供依据。这样的统计分析不仅老师有必要做,而且老师还有必要引导学生做,这样,我们可以引导学生通过数据发现问题,而不会让学生停留在对分数的感叹上。

当然,统计分析的方式还有很多,比如我们可以做更直观的柱状图;统计分析的方法也有很多,我们可以借助计算机等高科技手段开创出各种新的方法。我这里列举日常教学中最普通的一些做法,期望能抛砖引玉,求得更多真知灼见。

这样的统计分析方法还可以延伸到课程设置领域。比如,我校在老师开设选修课之前,教务处就利用统计分析的手段对课程进行合理安排(见表 4-6)。

表 4-6　清华附中 2002—2003 学年度上学期选修课(高二年级)

课程编号	教研组	选修课题目	主讲教师	开设年级	上课时间	人数	上课地点
1	语文	金庸和他的武侠小说	陈晓秋	高二	周二	45	三楼四号小阶梯
2		山水文学与园林建筑	吴茜荣	高二	周五	23	北四楼四小阶梯
3		文学典故	邱道学	高二	周五	115	二楼一号小阶梯
4	英语	英语基础训练	杜百莲	高二	周一	108	三楼三号小阶梯
5		竞赛辅导	英语组	高二	周一	89	三楼四号小阶梯
6		视听说	胡连丽	高二	周五	113	二楼二号小阶梯
7		英美文化知识	谭丽芳	高二	周五	67	三楼三号小阶梯
8		英语口语	外籍教师	高一、高二			交费,另外组织
9	数学	数学实践课(普通班)	尹粉玉	高二	周三		数学任课教师组织
10		数学竞赛辅导(重点班)	邵光砚、秦洪明	高二	周三		数学任课教师组织
11	物理	解决物理问题的方法研究	莫振伟、刘晓昭	高二	周二	299	二楼大阶梯
12		学科方法指导	李英、罗雷生	高二	周二	89	二楼三号小阶梯
13	语言	日本语言及日本文化	陈红	高二	周一	50	二楼小阶梯
14	生物	生物学竞赛辅导	胡雷	高一、高二	周一	54	生物实验室
15		生物实验技能研究方法培训	吕红娟	高二	周二	29	实验楼三楼小阶梯
16		校绿色家园组织(环保小组)	程春玲	高一、高二	不定时		到生物组报名
17	书法	硬笔书法	孙崴	高二	周二	13	四楼四小阶梯
18	美术	速写	乔炜	美术班	周二		高一、高二美术班
19	音乐	混声合唱	鞠红		周四		到音乐组报名

续表

课程编号	教研组	选修课题目	主讲教师	开设年级	上课时间	人数	上课地点
20		足球选修课	丁磊	高一、高二	周三	36	操场
21		健美塑身训练班	林冬梅	高一、高二	周一	17	操场
22		排球兴趣班	金海利	高一、高二	周三		操场
23	体育	二十四式太极拳	刘改伟	高一、高二	周一	8	操场
24		初级形体训练活力健美操	汤玮	高一、高二	周一	14	操场
25		太极剑、太极拳	张立艳	高一、高二	周二	12	操场

　　教务处根据所统计的不同年级选修课门类和学生数量,对上课时间、地点进行合理分配,保证选修课有序开设。这种安排似乎比较简单,但必须要有统计的数据才能做好。

　　在课程领域,特别在具体的课程开设过程中,我们也要学会使用统计分析的手段推动自己所开设的课程顺利进行。我曾经开设文学典故选修课,在课程开始前,我设计了一个调查问卷,其中有这样一个题目。

　　老师安排的课程主要内容包括:①与课文有关的典故;②历史典故;③旅游典故;④名人典故;⑤科学典故;⑥民俗典故;⑦诚信典故;⑧十大名曲典故;⑨生肖典故;⑩成语典故(含多个专题内容),您对哪类典故最感兴趣?

　　统计结果见表 4-7("＊"为学生的选项)。

表 4-7　学生学习兴趣列表

姓名	①	②	③	④	⑤	⑥	⑦	⑧	⑨	⑩
黄××		*		*	*			*	*	*
刘××		*				*		*		
李××		*				*		*		*
王××		*				*			*	
孔××		*							*	*
周××		*		*						*
秦××	*	*								*
王××		*		*						
郑××	*	*		*						*
果××		*								
姚××		*	*			*	*	*		
胡××		*			*					*
刘××		*								
郭××		*		*						
王××		*	*					*		
李××		*	*			*		*		
苏××		*		*						*
吴××		*						*		*
蒯××		*								*
张××		*				*		*	*	
赵××	*		*	*	*					
刘××		*								

经过统计,我发现,学生们无一例外都选择了"历史典故",这一方面说明学生们对历史典故感兴趣,我应该花大力气把这方面的教学做好,最大效率地指导同学们学习历史典故;另一方面我还必须照顾指导好个别兴趣面比较广的同学,比如姚××和赵××同学,十个选项都在他们的兴趣范围之列。

这种统计分析的方法其实还可以进一步扩展,比如,我们在编写教材的时候,是否也应该做一些类似的工作呢?

通过这样的统计分析,我们对教学进行检验、反思、总结或者设计,从中发现每一位同学的特点,帮助老师寻找到因材施教的方向。当然,怎样进行反思,怎样进行总结,怎样找到因材施教的手段,还需要下一番功夫,这些内容不在本文讨论范围之列,我绝不希望这种统计分析的手段成为头痛医头、脚痛医脚的手段。

思考之二:用统计分析的手段指导教师教学,帮助学生把握学习规律。

目前,我们拥有大量的教育学和心理学知识,也积累了大量的教学实践经验。我们老师会很自觉地要求自己尊重学生的心理接受规律,尊重学科的特点,我们还会根据教学实践经验做出一些推断,以期改进自己的教学,帮助同学们更好地学习。

教育学和心理学的研究成果为我们带来了极大的便利,比如学生记忆的规律,像艾宾浩斯遗忘曲线;比如学习动机对学习的作用,像耶基斯-多德森定律曲线,等等,兹不赘述。我这里想强调的是,我们是否把这些教育学、心理学的研究成果与我们学科的教学进行了有效结合?我们在激发学生学习动机的时候,是否注意过耶基斯-多德森定律曲线?我们在指导学生记忆的时候,是否注意到艾宾浩斯遗忘曲线揭示的规律?再比如学生注意力集中的时间能持续多久,我们是否考虑过?

理论与实践必须有机结合,教育学、心理学的研究成果必须与我们的语文教学实践相结合,否则,我们的教学就不符合科学精神,沦为随意性很强的学科,以至于遭受各方的质疑,甚至遭到学生的冷落,教师自己也会感觉到缺乏教学的根基,沦为空想家,沦为技术层面的小作坊式的学科操作者。相反,如果我们将这些教育学、心理学的研究成果与我们的语文教学有机结合,在教学中注意运用这种规律,帮助学生掌握这些规律,我们的教学将因为符合科学规律而具备科学精神,受到学生欢迎。

在教育学、心理学现有研究成果之外,我们语文学科还应该有自己的创造性的统计分析手段。比如,为研究本班学生的阅读基本规律,把握本班学生阅读的基本现状,更有效地指导学生进行课外阅读,笔者对本班学生的阅读情况进行了较为认真的统计,并设计了每一位学生的阅读坐标。

坐标设计说明。

(1)本坐标从学生入学第一天开始统计,每人每月一个坐标。

(2)横坐标为日期,以"天"为单位。

(3)纵坐标代表时间,以"分钟"为单位。

(4)学生阅读情况暂时分为四部分,分别为:名著类、科技类、通俗类、作业类。为方便观察,这四个类别均排列在同一刻度水平线,横向观察,可以表现阅读兴趣的变化与转移;纵向观察,可与阅读时间和日期相对应。(此四种分类有待以后继续改进)

(5)篇幅所限,本文所列举的坐标,根据清华附中高 2006 级 3 班三位同学进入高中

走专业化发展之路
——语文教师专业化发展的实践与思考

以后从 2006 年 9 月 1 日至 2006 年 12 月 31 日每天的阅读时间和阅读篇目进行设计(还有更多坐标),所有数据都存有原始材料(见图 4-1～图 4-12)。

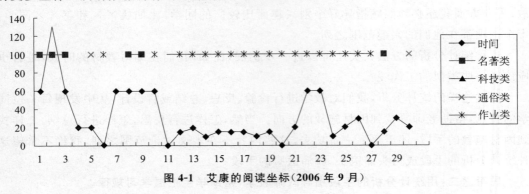

图 4-1　艾康的阅读坐标(2006 年 9 月)

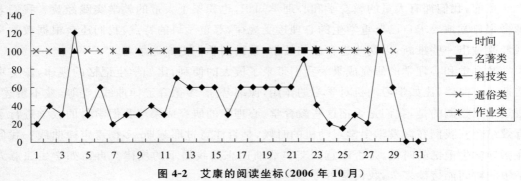

图 4-2　艾康的阅读坐标(2006 年 10 月)

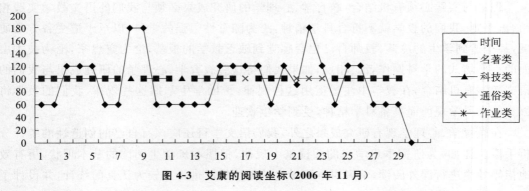

图 4-3　艾康的阅读坐标(2006 年 11 月)

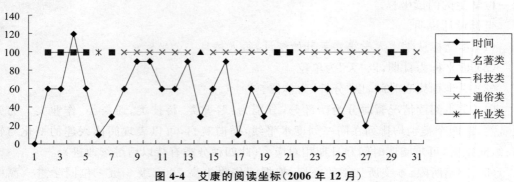

图 4-4　艾康的阅读坐标(2006 年 12 月)

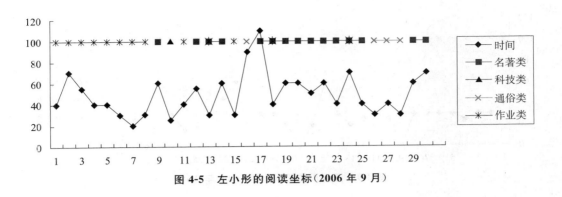

图 4-5 左小彤的阅读坐标（2006 年 9 月）

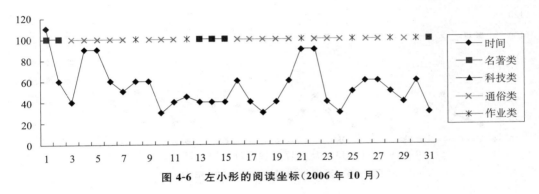

图 4-6 左小彤的阅读坐标（2006 年 10 月）

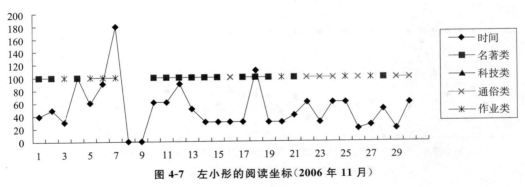

图 4-7 左小彤的阅读坐标（2006 年 11 月）

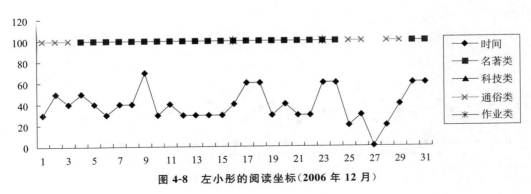

图 4-8 左小彤的阅读坐标（2006 年 12 月）

走专业化发展之路
——语文教师专业化发展的实践与思考

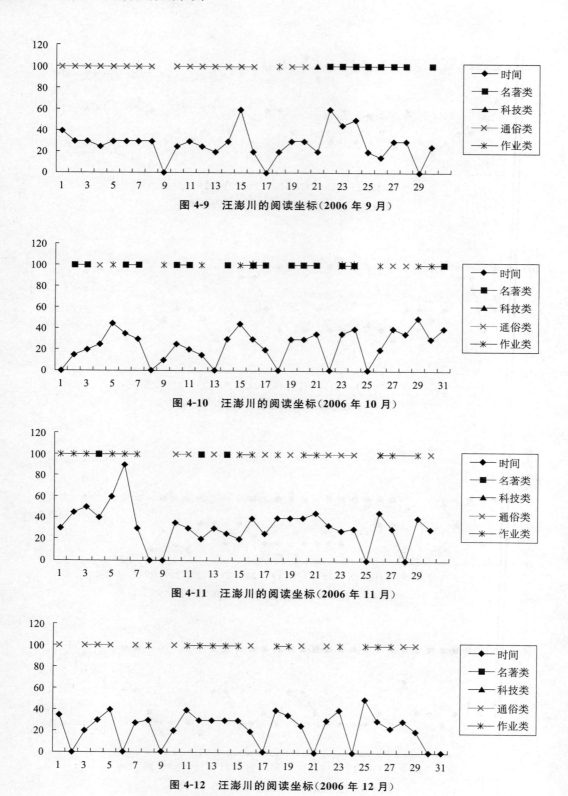

图 4-9　汪澎川的阅读坐标（2006 年 9 月）

图 4-10　汪澎川的阅读坐标（2006 年 10 月）

图 4-11　汪澎川的阅读坐标（2006 年 11 月）

图 4-12　汪澎川的阅读坐标（2006 年 12 月）

　　对这些坐标图进行观察分析,可以发现本班学生在高一阶段的阅读基本规律。①观察某位同学的坐标变化,可以发现这位同学阅读习惯的变化和呈现状态。②将同一时段(比如同一个月、同一个星期、同一天)所有同学的坐标进行比较,可以发现这一时段全班同学阅读的整体状况和大致规律。③通过研究坐标可以直观地发现阅读习惯相对较好的同学,进而研究其阅读的基本规律。④将学生的阅读篇目和阅读时间进行整合分析,可以发现学生阅读效果的某些状态,结合访谈或问卷调查,可以有效指导学生阅读。⑤将所有的坐标进行整体分析,可以发现学生阅读的整体状况。⑥在经过两年以上的积累以后,可以将学生的阅读呈现状态与学生的语文学习成绩进行关联性研究,甚至可以进行较长时间的跟踪研究。

　　本坐标分析的具体结论,这里不赘述。

　　总之,统计分析的手段运用到语文教学中,将有利于增强语文学科的科学精神,促进语文学科的健康成长。我们很多语文教师其实早就在使用这种方法,我在这里旧事重提,只是想表达自己的一种迫切心情:也许我们在这方面做得还不够。

(作于 2008 年 7 月)

发现语文学科教学知识

　　教师的专业化发展不仅意味着要探索这一学科教学方方面面的规律和特有的实践性知识，还要求我们对学科自身的性质、功能与特点做深入探讨，以期让我们的教学实践能够更好地与学科自身的规律相符合。

　　掌握本学科基本知识是成为一名教师的基础条件，而能够洞悉学科的性质、功能与特点是成为一名好教师的基础条件。语文学科教学所涉及的内容千头万绪，本部分内容试图从教学实践中窥探语文学科性质、功能与特点的一鳞半爪，意在抛砖引玉，求得方家的真知灼见。

"高中语文选修课性质功能与特点分析"研究报告

研究问卷设计与说明

　　为了对高中语文选修课的性质功能和特点进行探讨,2008 年 6 月底,"高中语文选修课设计与实践研究"课题组对已经开设选修课的教师(包括 2 位特级教师、4 位高级教师、3 位一级教师)做了问卷研究。这其中有三门课程是在新课标实施的情况下开设的。

　　研究问卷设计如下。

　　(1) 我所开设的选修课题目是:

　　(2) 我选择这个选修课题目而没有选择其他题目的原因是:

　　(3) 我授课的教材编(选)自:

　　(4) 我认为我所选取(编写)的教材有如下特点:

　　(5) 上课时,我比较关注的问题有:

　　(6) 我感觉选修课堂和必修课堂明显的不同是:

　　(7) 我为学生布置的课下研究与阅读等任务有:

　　(8) 学生完成教师布置的任务情况:

　　(9) 从学生的反馈信息(作业、小结、总结等材料)看,学生的主要收获是:

　　(10) 我开设的选修课所涉及的语文基本知识主要有:

　　(11) 我开设的选修课能培养学生如下一些语文基本技能:

　　(12) 我开设的选修课能帮助学生拓展如下语文学习视野:

　　(13) 我开设的选修课能帮助学生深入探讨如下语文学习问题:

　　(14) 同必修课内容相比,我的选修课内容有以下特点:

　　(15) 我为选修课备课的时候,有以下感受:

　　(16) 我在教授这门课程的时候所遇到的最大挑战是:

　　(17) 我开设选修课所遇到的最大的客观上的困难是:

研究问卷分析报告

问卷分析一:教师选题方向及特点

选修课选题是教师们所要面对的首要问题:该怎样选题? 选一个什么样的题目? 我

能胜任这个题目吗？课题组试图对这个问题进行探究。

问卷的第二个问题就是针对教师们的选题问题设计的，题目是："我选择这个选修课题目而没有选择其他题目的原因"。

从问卷回答情况看，教师们选择选修课题目，主要有以下几种考虑。

一是教师本人感兴趣的领域，在这些领域，教师们往往有较为丰富的资料积累，或者已经有一定的实践经验，比如"形式逻辑常识""语言文化典故""金庸和他的武侠小说""中国文化简史""文明毁灭之谜""外国文学导读"等。

二是基于教学实践经验，针对学生普遍感到困惑的领域，或者学生学习的薄弱环节，希望帮助学生解决疑难问题或者加强某些薄弱环节的学习，比如"文言文阅读入门""金庸和他的武侠小说""《人间词话》解读""中国文化简史""外国文学导读"等。

三是在中学语文基础知识、基本技能的学习要求之上，基于学生更高层级的学习需求，帮助学生在相关领域进行深入研究，提高相关能力，比如"形式逻辑常识""实用汉语口语""《人间词话》解读""中国文字学"等。

四是针对学生中较为普遍的兴趣爱好，比如"金庸和他的武侠小说"。

以上第一条主要基于教师本人的实际情况，第二、三、四条主要基于教师对学生学习与需求的了解与把握。

而从题目与内容来看，教师们选题又有以下特点。

从这些题目来看，有的课程以帮助学生开阔知识视野为目的，有的课程以帮助学生深入研究相关问题为目的，有的课程以满足学生的实践需要为目的，等等。

从课程内容来看，涉及汉语言研究领域，比如"实用汉语口语""文言文阅读入门"；文字研究领域，比如"中国文字学"；中国文学与外国文学领域，比如"金庸和他的武侠小说""《人间词话》解读""外国文学导读"；中国文化领域，比如"语言文化典故""中国文化简史"；世界文明领域"文明毁灭之谜"；思维领域，比如"形式逻辑常识"。

可以看出，在选题的时候，教师本人的兴趣爱好与知识储备对其选择有直接的影响，而教师本人的教学实践经验及其对学生基本情况的了解，是教师选题的直接依据。这里，我坚信如果因为教学的需要，一些陌生的领域需要教师们探索，教师们也不会有畏难情绪。

从选题方向上看，可以有以下几个方面的考虑：有帮助学生夯实基础知识的，有帮助学生拓宽知识视野的，有帮助学生提高思维品质的，有帮助学生锻炼实践经验的，有帮助学生增强文学修养的。从语文角度讲，涉及语言、文字、文学、文化、文明，还可以涉及逻辑思维等不同层次。以帮助学生深入研究为目的，或以帮助学生开阔视野为目的。在选题过程中，教师具有较强的"引导"意识——希望能引导学生学习有关内容——这一特点很突出。

选修课的选题，不能脱离学生的实际需求——他们的兴趣爱好甚至是考试的需要和生活实际的需要；不能脱离中学生学习的特点——不要把大学的课程下放到中学，应该以帮助他们积累拓展和初步探究为目的；此外，还必须考虑教师本人的实际情况——帮助教师进修，给教师充裕的时间思考选修课；选题还必须注意到课程特点——可操作，有一定的深度，有知识积累和能力训练的价值，能帮助学生增强语文能力。

选修课的选题,要从大处着眼,从小处切入,切忌大而空的选题,并且要有明确的定位。从以上选题来看,"形式逻辑常识""实用汉语口语""语言文化典故""文言文阅读入门""《人间词话》解读""中国文字学""外国文学导读""中国文化简史",选题都着眼于某一广阔的领域,但是选取的点都不大,都集中在某一个小的区域——"口语""文言""文字"等,定位也都比较清楚——以"常识""训练""入门""解读""导读"等定位。

问卷分析二:教材编选及特点简析

作为一线教师,为选修课编写出一本(套)有价值、学生欢迎而切实可行的教材,是开设选修课的重要基础和前提。现阶段,教师编写教材有哪些途径?教材应该具有怎样的特点?

问卷的第三和第四两个问题对选修课教材编写的途径和教材所具有的特点进行了探讨。这两个问题分别是"我授课的教材编(选)自""我认为我所选取(编写)的教材有如下特点"。

从问卷情况来看,教师们选编教材主要有以下特点。

其一,以"编"为主。一般都是在已有相关出版物的基础上,根据个人教学经验加以改造利用。当然,在"编"的过程中,一般都创造了自己独有的体例形式。

其二,所编教材注重趣味性、实用性与可操作性。教师们自己选编教材的时候,不仅考虑了系统性与知识性,还特别注意到了趣味性。这也反映出教师们希望自己编选的教材具有更大吸引力。

其三,以专题学习的形式为主。几乎每一个选题,都是一个特有的专题,只是有的专题范围更大一些,而有的专题范围小一些。

其四,都与必修课形成一定的关系——或强调为必修课学习服务,如"文言文阅读入门";或强调在必修的基础上提高,如"《人间词话》解读";或注重与必修课形成互补关系,如"外国文学导读";或对必修课的有关问题进行深入探究,如"语言文化典故"。

其五,相对于新课标设定的几个模块来说,这些选题显得更细腻,切入的角度一般都比较小。这些选题注重文化品位和文学特色,也有以提高学生的思维品质为目的,并不拘泥于传统的文学经典篇目本身。可见,在新课标给出模块的基础上,还需要教师们创造性地发掘与改造,找到符合自己特点的领域,发现适合的切入点,展开教学工作。

其六,一般都注意到贴近学生实际,也就是照顾到学生的需要,都是建立在研究学生的基础上。在长期的教学实践中,教师们对学生的实际学习情况有较准确的把握,因此在教材编写过程中针对性都比较强。这或许也是中学教师开发选修课的优势之一。

此外,选编一门选修课教材,是一项艰巨的任务。除了教师个人开发以外,合作编写教材也是很有必要的。现阶段,教师日常工作繁忙,而选编教材是一项极具挑战性的系统工程,如果教师们能发挥各自特长,形成优势互补,合作编写选修课教材,请专家帮助审定,相信教材的质量更有保障,也将能使这项工作更具魅力。

问卷分析三:选修课课堂特点及课下要求

在选修课的课堂上,教师们都主要关心哪些问题?在课下,学生们能按照教师的要求继续对有关问题进行探讨吗?学生们主动选择了这门课,在教师看来,他们愿意为自己选择的课程付出努力吗?

问卷第五题至第九题试图对这些问题进行探讨。

从问卷来看,学生们对选修课程充满兴趣,在课下也一般都能完成相关任务,或者主动做一些探究。总体看来,学生一般都会有一定收获。选修课课堂上,学生学习的热情更高,对问题的讨论更深入,这几乎是一个普遍的反映。

教师感觉自己的教学比必修课课堂更自由,自主性更强,也是一个重要的共识。这与学生的兴趣爱好直接有关,与学生自主选择的积极性有关。而教师"自由"的感觉更与这门课程在现阶段远离高考考场有关系,如果这门课程要参加高考,相信很多教师不会有如此"自由"的感觉。

从课堂上教师关注的问题来看,首先是关注课程怎样对学生有益,比如:"学生能否理解,能否运用""从生活现象入手,多让学生实践,理论讲解和现实分析结合""其一,学生对武侠小说的认识程度及界定。其二,学生对待小说中'武''侠'的理解是否停留在暴力、以暴制暴、拳头硬就能解决一切问题等层面上。其三,偶像崇拜及可能的模仿行为""诗歌鉴赏的基本方法,开阔学生在诗歌方面的视野""让学生学会系统地分析汉字的方法""能够激发学生兴趣的,能激发学生对中国古典文化的热爱的,以及有探讨价值的问题"。可以说,教师在课堂上充分关注了学生"选修"的需要,并注意主动对学生的兴趣爱好进行积极引导——比如"金庸和他的武侠小说"选修课,教师就特别注意了学生中存在的对"武""侠""暴力"概念的理解。

教师关注这些问题,建立在教师对自己开设的课程有着深入研究的基础之上。很多教师长期关注相关问题,积累了大量的资料,对有关问题有着深入认知。很多教师在必修课课堂上,已经展露出这方面的才华;而很多教师很有这方面的天赋,并有不少研究论文发表。

此外,教师们不约而同选择"专题研究"的形式开展选修课的教学,"专题研究"恐怕是选修课本身应该具有的主要特色之一,小到某一个问题,某一类问题;大到某一个领域,某一类领域;专题研讨的形式有利于讨论的深入进行。

在课下,学生们能在选修课上花费多少时间呢?这是一个不能回避的问题。中学生需要学习的科目很多,语文只是其中的一个科目;我们不能指望学生把课下所有的时间都用来学习语文,语文学习也只是学生们学习的一项内容。从问卷情况来看,学生们在课下还是可以完成语文选修课作业的,这说明学生对选修课态度是积极的。另外,从课题组另外一组调查情况来看,我们也不能对学生将课外时间投入语文选修课作过高的要求。一般来说,平均每天能学习语文接近一个小时就已经很可观了。中学阶段,对普通同学来说,主要还是打基础或初步研究的阶段,不是专门做深入研究的阶段。

问卷分析四:选修课的性质功能浅探

高中语文选修课的基本功能是什么?这门课对学生学习语文的意义在哪里?问卷第十题至第十三题试图对这些问题进行探究。

从问卷来看,教师们始终关注着语文学习的基本问题:思维品质问题,口语表达与技巧问题,阅读分析与欣赏能力,汉字分析能力,认识与分析文学文化现象的能力。可以说,教师们始终关注着选修课的"语文"特色。即使是"形式逻辑常识"这样的课程,教师也强调能帮助学生"提高阅读的速度和质量,拓展写作的构思"。

"我开设的选修课能帮助学生深入探讨如下语文学习问题"这个问题的回答如下："奇妙的思维是怎么回事,如何正确地认识客观世界和主观世界,如何驳斥各种谬论""汉语口语的美感、艺术性体现在哪些地方""怎样正确认识典故想象,怎样正确用典""探讨古今汉语的联系与区别,了解汉民族语言发展的脉络""①围绕主题多线索、多角度、多侧面加以表现;②刻画人物的方法""意象与意境,有我之境与无我之境等""对汉字的本义、引申义、假借义正本溯源""解决阅读中学生比较困惑的,比如文化背景及文化心理的问题""关注外国文学名家名篇,关注中外文学创作的一些基本现象和基本规律"。从这些回答来看,教师们并没有将课程的目标与简单的"兴趣"等同,这些目标都比较高远,都对自己开设的课程提出了较高的要求。这些要求,基本都针对学生的文学修养设定,属于素质教育的范畴,尽管对考试有用,但绝不针对考试。

语文基础知识和语文基本技能是中学语文教学的主旋律。选修课或者帮助学生拓宽知识视野,或者帮学生在自己感兴趣的领域进行一些研究,但相对于大学的学习或将来漫长的人生阶段来说,仍然是基础性质的。中学语文选修课,千万不能以"出研究成果"为目标,如果这样,未免好高骛远。教师为选修课设定目标,要实事求是,不能太低,也不能过高。比如"外国文学导读"课程,"导读"的目的达到既可,不要指望学生能研究出多少"成果"。试想一下,阅读一部作品,需要多少时间;反复阅读,又需要多少时间?外国文学浩如烟海,特点各不相同,教师把这些浩如烟海的作品简要告诉学生,让学生自己寻找感兴趣的某一领域进行一些简要探究,足矣!将来上了大学以后或在漫长的人生旅途中,他们将在中学打好的这些基础上继续深入研究,现在他们不可能用很多的时间研究语文,他们要学习的科目还有很多。甚至对多数同学来说,语文并不是他们将来要选择的专业,他们只要学好语文基础知识,掌握语文基本技能就可以了。

我们基本可以得出结论:从本质上说,高中语文选修课属于专题性较强的语文课;从功能上说,高中语文选修课仍然主要帮助学生学习语文基础知识,掌握语文基本技能,并对语文学习的某些领域进行较为深入的探究,增长知识,提高能力,掌握方法,培养情感。

问卷从"语文基本知识""语文基本技能""语文学习视野""语文学习问题"四个角度设问,也许对教师的回答有直接的影响,是为憾。

问卷分析五:选修课特点讨论

同必修课相比,高中语文选修课具有怎样的特点?在备课的时候,教师们是否关注这门课的"选修"特色?问卷第十四、十五两个题目试图对这些问题进行讨论。

从教师们的回答来看,有以下几个特点。

其一,教师们普遍感觉选修课对自己的专业水平提出了更高的要求。教师需要搜集整理更多的资料,对问题进行更深入地研究,需要下更大的工夫钻研和积累,方能胜任选修课程的教学任务。

其二,课堂上所讨论的问题一般集中于某一领域,更能体现教师和学生的个性特点;师生教与学的方式更加灵活多样,探究气氛更浓厚。学生所提出的问题"更具挑战性",因为每个学生都会有自己的看法,整个课堂是从很多不同角度来研究同一领域的问题;教师教学的方式方法也应该更灵活,因为教师在这一领域的研究可能还不足以解答学生所有的问题。

其三,教师在教学外在形式上"更加自由"的感觉与问题研讨上"更具挑战性"两种感觉矛盾而统一。从问卷及课堂时间来看,选修课的"自由"与"深度"是矛盾统一的:首先,这是学生自己感兴趣的领域,他们在这样的课堂上感觉更加亲切,课堂气氛更加自由;其次,他们更愿意表达自己的观点,课程的深度自然显露。同样,教师在自己已经有一定研究的领域授课,挥洒更加自如;而面对学生从各种不同角度提出的问题,难免防不胜防,感觉到"挑战"随时存在。

也许,形式自由与内容更有深度是高中语文选修课的基本特点之一。即使是以"导读"为目的的"外国文学导读"选修课,尽管并不以深入的问题探讨为目的,教师也时刻感受到自身知识的贫乏——广泛阅读作品的过程也是一个艰苦的过程,书到用时方恨少,此言不虚。

我们还发现,同必修课内容相比,选修课更具有"研究"的性质。必修课堂关注学生普遍应该具有的基础知识、基本技能,着眼于共性问题,涉及问题更普遍,因而更基础;而选修课课堂关注的则是"个性化"问题,涉及问题更集中,因而更深刻。选修课堂上,有共同兴趣爱好的同学们会聚一堂,大家关心的问题基本上集中在同一个领域,因而是集中了全体同学的智慧和热情对这个领域进行探索,所以课程必然具有深度,对教师的专业修养有更高的要求,对教师驾驭课堂的能力技巧也有更高的要求。

问卷分析六:一线教师面临的挑战与困难

开好一门选修课,教师们面临挑战甚至是严峻挑战,也会遇到一些困难甚至是严重的困难。那么,现阶段教师们需要得到哪些帮助,需要获得什么样的支持?问卷第十六、十七题试图了解有关情况。

从问卷回答情况来看,有几个"困难"具有共性。

其一,管理难的问题比较集中。选修课的课堂管理不以"班级"为单位,学生来自不同班级,教师很难逐一认识他们,课堂点名又很浪费时间。随着学校管理措施逐渐到位,相信这个问题能够得到较好的解决。

其二,编选和使用教材一般都存在困难。尽管很多教师自身学术修养很好,但编选一部教材仍然是一项艰巨的任务。特别是面对不同的学生,面对学生不同的需求,随着问题探究的不断深入,教师需要对自己编选的教材适时做出调整、补充和改进。相信随着时间的推移,经过一定量的教学时间检验和磨砺,教师们这方面的困难能逐步减小。

其三,对学生所提出的问题,教师在认识、把握与引导上有一定难度。比如"如何调动学生实践的热情,提升其语言操作的能力""莫衷一是的观点,对'武侠'偏激的理解",等等。同时,在学生知识相对贫乏的情况下,教师在推动教学的过程中需要帮助学生扩大知识的量的积累。比如"学生的知识更贫乏,很多时候需要自己不停地介绍"。教师教学受制于学生的知识储备,教学思想贯彻实施需要注重结合学生的实际情况。学生的知识积累、兴趣爱好、思想认识等问题,都需要教师在教学实践中一一关注。

其四,学生课外学习时间保障困难,这个问题我们在前面已经论及。语文选修课要吸引学生更多的投入,要求教师对课程有较强的驾驭能力,课程精彩,结合学生实际,贴近学生生活,满足学生需求;而另外,学生选课的目的也是重要因素,一个以理科学习为主攻目标的学生,选择语文选修课,也许只是为了"学分",并不为深入探究这方面的知识,对这样的同学，我们也要给予充分的理解，并支持他们。

对一线教师来说，开好一门选修课，是一项艰巨的任务。在中国，高级中学一线教师有帮助学生顺利升入大学的压力，这是一个现实问题，他们并不能身处世外桃源；很多教师要担任班主任工作，承担比较繁重的教学甚至其他一些非教学的任务；在教学一线，知识不断老化，需要加强进修，更新知识，坚持探索学科前沿问题，才能跟上时代发展的步伐等。如果说必修课要求教师是"全能选手"的话，那么选修课还要求教师是某一领域的一位专家或"准专家"。从这个角度来说，开设选修课，还具有促进教师发展的积极意义。

找到一个好的选题，编写一本好的教材，开设一门好的课程，这也许是对中学教师开设选修课的基本要求了。但做到这三点，实属不易。

（作于 2008 年 7 月）

课文读解视角选择与合理确定
教学重点的因果关系

　　课文读解教学过程中,能否合理确定教学重点,常常与选取的读解视角有直接的因果联系。

　　俗话说,"一千个读者有一千个哈姆雷特"。出现这一现象的重要原因之一,就是学术背景或学术个性不同的读者选取了不同的读解视角。优秀的文学作品经由这"一千个读者"阐释生发,便从多个不同的角度散发迷人的光彩,异彩纷呈,摇曳多姿。但如果读解的视角选取错误,也会谬种流传。鲁迅先生曾经写过一段话,大意是说,因为视角不同,每个人眼里的《红楼梦》也是不同的。"经学家看见《易》,道学家看见淫,才子看见缠绵,革命家看见排满,流言家看见宫闱秘事……"这段话可以作为上述说法的一个形象的注脚。

　　读解的视角一旦选定,作品中符合这一角度的相关内容便会优先进入读解者的视野,其所关注的内容重点便会有所侧重,所做出的诠释也会有所偏向。于是,在人们的眼里,"一千个哈姆雷特"出现了。我们必须承认,读解者因其学术背景的不同,学术个性的差异,读解作品的时候不可避免会出现"外行看热闹,内行看门道"的不同情况。即使是内行人,稍有不慎,也有偏离"门道"而跌入"看热闹"的危险。于是,我们可以大胆猜测,读者眼中的那"一千个哈姆雷特"中,大约也有"伪哈姆雷特"。

　　语文教学过程中,对同一篇课文的读解,不可避免地也会产生不同的视角,其所关注的内容重点也会因之而有不同。需要指出的是,师生在课堂上的集体活动不同于一般读者的单独阅读活动,一般读者的个人阅读活动即使出现了严重偏差,其影响也大多限于个人,而课堂集体参与的解读活动则需要确保选择合理的角度,选取合适的教学重点,师生共同探究"看门道"。如果解读的角度走偏了,没有抓住课文的真正内涵,没有追求应有的语文教学价值,教学重点自然也会跑偏,就会出现师生一起"看热闹"的情况。

　　基于以上认识,笔者以为,想要抓住课文教学的重点,一定要先确立合理的读解角度。如果读解的视角发生偏差,即使关注到了文本中真正的重点内容,也会做出偏离的甚至是错误的诠释。因此,如何正确选择合理的读解角度,是课堂读解活动能否正确进行的关键所在。下面,我们从一个案例谈起。

【问诊病例】

向事物产生某种结果的条件回溯
——解读《老人与海》

同学们,今天教师带着你们以一种全新的视角去解读斗鲨——向事物产生某种结果的条件回溯。

(出示第一张幻灯片)

海明威曾经说过:"我总是试图根据冰山原理去写作。冰山八分之一露在水面以上,八分之七隐没在水面以下的,你可省略去你所看到的任何东西,这会使你的冰山深厚起来。这就是没有显现出来的部分。"

(出示第二张幻灯片)

那么没有显现出来的还有什么呢?

老人是个硬汉,在精神上是个胜利者,他捕鱼工具只是一艘小木帆船,这小帆船就像一粒种子,生根、发芽、开花、结果,成就了他的精彩人生,但结局却是悲壮的。我们回归残酷现实看一看,他千辛万苦拉回来的只是一具大马林鱼的骨架。造成这种结局的原因是什么,让我们一起走去探究根源。

(出示第三张幻灯片)

教师预设几个问题,也许对你们有启发。

第一,老人捕获马林鱼后是怎样携鱼返航的?

师:老人捕获了1500磅重的马林鱼后,遭遇了什么?

生:遇到了鲨鱼。

师:为什么会吸引鲨鱼来?

生:鲨鱼来吃马林鱼。

师:为什么会找到马林鱼?(可以提示:他是用鱼叉刺死马林鱼,又用绳子穿进鱼鳃中拖在船后的)

生:会循着血腥味找来。

师:为什么能吃到马林鱼?

生:因为马林鱼绑在小船上。

师:为什么不把鱼放到船舱里?

生:船太小。

生:鱼太大。

生:老人岁数太大。

师:你们考虑得真周到。是啊,他只拥有一只小木帆船,鱼太大了,老人岁数太大,无力把一条1500磅的大鱼弄上船的,只好绑在小船上返航。

(出示第四张幻灯片)

第二,老人返航中遇到几拨鲨鱼的进攻?

师:拖着马林鱼返航引来那么多的鲨鱼,引来了几拨鲨鱼?

生:六拨。第一拨是一条鲭鲨;第二拨两条铲鼻鲨;第三拨一条铲鼻鲨;第四拨是两

条加拉诺鲨;第五拨是群鲨;第六拨是"有些鲨鱼"。(师补充最后一拨老人已经不理睬了,所以具体的说不清楚)

板书:老人←马林鱼→鲨鱼

师:这么多拨鲨鱼,老人要保护好大马林鱼的难度可想而知,我们根据下面的表格(见表5-1)来看一看老人是如何保护鱼肉的,战果如何?

表 5-1　老人与鲨鱼搏斗过程

次数	第一次	第二次	第三次	第四次	第五次	第六次
攻击者	鲭鲨	铲鼻鲨	铲鼻鲨	加拉诺鲨	群鲨	"有些鲨鱼"
数量	一条	两条	一条	两条	成群结队	有些
老人作战工具	鱼叉	绑着刀子的桨	绑着刀子的桨	短棍	短棍、舵把	无
结局	杀死鲭鲨,鱼叉也被带走了,马林鱼肉被咬掉四十磅	杀死两条铲鼻鲨,马林鱼肉被吃掉四分之一	杀死铲鼻鲨,刀子被折断	两条鲨鱼受重伤,马林鱼的大半个身子被咬烂了	老人感觉被打败了,马林鱼只剩下残骸	不去理睬,成为骨架

师:是啊,老人太可怜了。一冬的生活资料就这样没了。我们假设一下,如只有文本中前两拨鲨鱼的出现,那老人的胜利成果可以有多少?

生:还剩四分之三的鱼肉。

师:是啊,那就说明老人1500磅的马林鱼只剩骨架的原因是什么?

生:遭遇的鲨鱼多。

(出示第五张幻灯片)

第三,老人遭遇鲨鱼轮番进攻与什么有关?

师:老人遭遇鲨鱼轮番进攻与什么有关?为什么不能快速回到海岸?

生:船行驶太慢。(木帆船,只能靠风)

生:出海远了,归程长。遭遇攻击的几率自然就大。

师:对啊,但是从哪里可以看出离海岸太远了呢?

生:可以用老人的话佐证:"你出海太远了,把好运给冲掉啦。我出海太远了。我把你我都毁了。"

师:很对,但主观性太强,还有客观依据吗?

生:下午渐渐过去了。

师:你太聪明了,从时间判断距离啊,除了直接表时间的词语外,还可以借助于文本中有关太阳和灯光的描述,从而大致判定是远一些还是近一些。

(从时间显示距离:时间长度看空间距离)

(出示第六张幻灯片)

师:再找详细些。

生:积云堆得很高,上空还有很多的卷云,这时候是第一条鲨鱼来袭击它的前一个小时;他已经航行了两个小时;下午渐渐过去,快近傍晚了;直到快日落;太阳已经落下去了;大约夜里十点的时候;到了午夜;露台饭店的灯光全熄灭了。

师：总结一下大致时间。

生：半个白天和一个大半夜。

师：那就说明出海远了，归程长。

（出示第七张幻灯片）

第四，老人斗鲨为何胜而无果？

师：老人勇斗鲨鱼，甚至杀死了数条鲨鱼，虽马林鱼被鲨鱼啃食殆尽，但可以拖回几条鲨鱼来啊，有鲨鱼做一些补偿也不至于劳而无获啊，鲨鱼哪儿去了？

生：鲨鱼滑到海里去了。（滑到一英里深的水里去了）

师：为什么他不能把鲨鱼钓上，这跟什么有关？

生：和武器有关吧。他武器太落后了。木棒绑刀子，后来用桨柄，桨柄断了用断舵戳。

师：是啊，他捕获马林鱼用的是鱼叉（出示鱼叉的照片。进一步解说，尤其是绳子的作用）但在和第一拨鲨鱼搏斗时绳子断了，鱼叉被鲨鱼带到海里，否则也不会如此狼狈，同鲨鱼搏斗只用刀子、棍子。

（出示第八张幻灯片）

在这里教师用几句王安石的话来解说这个道理。王安石和朋友去褒禅山游玩，那儿有个奇异的后洞，众人举着火把进入黝黑洞中，看到景色非常奇异，但有人担心火把燃尽，故众人一起出来，王安石有所感慨道："而世之奇伟、瑰怪，非常之观，常在于险远，而人之所罕至焉，故非有志者不能至也。有志矣，不随以止也，然力不足者，亦不能至也。有志与力，而又不随以怠，至于幽暗昏惑而无物以相之，亦不能至也。"

（出示第九张幻灯片）

（解释文意）大家看，老人远离海岸捕鱼斗鲨，算有志吗？

生：有志。

师：有力吗？

生：有力。

师：那就是物的问题了？

生：武器太简陋了。

师：这就是"无物以相之"，有经验，有勇气，有智慧，但他面对群鲨却胜而无果，只能眼睁睁地看着马林鱼成为一副骨架。原因何在？

生：①老人捕鱼设备落后，离海岸远。②马林鱼遇到鲨鱼轮番进攻，鲨鱼爱吃马林鱼，而它也是老人一冬天的食粮，二者争夺使马林鱼成为骨架。

板书：价值

老人←马林鱼→鲨鱼

设备简陋骨架多

归程长　二者争夺凶狠

师：由此可见马林鱼（物）的结局取决于老人（拥有者）的处境及其在这种处境下本身所具有的某种价值。

（出示第十张幻灯片）

今天，教师教给你们一种聪明的思辨方法，格式就是"假如……，就会……"，我为大家解读它的妙处。

如在学习上，假如我们认真听每一堂课，学习成绩就会越来越好，大学校门正向我们敞开，我们将会有灿烂的人生；假如我们不认真听课，知识离我们越来越远，那也许我们就与大学绝缘了，我们的人生将会黯然失色。多想几个假如，对正面结果有期待，我们努力争取；对负面结果有预防，我们力求避免，就会做出明智的选择，多聪明的做法。

（出示第十一张幻灯片）

第五，以假设性给定条件思索老人斗鲨过程。

师：用这种方法去思索老人的斗鲨过程。

假如……，就会保住马林鱼。

生：假如老人有一艘大轮船，就会保住马林鱼。

假如老人有鱼叉，就会保住马林鱼。

假如海里无鲨鱼，就会保住马林鱼。

假如遇到一只吃饱的鲨鱼，就会保住马林鱼。

假如老人离海岸近些，就可以少遇到或不会遇到鲨鱼，就会保住马林鱼。

……

（出示第十二张幻灯片）

师：这些假设多美好，如具备这些条件，老人斗鲨就不会胜而无果。理想是丰满的，现实是骨感的，老人虽拥有马林鱼，但当它被鲨鱼争夺时，他也无可奈何，这说明什么呢？

生：他自身的力量太弱小了。

师：你的东西是你的吗？

生：不一定，力量强大就是，力量弱小就属于别人。

（可引导学生说出以下结论）

你的，未必是你的。当你的东西被别人觊觎时，你能否拥有它，取决于你的自身。

（出示第十三张幻灯片）

这些人生智慧就是我们关注的水下的八分之七的东西。你获益了吗？

【诊断意见】

这堂语文课，聚焦于老人"失败的原因"，并用《游褒禅山记》中"有志矣，不随以止也，然力不足者，亦不能至也。有志与力，而又不随以怠，至于幽暗昏惑而无物以相之，亦不能至也"这几句名言，对老人的"失败"做了诠释。

整堂语文课，关注的重点是小说故事情节发生的客观原因与物质条件：船太小，老人岁数太大；遭遇的鲨鱼太多；出海太远，归程太长；武器太简陋，无物以相之。并据此用"假如……，就会……"的"思辨方法"，设想老人如何才能"保住马林鱼"，最后得出了"当你的东西被别人觊觎时，你能否拥有它，取决于你的自身"的结论。

进一步审视这次读解活动，其对老人"成功"与"失败"的判断标准是老人是否保住了自己捕获的马林鱼。换句话说，解读者所关注的，是老人捕鱼这件事情的结果，而非分析这件事情的过程意义及其蕴含的精神价值。这次解读活动，止于对故事情节的表层判断。

此外，这次课文读解活动有一个明显的缺失，那就是语言文字赏析这一课文解读活动的重要环节。小说中老人与海洋、大鱼、饥饿、焦渴、孤独、伤痛等做斗争的过程，老人的心理描写、语言描写,乃至于小说的环境描写,在解读的过程中也几乎完全没有涉及。显然,此次读解活动是一次脱离了文本语言环境、无视人物形象的读解活动。对于老人"成功"与"失败"背后所蕴含的精神力量缺乏应有的探究。

当然,这次读解活动也完成了一些必要的工作,其对故事情节的梳理还是清楚的,比如老人捕到的马林鱼有多大,有几波鲨鱼先后来进攻,老人与鲨鱼搏斗时先后使用了什么工具,甚至天上的云层和太阳在课堂上也有描述。遗憾的是,由于解读者选取了一个不当的视角,这些业已完成的必要工作未能发挥应有的价值,直至得出了奇怪的解析结论。

下面就此次解读过程中的两个细节做具体说明。

细节一:

师:这么多拨鲨鱼,老人要保护好大马林鱼的难度可想而知,我们根据下面的表格来看一看老人如何保护鱼肉的,战果如何?

(图表见案例,此略)

师:是啊,老人太可怜了。一冬的生活资料就这样没了。我们假设一下,如只有文本中的前两拨鲨鱼的出现,那老人的胜利成果可以有多少?

生:还剩四分之三的鱼肉。

师:是啊,那就说明老人1500磅的马林鱼只剩骨架的原因是什么?

生:遭遇的鲨鱼多。

老人与鲨鱼搏斗的过程惊心动魄,这个过程中对老人的心理描写、动作描写、语言描写,乃至对鲨鱼的描写等内容,塑造并丰富着老人形象的内涵。但由于本次读解活动专注于关心老人为什么没能保住自己的大马林鱼,关注点在于老人的物质条件与客观能力的大小,所以未能走进语言文字所传达的精神世界,仅仅得出了"遭遇的鲨鱼多"这个结论,从而没有能够对老人的人物形象进行合理赏析。

审视课堂上教师所呈现的有关鲨鱼进攻次数的统计图表,也几乎完全是按照阅读说明文的办法做出的,其目标指向是来了多少鲨鱼,老人使用了什么武器,结果如何。对老人在鲨鱼袭击过程中的心路历程,解读者漠不关心。

试就老人与鲨鱼搏斗环节中某一段文字提一个问题,就可能引起整个解读活动的走向发生变化。譬如,在杀死鲭鲨以后,老人为什么会评价鲭鲨"可是它跟你一样靠着吃活鱼过日子。它不是一个吃腐烂东西的动物,也不像有些鲨鱼似的,只知道游来游去满足食欲。它是美丽的,崇高的,什么也不害怕"? 审视这段文字,我们发现,这段心理描写还运用了比较的方法,对鲭鲨做了正面评价。在老人心目中,这条鲭鲨也算是一条"硬汉子",也同样是自己决斗场上光明磊落的对手。老人对鲭鲨的赞美,表现了老人的真淳与正直,也让我们感受到了他对生命的赞美与尊重。

再比如,老人在杀死鲭鲨以后想起了棒球手老狄马吉奥,这样写有什么作用? 老狄马吉奥是当时的棒球好手,也是渔民的儿子。他脚上虽然长着骨刺,疼痛难忍,但打起球来生龙活虎,桑地亚哥老人很崇拜他。"我不晓得老狄马吉奥可喜欢我那样击中它的脑子",生动地表现了老人在胜利后自我陶醉的心态。"但是,你是不是认为我这双受伤的手跟骨刺一样是个很大的不利条件"则表示:老人与鲨鱼搏斗靠的是手,但是手受过伤;老狄马吉奥打棒球靠的是腿,但是腿上长有骨刺,老人反复拿自己与他崇拜的偶像对比,并以之对自己进行鞭策与勉励,从一个侧面表现老人的硬汉子精神。

可以见得,同样是关注老人与鲨鱼的搏斗过程,由于读解视角的不同,得到的认识也大相径庭。脱离文本语言而浮于表面情节,不仅将失去欣赏文本语言文字的机会,还将失去对文本内容的正确把握。

细节二:

师:再找详细些。

生:积云堆得很高,上空还有很多的卷云,这时候是第一条鲨鱼来袭击它的前一个小时;他已经航行了两个小时;下午渐渐过去,快近傍晚了;直到快日落;太阳已经落下去了;大约夜里十点的时候;到了午夜;露台饭店的灯光全熄灭了。

师:总结一下大致时间。

生:半个白天和一个大半夜。

师:那就说明出海远了,归程长。

由于解读专注于计算老人出海的时间,所以在这一教学环节中,师生关注的似乎是一个数学问题,目的在于计算老人出海时间与距离的长短,对于应有的语文鉴赏活动,则失去了关注的兴趣。

当然,语文鉴赏活动中的这种"数学计算"并非毫无价值,转换一个角度,老人为什么会走这么远的距离? 在如此漫长的归程中,老人有着怎样的心路历程? 接下来的分析也就可以走进文本的精神内核了。

从"读者中心论"的角度进行审视,这次读解活动剥夺了"文本""作者"在读解活动中应有的地位,给予了读者过多的话语权。读者给予自己过多的话语权,直接导致了无视阅读对象本身的意义表达,脱离了阅读对象本身的规定性。如果读解者能够关注文本本身的语言表达,关注作者创作的背景与动机等因素,相信会做出较为深入的解读。

对于这个教学案例,还有一个值得商榷的地方。那就是对"冰山理论"所做的解读。

在案例的开头部分,教师有这样两段话。

(1)海明威曾经说过:"我总是试图根据冰山原理去写作。冰山八分之一露在水面以上,八分之七隐没在水面以下的,你可省略去你所看到的任何东西,这会使你的冰山深厚起来。这就是没有显现出来的部分。"

(2)老人是个硬汉,在精神上是个胜利者,他捕鱼工具只是一艘小木帆船,这小帆船就像一粒种子,生根、发芽、开花、结果,成就了他的精彩人生,但结局却是悲壮的。我们回归残酷现实看一看,他千辛万苦拉回来的只是一具大马林鱼的骨架。造成这种结局的原因是什么,让我们一起去探究根源。

很显然,这两段话把"造成这种结局的原因是什么"定义为"八分之七隐没在水面以下的""没有显现出来的部分"。这样的解说是否合理,需要进一步审视。或许是因为解读者在选取了"寻找老人失败的原因"这一角度以后,给眼前的文本定下了"表现失败原因"的调子,所以将海明威的创作理论与创作实践相对照,做出了这样的判断。

在纪实性作品《午后之死》中,海明威提出了著名的"冰山理论",他写道:"如果一位散文作家对于他想写的东西心中有数,那么他可以省略他所知道的东西,读者呢,只要作者写的真实,会强烈地感觉到他所省略的地方,好像作者已经写了出来。冰山在海里移动很庄严宏伟,这是因为它只有八分之一露出水面上。"这里的所说的"八分之一",似应指文学作品中的文字和形象,而"八分之七"则是指隐含文字和形象后面的情感和思想。《老人与海》表面上讲述的是老人捕鱼的故事,但作品主题思想高度抽象化,完全隐藏在水下的"八分之七"中。老人"失败的原因",则不在其中。

可见,读解视角的选择直接影响着读解活动的走向,并直接影响着解读者对作品内容的选择与解析。要想发现作品冰山处在水面之下的那"八分之七"是什么,需要我们对冰上的"八分之一"有较为清醒的认识。脱离文本语言环境选取的读解角度,往往会导致我们选取错误的教学重点,并对我们的认识造成误导。

【专家处方】

在正确读解角度的指引下,我们才能对课文内容做出恰当的赏析。而要想找到一个正确的读解角度,又必须对文本进行认真的审视,把握语言文字背后的意蕴。在正确把握了文本内容意蕴的基础上选取相应的读解角度,能帮助我们把握解读重点,正确深入解读课文。对此,笔者有如下建议。

其一,不要止于语言文字的表层含义,要透过语言文字,洞悉文字背后的深层意蕴。正如"绿色"有时不仅仅指一种颜色,"灯光"有时候不仅仅指一片亮光。在海明威笔下,"大海"也不仅仅指地球上浩瀚的海洋,不仅仅是大自然的一种景观,不只是一个具体的捕捞鱼虾的领域,也是社会的象征,人生的角斗场。大海深不可测,渺不可知,里面有马林鱼和鲨鱼,有朋友也有敌人。如何征服大海而不被大海吞噬呢,是人类必须面对的严峻问题。同样,"成功"与"失败"也不仅仅是得到还是失去,这两个概念的背后还应该有更为深刻的价值判断。优秀的文学作品,其语言文字背后的含义总是丰富多彩的,值得我们努力洞悉。

其二,在关注故事情节的同时,要注意品味故事里的精神内蕴。故事情节属于故事发展的现象表现,是浅在、外显的,故事情节为在其中出现的人物提供表演的场合,为人物展现其性格提供适合的机会,故事的精神意蕴及故事中人物的谨慎性格隐含在情节背后,需要读者认真发掘。《老人与海》中一条鲭鲨、两条铲鼻鲨、一条铲鼻鲨、两条加拉诺鲨及另两拨鲨鱼先后攻击的相关情节,绝不是为了表现鲨鱼数量之多。

其三,深入审视文本内容,深入把握作品质的规定性。即使是"第一千零一个哈姆雷特",也一定是犹豫着"生存还是毁灭,这是一个值得思考的问题"类型的哈姆雷特,绝不能是一个欢天喜地的哈姆雷特,也绝不会是一个胆小如鼠的哈姆雷特。《老人与海》中的老人,绝不是鲁迅笔下的阿Q那样一个在现实中失败了而用精神胜利法自我安慰的老人。

其四,正确处理读者、文本、作者在读解活动中应有的地位。尊重作品本身的语言表述,参照作者创作的背景与动机,都不是牵强附会的行为。读者的解读,不能完全以自我为中心,对作品的浅尝辄止也是要极力避免的。对于学校的语文课堂来说,帮助学生提高品味语言文字的能力、知人论世的能力尤为重要。对文本进行深度阅读,与文本做深度对话,呼唤我们在读解活动中尊重文本与作者。

（作于 2014 年 3 月）

小微写作训练思路初探

　　写作能力是一个人综合素养的重要体现之一,而写作能力的高低很大程度上有赖于后天持续地科学训练。在长期的语文学习实践中,小微写作以其短小精悍的形式和省时高效的功能,成为颇受人们推重的写作训练方式。另外,小微写作因其篇幅短小、主题单纯、目标清晰、针对性强,要求语言准确精练,构思严谨缜密,因此可以极大地提升语言驾驭能力。作为一种操作相对简便的考核样式,在许多重大的选拔性考试中,小微写作成为考查人们语文素养的重要内容之一。怎样把小微作文写好,是语文写作教学中的一个大课题。

　　在教学实践中,我精心选择教学内容,科学安排训练层次,认真钻研写作规律,对小微写作的外在形式与内在规律进行了深入探究,开发出"对联创作""阅读延伸拓展""仿作""评论""趣味新闻写作""片段创作""小作文练笔"等不同训练形式,在教学实践中积累了大量成功的经验,也积攒下了许多非常宝贵的训练成果。基本框架与要点如下。

一、作一副好对联

　　依照以下对联基础知识,进行对联创作。

　　其一,语法(对联的图画美、空间美)。

　　词性相同:名词对名词,动词对动词,形容词对形容词,虚词对虚词;方位词对方位词,颜色词对颜色词,数词对数词,量词对量词;连绵词对连绵词,叠词对叠词……

　　结构相同:主谓结构对主谓结构,动宾结构对动宾结构,偏正结构对偏正结构,联合结构对联合结构……

　　其二,语音(对联的音乐美、时间美)。

　　古今平仄声调的演变:平声(平);上去入声(仄)。

　　仄起平收;马蹄韵。

　　两个音节构成一个音步,平平仄仄,仄仄平平,像马蹄声,抑扬顿挫,音韵和谐;平平平平,或者仄仄仄仄,没有变化,单调乏味。偶数音节是音步点,平仄要求高,奇数音节不是音步点,平仄要求低;所谓"一三五不论,二四六分明"。

　　其三,条理层次。

　　对联不可无条理,如出句对句语义重复,叫作合掌对,是对联的大忌。因为对联是精致的语言,而合掌对的语言啰唆。

并列关系；对比关系；递进关系。

其四，对联格式。

上联居右，下联在左。还可以有题款，上款一般在上联之右，落款一般在下联之左；题款的字一般要小一些。春联的门楣上还可以张贴横批，正确的书写格式是从右向左。

二、仿写面面观

仿写练习，不仅涉及书面语言的外在形式，而且涉及书面语言的内容与思想逻辑。关键之处在于，书面语言的外在形式、内容与思想逻辑不可割裂：即使试图单纯进行语言外在形式的训练，也需要某种特定内容做支撑；而特定内容的表达，也需要选择较为适合的形式。书面语言训练，不仅要讲求语言的形式美，而且要精心追求思想内容的健康美与个性化。

就"仿写"的功用而言，以下方面值得我们关注。

其一，仿写是一种对外在语言形式有着较为严格限制的语言训练方式，这种限制，来自原作的字数、结构与语言节奏等方面；而作为语言表达，仿作又要求摆脱原作内容，展开创造的翅膀——在合乎原作外在语言形式的条件下创作，是"仿作"的一般特征。仿句在语言形式上应尽量靠近原句，而在内容上又应该尽可能远离原句——"旧瓶装新酒"，是仿作训练的基本思维模式。所谓"旧瓶"，就是已有的语言形式，也就是说，仿作要关注并实现原作的形式要求，关注并体现原句的外在风格特点；所谓"新酒"，就是新的思想内容，新的词汇与新的情感。仿写过程中，对联想能力与创造性思维能力有着较高要求。

其二，就思维方法来说，仿写又是一种"以新求新"的创造活动。仿照原作的思维方式（或立意），对自己感兴趣的事物或问题进行思考分析，有两方面的意义：就积极的意义来讲，原作的思维方式或许能给学生一些启发，开启学生创新思维的某扇窗户；就消极的方面来讲，原作的思维方式或许会给学生的创新思维戴上枷锁，干扰乃至束缚学生的思维，从而对学生的创新思维提出更高的要求。而无论如何，思维方法上力求达到乃至超越原作的水平，仍然是仿写的基本目标之一。思维"求新"，仍然是仿作的要义所在。

其三，就阅读与写作的关系而言，仿写是帮助我们从阅读跨向写作的一座桥梁。从阅读中获取的灵感与智慧不仅包含文本内容、思想精神与逻辑认识，也包含语言的形式美感等智慧表达方式。阅读成果要转化为个人的能力与智慧，其前提一定是从阅读对象那里获得了灵感。而用模仿的形式研究阅读的对象，恰恰是吃透阅读对象、获取灵感的有效手段——研究阅读对象的外在形式，研究阅读对象的逻辑层次与思想内容，让感性认识上升到理性高度，而后才可能进行卓有成效的模仿——通过模仿的手段，将阅读与写作有机结合，汲取智慧，增强书面语言的表达能力。

教学实践中，我所采用的仿写的基本形式有：句子仿写；片段仿写；专题仿写；现代诗歌仿写。

三、拟一个好标题，作一篇"片段式"好作文

小微写作的功力不仅见于相对独立的小片段写作，而且可用来服务于大作文的写作。

小微写作以其"小、微"的特点,对语言文字提出了较高要求,凝练、简洁是其最重要的特征。正因为如此,小微写作锻炼的不仅是一个完整片段的构思能力,更是一种精练语言的驾驭能力。这种语言能力不仅服务于大作文的写作,也有不小的用武之地。

比如,在大作文拟定标题的时候,文学性、趣味性或哲理性突出的标题往往让人眼前一亮。这种让人眼前一亮的魔力,正是精练语言的魔力,也正是小微写作的魔力。

还有一些文章,采用"片段式"结构形式,用一个个精彩的片段,衔接成一篇优美的文章。这种大作文的写作,撷取了小微写作的智慧。

四、拓展一段好文字

1. 拓展要点解析

拓展训练的设置大致分四种类型:鉴赏型、启示型、理解认识型和评价型。

鉴赏型的一般要求是对相关内容或手法进行赏析,写作时需要注意鉴赏对象的特点。

启示型的要求是"向外联想,联系现实",前提是由文本而发,无论是感悟还是体验,都必须立足文本。

理解认识型的要求是谈对某一事物的理解、认识。首先明确自己的观点;其次分别列出支持自身观点的依据;最后回归文本,结合具体示例做合情合理的分析。

评价型的要求是"向内挖掘,结合文本"。这种类型要注意发现解读入口,紧扣评价要求,围绕文本,综合分析。其写作思路是:首先表明态度(总领)→依据文本意蕴和自己的阅读理解,从不同角度和层次作评价阐发(分述)→紧扣论述,表明观点(总结)。

阅读延伸写作看似自由度、开放度比较大,但写作时一定要保持清醒:无论它多自由、多开放,它始终是限制性写作。在写作时,要注意限制条件,注意措辞,注意卷面整洁,不可掉以轻心。我们不建议那些文学素养较好的学生用纯文学的眼光写出漫无边际的鉴赏文字,而是要做到"言之成理"。"言之成理"包括两点:一是有理有据,就是要结合原文,用原文语句论证自己的观点;二是条理清晰,要求行文有条有理,让人在短时间内迅速明白你的观点。

2. 拓展训练写作注意事项

其一,严格审题,答其所问。在中心立意方面,首先强调合理,其次强调有所创新。

其二,结合原文,有理有据。所谓延伸,一定是在文本基础上的延伸,对文本的引用和分析是行文的出发点。

其三,文理清晰,章法严谨。在语言组织方面,首先强调清晰,其次强调文采。

拓展写作可借鉴的常规结构范式是:正论→申论→反论→例论→析论→结论→方法论。试举一例如下。

正论(正面表达中心论点):

人在遭遇挫折时,可以在大自然找寻心灵的归宿,暂时忘却人世间的纷纷扰扰。

申论(联系原文做解释说明,或诠释其概念,或解释其原因,或推论其结果):

这就是苏舜钦所说的"必外寓于物而后遣",他在仕途受挫后也是在沧浪亭的美景中找寻精神寄托的。

反论(从反面阐述中心论点):

而日与锱铢利害相磨戛,则让人失去自我。

例论(摆出论据,不仅指例证,也包括其他论据类型):

欧阳修那"醉翁之意不在酒"的飘逸,陶渊明那"采菊东篱下,悠然见南山"的恬淡,都是官场失意而寄情于山水。

析论(针对论据,结合论点,进行论证):

这些都是古人为我们留下的精神启示。

结论(换一种表达方式把中心论点再说一遍):

可见,寄情山水是一种明智的选择。

方法论(提出某种设想或倡议):

当突如其来的变故与打击敲击着我们的生命,不如尽情去爱,奏出一份闲适。

3. 拓展写作的基本类型

(1)古诗鉴赏类拓展。其基本要求与规范是,紧扣题目要求,尤其是要注意准确解读文学概念。结合诗句具体内容加以解读,特别要注意诗歌整体意境、情感倾向等。拓展事例古今结合,巧妙化用课内事例、人物、篇目。

(2)文言阅读延展类拓展。其基本要求与技巧是:古文翻译是根基,拓展点所涉及的语句必须准确翻译。古文中的议论性语句是重点,必须全面把握古文内涵,以免解读拓展句时出现偏差。

(3)现代散文阅读延伸类拓展。其基本要求与技巧是:紧扣拓展题的拓展出发点,绝不旁逸斜出。明确原文的思想情感内涵,原文与拓展开的内容的衔接点务必交代准确、清楚。社会文化,尤其是传统文化的内容要多加关注、积累。

(4)小小说阅读赏析类拓展。其基本要求与技巧是:注意小说的人物形象、环境特点与情节设置等。明确小小说创作的手法、语言特点等。注意题目要求,要明确问题的指向。

五、创作一个好片段

本部分主要引导学生集中精力进行片段写作训练,强化写好一个片段的能力,其基本要求与上一部分"拓展写作"较为接近,兹不赘述。

六、写一篇好评论

文学评论是对作家、作品和文学现象进行评价的文章。文学评论的任务,主要是分析作品的内容和形式,评论作家创作的得与失,总结艺术规律,帮助读者提高阅读、鉴赏能力,促进作家创作的发展。

高中生写文学评论一般只要求对具体的作品做评论,评论的重点是作品的思想内容和表现形式。中学生写文学评论,一般须遵循"引、析、评"的思路,寻找恰当的切入点,紧扣被评论文章来写。

写评论文章,选择评论的角度非常重要。读者不要囿于其篇幅的长短,而应重点关注其评论的切入点,为小微评论的写作提供借鉴。

结合语文教材经典篇目,我重点做过评论的篇目有:《荷塘月色》评论、《故都的秋》评论、《赤壁赋》评论、《曾海那座房子》评论。

七、趣味新闻写作

新闻写作是实用类文体写作的重要内容之一。

一般说来,新闻有六要素:主体(谁)、时间(什么时候)、地点(哪个地方)、事件(发生了什么)、原因(为什么发生)、影响(事后怎么样)。

写作新闻的手法,主要是叙述,有时兼有议论、描写。写作的时候,需要注意新闻的结构:标题、导语、主体、背景、结语。其中,标题、导语、主体是新闻必不可少的,背景和结语有时则蕴含在主体里面,有时省略。

现实生活中,针对实际发生的现实事件所做的新闻比较常见,趣味性的新闻写作则相对较少。教学实践中,我们设计了一些"趣味新闻写作"的练习。

例1 假设你是一名战国时代的新闻记者,请选择站在秦国、燕国、齐国等某一诸侯国的立场,写一则有关荆轲行刺秦王的新闻。也可以写成短消息。

例2 假设你是春秋战国时期的一名记者,请选择站在晋国、秦国、郑国等诸侯国的不同立场,就烛之武退秦师这件事情写一则新闻。也可以写成短消息。

八、小作文练笔

小作文练笔着眼于用较为经济的笔墨,简短而清晰地描述事物、表达观点或抒发情感。以实用的观点来看,小作文练笔与社会现实日常生活的实际需要更为接近,比如一件事情的复述、一个情境的描绘、一个观点的简短表达、一种情况简明扼要的评述,等等。具体训练的例子比比皆是,兹不赘述。

我力求对小微写作训练的每一个不同专题的特点进行较为深入的解读,针对小微写作的不同形式做具体有效的指导。每一环节都力争让学生在具备了较为清晰的概念的情况下,审视示例,以求理论联系实际,获得更深感悟,获取更大进步。

在写作练笔的每一阶段,都需要从不同的角度和层面激发学生的写作灵感,帮助学生能在特定的情境下,针对特定的目的,言简意赅、清晰流畅地描述事物,表达观点,抒发情感。

(作于 2014 年 8 月)

获取阅读信息的基本途径

　　获取信息的能力直接关系到学生对语言和文章理解、分析、鉴赏的准确性。笔者以为，在日常教学中，帮助学生提高获取信息的能力，需重点关注以下方面。

一、从语言中发现信息提示

　　一句话里隐含有哪些信息，有时在语言里会有或明显或隐蔽的提示。在语言中发现这些信息，是我们解决问题最直接的方式。除了借助于语法分析以外，我们还必须学会抓关键词语和关键句子，并适时注意上下文的对照。此外，还可以借助对举等方法。比如，有一篇写家乡柳树的文章，文中有一段话，写道："柳是水边风景的主体……由于我居家临河，一出后门，便可见到_____，兴许还会碰到_____。这里地处吴头楚尾，虽然不可能_____，但_____却是司空见惯……我只不过借用了杜甫的几句诗……"文中画线部分分别是哪几句诗呢？我们注意到，文中直接关于诗的信息有"柳""吴头楚尾""杜甫"，另外句中还有"不可能"等相关的提示。根据这些提示，我们恐怕不难想起杜甫的绝句"两个黄鹂鸣翠柳，一行白鹭上青天；窗含西岭千秋雪，门泊东吴万里船"。从这个例子中，我们不难发现，注意句中提供的信息，会直接提示我们找到解题的思路。

　　有时候，获取信息还要借助于语法分析，或进行句式的转换。《在新的历史条件下继承和发扬爱国主义传统》中有一段话："我们所讲的爱国主义，作为一种体现人民群众对自己祖国深厚感情的崇高精神，是同促进历史发展密切联系在一起的，是同维护国家独立和广大人民群众的根本利益联系在一起的。"如果我们要借助这段文字给爱国主义下一个定义，就必须进行句式的重新组合，进行句式转换：爱国主义是一种同历史发展、维护国家独立和广大人民的根本利益密切联系在一起的，体现人民群众对自己祖国深厚感情的崇高精神。在进行句式转换的过程中，我们要首先抓住句子的主干"爱国主义是一种精神"，然后添枝加叶，这就要求我们具备较强的语法分析能力。

　　关于对举等其他方法，我们也可以灵活运用。例如，"必以礼请，不可强引"这句话，要理解"强引"的意思，可以与前面的"礼请"相对照，因为句中说"必以……""不可……"，两相对照，形成对比。像"文过饰非"中"文"的意义，可以根据这种方法，与"饰"相对照来理解。总之，留心语言中直接提供的信息，会使我们的目光更加敏锐。

二、结合语境获取信息

具体的语言环境往往会赋予语言特有的含义。一句话往往有多种不同的含义,但在具体语境中,它的含义又往往是确定的。了解它的确定含义,必须对语境进行具体分析。另外,特定的语境会传达特定的信息,有它特定的语言氛围,其本身是和谐的。因此,语境不但有它的特殊性,还有它的统一性。请看一个例子。

_____崖壁下有好几处坟地,坟前立着的石碑许多已经破碎,字迹模糊;枯水季节,伏在江里的石头有的已经露出水面,周围一片寂静。

A. 一列青黛崭削的石壁夹江高矗,被夕阳烘炙成一道五彩的屏障。

B. 没有太阳,天气相当冷,藤萝叶子多已萎落,显得这一带崖壁十分瘦削。

C. 在夕阳的照射下,枯草和落叶闪着不定的光,崖壁像一道巨大的屏,矗立在江对岸。

D. 一行白帆闪着透明的羽翼,从下游上来;山门半掩,一道阳光射在对岸的峭壁上。

为画线处选择恰当的句子,需要我们分析题干的语境,根据题干的特点选择选项。这里我们不难发现,题干里的环境描写,渲染了一种凄凉、肃杀的气氛,比如"坟地""江水枯竭""一片寂静"等。因此,带有喜悦色彩的 A、D 两个选项与题干的环境气氛不相符合。B、C 两个选项比较起来,我们发现,题干中有"字迹模糊",C 项的"矗立在江对岸"是不合适的,太远,看不见字,也显得雄壮了些。所以答案是 B。

分析具体的语言环境,除了注意文章的意境,冷色调还是暖色调?静态还是动态?喜悦还是悲伤?……我们还要注意关于修辞格的问题。修辞方法必须准确得体,而我们可以反过来根据修辞的特点寻找解题思路。比如,有些运用了反语手法的词语,更需要我们根据语境,体会作者的思想感情,做出正确的判断。例如,"当三个女子从容地转辗于文明人所发明的枪弹的攒射中的时候,这是怎样的一个惊心动魄的伟大呵!中国军人的屠戮妇婴的伟绩,八国联军的惩创学生的武功,不幸全被这几缕血痕抹杀了。"这段话中间的"伟大""伟绩""武功",哪些用了反语,哪些不是反语?很显然,"伟大"不是反语,这是鲁迅对三个女子英勇行为的赞颂,后面的两个词才是反语。

三、多角度仔细观察思考

《在新的历史条件下继承和发扬爱国主义传统》中有一句话:"在新的历史条件下继承和发扬爱国主义传统,需要广泛深入地进行爱国主义教育。"这句话里有两个词"广泛""深入",表意是不是很完整呢?似乎还缺点什么。引导学生把它说完整,就要注意多角度思考。我们进行爱国主义教育,除了广泛、深入,还需要什么?广泛指范围,深入指程度。很显然,还有一个时间问题,还需要"持久"!

多角度观察和思考,还需要我们发挥联想和想象,根据生活经验,运用逻辑推理做出正确的判断。贾平凹《商州初录》有一段话:"(作者在山的高处向山谷里看去)三个人一边围着火吃烟,一边叫喊着什么,声音_____,只有嘴在一张一合。开始在石头上使劲磕烟锅了,磕下去,_____,抬上来,_____。"给画线的地方填上表示声音的语句,需要我们细心观察。"只有嘴在一张一合",可见声音是听不见或听不清的,第一个空应该填"听不见"或"听不清"(原文为"声音全听不见"),后面的两个空,是动作和声音的关系。由于作者是远看,视觉和听觉的感受应该受到一定条件的限制,我们知道,声音传播的速度要远远小于光的速度,所以在烟锅磕下去的时候,该是没有声音,而烟锅抬上来的时候,声音又传了过来。后面两个空应分别填上"没有声音""'砰'的一下"(原文分别为"无声""'叭'的一下")。

四、运用逻辑推理获取信息,注意概括和阐释方法的运用

《南州六月荔枝丹》:"现在科学发达,使荔枝北移,将来也许不是完全不可能的事。"《眼睛与仿生学》:"飞行员只能看到两侧八九公里和前方一二十公里狭窄范围内的地面。即使在这个区域里,对比较大的目标也不是总能准确无误地发现和识别的。"画线的两个句子的确切含义是什么? 需要认真分析。第一句的确切含义是:将来有可能。第二句的确切含义是:多数情况下,但有时候也会不能。这就要求我们能把"也许""不是""完全""不可能"加以综合考虑,对"不是""总能""准确无误"加以统筹思考。

当然,这只是一个小练习,在平时的训练中,小到这样的句子,大到篇章结构,甚至篇章之间的比较阅读,都可进行练习。学生们在做生物、物理、化学等各种实验的时候,往往都要考虑多种因素的影响,多种可能的情况。在课文分析或听说训练时,这种训练可以适时进行。

(本文作于 1998 年,考虑到本文呈现了自己在任教之初几年的教学实践中思维原貌的某些特点,此次编入未加修改)

侧面描写的艺术魅力

　　侧面描写就是间接描写,对象不出场,通过其他人或物的言行状态来表现对象的特点。侧面描写具有独特的艺术魅力。

一、祥林嫂能干肯干到什么程度

　　第一次到鲁镇时,祥林嫂很能干,也很肯干,四婶很快就收下了她。她能干肯干到什么程度呢?文中除了正面的描写外,还有四处精彩的侧面描写。

　　(1)"人们都说鲁四老爷家里雇着了女工,实在比勤快的男人还勤快。"

　　这句话的重音在"着"字,那意思就是鲁四老爷家雇对了人了,实在是出乎人们意料之外,雇了祥林嫂,真是鲁家意外的收获。通过这句话,我们可以发现,祥林嫂的能干和肯干确实超乎寻常,已经引起了人们的惊叹。就是和男人相比,她也是最出色的。这看似平淡的一句话,通过人们的评价,通过和男人的对比,深刻表现了祥林嫂的能干和肯干。

　　(2)"于是大家分头寻淘箩。她先到厨下,次到堂前,后到卧房,全不见淘箩的影子。"(注:句中"她"指四婶)

　　大家注意四婶寻找的先后顺序:先到厨下,次到堂前,后到卧房。四婶这么做,是有原因的。先到厨下,说明祥林嫂在厨下的可能性最大,说明厨下是祥林嫂所待时间最多的地方,否则四婶就不会先到厨下。卧房是休息的地方,四婶最后去,可见祥林嫂在卧房休息的时间很少。试想一下,如果祥林嫂是一个爱偷懒的人,四婶最先去的就应该是卧房了。通过四婶寻找的先后顺序,折射出了祥林嫂能干和肯干的影子。

　　(3)"这一天是四婶自己煮午饭;他们的儿子阿牛烧火。"

　　祥林嫂被绑走后,四婶家里便没有了生火做饭的女工或男工,四婶和儿子不得不亲自动手——大家注意,四婶还要儿子帮忙,并非一人做饭,可见祥林嫂是独自一人做了所有的活,仅仅做饭这件事,至少也可以顶过四婶和阿牛两个人。这和前文"全是一人担当,竟没有添短工"互相呼应。四婶家里确实"雇着了女工"。在祥林嫂二到鲁镇以后,文章还写道:四叔家里这回须雇男短工,还是忙不过来,另叫柳妈做帮手。可见,祥林嫂这时至少可以顶得上一个男短工外加一个柳妈。

　　(4)请看下面的对话。

　　卫老婆子:"……这一回我一定荐一个好的来抵罪。"

　　"然而……"四叔说。

把"然而……"句中的省略号补充完整，大意是"然而你还能找到像祥林嫂那样能干又肯干的人吗？"四叔这样迂腐守旧、见了祥林嫂就"皱眉"的人，虽然不愿意明确表达自己对祥林嫂的评价，但在内心深处，对祥林嫂的能干与肯干也是真心认同的。

二、她们究竟有多美丽

（1）海伦和罗敷美貌几何？

十年特洛伊战争为交战双方都带来了深重的灾难，希腊大军最终艰难取得了胜利。美丽的海伦被抢回来了，为了她，希腊人付出了惨重的代价。海伦有多美呀？请看看希腊的那些白发苍苍的长老们见到海伦后的反应吧"为这样美丽的女子，打十年仗，值得！"各位读者，您能想象出，海伦究竟有多美呢！

《陌上桑》中有位美丽的罗敷，她美到什么程度呢？"……行者见罗敷，下担捋髭须。少年见罗敷，脱帽著帩头。耕者忘其犁，锄者忘其锄。来归相怨怒，但坐观罗敷。"老头，少年，耕作的人，赶路的人，大家都被罗敷的美丽惊呆了。

海伦也好，罗敷也好，她们的美丽都存在于侧面描写中，这样的侧面描写，留给了读者无尽的想象空间，让人物美丽的形象在读者的想象中臻于完美。避免了直接描写对人们的想象造成的束缚。的确，完美女子的形象，大概也只存在于人们的想象中。试想，如果作者直接正面描写他们的面容姿态，效果恐怕就要大打折扣了。

（2）王小玉眼睛有多靓，歌声有多甜？

刘鹗的《明湖居听书》中侧面描写更是引人入胜。

① 王小玉出场时，眼睛向台下左右一顾一看，"连那坐在远远墙角子里的人，都觉得王小玉看见我了"。王小玉的眼睛该多有神呐，前文从正面描写的"那双眼睛，如秋水，如寒星，如宝珠，如白水银里头养着两丸黑水银"也显得十分苍白。

② 在白妞出场之前，作者先以戏园的盛况、琴师的弹奏、黑妞的演唱和观众的议论来烘托白妞演唱的高超技艺。

戏园的盛况，为白妞的出场渲染出浓烈的气氛，而各阶层人都来欣赏又衬托其艺术造诣之高，戏园的嘈杂为白妞出场"连一根针掉在地上都听得见响"埋下伏笔。

琴师外貌"甚为丑陋"，但他"不甚留神"的一两个小调，便引起台下不绝于耳的叫好声。这为描写他为白妞伴奏埋下了伏笔。

黑妞的外貌，为白妞出场时的装束"与前一个毫无分别"作伏笔。黑妞的演唱"字字清脆，声声婉转""百变不穷"。听了她的演唱，觉得"一切歌曲强调俱出其下，以为观止矣"。这为后文说明"她的调门都是白妞教的""她的好处人说得出，白妞的好处人说不出""她的好处人学得到，白妞的好处人学不到"，做了极为巧妙的侧面烘托。

三、以上事例给我们的启发

第一，我们可以用侧面描写取得最好的艺术效果。海伦和罗敷的美丽，如果正面描写，恐怕很难唤起人们的想象。就是曹雪芹写林黛玉"两弯似蹙非蹙胃烟眉，一双似喜非喜含情目。态生两靥之愁，娇袭一身之病。闲静时如姣花照水，行动处似弱柳拂风。心较比干多一窍,病如西子胜三分"。虽是正面来写,但没有一笔是实写,实际上也是借用了侧面描写的妙处。用侧面描写,往往可以取得最好的艺术效果。

第二,我们可以从侧面描写中找到崭新的表现角度。王小玉唱歌,美不过"余音绕梁,三日不绝",正面的描写虽可极尽夸张比喻通感排比之能事,收到很好的艺术效果,但侧面描写更能吊人胃口,扣人心弦,惹人想象。从侧面描写中,作者又找到了一个崭新的表现角度。

第三,侧面描写可以与正面描写交相辉映,使文章锦上添花。写祥林嫂能干,正面描写是一个角度,但仅从祥林嫂本身的角度来写,就显得单薄。通过人们的议论,四婶的举动,侧面衬托,与正面描写一起,共同突出了祥林嫂的能干与肯干,也使得祥林嫂努力争取做奴隶而不得的悲剧效果更加突出。

第四,侧面描写可以作为一种必要的补充手段。当其他描写方式为主要手法的时候,侧面描写可以作为一种必要的补充手段。《林黛玉进贾府》中,曹雪芹对贾宝玉出场的描写,就用侧面描写为后文的正面描写做了必要的铺垫:通过贾母、王夫人之口和林黛玉的回忆,把贾宝玉刻画成一个"混世魔王"的形象。

(作于 2003 年 7 月 2 日上午)

现代文阅读简答题的审题与作答

现代文阅读中,简答题的审题与作答对考生有较高的要求。俗话说,差之毫厘,谬以千里。如果在审题时稍有不慎,不能把握问题的要点甚至错误地理解了题意,那么答案就将朝错误的方向延伸。同样,如果答题时措辞不恰当,或者不遵照要求作答,那么答案也将出现种种瑕疵。审题与作答的任何一点闪失,都将成为失分的重要原因。

基于这种认识,笔者认为,简答题的审题与作答需要考生认真对待。审题时,看清题目要求,抓住关键信息,把握题目方向,全面掌握题目要求;作答时,严格按照题目要求确定答题思路,认真措辞,详细全面答题。教学中,我们要注意引导学生把握审题与作答的要点。一般经验是,通过对具体例子的分析,帮助学生在实践中总结经验,接受教训,找到审题与作答的方法。

那么,怎样帮助学生在实践中得到提高呢? 我以为,在学生做完题以后,教师的工作要点有:一是对题干进行分析,帮助学生把握问题的要点;二是对学生所作答案进行评说,帮助学生找到问题的症结;三是要用规范答案做示例,帮助学生建立正确规范的答题意识。

下面,笔者选择几种不同要求的题目,以本学年度本校高三学生在简答题的审题与作答中出现问题后我校教师的做法为例,谈谈我们对这类简答题的处理方式。

一、考试一

我们选用了余秋雨《垂钓》一文,为学生设计了两个问题。

问题1:对两个垂钓者的行为,作者是从哪些角度思考的? 试做简要分析。(5分)

考试结束后,我们对学生所做的答案进行了分析,然后主要做了以下工作。

1. 分析问题要点并指出存在的问题

(1)题干问的是"从哪些角度思考",不是"描写",有些同学花大量的笔墨答作者如何从外貌、性格等方面对两位老人进行刻画,属于答非所问。

(2)"角度"则要求大家对作者思考的方向进行归类,很多同学筛选出了有效信息,但缺乏总结性词语,或总结角度不对。如把"美学角度"总结为"钓鱼的结果",把"辩证统一角度"答成"二者的关系"。

(3)把题目错解为"对两个垂钓者的行为"做了哪些对比,于是找出所有的对比做答,也属答非所问。

（4）题目要求"做简要分析"，应该有充足的分析。

（5）"哪些"说明答案不只一条，应分条做答，但有同学缺乏答题意识，思路不清。

2. 明确答案要点

（1）作者以小见大，见微知著，从两个垂钓者推演到整个人类。

（2）作者的思考体现出深刻的辩证性，既看到两人是对立的，天天互相批判；又看到两人是统一的，互以对方证明自身价值。

（3）作者把垂钓者的行为提升到美学的角度认识，认为他们分别体现了悲剧美和喜剧美，并组合成完整的人类之美。（意思答对即可）

问题2：作者说"在这个意义上，最大的对手也就是最大的朋友，很难分开"。你同意作者的观点吗？举文本以外的例子谈谈你对这句话的看法。（100字左右，4分）

我们的做法主要有以下几点。

1. 分析解题要点

（1）"最大的对手也就是最大的朋友，很难分开"这句话理解的关键在于"在这个意义上"，要注意"这个"的指代义：他们的价值都得由对手来证明。也就是说，从他们的价值都得由对手来证明的意义上说，"最大的对手也就是最大的朋友，很难分开"。了解了这句话的含义，才可以谈同意与否。

（2）实际是要求写100字左右的一段小论文，举例来证明你同意与否的观点。要从"价值需要对手来证明"这一角度选取另外的事例，来论述同意与否的原因（绝大多数同学都选择了同意这一观点），关键在于所做的论述。这里要特别指出的是，"对手"不等于"敌人"，"证明"不等于"陪衬"。

（3）举文本以外的例子。

2. 归纳答题时存在的问题

（1）选例错误，不能证明观点。例如，清官和贪官、民主与专政、战争与和平、成功与失败等。

（2）选例不典型，缺乏说服力。例如，相当一部分同学选两个同学，在班里既是竞争的对手，又是朋友，互相促进；后来一个走了，另一个就失去了动力。

（3）事例虚假，难以理服人。比如有同学说一个牧羊人发现每隔几天就会有狼吃掉他一只羊，于是他把狼杀死了，结果瘟疫来了，很多羊都死了，没办法，他只好把狼请回来，羊群再没有闹过瘟疫。所以说"最大的对手也就是最大的朋友"。

（4）分析不到位，不会围绕"是对手也是朋友"这一话题展开分析，给人一种隔靴搔痒的感觉。

3. 学生各类答案举例与简析

（1）通过犯法者和执法者的对比可以看出，犯法者为了财富，不惜使用任何手段；执法者为了维护社会稳定，不惜任何牺牲。他们是最大的对手。但是，假如没有了犯法者也就不会有执法者，假如没有执法者，没有法律的话，犯法者也就不会犯法。所以，他们又是分不开的朋友（观点错误，莫名其妙，不知所云，得0分）。

（2）敌人和朋友是辩证统一的，朋友往往最理解自己，对自己的优点缺点看得一清二楚，于是在机会的争夺中，朋友最懂得什么才是对方的致命点，他便会更准确地击中对方要害,置对方于死地。所以说,最大的敌人也就是最大的朋友(人心险恶,一至于斯,让人不寒而栗,得0分)。

(3)我同意作者的观点。正如球赛的输赢一样,胜负是对立的,当任何一方输掉比赛时,他们就是输了,不可能成为赢家;而另一方正相反,既然赢了,就是胜者。所以胜负是对立的,但胜负又是密不可分的"朋友",没有人输,怎么会有人赢呢?没有输家,就没有赢家。所以胜负既是最大的对手,也是最大的朋友,很难分开(言不及义,未能把关系讲清楚,得2分)。

(4)我同意作者的观点。对手,甚至敌人,对你的生存和发展,有时可以起到你的朋友起不到的作用。狼可以说是鹿群最大的威胁了,在阿拉斯加州涅利英自然保护区,人们把狼捕杀殆尽。鹿没有了天敌,终日无忧无虑地饱食于林中。十几年后,鹿群发展到以前的十倍,植物因鹿群迅速繁殖和践踏而凋零了。鹿由于缺乏食物以及安逸少动、体质衰弱而大批死亡。人们只好把狼再请来,有了狼的追逐,鹿又四散奔逃,种群的体质迅速恢复,再次展现出勃勃生机。从这个意义上说,狼难道不是鹿的最大的朋友吗?(范文,得4分)

二、考试二

我们选用了《尊重文化多样性》一文。文章认为:只有不同文化间的对话才是和平的保证。不同文化的真诚交流、和谐相处,是世界和平与发展的动力,也是建设和谐世界的保障。

问题:根据本文的观点分析下面的文化现象。(任选一条分析,不超过100字。4分)

(1)"文化大革命"期间,全中国只流行八个样板戏。

(2)"高天滚滚'韩流'急",一段时间以来,韩国影视文化在中国流行。

1. 分析解题要点

(1)要根据本文观点来分析,不能用自己的观点分析。

(2)分析对象是所给两个文化现象中的一个,要明确分析对象。

(3)要进行分析,不能只叙述现象。

2. 总结答题时存在的问题

(1)脱离文化现象泛泛而谈,八个样板戏或韩国影视文化在中国流行一句没提,得0分。比如:"文化大革命"违背了文化多样性的原则,遏制了文化的丰富与发展,造成了我国文化的倒退。因此,我们今天否定"文革"是正确的。

(2)只摆现象不分析,根据情况扣2~3分。比如:韩流是指韩国文化产品流动,扩张到我国,让我们猝不及防;致使我国文化受到影响和冲击,造成文化基因流失,丢掉了一些中国原本的特色(无分析,并且歪批)。

(3)不是用本文观点分析,酌情扣3~4分。比如:韩流席卷中国,除了韩国文化独特的魅力之外,本国文化发展滞后也有一定原因。本国文化落伍了,不吸引观众,又能怪得了谁呢?

(4)角度错了,得0分。比如,韩国影视在中国快速扩张,使大多数人感冒了,热衷追捧,而不关心本国文化,让韩国文化侵占我国。所以我们要把本国文化发扬光大。

3. 规范答案示例

（1）韩国的影视文化在中国的流行，表明异域文化在中国得到广泛的认可。文化是多样性的，我们不应排斥其他文化；但接受异域文化的同时，不应忽视深远的中华文化。要汲取异域文化所长，推动中华文化不断向前发展。

（2）韩国的影视文化在中国的流行，是两种文化的正常交流。在与韩国文化的对话中，吸取其有益的养分，丰富了我们的文化生活，促进了中国文化的发展，促进了世界的和平发展。拒绝韩国影视剧的演播，就是对文化多样性的不尊重。

（3）"文革"中八个样板戏让十亿人看了十年，这是错误的政治运动，是对文化的不尊重和践踏，是对思想的奴役，对智慧创造的扼杀，极端的文化的标准化、单一化，使人们的思维凝滞，使文化发展道路越来越狭窄，甚至危及了中华民族文化的续存。

（4）"文革"期间，八个样板戏就是一种文化产品的标准化和单一化，使得我国许多其他文化产品受到排斥，不利于人类文明的可持续发展，只有尊重文化的多样性，才能推动社会发展。

（作于 2006 年 2 月）

附录 1

垂　钓

余秋雨

（1）去年夏天我与妻子买票参加了一个民间旅行团，从牡丹江出发，到俄罗斯的海参崴游玩。海参崴的主要魅力在于海，我们下榻的旅馆面对海，每天除了在阳台上看海，还要一次次下到海岸的最外沿，静静地看。海参崴的海与别处不同，深灰色的迷蒙中透露出巨大的恐怖。我们眯缝着眼睛，把脖子缩进衣领，立即成了大自然凛冽威仪下的可怜小虫。其实岂止是我们，连海鸥也只在岸边盘旋，不敢远翔，四五条猎犬在沙滩上对着海浪狂吠，但才吠几声又缩脚逃回。逃回后又回头吠叫，呜呜的风声中永远夹带着这种凄惶的吠叫声，直到深更半夜。

（2）在一个小小的弯角上，我们发现，端坐着一胖一瘦两个垂钓的老人。

（3）胖老人听见脚步声朝我们眨了眨眼算是打了招呼，他回身举起钓竿把他的成果朝我们扬了一扬，原来他的钓绳上挂了六个小小的钓钩，每个钓钩上都是一条小鱼。他把六条小鱼摘下来放进身边的水桶里，然后再次下钩，半分钟不到他又起竿，又是六条挂在上面。就这样，他忙忙碌碌地下钩起钩，我妻子走近前去一看，水桶里已有半桶小鱼。

（4）奇怪的是，只离他两米之远的瘦老人却纹丝不动。为什么一条鱼也不上他的钓呢？正纳闷，水波轻轻一动，他缓缓起竿，没有鱼，但一看钓钩却硕大无比，原来只想钓大鱼。在他眼中，胖老人忙忙碌碌地钓起那一大堆鱼，根本是在糟践钓鱼者的取舍标准和堂皇形象。伟大的钓鱼者是安坐着与大海进行谈判的人类代表，而不是在等待对方琐碎的施舍。

（5）胖老人每次起竿摘鱼都要用眼角瞟一下瘦老人，好像在说："你就这么熬下去吧，伟大的谈判者!"而瘦老人只以泥塑木雕般的安静来回答。

（6）两人都在嘲讽对方，两人谁也不服谁。过了不久，胖老人起身，提起满满的鱼桶走了，快乐地朝我们扮了一个鬼脸，却连笑声也没有发出，脚步如胜利者凯旋。瘦老人仍然端坐着，夕阳照着他倔强的身躯，他用背影来鄙视同伴的浅薄。暮色苍茫了，我们必须回去，走了一段路回身，看到瘦小的身影还在与大海对峙。此时的海，已经更加狰狞昏暗。狗吠声越来越响，夜晚开始了。

（7）妻子说："我已经明白，为什么一个这么胖，一个这么瘦了。一个更加物质，一个更加精神。人世间的精神总是固执而瘦削的，对吗?"

（8）我说："说得好。但也可以说，一个是喜剧美，一个是悲剧美。他们天天在互相批判，但加在一起才是完整的人类。"

（9）确实，他们谁也离不开谁。没有瘦老人，胖老人的丰收何以证明?没有胖老人，瘦老人固守有何意义?大海中多的是鱼，谁的丰收都不足挂齿;大海有漫长的历史，谁的固守都是一瞬间。因此，他们的价值都得由对手来证明。可以设想，哪一天，胖老人见不到瘦老人，或瘦老人见不到胖老人，将会是何等惶恐。在这个意义上，最大的对手也就是最大的朋友，很难分开。

（10）两位老人身体都很好，我想此时此刻，他们一定还坐在海边，像两座恒久的雕塑，组成我们心中的海参崴。

（《霜冷长河》作家出版社）

附录2
尊重文化多样性（国际论坛）

联合国教科文组织第三十三届大会20日以压倒性多数通过了《保护文化内容和艺术表现形式多样化公约》（简称《文化多样性公约》）。这是国际社会捍卫世界文化多样性的斗争取得的重大成果。它意味着文化多样性原则被提高到国际社会应该遵守的伦理道德高度，并具有国际法律文书的性质。

文化多样性是客观存在。它涉及以下基本认同：每种文明和文化都是在特定的地理环境和特定的人群中产生和发展的，它不仅包括语言文字、文学艺术，还包括生活方式、价值体系、宗教信仰、工艺技能、传统习俗等极其丰富的内容。尊重多样性，就是尊重文化的异质性。文明和文化有发展先后之差别，却无优劣高下的区分，它们都应获得同等的尊重和人类共同的保护。

文化多样性是可持续发展的源泉。如同生物多样性是一个关系到生命在地球上续存的根本问题（1992年联合国环境与发展大会签署了《生物多样性公约》），文化多样性是一个关系到人类文明续存的根本问题。每一种文明和文化都拥有自己的历史精神和人文传承，有独特的美丽和智慧。美国人类学家博克说："多样性的价值不仅在于丰富了我们的社会生活，而且在于为社会的更新和适应性变化提供了资源。"一种文化如同一种基因，多基因的世界具有更大的发展潜力。2002年9月，在联合国约翰内斯堡"可持续发展首脑会议"上，法国总统希拉克提出，文化是"与经济、环境和社会并列的可持续发展的第四大支柱"。会议宣言指出,文化多样性是人类的集体力量,在可持续发展思想体系中具有重要价值。

《文化多样性公约》的诞生是对经济全球化的逆向思考的结果。经济强国的文化产品在"自由贸易"的旗帜下,伴随资本在全球的流动和扩张,冲向世界的每一个角落。其势之猛,使世界上许多国家猝不及防。它造成的后果是文化产品的标准化和单一化,致使一些国家的"文化基因"流失。如同物种基因单一化造成物种的退化,文化单一化将使人类的创造力衰竭,使文化的发展道路变得狭窄。《文化多样性公约》正是在此背景下获得通过的,它确认文化产品不同于一般产品,具有物质和商品两重属性。公约生效后,各国自主制定和保护文化表达方式多样性政策有了保障,在多边国际组织框架内推动文化多样性的交流与合作有了保障,它尤其为支持弱势文化的发展提供了极大的空间。

联合国教科文组织适时地承担制定这一公约的重任。2001年的"9·11"事件曾被不少舆论认为是"文明冲突"的现实案例。"9·11"事件之后不到两个月,教科文组织大会第三十一届大会就通过了《文化多样性宣言》,之后很快启动了《文化多样性公约》的起草工作。通过这项行动,教科文组织的绝大多数国家表明了自己的立场:只有不同文化间的对话才是和平的保证。从宣言到公约,我国政府自始至终积极参与。作为文化大国,我们参与其中,既是为了保护和发展中华文化,也是为了更好地向世界其他文化开放。因为不同文化的真诚交流、和谐相处,是世界和平与发展的动力,也是建设和谐世界的保障。

(《人民日报》,2005年10月23日第三版)

谈谈文学作品中自然环境描写的几个作用

文学作品中,成功的自然环境描写总是引人入胜,成为作品的一大亮点。本次讲解,将针对文学类阅读命题中出现的关于自然环境描写作用的问题,对文学作品中自然环境描写的作用做一个总结。

首先请看几则有关自然环境描写的问题。

例 1

雁　阵

狗娃冷冷地瞅着驼爷颤儿颤儿地晃来,双眼就变成两柄利剑。

他来了,他还算是条汉子。

晚秋的野地死静死静,身后的湖水像面硕大无朋的镜子。狗娃分明感到,袖子里的刀已急不可耐蠢蠢欲动了。

驼爷在狗娃面前驻了足。许是走得急了些吧,额上竟排满了豆大的汗粒。

"好天!"驼爷歪起头,不无吃力地瞅着蓝空的日头。

狗娃没料到驼爷此刻还有雅兴评论天气的好坏,心就有些发躁。"你果真来了!"狗娃咬牙切齿,恶狠狠地吐出一句。

"哪能不来呢?"驼爷说,驼爷的厚嘴唇一个劲儿地抿动,"一接到你的信,我的心便踏实了。你总算出来了,且在城里找了份工作,这比啥都好!"

这个老狐狸,嘴倒甜!"行啊你,把我整进大牢里一待就是五年,我狗娃真该好好报答报答你!"

眯起眼,驼爷读狗娃脸上的那道月牙疤。"你也真够狠的,一夜间毁了那么一大片林子。"驼爷把目光撒向湖畔,五年前倒下的松林,至今还在他的心头滴血。"呐,我又栽上了。"驼爷喃喃着。驼爷是个护林员。

"哼!"狗娃重重射出一口浓痰,蓦地从袖管里抽出那把长刀。阳光兴奋地在刀片上一闪,又一闪。

嗬嗬嗬,驼爷笑了,笑得极坦然:"好歹当过兵,打过仗,啥家伙没见识过?"

狗娃一愣,顿觉眼前这个驼背老头很有些不好对付,但还是大声吼道:"你就不怕我一刀捅死你?"

驼爷仿佛什么也没听见一样,款款地卷好一支烟,款款地抽。"狗娃不是人? 狗娃一点人味也没有? 我不信!"说罢,驼爷又哑哑地笑,竟一脸的灿烂。

怎么会是这样？其实，狗娃也没打算把驼爷咋样。狗娃只想让驼爷跪在地上求饶，然后狠狠地踢他一脚，再骂一句："滚吧，爷不跟你一般见识，你这条老狗！"可事情发展得令狗娃不知所措了。

"咿呀！"驼爷扔掉烟头，又歪起脖看天。狗娃也扬起了头。

雁阵。一群排成人字形的大雁，徐徐地朝南飞去。太阳赤灿赤灿，雁阵渐渐地融进那耀眼的光芒里。一首生命的诗，在蓝空中吟唱。

他呆了。他也呆了。

手中的刀陡地落到了地上。狗娃拾起刀，看了看，用力抛进湖里。沿着来路，狗娃大步而去。

"狗娃！"驼爷喊道，"你就忍心不回家看看爹娘？这几年，他们想你快想疯了！"

狗娃没回头。不混出个人样来，绝不见爹娘！狗娃的双眼溢满了浊泪。

问题：

(1)"雁阵"的含义是什么？它的出现对本文主题的表现和情节发展起什么作用？

(2)除了"雁阵"，本文还有哪些自然景物描写？这些描写起了怎样的作用？

问题(1)参考答案：

① "雁阵"象征人的价值无比崇高，是表现人性主题、促使狗娃人性复苏的重要形象。

② 它对主题的表现起画龙点睛的作用，使主题的表现由隐而显。

③ 推动了故事情节的转折，化解了矛盾冲突。

（景物描写在这里的作用有：景物描写的象征意义；对主题的表现作用；推动情节发展。）

问题(2)参考答案：

① 晚秋的野地死静死静，身后的湖水像面硕大无朋的镜子，蓝空的日头。

② 空阔无人的野地，增加紧张氛围，使矛盾冲突更显尖锐。

晚秋时节，蓝天丽日的描写，突出"雁阵"的象征意义。

（景物描写的作用有：提供背景——人物活动的背景、雁阵的背景；烘托气氛。）

例 2

秋天的怀念
史铁生

双腿瘫痪以后，我的脾气变得暴怒无常。望着望着天上北归的雁阵，我会突然把我面前的玻璃砸碎；听着听着李谷一甜美的歌声，我会猛地把手边的东西摔向四周的墙壁。母亲悄悄地躲出去，在我看不见的地方偷偷地听着我的动静。当一切恢复沉寂，她又悄悄地进来，眼边红红的，看着我。"听说北海的花都开了，我推着你去走走。"她总是这么说，母亲喜欢花，可自从我的腿瘫痪后，她侍弄的那些花都死了。"不，我不去！"我狠命地锤打这两条可怕的腿。喊着："我活着有什么劲！"母亲扑过来抓住我的手，忍住哭声说："咱娘儿俩在一块儿，好好儿活，好好儿活……"

可我却一直都不知道，她的病已经到了那步田地，后来妹妹告诉我，她常常肝疼得整宿整宿翻来覆去睡不了觉。

那天我又独自在屋里，看着窗外的树叶"唰唰啦啦"地飘落。母亲进来了，挡在窗前：

"北海的菊花开了,我推着你去看看吧。"她憔悴的脸上现出央求般的神色。"什么时候?""你要是愿意,就明天?"她说,我的回答已经让她喜出望外了。"好吧,就明天。"我说。她高兴得一会儿坐下,一会儿站起:"那就赶紧准备准备。""哎呀,烦不烦?几步路,有什么好准备的!"她也笑了,坐在我身边,絮絮叨叨地说:"看完菊花,咱们就去'仿膳',你小时候就爱吃那儿的豌豆黄儿。还记得那回我带你去北海吗?你偏说那杨树花是毛毛虫,跑着,一脚踩一个……"她忽然不说了。对于"跑"和"踩"一类的字儿,她比我还敏感。她又悄悄地出去了。

她出去了,就再也没回来。

领导们把她抬上车时,她还在大口大口地吐着鲜血。我没想她已经病成那样,看着三轮车远去,也绝没想到那竟是永远的诀别。

邻居家的小伙子背着我去看她的时候,她正艰难地呼吸着,像她那一生艰难的生活。别人告诉我,她昏迷前的最后一句话是:"我那个有病的儿子和那个还未成年的女儿……"

又是秋天,妹妹推我去北海看菊花。<u>黄色的花淡雅,白色的花高洁,紫红色的花热烈而深沉,泼泼洒洒,秋风中正开得烂漫。</u>我懂得母亲没有说完的话。妹妹也懂。我俩在一块儿,要好好儿活……

问题:对两处景物描写的作用,做简要分析。

(1)窗外的树叶"唰唰啦啦"地飘落。

(2)黄色的花淡雅,白色的花高洁,紫红色的花热烈而深沉,泼泼洒洒,秋风中正开得烂漫。

参考答案:

(1)以动衬静,突出"我"孤独、痛苦、无望的心情。

(2)写出了菊花蓬勃的生命力,渲染出悲壮、深沉的氛围,突出了"我"的心理从痛苦、无望转向明朗、坚强的变化。

(启示:一定要注意自然环境出现的位置,在这环境描写的前后,都有哪些情节发生发展。比如,当我独自在屋子里看着窗外的树叶"唰唰啦啦"地飘落时,母亲进来了,挡在窗前。母亲为什么会"挡在窗前"?)

例3

界　河

[希腊]安东尼斯·萨马拉基斯

命令很明确:禁止下河洗澡!同时规定沿岸200公尺内任何人不得擅入。

大约3周之前,他们来到河岸这边就停顿下来,对岸就是敌军——通常被称之为"那边的人"。

河两岸的纵深处尽是茂密的丛林,林子里驻扎着敌对双方的部队。

据情报,那边有两个营,但他们并未发动攻势。谁知道眼下他们正打着什么鬼算盘。与此同时,双方都派出哨兵隐蔽在两岸的密林里,戒备着随时可能出现的情况。

记得他们初抵此地时,还是春寒料峭。然而几天前却突然放晴,现在竟是明媚和煦的春天了!

第一个潜下界河的是位中士。一天早晨他偷偷溜了出去,跳入水中。不久当他爬回此岸时,肋下已中了两弹,后来只活了几个小时。

翌日,又是两个士兵下去了。没有再能见到他们,只听到几阵机枪的扫射,然后,便是一片沉寂。

此后,司令部就下了那道禁令。

然而,那条河依然具有不可抗拒的诱惑力。听到潺潺的水声。渴望便从他们心底油然而生。两年半的野战生活已使他们变得蓬头垢面,邋里邋遢。在这两年半里他们享受不到一丝的快乐。而此时他们却邂逅了这条河……

"这该死的命令!"那天夜里他愤愤地诅咒道。

这一夜,他辗转反侧,难以入眠。远处,滔滔河水依稀可闻,令他难以安适。

对,明天要去,他一定要去——让那禁令见鬼去吧!

士兵们都在酣睡,最后,他也渐入梦乡。梦中,他似乎看到了它——一条河。那河就在他的面前,期待着他。他站在岸边,脱光了衣服,正欲跃入水中。就在此刻,那条河竟然变成了他的恋人——一个胴体黝黑、年轻健美的姑娘。他裸露在她面前,她正待他奔来——突然,一只无形的手却紧紧攫住了他的后颈!

这是一场噩梦。醒来时已精疲力竭,幸好天还未放亮……

他终于站到河边。他注视这条河,它的确存在着!一连几个小时他都在担心这只是一种想象,抑或只是大兵们的一种普遍的幻觉。

天气多好啊!他把衣服和枪靠放在树干旁,纵身跳入水中,承受了两年半的折磨,他那迄今还留有两道弹痕的躯体,顿时化作了另一个人。无形中,仿佛有一只拿着海绵的手抚过他的全身,为他抹去这两年半中留下的一切印迹。

他时而仰泳,时而匐泳。他顺流漂浮,又长时间地潜入水中……当兵的他一下子变成了一个孩子——他毕竟只有 23 岁。

左右两岸,鸟群在自由飞翔,有时它们盘旋在他的头顶,和他亲昵地打招呼。

少顷,顺流漂下的一根树干出现在他的前方。他一个长潜试图抓住树干。他真的抓住了!就在他浮出水面的刹那间,他发现约在 30 公尺开外的前方有一个脑袋。

他停下来,想看得清楚些。那另一个游泳者也停了下来。他们彼此默默注视着。

他立刻回过神来,恢复到原来的自己——一个经历过两年半炮火洗礼、荣获过十字勋章的士兵。

他不知道对面的家伙是自己人还是那边的人。他怎么认得出来呢?只凭一个脑袋?

几分钟的时间两人在水中一动不动。一个响亮的喷嚏打破了死一样的寂静,是他打的,而且像往常一样大声咒骂了一句。那个人掉转身去很快游向对岸。他亦飞速向岸边游回。他先行出水,狂奔到那棵树下,一把抓起枪。还好,那边的人刚刚爬出水面。

他举起枪,瞄准。要击中对面那人的脑袋实在太简单了。20 米开外奔跑着的一丝不挂的人体,是一个很容易击中的靶子。

突然,他觉得自己无法扣动扳机。对方那人在彼岸,赤条条的像刚从娘胎里出来时一般。而自己端枪在岸的这边,同样也赤条条的。

他无论如何开不了枪。两个人都赤裸着!两个赤裸的人,脱掉了国籍,脱掉了姓名,脱掉了卡其布的军装。

这到底是为什么呢……

他实在无法扣动扳机，他觉得此刻这条恋人般的河未能把他们隔开；相反，却把他们联合在一起了……

随着彼岸的一声枪响，他只是瞥见鸟群被惊起。他应声倒下，先是膝盖跪下，随后平扑在地。

问题：找出文中自然景物描写的句子并简要分析它们的作用。

参考答案：

（1）天气由春寒料峭突然放晴，眼前是一派明媚和煦的春色！

（2）那条界河水流滔滔、水声潺潺，表露出不可抗拒的诱惑力。

（3）界河两岸的鸟群在自由飞翔，与人类友好相处，与自然和谐共存。

这些自然景物的描写无不表现了对生的渴望，对美的讴歌，对爱的珍视，既衬托出一个充满生命力的 23 岁的士兵形象，又表现了战争摧残人性、毁灭生命的主题。

（启示：要关注环境描写对表现人物的作用，对表现文章主旨的作用。）

这些题给我们很多启示，我们不禁要问：文学作品中，景物描写到底有哪些作用？就这个问题，总结如下。

1. 推动情节发展

故事情节的发展有多种推动因素，环境描写也是其中之一。为了情节发展的需要，作者往往会巧妙设计特殊的环境背景，使情节很自然地出现转机，从而顺利发展下去。既能避免情节上的突兀，又能使行文收到柳暗花明、峰回路转的艺术效果。

《杜十娘怒沉百宝箱》：

（孙富）辗转寻思，通宵不寐。捱至五更，忽闻江风大作。及晓，彤云密布，狂雪飞舞。因这风雪阻渡，舟不得开。

这是孙富在江船上见到杜十娘后的一段描写。如果没有这段描写，第二天李甲杜十娘开船走人，故事就不好继续了。所以，"风雪阻渡"就成了推动李甲和孙富饮酒会面的非常合理的环境因素。我们经常在电影中见到，为了让有情人会面，作者会安排一场大雨，让两人同时躲雨，一下子便躲到一块去了，那"雨"所起的作用，就是推动情节发展。白娘子和许仙就是因雨而相会的。

《智取生辰纲》：

正是六月初四日时节，天气未及晌午，一轮红日当天，没半点云彩，其实十分大热。当日行的路，都是山僻崎岖小径，南山北岭。

杨志押送生辰纲，正逢暑天。杨志根据暑天的特点，故意违反赶路的常规，以期避开强盗。这段描写渲染了热的气氛，更推动杨志等人的矛盾冲突：杨志和老都管的矛盾，杨志和虞侯的矛盾，杨志和军汉的矛盾，都是"热"推动的。晁盖和吴用等人也正是利用"热"做文章，智取成功的。"热"正是推动情节发展的因素。如果没有"热"的描写，就不会有因杨志要求众人在酷暑中赶路而造成的激烈的矛盾冲突，故事情节就不能合理发展下去。

《林教头风雪山神庙》：

那雪正下得紧。

因风雪，林冲"觉得身上寒冷"而去买酒暖身，才幸不被房屋倒塌所伤，故事才得以继续延伸。所以,正是"雪"推动着情节的发展。

《青梅煮酒论英雄》:

时正值天雨将至,雷声大作。玄德乃从容俯首拾箸曰:"一震之威,乃至于此。"

有了雷声,刘备才找到了掩饰的机会,小说情节才能正常发展下去,所以,它推动了情节的发展。当然,雷声还渲染了刘备紧张的心情,加重了当时紧张的气氛,也衬托出了刘备的机敏。

2. 揭示人物性格或心理

环境描写还可以揭示人物的性格。在特定的环境中,人物的一举一动,一言一行,都会表露出其特有的性格特征。好的环境描写能生动形象地传达出人物的性格特征。

《林教头风雪山神庙》:

(1)那两间草厅已被雪压倒了。林冲寻思:"怎的好?"放下花枪、葫芦在雪里;恐怕火盆内有火炭延烧起来,搬开破壁子,探半身入去摸时,火盆内火种都被雪水浸灭了。林冲把手床上摸时,只拽得一条絮被。

(2)入得庙门,再把门掩上。旁边只有一块大石头,掇将过来靠了门。入得里面看时,殿上塑着一尊金甲山神,两边一个判官,一个小鬼,侧边堆着一堆纸。团团看来,又没邻舍,又无庙主。林冲把枪和酒葫芦放在纸堆上,将那条絮被放开,先取下毡笠子,把身上雪都抖了,把上盖白布衫脱将下来,早有五分湿了,和毡笠放在供桌上。把被扯来盖了半截下身,却把葫芦冷酒提来,慢慢地吃,就将怀中牛肉下酒。

以上两节写林冲看管草料场,房屋因风撼雪压倒塌,只好破庙安身的情况。自从被迫害时,林冲便一忍再忍。这两段描写更是把林冲"忍"的性格刻画得淋漓尽致。文中一连串的动作不仅表现了林冲的细心,更表现了他忍辱负重的性格特点。他先是"恐怕火盆内有火炭延烧起来",尽忠职守,怕余火烧了草料场,然后是在寒冷破烂荒凉的环境中迁就安身,"却把葫芦冷酒提来,慢慢地吃,就将怀中牛肉下酒"。高衙内等对他的迫害已然很深,但林冲仍抱有幻想,期望将来和妻子家人团聚,只求安稳度过刑期。什么苦他都认了。在这里,作者借助风雪的作用,将林冲"忍"的性格淋漓尽致地刻画了出来。

《祝福》:

我回到四叔的书房里时,瓦楞上已经雪白,房里也映得较光明,极分明地显出壁上挂着的朱拓的大"寿"字,陈抟老祖写的;一边的对联已经脱落,松松地卷了放在长桌上,一边的还在,道是:"事理通达心气和平"。我又无聊赖地到窗下的案头去一翻,只见一堆似乎未必完全的《康熙字典》,一部《近思录集注》和一部《四书衬》。

陈抟老祖被封建地主阶级奉为"神仙",四叔正是这位"神仙"的信奉者,可见四叔思想的封建性;"事理通达心气和平"反映着四叔的处世哲学,一堆似乎未必完全的《康熙字典》似乎正嘲笑着四叔"讲理学的老监生"的身份。四叔道貌岸然的封建腐朽的伪君子嘴脸暴露无遗。

《柳毅传》:

语未毕,而大声忽发,天坼地裂,宫殿摆簸,云烟沸涌。俄有赤龙长千余尺,电目血舌,朱鳞火鬣,项掣金锁,锁牵玉柱,千雷万霆,激绕其身,霰雪雨雹,一时皆下,乃擘青天而飞去。

听说龙女受到虐待,钱塘怒不可遏,不顾有罪被捆之身,奋力飞去,救回龙女。这一段描写表现了钱塘猛烈暴躁的性格特征，也为他的出场渲染了气氛，制造了声势，显露出一个英勇无敌的英雄形象。

《柳毅传》：

俄而祥风庆云，融融怡怡，幢节玲珑，萧韶以随。红妆千万，笑语熙熙。后有一人，自然蛾眉，明珰满身，绡縠参差。迫而视之，乃前寄辞者。然若喜若悲，零泪如丝。须臾，红烟蔽其左，紫气舒其右，香气环旋，入于宫中。

龙女被救回宫，一改往日"蛾脸不舒，巾袖无光，凝听翔立，若有所伺"的形象。"祥风庆云，笑语熙熙"，显出欢快的气氛；"自然蛾眉，明珰满身，绡縠参差"，显示其美丽的本质；"若喜若悲，零泪如丝"表现其心情；"红烟蔽其左，紫气舒其右，香气环旋"，显示她的地位之高贵。所以，这段描写既显示出她原本高贵的身份，又表现了她此时亦喜亦悲的心理状态，突出了龙女美丽尊贵而神秘的"神"的色彩。

3. 显示人物特殊的身份地位

有的环境描写还可以显示人物的身份地位等特征。

《林黛玉进贾府》：

（黛玉）自上了轿，进入城中，从纱窗向外瞧了一瞧，其街市之繁华，人烟之阜盛，自与别处不同。又行了半日，忽见街北蹲着两个大石狮子，三间兽头大门，门前列坐着十来个华冠丽服之人。正门却不开，只有东西两角门有人出入。正门之上有一匾，匾上大书"敕造宁国府"五个大字。

在黛玉眼中，京城的繁华已经与别处不同，而贾府在这繁华的环境中仍"大"得突出："大石狮子""兽头大门""匾上大书"，气派非同一般；而"敕造宁国府"几个字又显示着皇家的特殊恩典，可见贾府的地位与众不同。

《林黛玉进贾府》：

林黛玉扶着婆子的手，进了垂花门，两边是抄手游廊，当中是穿堂，当地放着一个紫檀架子大理石的大插屏。转过插屏，小小的三间厅，厅后就是后面的正房大院。正面五间上房，皆雕梁画栋，两边穿山游廊厢房，挂着各色鹦鹉、画眉等鸟雀。

这是黛玉刚刚走进贾府的所见，垂花门、抄手游廊、穿堂、厅、正房大院，这些建筑显示庭院的规模之大和布局之完整；大插屏、雕梁画栋、鹦鹉、画眉等显示其装饰之精美，玩赏之讲究。贾府中人物的地位高贵及其锦衣玉食的生活水平，尽在不言之中。

《林黛玉进贾府》：

上面五间大正房，两边厢房鹿顶耳房钻山，四通八达，轩昂壮丽，比贾母处不同。黛玉便知这是正经正内室，一条大甬路，直接出大门的。进入堂屋中，抬头迎面先看见一个赤金九龙青地大匾，匾上写着斗大的三个大字，是"荣禧堂"，后有一行小字："某年月日，书赐荣国公贾源"，又有"万几宸翰之宝"。大紫檀雕螭案上，设着三尺来高青绿古铜鼎，悬着待漏随朝墨龙大画，一边是金蜼彝，一边是玻璃盒。地下两溜十六张楠木交椅，又有一副对联，乃乌木联牌，镶着錾银的字迹，道是：

座上珠玑昭日月，堂前黼黻焕烟霞。

轩昂壮丽的房屋建筑显示其富丽堂皇的气派，书写着"万几宸翰之宝"的赤金九龙青地大匾显示其在皇帝面前的特殊地位，两溜十六张楠木交椅和那錾银的对联等显示其室内规模之铺张和陈设之考究。贾府的尊贵地位通过黛玉的眼睛一览无余。

4. 揭示主题

特殊的环境,特殊的背景,特殊的人物,特殊的事件,小说的主题在这里得到表现。好的环境描写可以揭示特殊的社会背景,揭示生活的哲理,深化主题,使人更深刻地认识人物性格产生的土壤。

《祝福》:

旧历的年底毕竟最像年底,村镇上不必说,就在天空中也显出新年将到的气象来。灰白色的沉重的晚云中间时时发出闪光,接着一声钝响,是送灶的爆竹;近处燃放的可就更强烈了,震耳的大音还没有息,空气里已经散满了幽微的火药香。

爆竹的钝响、震耳的大音、幽微的火药香,显示出热闹的气氛;而灰白色的沉重的晚云显示的却是压抑的毫无生气的世界。这段描写,祝福的热闹气氛出现在压抑的令人窒息的空气中,渲染了一种垂死的气氛,揭示出人物生长的土壤的腐朽性和反动性。"祝福"的时候,也正是封建思想和封建礼教"总动员"的时候。这是为突出祥林嫂的悲剧命运而精心安排的典型环境。

《祝福》的结尾:

我给那些因为在近旁而极响的爆竹声惊醒,看见豆一般大的黄色的灯火光,接着又听得毕毕剥剥的鞭炮,是四叔家正在"祝福"了;知道已是五更将近时候。我在朦胧中,又隐约听到远处的爆竹声连绵不断,似乎合成一天音响的浓云,夹着团团飞舞的雪花,拥抱了全市镇。我在这繁响的拥抱中,也懒散而且舒适,从白天以至初夜的疑虑,全给祝福的空气一扫而空了,只觉得天地圣众歆享了牲醴和香烟,都醉醺醺地在空中蹒跚,预备给鲁镇的人们以无限的幸福。

作者在朦胧中只听得爆竹声连绵不断,在繁响的拥抱中懒散而且舒适,似乎进入一种幻觉状态——这是一个外表给人热闹的假象,实质让人麻木沉沦的世界。天地圣众预备给鲁镇的人们以什么样的无限的幸福呢?不过是麻醉人的精神,统治人的灵魂,让富人享受祝福,让穷人懒散而且麻木。祥林嫂不就是在这热闹的气氛中悲惨地死去的吗?这段描写,反衬了祥林嫂死的悲惨,烘托了小说的悲剧气氛;同时,更为重要的是,它揭示了封建礼教吃人的腐朽的社会本质。

5. 渲染气氛

好的环境描写可以增强文章的表现力,或高亢激昂,或哀婉悱恻;或鸟语花香,或地动山摇。读者会被环境描写所深深吸引,沉浸在一种特有的气氛之中,被感染,被激动。

《杜十娘怒沉百宝箱》:

众人急呼捞救,但见云暗江心,波涛滚滚,杳无踪影。

杜十娘跳江,悲剧气氛达到极点,滚滚江水也显得阴暗叱咤,现场气氛压抑着每一个人。这句描写正是烘托了这种阴暗压抑的悲剧气氛。生活中这样的描写有很多,比如写某人上学途中,心情高兴,花儿对他笑,树儿对他招手,微风轻拂着他的脸庞。这样的描写就是为了渲染那种高兴的心情。

《明湖居听书》:

那明湖居本是个大戏园子,戏台前有一百多张桌子。哪知进了园门,园子里面已经坐得满满的了，只有中间七八张桌子还无人坐，桌子却都贴着"抚院定""学院定"等类红纸条。老残看了半天，无处落脚，只好袖子里送了看座儿的二百个钱，才弄了一张短板凳，在人缝里坐下……大家都喊喊喳喳在那里说闲话。因为人太多了，所以说的什么话都听不清楚，也不去管他。

戏园的盛况，为白妞的出场渲染出浓烈的气氛，而各阶层人都来欣赏又衬托其艺术造诣之高，戏园的嘈杂为白妞出场"连一根针掉在地上都听得见响"埋下伏笔。

《祝福》中关于"雪"的描写：第一次是作者初到鲁镇时写的"天色愈阴暗了，下午竟下起雪来，雪花大的有梅花那么大，满天飞舞，夹着烟霭和忙碌的气色，将鲁镇乱成一团糟"。第二次描写是在作者听闻祥林嫂死讯后，"雪花落在积得厚厚的雪褥上面，听去似乎瑟瑟有声，使人更加感到沉寂"。

第一处着力写雪大而乱，有意渲染祝福前夕鲁镇忙乱的气氛；第二处雪的描写意在营造沉寂的氛围，衬托当时我孤寂悲愤的心情。

《雷雨》（戏剧的舞台说明）：

"午饭后，天气更阴沉，更郁热。低沉潮湿的空气，使人异常烦躁……"

渲染了一种压抑的使人烦躁的气氛；也预示着"雷雨"的来临。

6. 为情节发展做铺垫或者预示情节的发展

情节的发展要合情合理，这就需要合理的铺垫。有些环境描写就为情节的发展做了合理的铺垫，使文章前后照应，非常严谨。

《青梅煮酒论英雄》：

酒至半酣，忽阴云漠漠，骤雨将至。从人遥指天外龙挂，操与玄德凭栏观之。

曹操和刘备青梅煮酒论英雄，刘备被曹操言语道破胸中玄机，失手撒箸，以"闻雷失惊"掩饰。如果没有这段环境描写，后文的"雷"无异于晴空霹雳，就会显得太突兀。所以，这段描写就为后文"闻雷失惊"做好了铺垫。

有时候，景物描写还可以对情节的发展有预示作用。

《祝福》中，柳妈和祥林嫂谈及"额角上的伤疤"进而谈及"捐门槛"之前，文中插入了一句景物描写：微雪点点地下来了。

"微雪点点地下来了"，表明"雪"正在"点点"降临，也许是要越下越大了吧！这句景物描写一方面让祥林嫂触景生情，开口欲说"我真傻"的伤心故事；另一方面，那"点点的"雪花似乎也暗示，柳妈的话即将给祥林嫂带来巨大的心理阴影和精神负担。这句景物描写，也起到了预示情节发展的作用。

7. 具有象征意义

有些环境描写还具有象征意义：或象征人物的品格，或象征美好的理想等。这些象征常常表达着人们特殊的思想感情。

《荷花淀》：

他们奔着那不知道有几亩大小的荷花淀去，那一望无边挤得密密层层的大荷叶迎着阳光舒展开，就像铜墙铁壁一样。粉色荷花箭高高地挺出来，是监视白洋淀的哨兵吧。

"铜墙铁壁"般密密层层的大荷叶，"哨兵"一样的粉色荷花箭，这里的景物描写，被赋予了抗战的精神意志，象征了中国人民保家卫国，反抗侵略的英勇斗争精神。

峻青《党员登记表》中对刑场的环境描写：

沉默、寂静。听得见寒风掠过雪地扬起的烟雾般的雪粒的沙沙声，听得见沟底下水在冰下流动的叮咚声，听得见不远的地方狗子们为争吃死尸的咆哮声，也听得见四面村落里雄鸡报晓的喔喔声……

黎明前的寒夜，寒风的沙沙声和狗子的咆哮声象征着邪恶势力的挣扎，而冰下流水的叮咚声和雄鸡报晓的喔喔声，则预示着春天和黎明的来临。读着这段文字，我们会很自然地联想到鲁迅的诗："血沃中原肥劲草，寒凝大地发春华。"

不仅小说，就是诗歌戏剧等文学体裁采用象征手法写景的作品也很多，如高尔基的《海燕》等。

以《孔雀东南飞》（诗歌）为例：

两家求合葬，合葬华山旁。东西植松柏，左右种梧桐。枝枝相覆盖，叶叶相交通。中有双飞鸟，自名为鸳鸯，仰头相向鸣，夜夜达五更。行人驻足听，寡妇起彷徨。多谢后世人，戒之慎勿忘！

刘兰芝和焦仲卿先后殉情，他们生而不能团聚，死后合葬在一起。那枝枝叶叶相覆盖、相交通的松柏梧桐，仰头相向鸣的鸳鸯双飞鸟，不正象征着他们忠贞不渝的爱情吗？从这里，我们还可以联想到化蝶双飞的梁山伯与祝英台，殉情同归的罗密欧与朱丽叶。电影《红岩》中，英勇无畏的革命战士江姐英勇就义时，那红岩上高高盛开的红梅，不正象征她高傲的灵魂吗？

（作于 2003 年 7 月）

语文教师的专业素养是怎样炼成的

中学语文教师的专业素养是在长期的教学实践中练成的。

语文学科的专业规范对中学语文教师的专业发展有着内在规定性,中学语文教学实践是中学语文教师专业发展的外在推动力量。

在教学实践中发现问题,揭示规律;在理论学习中运用规律,使之与教学实践结合;在教学研究中精益求精,尽最大可能完善合规律的行为方式等等,都是中学语文教师获得专业发展的有效途径。

本部分内容聚焦于学科教学实践操作、学科教学理念、学科教育思想等几个层面,探寻教师专业素养提升的有效途径。

为什么只留四个格

每一届高一新生入校,我都发现,很多学生在写作文的时候,总是习惯只在标题前面留四个格。我纠正了很多次,要求学生把标题写在正中间,标题前面和标题后面所留空格数量要大致相等,做到形式美观。但总有部分学生坚持不改,很多同学说,自写作文以来,教师都是这么要求的。

我不清楚之前任教的教师为什么这样要求学生,只是根据自己的推测,临时编了一个理由,说:"你们在小学刚学写作文的时候,还不会算账,不会除法和减法的混合运算,算不好前后各空几个格,教师为了简便起见,才要求你们留四个空格。现在,你们已经是高中生了,什么账都会算,要改过来,把标题写在正中间。这样美观,符合规范要求!"

但仍然还有部分学生迟迟改不了。

类似的情况,还有学生作文不写题目。现在,很多省市的高考试卷上,作文题目都已经在卷面上帮学生写好了,据说是考虑到写不写标题并不反映能力高低,不是智力因素,而不写标题要扣掉两分,对学生来说太可惜,所以为了不让学生"无谓"丢分,高考试卷便做出了这样"人性化"的举动。

面对这每一届都会遇到的类似问题,我曾经问过学生,之前所有的教师都要求作文标题前空四个格吗? 有部分学生回答说,从学写作文开始,教师就一直这么要求。我也请教过其他一些教师,有教师回答说,自己要求学生"至少"空四格;也有人回答说,没有特别关注过这个问题。

我们语文教师在这个问题上为什么会存在不同的要求呢? 就语文学科知识规范的问题来说,这是一个很小的问题,但这个小问题,却折射出语文学科规范化要求的某些大问题。

对语文教师来说,学科知识规范的建立是我们走向专业化的必由之路,如果连作文题目的格式规范都不能建立,语文教师的专业化之路将在何方?

我们知道,护士为病人打针,是有专业要求的,要用经过消毒的一次性针头针管,选择哪个部位扎针,为患者扎针的部位消毒,针要扎多深,注射的速度要有多快等,都有严格要求。学生写作文,也应当是有要求的:题目的格式、段落之间的逻辑关系、标点符号使用的格式,等等。在满足这些规范要求的基础上,文章的语言文字才能正确而有效地传达作者的思想和情感,才有助于文章传情达意,为读者所接受。

我们曾经批判"八股文"那从内容到形式的刻板要求,这或许影响到我们对作文格式提出要求的坚决态度，似乎我们对作文外在形式的要求就是犯了"八股"的错误。这实在是一个大大的误区。对作文外在形式的要求，有助于作文内在意义的流畅传达，作者的文字功力和思想深度并不会受到影响。相反，如果我们没有外在形式的要求，语言表达失去秩序，不利于学生养成良好的思维习惯，其作文思想内容的传达也将可能受到损坏。

打一个比方，军队进行队列训练，似乎是形式上的要求，但对一支纪律严明的军队来说，这种外在形式上的要求正是内在战斗力的体现。如果没有严格的队列训练，这支军队就可能纪律涣散，进而就可能只是一群乌合之众。对作文来说，其丰富的思想意义要想积极传达，外在的形式要求必不可少。

军队有统一有效的条令要求，才能具有强大的战斗力；作文要有创作的一般规范，才能积极有效地传达作者的思想感情。事实也正是这样，我们在进行论文创作的时候，内容提要、关键词、正文、参考书目、批注的格式等，都有相应的要求与规范，这些要求与规范对论文的写作产生了积极的影响。

那么，不管是中学教师还是大学教师，对学生写作规范的要求必须严格到位，否则，我们的行为将可能失去公信力——面对形式规范不清、语言表达没有伦次、思维逻辑混乱的作文，读者会感觉到我们的学科规范不够严肃，也许就会感觉好像是操作不规范的护士为同一病症的不同患者打针：有的护士选择在臀部扎针，有的护士选择在胳膊上扎针，有的护士不用针管而要求患者将药物直接喝下去；有的护士为患者消毒后才扎针，有的护士不消毒就扎针，有的护士似乎还使用了没有消毒的针头——这让读者对我们教师教学的严谨态度产生质疑，似乎我们的学科规范是充满了随意性的。那么，我们所说的教师专业化也将面临严重质疑，我们的教学自然将受到"不公正"的批评。

因此，从教师专业化的角度来讲，语文学科专业的规范化必须认真建立，包括很多细节问题。

（作于 2009 年夏）

在教学实践中提高中学语文教师专业素养

中学语文教师最突出的特点，在于亲身实践着中学语文的各种教育事实。因此，提高中学语文教师的专业素养，一定是指基于中学语文教学实践的专业素养。

就教学实践来说，中学语文教师几乎总是需要埋头在一些事务性的工作中：备课，组织学生上课，批改作业，拟定考试题目，批改试卷；或者担任班主任工作，与学生沟通交流了解情况；接受教学调查，接受继续教育培训，等等。这些具体工作都要求教师具备相应的专业素养，同时也在无形中帮助中学语文教师提高着自身的专业素养。

毋庸讳言，现阶段，中学语文教学实践所受诟病颇多，有人甚至能说出很多理由、找到不少证据来对中学语文教学进行各种评说，比如考试题目的合理性，教材编订是否科学，课堂教授的方法是否正确，作业批改的标准和质量应该怎样把握，教师的知识结构是否老化，等等。面对这些评说，中学语文教师有时也会感到非常困惑，甚至找不到确凿的理由为自己辩护。形成这种情况的原因，正是因为中学语文教师专业化程度还不够发达，我们还没有形成权威而成熟的专业规范，教师专业化发展还存在很多不规范的情况，还不能像医生一样一言九鼎，不能像会计师一样严谨有序，甚至也不能像律师一样做到有理有据、一语中的。比如，语文考试题目的设定标准还有待完善，语文教材编订的科学依据还有待研究，等等。这些没有完善的部分也就存在让人随意评论的可能性。从这种情况来说，制定并完善中学语文学科专业基本规范，迫在眉睫。

由此也可见，基于中学语文教学实践的专业素养，应该包括两方面内容：①因为教学的需要，离不开学科知识的储备与更新，离不开教育学、心理学知识的支撑，更离不开对中学语文教学真实情境的理解与把握，离不开教学思想与教育理念的不断进步；②在这些知识的支撑和观念的指导下，还必须制定教材编撰的科学依据，确立作业批改的规范要求，掌握试卷命题的标准尺度，找到每堂课课堂教学的最佳途径与方式，等等。概言之，就是语文学科专业知识素养和语文学科专业规范。做好这两点，中学语文教师才可能取得真正意义上专业素养的提高——别人不可替代，不可随意评论。

一、谈谈提高中学语文教师学科专业知识素养

中学语文教师应该具备多少学科专业知识，恐怕很难得到明确的答案。现阶段，一般来说，要求中学语文教师至少具备本科学历，在某些地区，中学语文教师已经要求必须具备硕士研究生学历，博士从教的例子也不少见。但是，我们也发现，教师具备多少学科专

业知识和这位教师能否胜任教学工作并不是完全对应的关系。语文学科知识丰厚的学者也可能不适合从教，学科知识相对较少的教师也可能具备较好的课堂教学能力。而且，面对当今世界知识的快速更新和知识的综合化，教师的适应能力也不尽相同。举例来说，一位学科知识丰厚的教师如果不能把自己的学科知识与教学实际情境相结合，将不能适应教学的需要；再比如，一位本科毕业的教师，语文学科素养可能有一些不足，但这位教师还在不断钻研，并对地理、历史、信息技术等其他学科领域有较多涉猎，能够做到学科间知识的融会贯通，对现代社会知识的变化发展比较敏感，能跟上知识变化的节奏，那么，在教学实践中，他也完全可能超越一位目光仅囿于语文学科的博士生。

所以，中学语文教师的学科专业知识并不简单是多和少的问题。在教学实践中，学科专业知识还必须能够和教学实际情境有机结合；学科知识还必须不断更新，并能有较为广阔的多学科知识视野。而要做到这些，在教学实践中，中学语文教师必须不断反思总结，探索试验，学习提高。其中比较重要的环节，包括以下几个方面。

其一，观察并记录我们的教育教学实践。

没有观察就没有发现，没有记录就没有积累。认真观察并记录自己和他人的教育教学实践，能帮助我们发现问题，进而引领我们关注问题和解决问题。

观察和记录能帮助我们关注教学过程，发现和研究教学问题。比如听课，我们应该怎样听课，我们都听些什么，很值得思考。一般来说，听课是我们向其他教师学习的有效途径之一。观察别的教师怎样传授专业知识，怎样将专业知识与教学情境有机结合，进而对我们自己有所启发。笔者曾听过许多教师的课，并对许多教师听课的关注点进行了访谈，认真做了许多观察和记录，总结出听课的六个要点，那就是"留意知识解说，关心问题设计，注重教学艺术，探寻教学规律，关注教学格调，学习教学思想"。注意到这六个要点，听课的时候就能有多方视角，从教学思想的高度把握学科知识的课堂传授规律。

其二，及时总结并反思自己和他人的教育教学实践。

总结是个人工作提高的基础，也是个人全面发展的前提。没有总结，我们不可能对自己有清醒全面的认识，也就缺乏反思的依据，就不可能有提高。这里我有一点感受，就是我们的总结与反思不要局限于我们个人的教学实践，还可以针对他人的教学实践，借鉴他人的教育教学经验。

比如，对诵读教学进行总结和反思。李扬的"疯狂英语"一扫"哑巴英语"的阴云而风靡全国，对人们学习英语产生了深远的影响。这一现象引起我对"哑巴语文"的反思，我发现：不正确的读音、断句要靠读出声音来发现和纠正，准确地理解文意要借助诵读，韵律和美感要凭借声音来表现。在此基础上，我们建立诵读的规范：精神必须饱满，做到眼到、口到、手到、神到；注重领诵和听诵，把握要领，营造气氛；讲求群体效果，要求响起每一个人的声音，言为心声，直抒胸臆。最后，我们将诵读的过程与要求总结为"读通""读懂""读透""读美""熟读成诵"等几个方面，并根据不同文章总结出了许多相应的行之有效的诵读方法。

语文学科教学中的许多小问题，也都值得我们总结反思。比如侧面描写的手法与作用，小说环境描写的作用，学生错别字出现的规律与纠正技巧，等等。只要我们认真总结，一定能有所发现，并在认识上有所提高。在总结反思的时候，鉴于我们个人的经验与认识有限,观察借鉴别人的教学实践很有必要。

其三,抽时间读些书。

读书能帮助我们更新思想,开阔眼界,增长智慧。经典著作和学科前沿作品尤其值得我们关注。经典著作,比如中国古代四大名著,比如《论语》《史记》《聊斋志异》《人间词话》,还有一些外国名著等。作为语文教师,在这方面应该有较多研究,但现实情况是,很多语文教师还没有阅读过或者没有认真阅读过中国古典四大名著。再比如,像费孝通《江村经济》这样经典的研究案例,很值得我们认真学习。学科前沿作品,比如王荣生《语文科课程论基础》,对我们学科建设有着指导性建议,龙协涛《文学阅读学》对我们解读文学作品和认识文学阅读活动有深刻见解,诸如此类,不胜枚举,值得我们花时间学习研究。

此外,教育学、心理学知识研究的最新成果,也需要我们不断关注。这些科学研究成果能有效地指导和改进我们的教学。

其四,延伸自己的学科视野。

语文教师如果只懂语文,很难适应现代社会条件下教学的需要。而且就语文的本质来说,有一个很重要的作用就是帮助其他学科传播知识,简单说来就是具有所谓"工具性"。数学应用题描述离不开语文,化学实验说明离不开语文,政治教师选取诗句要求学生谈论哲学观点,历史教师选用文献资料要求学生做出解读,也都离不开语文。同样,语文课上,也可能遇到地理问题或者经济学问题。所以,延伸自己的学科视野在中学语文教育中是必需的。笔者就是一位爱好地学知识的语文教师,曾经编写《地球探奇》(湖北少儿出版社)一书,对地学知识进行探究。

二、从我做起,逐步建立中学语文学科专业规范

新时期以来,特别是前几年,中学语文学科曾遭受不少批评。反思这些批评,我以为,目前语文学科存在的某种随意性是这门学科遭受批评的重要原因之一。教材可以根据想象随意编定,试题可以根据命题者的喜好出现在试卷上,课堂教学的偶发性特点被夸大,指导学生学习的思路或手段经验化而非科学化……我想,我们必须认识到,教材的编定,知识的传授,学习规律的把握,考试或者测验的举办,只有符合科学规律,具备科学精神,才能得到各方认可,才能澄清外界不公正的批评。

从某种程度上讲,语文学科专业规范是语文学科专业化最重要的标志之一。

我们的母语教学已经有几千年的历史,我们的前辈总结了大量的符合科学规律的教学方法和教学手段,针对学生特点编订了不少符合科学规律的语文教材,应该说,我们语文学科是有科学精神的。但是,目前我们可能缺少对语文学科科学精神的提炼。我感觉,我们语文教学感性的东西丰富,经验性的东西丰富,而怎样对这种感性的东西和经验性的东西加以提炼,使之具备较强的科学精神——不是"科学化",而是具备"科学精神",能有充分的理由说服没有具备语文专业素养的人——进而形成专业规范,还需要我们努力研究。在中学语文教学实践中,以下几个方面值得重视。

其一,做一些案例研究工作。

案例分析是建立语文学科规范必需的基础性研究工作,也是教育资源交流与共享的有效方式。笔者以为,有两类案例特别重要:一是成功或失败的课堂教学案例;二是基础

性的调查研究工作案例。

对成功的课堂教学案例进行剖析,发现课堂教学成功的原因所在,把这种成功的教学经验与自己的教学实践结合,超越自己原有的教学行为习惯,更新自己的教学理念,对这种成功的经验进行再总结,寻找这种经验的个性与共性,推广传播,为大家共同借鉴学习。这样的工作我们还需要进一步加强。目前,经典的课堂教学案例文集还不多见,对经典案例进行深入剖析的教研活动还有待加强,指出年轻人课堂上存在的问题很有必要,推广名师课堂上存在的优点更为可贵。听完课后,我们对所听的课程进行"评议",就属于这一类,虽然有待深入,但在语文教学实践中比较常见,兹不赘述。

基础性的调查研究工作案例,比如做一些资料搜集和数据统计工作,我们现在做得很不够。

举例来说,我们语文学科应该有自己的创造性的统计分析手段。比如,为研究本班学生的阅读基本规律,把握本班学生阅读的基本现状,更有效地指导学生进行课外阅读,笔者对本班学生的阅读情况进行了较为认真的全员逐日统计,并设计了每一位学生的阅读坐标。

坐标设计说明:①本坐标从学生入学第一天开始统计,每人每月一个坐标;②横坐标代表日期,以"天"为单位;③纵坐标代表时间,以"分钟"为单位;④学生阅读内容暂时分为名著类、科技类、通俗类、作业类,为方便观察,这四个类别均排列在同一刻度水平线(见图6-1)。

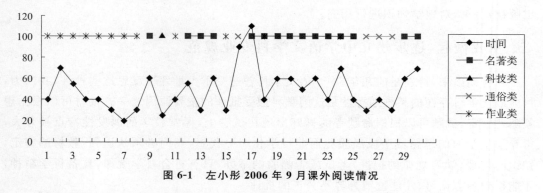

图6-1　左小彤2006年9月课外阅读情况

对这些坐标图进行观察分析,可以发现本班学生在高一阶段的阅读基本规律。①观察某位同学的坐标变化,可以发现这位同学阅读习惯的变化和呈现状态。②将同一时段(比如同一个月,同一个星期,同一天)所有同学的坐标进行比较,可以发现这一时段全班同学阅读的整体状况和大致规律。③通过研究坐标可以直观地发现阅读习惯相对较好的同学,进而研究其阅读的基本规律。④将学生的阅读篇目和阅读时间进行整合分析,可以发现学生阅读效果的某些状态,结合访谈或问卷调查,可以有效指导学生阅读。⑤将所有的坐标进行整体分析,可以发现学生阅读的整体状况。⑥在经过两年以上的积累以后,可以将学生的阅读呈现状态与学生的语文学习成绩进行关联性研究,甚至可以进行较长时间的跟踪研究。

本坐标分析的具体结论,这里不赘述。

总之,统计分析的手段运用到语文教学中,将有助于增强语文学科的科学精神,促进语文学科的健康成长。我们很多语文教师其实早就在使用这种方法,我在这里重提这种做法,只是想表达自己的一种迫切心情,也许我们在这方面做得还不够。

比如,小学生在几年级要识多少个字,可能有较为科学的统计,但是写字和认字之间的关系,恐怕就研究得不够。中学语文教材应该编写哪些内容? 怎样编写才符合科学精神? 恐怕也需要有统计分析的数据来支撑。也许正因为缺少科学分析,我们教起语文来有很多困惑,研究起问题来众说纷纭。也正因为如此,在别人指责我们语文教学"误尽苍生"的时候,我们用来回答的话语缺少说服力。尽管我们现在有了许多新的理念,但如果仍然缺少科学精神的支撑,仍然会有"说不清"的尴尬。我认为,统计分析的手段也许能帮助我们解决部分问题。

其二,注意学习心理学、教育学研究成果。

目前,我们拥有大量的教育学、心理学知识,也积累了大量的教学实践经验。我们多数教师会很自觉地要求自己尊重学生的心理接受规律,尊重学科的特点,我们还会根据教学实践经验做出一些推断,以期改进自己的教学,帮助同学们更好地学习。

教育学和心理学的研究成果为我们带来了极大的便利,比如学生记忆的规律,像艾宾浩斯遗忘曲线;比如学习动机对学习的作用,像耶基斯-多德森定律曲线,等等。我这里想强调的是,我们是否把这些教育学、心理学的研究成果与我们学科的教学进行了有效结合? 我们在激发学生学习动机的时候,是否注意过耶基斯-多德森定律曲线? 我们在指导学生记忆的时候,是否注意到艾宾浩斯遗忘曲线揭示的规律? 再比如学生注意力集中的时间能持续多久,我们在教学中是否考虑过?

实践与理论必须有机结合,我们的语文教学实践必须与教育学、心理学的研究成果相结合。否则,我们的教学就不符合科学精神,容易沦为随意性很强的学科,以至于遭受各方的质疑,甚至遭到学生的冷落,教师自己也会感觉到教学缺乏依据,沦为空想家,沦为技术层面的小作坊式的学科操作者。相反,如果我们将这些心理学、教育学的研究成果与我们的语文教学有机结合,在教学中注意运用这种规律,帮助学生掌握这些规律,我们的教学将因为符合科学规律而具备科学精神,受到学生的欢迎。

其三,从教学实践的每一件小事做起,建立语文学科的规范意识。

语文学科的规范意识,比如语文学科特有的名词术语,语文学科特有的知识规律,语文教学的态度,语文教材的规范,考试题目的科学性,等等。只有这些内容都确立了学科规范,语文学科和语文教师的专业化才可能真正完成。教学实践中,我们必须注意从小事做起,建立学科的规范意识。

举教学中常见的例子来说。考试的时候,试卷上出现了一篇谁也读不懂的文章,所有学生都不会回答,那么,这篇文章就没有考试的意义,就不符合语文考试的规范。例如,某个试题答案的判定标准不正确,那么,这个标准也不符合语文学科的专业规范;或者试卷中出现了一类没有任何价值的奇怪的题型,这个题型也不符合语文学科的专业规范。再比如说,我们所编定的语文教材不符合学生的认知规律,或者不符合本学科的知识规律,那么,这本教材也就不具有语文学科的专业规范。或者,作文批改的规范是什么,怎样排除或减少批改者对不同风格不同文体作文的好恶与偏见?

笔者曾经研究过日常教学与考试的关系。发现对语文学科来说,如果考试命题与教学实践脱轨,学生将对我们的日常教学做出消极反应,并且将考试成绩的好坏归因于自己的能力或运气。考试成绩好,就认为是自己能力强或运气好;考试成绩不好,就认为是自己运气不好或能力低下,进而对教师的日常教学报以冷淡的情绪,久之,不学语文。而当我"学什么就考什么"的时候,学生的课堂学习态度大大改观,课堂学习的积极性很高。

考试命题的时候应该注意哪些问题? 我对本校语文考试命题思路进行了一些粗浅的总结:应该选取哪些题目,为什么选取这些题目? 我们选用什么样的题型,这个题型有哪些特点? 最后,我从几个方面概括我校高一语文考试命题原则:考察学习态度——50 分 背诵与基础常识;考察学习习惯——35 分 课文理解;考察学习能力——25 分 课外阅读、点读与翻译,40 分 作文;总分 150 分。这样,通过考试,我们可以较为客观地分析学生的问题出在哪一方面:学习态度不端正,学习习惯不好,还是某一方面的能力有待培养? 学生们也真正能够通过考试发现自己存在的问题。在这个原则的指导下,我们在日常的教学中就能对学生进行有效的指导,端正学生的学习态度,帮助学生养成精益求精的学习习惯,最大限度地提升学生的语文能力。当然,考试的问题比较复杂,比如为什么要考背诵,为什么要考察课外点读,选取什么样的现代文阅读题目,等等,都需要有依据。笔者的这种研究也并不新鲜,并不周严。作为一个例子,说一说学科规范的问题,供大家多多批评。让我们努力探究语文学科专业规范,逐步接近语文教育的核心与本质。

三、结束语

中学语文教师专业素养的提高,涉及教学工作的各个环节,关乎每一位教师的工作实践,关乎语文教育的全局,这是一个系统工程,需要所有教师参与。对每一位教师来讲,建立自己的教学个性,帮助语文学科建立完善的专业规范,充分发挥自己的教学个性并使之符合语文教学的专业规范,是提高专业素养的必由之路。

(作于 2008 年 1 月)

中学现代文教学的一次调查与若干思考

　　近百年来，中国现当代作家用白话写作和翻译的大量文学作品，中学语文教学界把这些文学作品统称为"现代文"。现代文早已成为中学语文教材的主要内容。很难想象，如果没有现代文的蓬勃兴起，文言文如何担当起数学、物理、化学、生物、信息技术等学科以及各种尖端科技设备严谨、细致、精密的表述任务。不待说，现代文的发展顺应了中国社会现代化的要求。正因为如此，现代文教学也可以被看作是现代中国社会进步在语文学科上的标志。

　　作为一名长期工作在中学一线的语文教师，笔者高度重视现代文教学，并希望能在教学实践中有所创新，有所作为。为了改进现代文教学，努力为现代文教学实践与理论探究提供一些依据，首先需要探究具备哪些特质的现代文适合入选语文教材，入选教材的现代文怎样才能发挥更大作用，笔者组织了一次问卷调查。调查对象是清华附中高一学生，调查时间是 2014 年 10 月 9 日下午，在课堂上完成。（所有同学都是从初中毕业刚刚进入高中仅一个月时间。）

　　问卷具体内容如下。

　　标题："初中语文教材中的现代文"学习情况调查问卷

　　问题 1：初中语文教材里，给你印象最深的 1～3 篇现代文是哪些？

　　问题 2：这 1～3 篇现代文让你印象深刻的主要原因是什么？

　　问题 3：你觉得初中语文教材中的现代文对我学习语文的最大帮助是什么？

一、问卷统计

　　问卷数量：收回问卷 341 份，其中 1 份作废，有效问卷 340 份。

　　1. 对问题 1 所做的统计（见表 6-1）

表 6-1　对问题 1 所做的统计

篇目（作者）	学生数	占总人数百分比/%
背影（朱自清）	128	37.647
孔乙己（鲁迅）	92	27.059
故乡（鲁迅）	88	25.882
从百草园到三味书屋（鲁迅）	56	16.471
春（朱自清）	55	16.176

续表

篇目(作者)	学生数	占总人数百分比/%
藤野先生(鲁迅)	46	13.529
社戏(鲁迅)	43	12.647
变色龙(契诃夫)	42	12.353
最后一课(都德)	33	9.706
我的叔叔于勒(莫泊桑)	30	8.824
绿(朱自清)	28	8.235
紫藤萝瀑布(宗璞)	27	7.941
海燕(高尔基)	17	5
囚绿记(陆蠡)	11	3.235
阿长与山海经(鲁迅)	10	2.941
一面(阿累)	10	2.941
白杨礼赞(茅盾)	8	2.353
济南的冬天(老舍)	7	2.059
安恩与奶牛(约翰尼斯·延森)	6	1.765
鼎湖山听泉(谢大光)	6	1.765
金色的鱼钩(陆定一)	5	1.471
幽径悲剧(季羡林)	4	1.176
为你打开一扇门(赵丽宏)	4	1.176
叫三声夸克(卞毓麟)	4	1.176
散步(莫怀戚)	3	0.882
多收了三五斗(叶圣陶)	3	0.882
在烈日和暴雨下(老舍)	3	0.882
风筝(鲁迅)	3	0.882
雪(鲁迅)	3	0.882
老王(杨绛)	2	0.588
石榴(郭沫若)	2	0.588
父亲(刘鸿伏)	2	0.588
热爱生命(杰克·伦敦)	2	0.588
枣核(萧乾)	2	0.588
一个苹果(张计法)	2	0.588
百合花(茹志鹃)	2	0.588
天上的街市(郭沫若)	2	0.588
落花生(许地山)	1	0.294
匆匆(朱自清)	1	0.294
错过(刘心武)	1	0.294
窗(泰格特)	1	0.294
爸爸的花落了(林海音)	1	0.294
喂,出来(星期一)	1	0.294
人民解放军百万大军横渡长江(毛泽东)	1	0.294
挑山工(冯骥才)	1	0.294
风行绿墙(宋淑运)	1	0.294
苏州园林(叶圣陶)	1	0.294
渔夫的故事(《天方夜谭》)	1	0.294

续表

篇目（作者）	学生数	占总人数百分比/％
我的教师（魏巍）	1	0.294
伟人细胞（秦文君）	1	0.294
俗世奇人两则（冯骥才）	1	0.294
信客（余秋雨）	1	0.294
怀疑与学问（顾颉刚）	1	0.294
丰碑（李本深）	1	0.294
草（王愿坚）	1	0.294
花儿为什么那样红（贾祖璋）	1	0.294
蔚蓝的王国（屠格涅夫）	1	0.294
目送（龙应台）	1	0.294
假如生活欺骗了你（普希金）	1	0.294

2. 对问题 2 所做的统计

学生对所有篇目的"非正面评价"情况，以及不少于 30 人提及"印象深刻"的篇目的正面评价统计如下。

（1）非正面评价，涉及 12 篇课文，共 25 人次，占总人数的 7.353％，具体情况如下。

《背影》3 人次，学生反映：①这篇文章写父亲过铁道，网络上争议说这不符合交通法则，我觉得很好笑，所以印象深刻；②考试内容有提及；③做题经常做到。

《孔乙己》1 人次，学生反映：文学常识考试，记住了。

《故乡》2 人次，学生反映：教师讲的课时比较多。

《从百草园到三味书屋》4 人次，学生反映：学了很长时间，考试内容多有提及。

《藤野先生》3 人次，学生反映：考试内容多有提及。

《社戏》4 人次，学生反映：①文学常识考试常考；②文章很长，还被要求背诵；③课文特别长。

《最后一课》1 人次，学生反映：书上的插图中，黑板的边缘不齐，我花了一节课把它画得更像黑板，涂了很厚的黑色块。

《绿》2 人次，学生反映：总被提起，做题经常做到，教师讲了很久。

《紫藤萝瀑布》1 人次，学生反映：教师讲了很久。

《白杨礼赞》1 人次，反映：教师让背诵。

《多收了三五斗》1 人次，学生反映：因其篇幅较长，讨论持续了数节课，可最终对某些问题仍未达成一致。

《雪》1 人次，学生反映：讲的课时多。

《石榴》1 人次，学生反映：郭沫若在那篇文章中犯了一个经典错误，让我知道了连大家也是会犯错的。

（2）有不少于 30 人提及"印象深刻"的篇目正面评价统计。由于学生表述方式及用词有所不同，笔者在统计归类时重点关注了每位同学语言的层次与主要意旨，做了相应概括。某些用语较为含混的地方有所舍弃。具体情况如下。

《背影》——课文语言朴实，故事情节吸引人：77 人；课文情感动人，能引人思考联想，让人感动:62 人;作家人格让人敬仰,在文学上贡献大:24 人;教师讲得精彩:16 人;人物形象吸引人:7 人;能帮助自己写作:6 人;自己做过深入研究:3 人。

《孔乙己》——课文思想情感能感染人,引人思考联想:33 人;能帮助我认识社会,思考人性:27 人;课文语言特点或故事情节吸引人:17 人;教师讲得精彩:16 人;作家人格让人敬仰,在文学上贡献大:11 人;能帮助自己写作:5 人;演过课本剧:4 人;经典语句让人印象深刻:4 人。

《故乡》——课文思想情感能给人启迪,引人思考联想,让人感动:41 人;课文语言特点或故事情节吸引人:27 人;能帮助我认识社会,思考人性:19 人;作家人格让人敬仰,在文学上贡献大:13 人;教师讲得精彩:12 人;引起了我的探究热情:9 人;能帮助自己写作:6 人;课文题材、人物形象吸引人:6 人;演过课本剧或课堂活动丰富精彩:5 人。

《从百草园到三味书屋》——作家人格让人敬仰,在文学上贡献大:15 人;课文语言特点或故事情节吸引人,笔法好:14 人;能帮助我认识社会,思考人性:13 人;课堂活动丰富精彩:5 人;经典句子让人印象深刻:3 人;自己做过深入研究:2 人;去过鲁迅故居:2 人。

《春》——语言美,景物描写细致入微,十分精彩:23 人;课文思想情感能给人启迪,引人思考联想,让人感动:14 人;背诵过:11 人;作家人格让人敬仰,在文学上贡献大:10 人;学校经常播放朗诵音频:2 人;网络多见:2 人。

《藤野先生》——课文语言特点或故事情节吸引人:14 人;帮助我了解当时的社会环境:11 人;作家人格让人敬仰,在文学上贡献大:11 人;课文思想情感能引人思考联想:10 人;教师讲得精彩:10 人;去过鲁迅故居:2 人;初三时学习的唯一课文:2 人;经典句子让人印象深刻:1 人。

《社戏》——教师讲得精彩:8 人;课文思想情感真挚深厚:6 人;作家作品有名气:6 人;课文题目或故事情节吸引人:3 人;人物形象吸引人:3 人。

《变色龙》——课文具有讽刺意义与教育意义:23 人;课文故事情节吸引人:13 人;能帮助我认识社会,思考人性:10 人;课文题材、人物形象吸引人:10 人;教师讲得好:5 人;写作手法、风格好:2 人;演过课本剧,曾是编剧:1 人;标题好记:1 人。

《最后一课》——课文故事情节令人感动:20 人;爱国情怀:13 人;写作手法生动,读着有味道:5 人;心理描写等感人:4 人;历史政治课也提到过:2 人。

《我的叔叔于勒》——课文思想情感引人思考,让人伤感:10 人;课文情节吸引人:7 人;语言幽默生动:4 人;帮助了解当时法国的社会背景:4 人。

3. 对问题 3 所做的统计

(1)非正面评价

认为初中语文现代文对自己的语文学习"没有作用"的有 35 人次,占问卷总数的10.294%。(其中 30 人次明确表示"无用",2 人次认为看现代文是为消遣,3 人次认为仅仅是多看了几篇文章。)

(2)正面评价

由于学生表述方式及用词有所不同,笔者在统计归类时重点关注了每位同学语言的层次与主要意旨,做了相应概括。某些用语较为含混的地方有所舍弃。

① 认为初中语文现代文能帮助并启发自己思考人生与社会,促进自己精神成长的有

61 人次。约占问卷总数的 17.941％。

② 认为初中语文现代文能帮助自己提升阅读理解能力，提高阅读兴趣的有 158 人次。约占问卷总数的 46.471％。

③ 认为初中语文现代文能帮助自己提高写作能力的有 94 人次。约占问卷总数的 27.647％。

④ 认为初中语文现代文能帮助自己多了解文学知识，开阔眼界的有 61 人次。约占问卷总数的 17.941％。

⑤ 认为初中语文现代文对自己提高解题技巧，提高考试分数有帮助，直接提及"考试""做题"的有 13 人次。约占问卷总数的 3.824％。

⑥ 有 1 人次认为初中语文现代文让自己"热爱语文"。约占问卷总数的 0.0294％。

二、问卷分析与思考

分析以上统计情况，或可窥初中语文现代文教学情况之一斑。

长期以来，"语文"这个概念，有"语言文字""语言文章""语言文学""语言文化"等不同的解读，语文教材的功能，需要兼顾语言、文字、文章、文学、文化等内容作为现行教材最主要内容的现代文选文，要想兼顾这些内容，承载这些功能，我们面临巨大挑战。

参照以上统计资料与数据，学生对初中语文现代文学习情况的反馈，还是照应到了语言、文字、文章、文学、文化等几个方面。同时，我们注意到，学生们对课文的思想情感、语言的文学性、对自己阅读写作能力的促进作用等方面，给予了较多的认同与肯定。比如有同学评价朱自清《背影》"语言优美，感情丰富"，"是我接触到的描写细腻、情感真实的好文章"；评价鲁迅《孔乙己》"反映了封建社会对人的荼毒，反映了社会的冷漠黑暗""引起了我对《呐喊》《彷徨》的兴趣，意旨深刻"；评价鲁迅《故乡》"课文中展现的民生凋敝，社会中纯真感情的扭曲、消逝，很令人感慨。旧社会中因阶级而产生的人与人之间的隔膜更是可悲可叹，鲁迅先生用淡然又痛彻的笔法，表达了深深的悲哀与平淡中强烈的憧憬，令人难以忘怀"；评价朱自清《绿》"朱自清散文易于仿写、背诵"等，就可见一斑。

问卷所反馈的信息比较丰富，笔者择其主要方面，简要分析如下。

其一，具备哪些特质的现代文适合入选语文教材？

笔者选取了"人教版""苏教版""北京版""北师大版"四个版本的初中现行语文教材，对入选其中的现代文做了统计（见表 6-2）。

表 6-2　初中教材中的现代文数目统计　　　　　单位：篇

年　级	人教版	苏教版	北京版	北师大版
七年级上	24	19	19	22
七年级下	21	20	20	19
八年级上	22	16	19	22
八年级下	23	23	21	19
九年级上	13	19	18	18
九年级下	12	16	15	21
合　计	115	113	112	121

每个版本的初中语文教材,现代文篇目均超过百篇。但是能够让学生"印象深刻"的篇目,实在不多。排在前三位的是:《背影》128 人,占总人数的 37.647％;《孔乙己》92 人,占总人数的 27.059％;《故乡》88 人,占总人数的 25.882％。这三篇现代文的"印象深刻度人气"高居前列。排在第四位的是《从百草园到三味书屋》,有 56 人选择,占总人数的 16.471％;第五位《春》有 55 人选择,占总人数的 16.176％。其余篇目,选择人数都在 50 人以下。这五篇作品,两篇出自朱自清之手,三篇出自鲁迅之手。大家典范之作,果然不同寻常。

　　连同以上作品在内,能够有 10 位及以上同学提及的课文,总共也只有 16 篇,它们还有:《藤野先生》46 人、《社戏》43 人、《变色龙》42 人、《最后一课》33 人、《我的叔叔于勒》30 人、《绿》28 人、《紫藤萝瀑布》27 人、《海燕》17 人、《囚绿记》11 人、《阿长与山海经》10 人、《一面》10 人——这些篇目的作者依然是中外名家。其余篇目,提及人数均为个位数。

　　"有 30 人及以上提及'印象深刻'的篇目正面评价统计"数据显示,共有 90 人次将"作家人格让人敬仰,在文学上贡献大"作为自己对文本"印象深刻"的原因之一。或许这些著名作家作品的名气确实对学生有巨大的吸引力,或者是教师对这些课文的重视反过来引起了学生们的重视,但数据显示,学生谈及人数最多的两个方面是:提及"课文语言或故事情节吸引人"的共约 176 人次,占调查总人数的 51.765％;提及"课文思想情感动人"方面的共约 212 人次,占调查总人数的 62.353％。

　　由此可见,课文语言、故事情节、思想感情这三个方面仍然是学生们关注课文的主要方面,如果加上"写作手法""心理描写""风格""人物形象吸引人"等学生所陈述的原因,提及这些方面的人次会更多。这说明,文学作品的质量,仍然是学生重视的主要原因。

　　数据显示,提及"思考人性、认识社会"这方面的同学有 77 人次,占调查总人数的 22.647％,如果再加上"引人思考联想"等方面,也是一个较大的数目,这说明,相当一部分的初中生对思考人生、认识社会有着较为直观的感知——也许,新《课标》中所表述的语文"人文性",可以在这里得到某种印证——但这样的直观感知也并不一定是语文课的专利。

　　由此可见,入选初中教材的现代文,一定要在语言、情节、思想感情、思想认识等方面有突出特点,才能得到学生的认可,也才能将对学生的教益最大化。需要指出的是,学生对课文语言、情节、思想感情、思想认识等方面的要求,有着较高的标准。

　　试以《背影》为例,略加说明。学生提及《背影》时,感受较多的是:课文语言朴实,情节吸引人 77 人;课文情感动人,能引人思考联想,让人感动 62 人;作家人格让人敬仰,在文学上贡献大 24 人。这表明,简单的"父爱"并不能真正吸引学生,而"朴实"的文字也并没有被学生忽略。作品情节、细节的真实性,父亲形象带给学生无尽的回味,朱自清人格的伟大,是学生对这篇文章印象深刻的根本原因所在。

　　谈到这里,笔者很想提及一篇文章。"苏教版"八年级上选入了《甜甜的泥土》一文,作者黄飞。大致情节是:二年级小学生王小亮惧怕继母和父亲,不敢把亲生母亲送到学校为自己庆祝生日的糖果带回家,于是把它们埋在了路边的雪堆中,不想一夜之间冰雪融化,糖果化成水融入泥土,小亮"抠起一点泥土放在舌尖上",那泥土"甜甜的"。从语言文字上来讲,这篇课文也注意了语言的抒情性,读来也能让人动情;同时结构也还合理,叙事清楚。但这篇文章在自然常理及思想情感方面出现了一些偏颇,让笔者不能认同。比如,

"不想一夜之间冰雪融化,糖果化成水融入泥土"这一点,就未必真实可信,而从思想感情上看,也存在一些问题。比如,文章中有这样一段描写。

　　放学了,小亮还沉浸在欢乐之中,蹦蹦跳跳地朝家中走去。蓦地,他站住了,摸摸口袋里还剩下的舍不得吃的糖,一股恐惧感袭上心头。他好像又看到:现在的妈妈扬起细眉在爸爸的耳边嘀咕什么,爸爸抓起一根柴棍,气势汹汹地向他走来。他愣怔着,不知如何办才好。他使劲拍拍口袋,不行,咋瞧都是鼓囊囊的。他低下小脑袋,吮着指头,想了许久,瞅瞅四周无人,迅速将糖埋入路边的雪堆中,还特地插上一根小棒棒。

　　现实生活中一定真实存在着这样恶毒的继母和这样凶狠的父亲,但也一定存在着慈爱和蔼的继母和仁厚有担当的父亲。艺术的真实一定要有生活的真实做支撑,且艺术的真实还需要为生活的真实构筑精神价值的栋宇。作为语文教材选文,这篇文章刻意彰显了继母的刻薄与父亲的狠毒,孩子的隐忍和亲生母亲的悲苦。从社会民俗的角度来看,这篇文章面对初中学生放大了"继母"形象的负面效应,"继母"这个概念俨然都成为"坏人"的代名词,这显然有失偏颇。这样的"个案",可以作为民事甚至刑事案例,但不适合出现在语文教材里。

　　其二,教材中的现代文怎样才能发挥更大作用?

　　我们还是先重温一下之前的统计数据。

　　在对问题 3 所做的统计中,排在前三位的分别是:第一位,能帮助自己提升阅读理解能力,提高阅读兴趣的有 158 人次,约占问卷总数的 46.471%;第二位,能帮助自己提高写作能力的有 94 人次,约占问卷总数的 27.647%;并列第三位,能帮助并启发自己思考人生与社会并促进自己精神成长的有 61 人次,约占问卷总数的 17.941%;能帮助自己多了解文学知识,开阔眼界的有 61 人次,约占问卷总数的 17.941%。

　　显而易见,学生对于自己阅读能力的提高及阅读兴趣增长、写作能力的提高给予了较多关注,而阅读与写作也正是学生语文学习的最核心内容。以前,我们在语文教学中较多提及"听说读写"的概念,认为要注重"基础知识""基本技能";而现在的《课标》提出"语文素养"等概念,从本次问卷统计情况来看,"阅读""写作"这两种"技能"或"素养"得到了学生较多的"确认",这也许提示我们,在初中语文教学中或许应该增进学生的读写兴趣,加强对学生读写能力的引导与练习。当然,读与写的转换,有一个复杂的过程。让学生在评读现代文的基础上提高写作能力,也还需要做更多探索。

　　同时,问卷反馈也显示,学生还较为注意自己的精神成长——在这方面学生提及最多的篇目是:《孔乙己》《故乡》《藤野先生》《从百草园到三味书屋》《变色龙》等。由此可以发现,鲁迅先生的文章在帮助青少年人格成长方面的作用不可取代。这也提示我们,语文课或许担负着较多促进学生精神成长的功能,语文教师在课堂上不能只关注"学科知识"。诚然,考试是学生经常需要面对的重大问题,但此次问卷调查中,提及"能提高解题技巧,提高考试分数"的仅有 13 人次,约占问卷总数的 3.824%。这也许能够证实,进入高中以后,学生们回望自己的初中语文课,在意的并不是考试成绩,而是个人成长所获得的精神食粮。

　　谈到这里,笔者不能不思考教师对于学生的影响问题。也有一个统计数据:提及"教师讲得精彩"的共 67 人次,占总人数的 19.706%。也就是说,有将近五分之一的同学把教师精彩讲解的因素作为自己选择印象深刻的课文的原因之一。笔者未能在问卷中让同学详细解说"教师讲得精彩"都有哪些具体含义,留下一些遗憾。但仔细思考,大略不过两个方面:对文本分析得精彩;对思想阐发得精彩。在问卷结束后与几位高一学生的非正式闲谈中,这些同学主要提及的也正是这两个方面。

现代文教学能对学生有多大帮助,作品本身和教师本人能够对学生产生怎样的影响,课堂组织怎样才算科学合理,一直是一线教师极为关注的问题。审视以上统计结果:排在第一位的"能帮助自己提升阅读理解能力提高阅读兴趣"有 158 人次,约占问卷总数的 46.471%。排在第二位的"能帮助自己提高写作能力"有 94 人次,约占问卷总数的 27.647%。笔者认识到,我们的教材现代文选文乃至现代文教学,都还算不上是"成功"。单就"阅读"来说,现代文帮助学生提高能力、提升兴趣乃是其基本的功能所在,可超过半数的学生没有给予认同,这是选文本身的原因,还是课堂教学效果原因,亦或还有学生本人学习态度的原因?而对于写作能力的帮助来说,情况似乎更为糟糕,几乎四分之三的同学没有给予认同,这又有怎样深层的原因呢?

近百年来,现代文作品星火燎原,优秀作品也不在少数,但现行教材中选取的现代文够不够经典,教师对这些课文研究得够不够透彻,仍有许多疑团。这样的谜团早已存在,早在 1942 年 8 月,叶圣陶在他主编的《国文杂志》创刊号《发刊词》里不无忧虑地说:

如果多多和学校接触,熟悉学校里国文教学的情形,更多多和学生接触,熟悉学生运用国文的情形,就会有一种感想,国文教学几乎没有成绩可说。这并不是说现在学生的国文程度低落到不成样子的地步了,像一些感叹家所想象的那样;而是说现在学生能够看书,能够作文,都是他们自己在暗中摸索,渐渐达到的;他们没有从国文课程得到多少帮助,他们的能看能作当然不能算是国文教学的成绩。另有一部分学生虽然在学校里学习了国文课程,可是看书不能了了,作文不能通顺。国文教学的目标原在看书能够了了,作文能够通顺,现在实效和目标不符,当然是国文教学没有成绩。

其实,中国社会关于"国文教学没有成绩"的质疑到今天也没有停止,语文教学改革也正是在这样的质疑声中不断推进。但不可否认的是,现代文教学一直努力适应着中国社会现代化发展的要求,成为现在语文教学的主流。

笔者统计了"人教版""苏教版""北京版""北师大版"等四个版本的现行初高中语文教材中的现代文、现代诗篇目(见表 6-3、表 6-4)。

表 6-3 初高中教材中的现代文数目统计　　　　　　　　　　　单位:篇

阶段	人教版	苏教版	北京版	北师大版
初中	115	113	112	121
高中	72	93	55	63
合计	187	206	168	184

表 6-4 初高中教材中的现代诗数目统计　　　　　　　　　　　单位:篇

阶段	人教版	苏教版	北京版	北师大版
初中	20	19	15	18
高中	28	39	23	37
合计	48	58	38	55

统计发现,教材中的现代文数量并不少,可令人遗憾的是,从本次问卷调查的结果来看,这其中只有少数篇目能够引起学生的兴趣,让学生感受到有帮助。

换一个角度思考,学生阅读能力与写作能力的提高,也许不能完全依靠教材的"选文"。中国大陆在 20 世纪 50 年代曾做过一次短暂的教学实践,那就是"语言"与"文学"分开进行教学。更早的时候,叶圣陶与夏丏尊编辑《国文百八课》,谈及编辑思想,叶圣陶先生说:

选古今现成的文章作教材,这虽已成习惯,其实并不一定是好方法,尤其是对于初中程度的学生。现代的青年有现代青年的生活,古人所写的文章内容形式固然不合现代青年的需要,就是现代作家所写的文章,写作时也并非以给青年读为目的,何尝能合乎一般青年的需要呢? 最理想的方法是依照青年的需要,从青年生活上取题材,分门别类地写出许多文章来,代替选文。(《关于〈国文百八课〉》,载《叶圣陶语文教育论集》,第 178~179 页,教育科学出版社,1980 年)

参照叶圣陶先生的看法,我们不能不承认,现行以"选文"为主的教材编辑思路,或许是一种承续了诸如《古文观止》等古代文选的惯性思路,其对学生阅读与写作能力提升所能提供的帮助,也许有着先天的局限性。可是,由一些人"分门别类地写出许多文章来,代替选文",就一定可行么? 何况谁有那么大的能耐恰到好处"分门别类地写出许多文章来"?

其三,为什么有学生不喜欢语文,尤其不喜欢现代文?

本次调查,有两个数据也值得我们关注:认为初中语文现代文对自己的语文学习"没有作用"的有 35 人次,占问卷总数的 10.294%;对"印象深刻"的课文做出"非正面评价"的共 25 人次(涉及 12 篇课文),占总人数的 7.353%。

笔者以为,学生爱不爱学语文,与他们较多考虑语文的功利作用相关。如果语文能帮助学生增长见识,解决阅读困难,解决写作问题,带来精神愉悦甚至触动灵魂,完成一项任务,等等,学生才会认真学习它。如果所有的工作学生都能依靠口语加以解决,那么学生就不需要认真学习语文了。在这方面,现代文在学生面前似乎有着先天的劣势。可是,语文教育同时又是最重要的经典教育、素质教育、人文教育,它在这些方面的作用,迫于升学压力的青少年学生一时不会有自觉的意识和积极的反映,但却一定会在他们以后的人格素养、道德情操、美学趣味上逐渐反映出来。许多并不从事文学创作和文学研究的普通人,在多年后还会念念不忘、如数家珍地说起他们知道的文学经典作品,那些不都是他们青少年时期在中小学念过的么? 所以,我们对中学语文教学的探讨包括对它的选文的斟酌,就不能只顾眼前的功利,而必须考虑到它的非功利的长期效应了。从这个角度看,我还是赞同不论古代文还是现代文都应该多选那些有定评的文学经典之作,当然具体的篇目是可以商量和讨论的。

(作于 2014 年 10 月)

中学语文教学要注重基本规律、
基础知识和基本技能

清华大学派遣学生到青海西藏等地进行为期一年的支教,这些学生在参加支教前,到附中接受我们一线教师的培训,鄙人就接待了一位"徒弟",是一位将去青海支教的女学生。

这位学生星期一(2008年5月26日)上午找到我,希望我回答她几个问题。

她的第一个问题是:讲一节课的内容,要用多少时间备课。

如果是在五年前,或者四年前,我大概会告诉她"台上一分钟,台下十年功"。但是现在,我已经是一位高级中学的高级教师了,自然不能再这样回答她。

我告诉她,我刚走上中学讲台的时候,讲一篇课文,一般只需要两节课时间,因为我觉得那课文的内容,意思都是明明白白的,有什么好讲?那时候,觉得一切都比较简单。可是,这样讲下来,学生对课文基本没有深刻印象,只是知道一些笼而统之的说法,对一篇课文往往不会做具体评析,过一段时间,什么都忘了,甚至连问学生某篇课文的某有关情节,学生也基本上什么都不知道了。糟糕的还有,考查的题目一出现——那一般都是比较具体并注重语文基本规律的问题——看到试卷,学生们可能会觉得,教师课上那些泛泛而谈的东西,不单不能解决学科知识的基本问题,不能帮助自己提高赏析的水平,而且于考试似乎也没有什么帮助,根本不值得听,于是厌学语文。

她对我的话显然产生了兴趣,表情专注起来。清华的学生做事情,态度总是很认真。

我继续说,后来我发现,中学的教学有一个基本的特点,就是问题要具体,解说要细致,要注意总结规律,不能笼而统之。

我先举了两个词语做例子:《边城》里有一句"这船便如一只没羽箭似的,很迅速地向下游长潭射去"。这里"没羽箭"这个词,学生很容易错误理解成"没有羽毛的箭",我们要帮助学生正确理解这个词,给学生解说清楚,并帮助他们拓展"平明寻白羽,没在石棱中",拓展《水浒传》里的"没羽箭张清",等等。还有一个词,是《林教头风雪山神庙》里的句子"再讨了按酒铺放桌上",这里有"按酒"一词,我说,我最初开始读,就以为是"酒",不知道是"下酒菜"。这些词语,一定要告诉学生正确的意思。我说,大学里,教师是不会讲这些具体的词语的,大学教师可能重点讲《边城》的风格特点、艺术成就等。

我的案头,恰好有一篇已经打印好的文章,是我在2003年7月写的《谈谈小说环境描写的几个作用》,我于是就这个问题先说了起来。

我拿过身边的一本语文书，随意翻开一篇课文，是《荷花淀》。我说，大学里学习这篇文章，教师可能主要借此说说"荷花淀派"的风格特点，大抵不会分析课文中的细节问题。中学就不是这样，举例来说，小说自然景物描写的作用，我指着书上的一段文字。

"那密密层层的大荷叶迎着阳光舒展开，就像铜墙铁壁一样。粉色荷花箭高高地挺出来，是监视白洋淀的哨兵吧。"

我说，小说的三要素"人物、情节、环境"，这里属于环境要素。我们在中学里为学生讲小说，是要把这三个要素落到实处的。这一段景物描写，就具有象征意义，象征着白洋淀人民坚强的抗战意志和斗争精神。这样讲，学生对景物描写的认识才更深刻，对小说的"环境"这一要素才能有更深刻的认识。

我继续翻书，是《青梅煮酒论英雄》，我指着书中两处很不起眼的地方，一处是"酒至半酣，忽阴云漠漠，骤雨将至。从人遥指天外龙挂，操与玄德凭栏观之"。一处是"时正值天雨将至，雷声大作。玄德乃从容俯首拾箸曰：'一震之威，乃至于此。'"我说，第一处是为第二处做铺垫，因为如果这里没有关于"云"的描写，那么，后面的雷声就相当于"晴天霹雳"，读者也会感觉到突兀；第二处推动情节发展，因为没有这个雷声，刘备如何"蒙混过关"？故事就不好发展了，这里的雷声，使得故事情节能继续发展下去。这样，学生对小说的创作就会有更深的认识，不会认为写小说就是瞎编乱造，这样，他们的欣赏才能比较深刻，也才能提高鉴赏水平。

再翻书，是《促织》，我正讲授这篇课文，我就这篇课文谈了两个小问题。

第一个问题是概括段意。我说，我要求学生认真读课文，把每一段的段意概括出来，当然不是要学生自由发挥，而是有限定条件，每段的段意都用一个动词，要求最好是从原文找出来的动词，加上"促织"两个字，最后概括为"征促织""觅促织""卜促织""得促织""毙促织""化促织""斗促织""献促织""评促织"（这里"评"不是原文动词）。我解释说，为什么要强调"用原文中的动词"并且限定后面都接上"促织"两个字，是因为"用原文中的动词"能督促学生读书的时候态度更认真，读得更仔细，抓关键词语更准确；限定"促织"两个字，是为了帮助学生关注课文本身线索等，并防止学生在概括文章意思的时候发生信口开河的情况。

第二个问题是在课文第6小节处，我要求学生找出体现成名心理活动变化的词，感受成名内心的悲苦和无奈：成名听说儿子误毙蟋蟀则（怒），得子尸于井则转而为（悲），见儿子气息惙然则转为（喜），但顾蟋蟀笼虚则又转而为（气断声吞，僵卧长愁）。忽闻门外虫鸣则既（惊）且（喜），然见蟋蟀短小则认为它（劣）；视之，意似良，则又转为（喜）。将献公堂，不知能否合官老爷意，心中又（惴惴恐）。这细致入微、曲折变化的心理描写与动作描写熔于一炉，有力地揭示了皇帝荒淫，官贪吏虐，致使百姓家败人亡的罪恶现实。我解释说，在中学里，如果教师不做这些工作，学生可能就会忽略这些细节，对课文的理解就不可能深入；教师引导学生做这些工作，学生就能在课文里发现很多自己不曾注意到的问题，那么，他们将对课文产生更为浓厚的兴趣，学习的积极性也就会更高，不至于在学完一篇课文后仅仅知道一些大概的情节，然后很快就遗忘了，引导学生这样做，学生对小说创作手法的认识，也会更深刻。

继续翻书，是《林教头风雪山神庙》。我指着林冲在山神庙门里听门外三个人对话的那一段说这里有九句话,共是三个人说的,那么,每一句话都是谁说的呢?我们组织学生讨论,得出结论是:"1、5、7"三句是差拨说的,"2、4、9"三句是陆虞侯说的,"3、6、8"三句是富安说的。我们要求学生把分析的依据讲明白,那就是人物的身份地位不同,语言表达不同。这三个人中,陆虞侯地位高,所以口口声声"高太尉";差拨是阴谋的具体策划与实施者,所以处处邀功;富安地位低,只是一个小跟班,也没有什么计谋,所以句句附和,只能说一些无关紧要的话。这样帮助学生分析下来,学生就能理解,小说人物语言的创作要符合人物身份地位的特点了。

同这个问题接近,我还对她说到了《荷花淀》里五个妇女商议一起去看丈夫的那一段对话。那一段对话,体现了五个人的不同性格。在课文结尾处,打完仗以后,几个妇女在回家的路上,也有一段对话描写,就是"他们自己也笑了,今天的事情不算光彩,可是——"后面的那五句对话,仍然是前面商议看丈夫的那五个人说的,只是说话的先后顺序不同了,我引领学生分析前面五句和后面五句体现出来的人物的性格特点,看哪两句是同一个人说的,很有意思,学生分析起来并不轻松。我总结说,引领学生分析这一部分内容,就是帮助学生认识小说语言创作要符合人物性格这一特点。

说到这里,这位即将支教的学生很感慨。她说,她在安徽读书的时候,语文教师尽让她做题了。之前把支教想得太简单,不知道要这样讲课的。

我于是总结说,中学语文一定要重视基础知识、基本技能,要帮助学生理解掌握许多基本概念,帮助学生总结认识许多基本规律,像"小说环境描写的作用"之类,并引领学生做一些有益的探讨。比如讲"夸张"这一修辞手法,不仅要让学生知道什么是夸张,还要让学生知道是怎样夸张的,夸张以后有什么好处,然后,我们还要帮助学生合理运用夸张这种修辞手法,并且能对别人使用的夸张修辞手法进行鉴赏,做出评论,等等。这些问题都解决了,学生才能真正知道什么是夸张。我还说,中学的基本规律、基本知识和基本技能,在教师看来可能很简单,是小儿科,但学生未必都是能发现、理解并掌握的,教师在讲课的时候一定要清楚、明白、透彻,俗称"掰开了揉碎了"讲,要有耐心,要不厌其烦,结合具体问题进行深入分析,并且能帮助学生认识许多规律性问题,切实提高阅读鉴赏能力,不能笼而统之、泛泛而讲。

她又问我,上课讲这些问题的时候要注意做好什么样的准备工作。

我说,只要你在备课的时候对所讲授的内容有了深入的理解,那么,讲课的时候,就会比较从容。当然,你在讲课前要做一些必要的设计,比如问题提出的方式,不同的问题提出的先后顺序,提出问题的时候怎样组织好自己的语言,等等。还有,学生要参与哪些活动,也要有事先的准备。如果有什么突发情况,其实还是要看你是否真地把握了要讲授的课程内容,如果你能应对好突发情况,一般来说,你对所讲授的内容应该是有较好的把握。当然,如果真的不懂,只好告诉学生自己也没有考虑好,可以继续讨论,课下或者下一节课再解决,千万不能强不知以为知,告诉学生错误信息。

她大概是比较满意我的回答,在小本子上都一一记下了我的谈话。我大概是因为突然面对一位即将支教的新的"徒弟",话也比平时长了一些。

然后,她又问了我一些班主任管理方面的事情。这里说其中的两件:一是学生"早恋"怎么办;二是怎么跟学生谈话。

第一个问题，我提到了《鸿门宴》《阿Q正传》。我说，学生"早恋"（现在已经改称"交友过密"等说法了）这事情，如果真的发生了，很正常。当然，教师们一般是持不支持或反对意见的，但是，如果这事发生了，一般也是没有什么好办法的。所以，最好是不要让这事情发生。那么，教师能做的工作，即是在一开始就向所有学生明确表述自己的观点，怎么表述呢？要有技巧。我举例说，我在讲《鸿门宴》的时候，讲到刘邦"财物无所取，妇女无所幸"这句话，我对学生说：你们看，有远大志向的人是须克制自己的感情的，刘邦就能做到这一点，如果刚上中学就想着谈恋爱的人，大抵都是缺乏远大志向的人，甚至就是一个小人。我这话一说，学生就明白我的观点了，虽然有点"牵强"，但是我觉得很有效，还能调剂课堂气氛。我还举例说，我讲《阿Q正传》的时候，用课文中的标题对学生进行教育，课文里四、五、六这三节的标题分别是《恋爱的悲剧》《生计问题》《从中兴到末路》，我对学生说，谁要是像阿Q一样早早地想恋爱问题，谁也许就会演一出恋爱悲剧，然后高考成绩不理想，产生生计问题，最后走向末路，甚至像阿Q一样"被杀头"，所以，谁也不要搞早恋，不要去荷塘边牵着手走路！当时我一说这话，学生们哄堂大笑，我觉得效果不错。

第二个问题，我建议她：除了抽专门的时间找个别学生谈话外，主要还在于平时的"三言两语"。我举例说，在楼道里碰见某个学生了，你说一两句提醒他的话；在上操的时候，你与某学生简单说两句；在学生来答疑的时候，你顺便说一两句，等等。这样，我们谈话不用花太多的时间，我们其实也没有太多的时间，学生还能感觉到你时刻都在关注他，这样谈话的效果，一般都很好。

我和这位即将支教的"徒弟"整整说了两节课时间。她接下来又听了我一节课。这次谈话以后，我忽然觉得，我应该把我们的这次谈话记下来，因为我发现，我其实是在谈中学语文教学的一些基本特点。中学语文教师要成为不可替代的专业技术人员，我们就要把这些基本特点上升为我们的职业基本特色。外行人不了解我们，我们对他们来说不可替代；内行人要成为我们中的一员，也必须掌握这些职业基本特点，才能胜任中学的教学。对大学或小学语文教学来说，中学语文教学的特点是不可替代的。

（作于 2008 年 5 月 27 日晚，北京清华园西楼）

质朴而活泼的耕耘者
——《用语文锤炼学生的思维品质》书评

特级教师崔琪是一位生在都市、长在都市、学习工作在都市的都市人,学生眼里的崔教师总是和蔼微笑的,她穿戴时尚、得体、整洁,课堂语言精练、斩捷。因此,我在这里说她质朴,也许会遭到许多认识崔教师的人的反对,甚至是她的部分学生的反对。当然,说她活泼,应该是没有异议的。

但是,我仍然要先说崔教师的质朴,她的质朴的教育教学思想。之所以说她的教学思想质朴,是因为她从来没有标榜过自己教育思想的超凡脱俗,她只是老老实实地说,"用语文锤炼学生的思维品质""给学生终身受用的东西";她在教学中也谈教育教学理论,但更多的是发表对具体问题的看法,只是努力把具体的问题说清楚,不着急给这些具体问题戴帽子,甚至不在乎能否体现"理论的高度";她在课堂上对学生说的话,也总充满了生活气息,她甚至不在乎是否讲求多么高超的教育教学艺术,只是总能智慧对待教学中出现的问题,妥善完美地处理这些问题。

当然,崔教师的活泼也是真实的,她走路的姿态,也似乎步步都在跳跃;尽管在讲台上崔教师很沉稳,但她的语言总有些俏皮,因为她的思想很活泼,学生们很高兴,哈哈大笑,课堂于是活跃起来。崔教师的身上,总有一股活泼的美感。

我与崔琪教师共事十四个年头了,今天看到一本研究崔琪教师的书《用语文锤炼学生的思维品质》,仔细翻阅,发现黄华、王永红两位研究者对崔教师的研究如此真实而深刻,把生活、工作中的崔教师鲜活而生动地呈现出来,颇有心得;书中对崔教师语言的描述,尤其精彩,这些语言是活泼的,也是质朴的,有灵动的美感,有真挚的感情,也有睿智而质朴的教育思想。我在这里摘录几段,供大家品鉴。

崔教师曾经做过警察,而后又上大学,最后到中学教书了。开学与学生自我介绍时,崔教师说:"别人说我太爱笑,不像个警察,所以我就来当语文教师了!"

这个自我介绍相信崔教师的许多学生都终生难忘。崔教师实话实说,这语词,是诙谐自豪的,也是活泼灵动的。教师自己的个性通过这句话传达出来,那"笑",自然而有亲和力,一下子便感染了学生。接下去的语文课堂,学生大约是身心愉悦的了。我想,这大约是崔教师作为特级教师的特质之一,能够和学生的心灵共愉悦。

课堂上,崔教师的语言还会有动作相伴,一次作文讲评课上,讲到一位同学写的《我的一位……的教师》,那位同学写的正是崔教师。

　　崔教师忽然收起脸上的笑容,板着脸,很严肃地对台下有些茫然的同学说:"有的同学把'崔琪'的'琪'写错了,这让我实在很生气!"同时,崔教师还"义愤填膺"地举起双臂挥动着,一副愤愤不平的样子,台下的同学乐得是前仰后合。

　　这段描写,也许正反映了崔教师语文课的特质之一:让文字充满生命的活力。试想,如果是干瘪瘪的语言文字的解说,相信学生对语文课的兴趣也是索然的;而如此的"现身说法",让语言文字配上教师的动作与表情,相信学生对语言文字的态度会端正起来,他们将来不仅不会把"崔琪"的"琪"写错,更能感受到错别字带给他人的是什么样的感受,会带来什么样的后果,进而注重自己的书写规范。

　　对于新课标和新课改,崔教师也敢于发表意见,阐述她对新课标的一些思考。她不仅认真算教师备课与学生学习语文的时间账,还有许多生动的类比说理。这些说法形象生动,深刻细腻。

　　曾几何时,北京市规定禁放烟花爆竹,禁放后虽严加看管却屡禁不止,于是改为"限放"。为什么会走回头路?因为人们理念难改。理念来自哪里?来自对现实的体认。如果高考先行改为"人格修养""文化素养""动手动脑能力""研究性学习成果"等内容的分类评价,而不是一次考试"定终身",那么人们的认识和做法就会发生变化!真心希望教改不要重蹈"禁放"的覆辙!

　　"禁放"与教育改革,似乎没有什么关联,但经崔教师这么一说,我们深刻感受到教育改革的复杂与艰难。这段话是大实话,是有责任心、充满忧患意识的大实话。这段话再朴实不过,但是也再深刻不过。作为一名特级教师,崔教师对教育改革的态度是严肃的,认真的,负责任的,充满智慧的。这段话用生活中大家熟悉的事情来形象地揭示教育问题,朴实;这段话把看来不相干的问题有机联系起来,给人灵感,活泼;这段话充满思考,切中肯綮,有思想智慧。这也正体现了崔教师作为特级教师的特质之一:能够对教育教学(改革)问题进行明晰而深刻的剖析。

　　诸如此类的文字描述,从崔教师出生,到成为一名特级教师,再到崔教师今日的语文教学实践与研究,精彩纷呈,成为这本书的一大亮点,与崔教师的其他教育教学活动交相辉映,生动地揭示了崔教师的教育思想,为我们立体地呈现了一位睿智而朴实的特级教师形象。

　　"问渠那得清如许,为有源头活水来。"能够把一位特级教师的形象描绘得如此丰满,如此清晰,是因为作者找到了汩汩的源头活水,在我看来,这源头活水主要包括三方面内容:崔教师丰富真实的人生经历;有关崔教师教育教学思想翔实而独特的第一手材料;描述剖析崔教师特级教师本质的有效表达方式。而书中对崔教师的语言描写,正是这源头活水中最激越动听的浪花!

　　这部书,也是质朴而活泼的!

附录

识得特级真面目,只缘深入此山中
——崔琪教师书评写后有感

每一位特级教师都是一座山清水秀、矿藏丰富的大山,要想真正认识这座大山,听别人的语言描述是苍白的,坐在飞机上俯瞰也是浓雾重重的,只有整体观照并深入这座大山,仔仔细细游历一番,才能了解它的真谛,探知它的价值。

翻阅《用语文锤炼学生的思维品质》一书,颇感作者用心良苦。细细品来,感觉作者黄华、王永红犹如两名探索者,他们从接触语文特级教师崔琪这座山的外围开始,逐渐深入这座山的内部,既有宏观的把握,又有微观的体认,把这座山的外在脉络与内在矿藏一一展示出来,直至最终揭示出这座山的真面目;他们必定是下了一番功夫的,他们做到了"识得特级真面目,只缘深入此山中"——这样看来,苏东坡所谓"不识庐山真面目,只缘身在此山中"的说法也是一种不够严谨的判断了。

《用语文锤炼学生的思维品质》一书,从成长经历、教育思想、师德修养、影响力、教案与论文展示这五个方面对特级教师崔琪的成长历程和专业修养进行了研究与总结。这其中,有崔琪本人成长的客观经历和客观影响力,也有其他教师所做的主观评价;有崔琪本人真实而丰富的教育教学案例呈现,也有崔琪及他人所做的主观陈述;在这样的主观事实与客观事实的交相辉映之下,特级教师崔琪的形象得以丰满而清晰地展现。

"问渠那得清如许,为有源头活水来。"能够把一位特级教师的形象描绘得如此丰满,如此清晰,是因为作者找到了汩汩的源头活水,在我看来,这源头活水主要包括三方面内容:崔教师丰富真实的人生经历;有关崔教师教育教学思想翔实而独特的第一手材料;描述剖析崔教师特级教师本质的有效表达方式。

这本书真实呈现了崔琪教师的成长之路。在这本书第一节"成长:天生一个孩子王"中,分五个部分描述了崔教师的成长历程。从"青葱"岁月的"好玩儿",到职业选择的"较劲儿",初登教坛的"上坡儿",再到专业发展的"冒尖儿",直至成为特级"当范儿"。崔教师从幼儿园儿童直至成长为特级教师的经历,作者都娓娓道来,从容不迫,全面而直观地展现出一位平凡教师的不平凡成长历程。这部分内容,正是崔教师这座大山的外在脉络走向,是我们认识崔教师外在形象和内在气质的依据。崔琪这座大山如何蜿蜒走上"特级"之巅,如何长出葱茏的树木森林,如何形成壮观的瀑布,如何蕴含丰富的矿藏,如何形成万千气象,我们都能在这一部分找到原因。

这本书掌握了有关崔教师教育教学思想翔实而独特的第一手材料。在这本书"思想:给学生终身受用的东西""师德:永有一颗赤子之心""影响力:桃李不言,下自成蹊"以及附录部分,作者通过崔教师的教学实践具体案例和教育科研具体成果,结合对崔教师的领导、同事以及学生的具体访谈情况,对崔教师的教育教学思想进行了深入剖析。这种剖析是有根有据的,也是细致而深刻的。在教学工作方面,书中呈现了崔教师对语文教学核心目标的认识,详细介绍了崔教师在"口头作文"——口语交际教学的新方式、"学会阅读"——阅读教学的新取向、互动式作文——作文教学的新思路、如何应对高考作文、语文新课改的两面观这六个方面的情况;在教育工作方面,本书介绍了崔教师"灵活性与原则性的结合""尊重学生,微笑育人""虚心好学,不断提升"三个方面的情况;在谈到崔教师的"影响力"的时候,作者又从学生以及同事对崔教师的称呼、崔教师对校内外教师的影响、专家的评价等三个方面做了介绍;而附录部分,作者又为我们呈现了崔教师的教案、课堂实录、教育随笔以及教育教学案例等材料。整本书的理论分析始终结合翔实的第一手材料,将崔教师鲜活的教育教学思想与生动的教育教学案例有机结合,让我们感受到这是一本求实求是的作品。

　　在剖析崔教师特级教师本质的时候，这本书还找到了恰当有效的表达方式。这本书采用了生活史的研究方法，力图将崔教师过去所经历过的一切生活内容与崔教师本人的思考和行为联系起来进行剖析，从崔教师的个人生活角度出发解读崔教师的专业成长历程，重视崔教师成长为特级教师的生活根源，特别关注崔教师独特的个性、经验与情绪。这种表达方式，直接关注教师的个性成长经历，因而造就了一本有着独特个性的研究成果，避免了用理论的外套裹装特级教师的错误做法，清晰而深刻地剖析了崔教师的教育教学实践及理论宝藏。

　　山中的宝藏是无尽的。

（作于 2010 年 8 月）

周正逵语文教育思想要义初探

周正逵先生从事语文教学改革研究工作和教材编写工作已经五十余年,发表了许多有关语文教改理论与实践研究的重要文章,在全国各地做过许多次专题报告和专业讲座,并在两三年前将其中部分内容编为《语文教育改革纵横谈》和《探索者的足迹——周正逵语文教育论集》。近日,这组姊妹篇中的前一本由教育科学出版社出版了。我们欣然祝贺,认真研读,拟从三个方面梳理探究周先生的语文教育思想之要义,初步呈现学习心得。

一、汉语文教育改革的方向:科学性与民族性统一,达成实现语文教育现代化的远大目标

周正逵先生在《语文教育改革纵横谈》这本书中明确指出,要从三个互相关联的角度来认识汉语文教育改革的方向,正确处理三个要素的关系:一是语文教育的现代化;二是语文教育的科学化;三是语文教育的民族化。核心问题是"面向现代化",语文教育要为现代化服务,自身也要实现现代化——改革一切违反教育规律的教育思想、教学内容和教学方法,逐步建立起一套具有中国特色的科学的语文教育新体系,以保证语文教学的高质量和高效率。

周先生对语文教育长期以来存在着"少慢差费"的现象进行了分析:水平较低、学程较长、教学容量较小、课业负担较重。根据语文教育现代化的基本要求,周先生明确指出,从目前的实际情况出发,语文教学改革和教材改革,可以用"四个适当"来表述:适当提高程度(普遍地、全面地提高语文素养);适当缩短学程(语文基本训练必须在初中阶段完成,而不是过去用 12 年时间完成);适当加大容量(加大训练力度,丰富教学内容,拓宽知识领域);适当减轻负担(改进教法,讲求实效,严格控制课业)。

周先生认为,实现语文教育的现代化,必须落实科学化与民族化的统一。语文教育的科学化,就是一切要按照语文教育的规律办事;语文教育的民族化,就是把握中国语文的特点,遵循中国青少年学习本国语文的规律。语文教学具有鲜明的民族特点,研究中国青少年学习本国语文的规律,主要还是靠总结我们自己民族的经验(包括历史经验和现实经验),同时也有必要从外国人那里学习他们本国语文的经验中,吸收一部分确实对我们有用的东西,但必须同我国语文教学的特点相结合,使之逐步"民族化",化为我们自己的血肉。

探索语文教育改革的正确方向,要建立在一个基础之上,即准确认识语文课程的性质

和特点。周先生认为,语文课程是一门"基础工具性学科"。语文、数学、外语是三门"基础工具性学科",其中语文不单是学好各门学科知识和技能的基础,也是学好数学和外语的基础,是"基础的基础"。可以确认,语文课程的基本性质是"基础工具性",语文教学的基本任务是培养学生正确理解和运用祖国语言文字的能力。语文课程还具有四个显著的特点:教学内容的综合性;教学目标的多重性;教学方法的实践性;科学训练与人文教育的统一性。对语文学科性质的这种认识,以及对语文素养的整体结构的揭示,显示了周先生对语文本质与语文规律的基本把握,这个把握是周先生对语文教育艰难探索的思想结晶。周先生对语文教育改革方向的一切认知,对教育改革规划的一切设想,都建立在这个基础之上。离开这个基础,所谓科学化与民族化的统一、现代化的实现,都将失去正确可行的探索途径。

二、以教材改革为中心,依据语文能力形成与发展的基本特点规划教学蓝图

周正逵先生认为,教材改革是语文教育改革的中心环节,也是提高语文教育质量的根本保证。作为一课之"本",语文教材不仅体现本学科最基本的教学内容,也渗透着本学科最基本的指导思想,还规定了本学科最基本的教学方法。

据周先生考察,从清末到现在,语文教材不断演变,表面形式上花样不断翻新,但绝大部分教材在最基本的编写理念上都守旧如初。具体表现为四个方面:"文选组合"的模式不变;"阅读本位"的体制不变;"文体循环"的序列不变;"讲读中心"的方法不变。按照旧的教材体系编写出来的语文课本,不管在编排上如何调配,如何装饰,就全书来说,总是不可避免地存在着训练目标不够明确、训练计划不够周密、训练内容不够系统、训练方法不够科学等问题。

据此,周先生明确指出,教材改革应该变"文选组合"为"训练系统",变"阅读本位"为"分进合击",变"文体循环"为"能级递进",变"讲读中心"为"自学指导"。这种理念,来源于他对语文素养的深刻认识:语文素养应以语文知识、生活体验和文化教养为基础,以思想品德、思维品质和审美情趣为导向,以语文能力为核心,形成一个完整的统一体。他精辟地画出了语文素养的整体结构图(见图 6-2)。

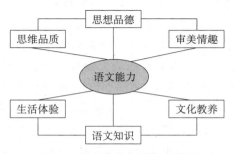

图 6-2　语文素养的整体结构图

其中,"以语文能力为核心"这一条,乃是关键所在。确立了这个核心,才能科学地构建语文教材体系和教学体系,从而达到拾级而上,全面发展语文素养的教育目标。

周先生将语文能力划分为四个方面:口头语言的理解能力;口头语言的表达能力;书面语言的理解能力;书面语言的表达能力。他着力于深入研究各种语文能力形成与发展的基本特点。比如,把阅读能力的形成过程划分为五个层级:文字认读→文辞释义→文章解析→文学鉴赏→论著研读。这是阅读能力的从无到有,从低级逐步提升到高级的五个阶段。再如,把写作能力的形成过程划分为五个层级:文字书写→造句用语→辞章构段→布局谋篇→思辨立意。这同样是学生写作能力的从无到有,从低级到高级的发展和提高过程。这个读写能力的发展过程,体现出读写教学应该遵循的基本走向,称作"能级递进",即依照语文能力发展的层级,合理确定各个层级的教学重点,逐步提高教学难度,实现递进式的能力提升,持续发展,努力落实相应"能级"之上语文素养的全面发展。

先看阅读能力。周先生按照阅读能力形成与发展的基本特点,确定各个学段的训练重点。第一学段(一二年级),重点应该培养文字认读能力,主要任务是尽量快地大量识字,为培养阅读能力打好基础。第二学段(三四年级),继续提高文字认读能力,重点培养文辞释义能力。第三学段(五六年级),继续提高文辞释义能力,重点培养文章解析能力。第四学段(初中),继续提高文章解析能力,开始培养文学鉴赏能力。高中,继续提高文学鉴赏能力,重点培养文化研读能力。

按照这种"能级递进"的思路,编写阅读教材,应该体现出各个学段语文阅读能力发展的重点内容和逻辑关系,应该采取不同的教学方法。同理,编写写作教材、语言交际教材等,也应该以相关的语文能力发展过程作为依据,实现"能级递进"和语文素养的全面提升。

关于培养写作能力,周先生制定了中小学作文训练的总体规划。第一学段,重点训练文字书写能力。第二学段,继续训练文字书写能力,重点训练用语能力。第三学段,继续训练文字书写能力和用语能力,重点训练构段能力。第四学段,继续训练构段能力,重点训练布局谋篇能力。高中,继续训练布局谋篇能力,重点训练思辨立意能力。

周先生进一步审视阅读与写作的关系,指出:阅读是对书面语言的理解能力,写作是对书面语言的表达能力,二者密切相关,不容割裂。但是阅读作为理解能力,写作作为表达能力,二者又有显著差别,不可混淆。认识阅读与写作的关系,既要看到二者密切相关的一面,又要看到二者显著差别的一面。无论是"阅读中心论",还是"写作中心论",都不利于阅读能力和写作能力的均衡发展,正确的途径应该是"读写分进,双线合击"。

周先生还特别指出:作文教材不宜构建写作知识系统,而应构建写作训练系统。教材内容要以写作实践活动为中心,选取必要的例文做参考,再辅以最基本的写作知识和写作方法作指导,形成一套比较完整的作文训练新体系,摆脱过去某些旧观念和旧套路的束缚。每个单元的写作实践活动需精心设计,内容要紧扣单元重点,形式要生动活泼,对学生有吸引力。例文要尽量从阅读教材中精选,知识要力求做到精要、好懂、有用。

总之,周先生认为,语文教学改革要以语文教材改革为中心;语文教材改革要以"能级递进"为途径,依据语文能力形成的基本特点规划教学蓝图,完成语文素养全面发展的综合目标。

三、语文教育思想在教改实验中诞生、验证和升华，具有真实的指导价值和持续发展的开阔空间

周正逵先生的汉语文教育思想不是凭空假想出来的，而是有源之水，且源远流长。我们凭着《语文教育纵横谈》等专著提供的线索和周先生多年来的言传身教，简要梳理其语文教育思想的诞生、发展概况，探究其重要的实践价值，以及可持续发展的开阔空间。

1. 溯源：周正逵语文教育思想的由来与形成

周先生早年在北京师范大学读书，曾师从叶苍岑先生，毕业后留校执教，从事汉语文教学研究。20 世纪 60 年代初，以教育实验为专责的北京景山学校成立，周先生主动申请调到该校参加语文教育改革，成为一名光荣的教改志愿兵。在首任校长敢峰、教育专家龙卧流和顾问童大林等先生的引领下，周先生积极投身教改热流，广泛汲取理论营养，积累教学经验，探索改革新路，很快便脱颖而出，成为教师群体中最年轻的教改骨干之一。

《语文教育纵横谈》第十八讲（章），专门追忆和评述 20 世纪 60 年代景山学校语文教学改革盛况，认为，"60 年代初开始的景山学校语文教学改革实验，用历史唯物主义的观点总结了五四以来语文教学改革的历史经验，并从理论与实践的结合上，切实纠正了片面强调思想性、忽视工具性和片面强调科学化、忽视民族化这两种主要偏向，把语文教学改革引上了健康发展的道路"。"文革"结束以后，周先生调入人教社中语室编写中学语文教材。他始终没有停止对景山学校教改思路和实践的反思探索，梳理出该校语文教改的十条宝贵经验，写成长文发表出来。这十条经验包括：①语文教学改革是普通教育教学改革的基础工程；②中学和小学语文教学改革要全面规划，统一研究；③要紧紧把握学生学习语文的黄金时代；④语文教学改革要抓住主要矛盾，轻装前进；⑤把小学低年级集中识字作为民族化与科学化结合的起点；⑥以作文为中心是一种合理而有效的训练体系；⑦中小学生学点文言文是必要的，也是可能的；⑧教材改革是语文教学改革的中心环节；⑨大力克服语文教学中的形式主义和烦琐哲学；⑩教改实践是培养和造就新型师资队伍的大学校。

经过长时间的积淀和思考，周先生感到："文革"前这一次奇异的语文教改实验，"从改革的目标、改革的途径、改革的内容、改革的方法，到改革的思想，都带有现代化的色彩，都体现了现代化的要求，都与'三个面向'的精神息息相通。从景山学校语文教学改革所探索的深广程度来看，说他们为语文教学走上现代化之路开创了新的局面，应该是不为过的"。

1987 年，首都师范学院（首都师大前身）中文系主任饶杰腾先生特聘周先生为自己的研究生开设一门学位课——《语文教材研究》，连续开课十年之久。周先生以教材为脉络，系统研究古今汉语文教育的沿革得失，不断丰富深化自己语文教育思想的内涵。

如果说，景山学校语文教改是周先生孕育教育思想的一片丰饶土壤，大学讲坛上的理论思辨是一种特殊的砥砺与催化，那么，他持续半个多世纪主持编写人教版高中语文实验教材，并经常深入教学一线为师生提供支持，不断验证与修订，则为其语文教育思想的发展开辟出广阔的实验田野。（《语文教育改革纵横谈》的第十九讲——《一次长达 20 多年的高中语文教材体系改革实验》对相关情况有所陈述，可参阅。）

大约在两年前,周先生又一次为我们大学、中小学教师开设系列讲座,主体部分凡十六讲,遂有这部专著问世,成为全面展示其汉语文教育思想的最新的珍贵标本。

2. 反思:周正逵语文教育思想在语文教改实践中的运用、验证与发展

语文教育思想在汉语文教改实践中的运用、验证与发展,这乃是百年以来一个重大的科研课题。教育理论来源于教育实践,服务于教育实践和指导实践方向;教育实践验证和推动理论建设,加强理论与实践的密切结合,促成二者的良性互动,将有利于不断逼近教育规律。沿着这条道路,几代汉语文教育工作者做出艰难探索,筚路蓝缕,开创基业,其业其功,功在千秋,这是我们永远不能忘怀的。沿着老一辈的探索足迹,周先生率领着他的教改团队作为百川之中的一条急流,继续为现代汉语文教育思想的万里洪波奉献力量。

周先生系统研究现代汉语文教育的经验教训,以战略眼光探寻改革的正确方向,踏上可行的有效途径。这一条乃是其理论联系实践的基本原则,确保每一次教改实践活动都是自觉的,具有宏观战略意义的,对冲击现代汉语教育的痼疾能够产生积极作用。

周先生针对长期以来依靠阅读实用文章来训练实用文写作能力的语文(国文)教学旧有模式,创建以数个"文"字为标记的新的教学思路框架和教材模式,并将所编教材投入教改实践,追寻科学化与民族化统一的改革正途。

简言之,从小学低年级到高中高年级,逐步培养五种基本的语文能力:①文字:识记与书写能力;②文句文段:语句(含词语)、句群、文段的释义与写作能力;③文章:文章的解析与写作能力;④文学:文学鉴赏能力;⑤文化:文化论著研读能力。

其中,特别需要注意分辨五个要点。

第一点,读写能力的培养过程并不同步,而是分步进行,基本走向是:识字与阅读在前,速度快;写字与写作在后,速度慢。

第二点,文言(古代汉语)与白话(现代汉语)这两种语体的阅读能力的培养过程不同步,基本走向是:白话识字与白话阅读在前,文言识字与文言阅读在后,各自形成自己的教材体系与教学体系,二者之间形成互补互助的关系。到一定阶段,譬如高中的中高年级,文言阅读与白话阅读合流,培养汉语阅读的综合能力。

第三点,阅读能力与写作能力不仅进程交错,而且培养目标相异,即写作能力主要的培养目标是会写各类实用性文章,而阅读能力的目标,还要提升到文学鉴赏、文化论著研读。文学类写作,不列为主要目标,鼓励一部分学生量力而行。

第四点,文言阅读能力的培养起点提前到小学三年级,从小学三年级到高中三年级,划分为三个培养阶段,依次是:小学负责文言启蒙;初中主要负责文字入门,即始于文言识字而止于文章解析,条件具备的话也可以适量加入文学鉴赏训练;高中主要负责文学鉴赏和文化论著研读。

第五点,在进行文化论著研读之前,文言阅读教学应该做到五个独立:目标独立,课时独立,教材独立,教法独立,考试独立。当然,文言阅读教学体系,本身"独立"乃是具有相对性的,应该与白话读写体系建立良性的相辅相成的血缘联系,统筹兼顾,独立而不分家。

以上周先生这幅教改蓝图,最早在 20 世纪 80 年代初初步构思成形,借助主编人教版重点高中语文实验教材的机缘,演化成三种实验课本,专供课内使用的是:高一的上下册《文言读本》,高二的上下册《文学读本》,高三的上下册《文化读本》。高一集中培养文言阅读能力,解决一般文言文文字释义和文章解析问题;高二解决古今文学作品的鉴赏问题;高三则混合选编文言、白话篇目,分专题解决文化论著的研究性阅读问题。限于当年的客观条件,《文言读本》等于为义务教育阶段严重滞后的文言阅读教学补课,从而奠定了冲击文学鉴赏的教学基础。

这次实验教材的编写和修订工作,始终联系着一线语文教学的调研与教材试用,持续进行到 21 世纪前十年中期。接受教学实践的长期检验,教学效果好,受欢迎程度高,积累了很多珍贵的经验。比如,新中国成立以后,第一次提出并践行文言"诵读"的概念(后来这个概念写入教育部新颁行的语文课程标准),在古为今用,借鉴和改造前人汉语学习经验方面做出重要的探索。再如,最早提出"文学鉴赏"的教学目标,并编出专门教材,创新相关教法,其后教育部颁发的语文教学大纲吸收了这个概念。高三的文化论著研读,也是首创,并为人教版同类教科书所推重,成为今天普遍形成共识的教学高度。

在漫长的实验过程中,也走过弯路,经过一线教学验证后,加以更正,重回正途。比如,这套高中实验教材,还配有 6 册《写作与说话》教科书,侧重培养写作能力。1985 年秋季第一版教科书,高一作文教学要求学生练习写书信等实用文,能力训练的纵向层级几乎没有,20 多个使用该教材的省市普遍反映作文训练目标不明确,方法不得当,效果不大理想。于是,周先生集中研究写作能力训练的"能级递进"问题,探寻到五个层级:文字书写→造句用语→辞章构段→布局谋篇→思辨立意。第二版重新编写,及时弥补了实验缺憾,并为教育思想增添了新的元素。

四年前,借助新的教改机缘,周先生主持编写了一套全新的义务教育阶段语文教材,其中主要的教科书有 18 册之多,全面落实以"能级递进"为标志之一的中小学教学思想和理念。在此,仅择要简述其小学课本中关于集中识字(广义)和文言启蒙的编写大意。

(1)借鉴韵语识字经验。第一学段使用的第 1 册至第 4 册课本,凸显韵语识字特色,注重借鉴中国古代"蒙书"以韵语诵读促进识字的经验。

(2)三类课文多法兼用。第一学段课文分为三类:①韵语文本,多选经典作品,全部要求背诵,体现韵语识字特色和积淀人文精神;②半韵半散,广泛吸取多种识字教学方法之精华(如字族文识字法、字理识字法、听读识字法等),要求熟读思考,补充识字;③多选散文、故事精品,兼顾扩展识字与大量阅读,体现识字教学内容的丰富性。此外,每册还设计了五至六个"趣味识字"专项,密切结合学生的生活情境,编排生动活泼有趣的演练题目。

(3)先识汉字后学拼音。一年级第一学期专门学习汉字,第二学期开头才集中安排学习汉语拼音,把汉字变成学拼音的"拐棍",减轻难度,培养热爱汉字的情感并激发学习乐趣。

(4)识字、写字分步推进。体现"分进合击"的战略安排,识字快步跃进,写字慢速追随,且先硬笔后墨笔、先正写(正楷)后快写(行楷),分步推进。

(5)文言启蒙及早进行。从小学三年级开始至六年级,系统安排"文言诵读"专项内容,从诵读古代诗歌开始,依次精选对联、成语歌、对韵歌、格言警句、先秦诸子语录、《论语》选段、《孟子》选段和文言短文等语料,要求学生在课上熟读成诵,初步奠定文言阅读基础。

试想,这套教材投入教改实践,假以时日,不断精研修订,应该能够针对百年以来汉语文教材和教学的歧途,加以拨乱反正,为探索到一条科学化与民族化统一的符合现代化要求的汉语文教育新路,做出重要引领,打开新的局面。

3. 期待:奔向语文教育改革持续健康发展的未来空间

探求培养符合教改需要的新型师资的有效途径,这一直是周先生非常重视的。早在"文革"后期担任北京东城区语文教研员的时候,他就为该区数百名中学青年语文教师开设专业进修课,每周定时举办讲座,分组研讨教学改革(当时称"教育革命")问题,旨在提高教师专业素养和敬业精神。他根据个人成长的经历,认定在教学改革的推进过程中潜心历练,这才是教师进修的最佳通道。在《语文教育纵横谈》第十六讲里,周先生告诫我们:"青年教师在教改实践中把教学、科研、进修结合起来,亦教亦学,边干边学,需要什么就学什么,缺什么就补什么。教师跟学生一起教学相长,一起前行,开辟一条自行培养新型师资队伍的成功之路。"

为此,当年周先生首次执教研究生学位课,便让几名一线教师旁听并可以参与问题研讨;还特聘青年语文教师参加高中实验教材编写,其培养后学,壮大教改新锐团队的拳拳之心,令人感动。各省市高中试用实验教材的漫长岁月里,一大批青年教师直接接受周先生的教诲辅导,先后涌现出众多教学骨干、特级教师,不少人成为语文教学专家,著书立说,走上教育教学与研究的领导岗位。

一套实验教材,一支教改队伍,一次冲击百年母语教育歧途异端的艰难跋涉,一位总爱自称"教改老兵"的从壮年、中年变成双七老人的语文教改志愿兵。这部《语文教育纵横谈》,以及尚未付梓的另一部专著《探索者的足迹——周正逵语文教育论集》,绝不是探索的终点,而是一个新的光荣的起点。周先生多次对我们说,要建立义务教育语文课本的实验基地,要创设研讨语文教育宏观与微观问题的专业沙龙,要为完成这个困扰我们百年的重大课题多使出一些力量……

老骥伏枥,志在千里,烈士暮年,壮心不已。我们暂且用这篇初探文字,表达对先生的深深敬意,预祝病榻上的"教改老兵"早日康复,一同推进前几代汉语文教育工作者未竟的教育事业,努力为民族复兴打造基石。批判是必要的,然而更难更重要的乃是建设。

(作于 2013 年 8 月至 11 月)

叶圣陶语文教学理念之重温与借鉴

　　叶圣陶是白话文运动以来我国语文教育界的一代宗师。从 1912 年开始任教至 1988 年去世,在长达 76 年之久的教育生涯中,他立足于社会生活实际,通过教学、创作、编辑、研究、考察等诸多途径,对语文教学做了持久、深入的实践,进行了全面、深刻的思考,提出了涵盖"听""说""读""写""语言""思维""课内课外"等方面的一系列语文教学原则,形成了涵盖"写作""阅读""听说""书法""教材""学生""教师"等方面的较为完备的语文教育思想体系,凝结成了以"教是为了达到不需要教"为核心的一系列重要的语文教育思想。在长期的语文教学实践中,叶圣陶对语文教学的诸多操作细节也进行了系统而卓有识见的探究与总结。譬如:如何做预习、讨论和练习的指导,怎样帮助学生修改作文,如何加工教材的选文,等等。叶老的教育思想与教学实践,是我国现代语文教育的宝贵财富,值得我们认真学习、领会,并在新的历史条件下进一步丰富、有所创新与发展。

　　毋庸讳言,新课改十年来,我们已经较少提及叶圣陶,似乎是有意回避他。出现这种情况,与十多年前语文教育界掀起的关于语文教育思想的大讨论有直接关系。那场讨论将语文学科的"性质"问题作为核心议题,讨论的结果体现在教育部先后颁发的《义务教育语文课程标准(实验稿)》和《普通高中语文课程标准(实验)》(以下简称新"课标")中,表述为"工具性与人文性的统一"。这个表述被认为是对叶圣陶语文"工具论"的反动与修正,似乎也表达了对叶圣陶否定或部分否定的态度。当然,也有人提出完全反对"工具性"的观点,要完全"打倒"叶圣陶。我们姑且不论这些观点的是与非,客观的事实是,这场讨论推动了新课改的步伐,一直走到今天。

　　走在新课改继续推进的道路上,回望十年历程,笔者以为有必要以十年课改的实际情况为依据,重新审视叶圣陶。

一、正确认识语文教学,改进作文教材

　　早在 1942 年,叶圣陶在自己主编的《国文杂志》上发表了题为《认识国文教学》的发刊词,他说:

　　如果多多和学校接触,熟悉学校里国文教学的情形,更多多和学生接触,熟悉学生运用国文的情形,就会有一种感想,国文教学几乎没有成绩可说。这并不是说现在学生的国文程度低落到不成样子的地步了,像一些感叹家所想象的那样;而是说现在学生能够看书,能够作文,都是他们自己在暗中摸索,渐渐达到的;他们没有从国文课程得到多少帮

助,他们的能看能做当然不能算是国文教学的成绩。另有一部分学生虽然在学校里学习了国文课程,可是看书不能了了,作文不能通顺。国文教学的目标原在看书能够了了,作文能够通顺,现在实效和目标不符,当然是国文教学没有成绩。

叶老的这段论述发表在70年前,那时距1919年白话文运动不过二十三年,在当时算是国文(语文)教学的新问题。我们发现,叶老衡量语文课程有没有成绩的标准是:学生"能够看书,能够作文",是否"从国文课程得到多少帮助"。时至今日,笔者以为,这仍然是一条最重要的标准。如果我们的语文课程不能让学生受益,不能对学生有所"帮助",它就没有体现出应有的价值,自然也就不是成功的语文课程。当时,叶老分析问题的症结所在,总结说:

国文教学没有成绩的原因,细说起来当然很多;可是概括扼要地说,只有一个,就是对国文教学没有正确的认识。学校里的一些科目,都是旧式教育所没有的,唯有国文一科,所做的工作包括阅读和写作两项,正是旧式教育的全部。一般人就以为国文教学只需继承从前的传统好了,无须乎另起炉灶。这种认识极不正确,从此出发,就一切都错。旧式教育是守着古典主义的:读古人的书籍,意在把书中内容装进头脑里去,不问它对于现实生活适合不适合,有用处没有用处;学古人的文章,意在把那一套程式和腔调模仿到家,不问它对于抒发心情相配不相配,有效果没有效果。旧式教育是守着利禄主义的:读书作文的目标在取得功名,起码要能得"食廪",飞黄腾达起来做官做府,当然更好;至于发展个人生活上必要的知能,使个人终身受用不尽,同时使社会间接蒙受有利的影响,这一套,旧式教育根本就不管。因此,旧式教育可以养成记诵很广博的"活书橱",可以养成学舌很巧妙的"人形鹦鹉",可以养成或大或小的官吏以及靠教读为生的"儒学官员";可是不能养成善于运用国文这一种工具来应付生活的普通公民。

在这段论述中,叶老敏锐地洞察到,当时国文教学没有成绩的原因,是"对国文教学没有正确的认识":国文教学"守着古典主义"(不问它对于现实生活适合不适合,不问它对于抒发心情相配不相配),"守着利禄主义"。简言之,一是脱离现实生活;二是"利禄主义"的错误学习目标。在70年后的今天,10年新课改之后,我们仍然不能不为许多错字、病句频出的学生论文感到遗憾,为思路杂乱、不知所云的学生习作汗颜——这说明我们的课程仍然有脱离学生实际需要的情况存在。当然,我们更要为以"应试"为目标的教学感到羞愧——尽管这是几乎所有学科都存在的情况。

就从语文教学与"应试"这个现实问题的关系谈起。

现实生活中,同其他学科一样,语文教学无法回避"应试"问题。客观现实决定,"应试"并非学科教学所能控制。特别是在20世纪70年代末改革开放以来,中国社会经济快速腾飞,由于人口基数大、教育资源不足,岗位需求紧张导致竞争激烈,加之资源分配不公等,人才选拔在激烈的竞争环境中寻求公平的途径,"考试"便成为现阶段最佳的手段,"应试教育"应运而生——这与语文学科乃至其他学科的教学及学科性质并没有直接关系——学科教学只能选择面对考试。用积极的思路来看,面对考试的学科教育其实也是在帮助学生解决现实问题,帮助社会实现公平选拔,这实在也是学科教学的社会责任。

只是,语文教学应该寻求科学合理的办法解决"应试"问题,而不能以"应试"为目标。在这方面,叶老在改革开放之初即对"应试"问题给予了热情关注。1979年3月26日,叶圣陶先生作了一篇题为《去年高考的语文试题》的文章,摘录如下。

过去的入学考试,作文一项总是出个题目,让考生做一篇文章。这一回却选了一篇一千七百多字的论文,让考生仔细阅读之后缩写成五六百字,要求缩写以后仍然是一篇完整的论文,还要求突出原文的中心思想,全面地、准确地反映原文的主要论点。要求提得具体、明确,考生就有所遵循,不至于对着考卷发愣,胡诌一篇了事。

……

尤其值得称赞的,这一回的作文题打破了命题作文的老传统,是思想上的大突破,大解放。

用命题作文(还有命题作诗,且不说它)的方式举行考试,真可以说源远流长了。封建时代的考试全都是命题作文。读书人"十载寒窗"下苦功夫,无非为了应付考试,企图通过命题作文这个关得到录取。因此,他们平时要做种种揣摩。揣摩当时文章的风尚。揣摩当前的考试官员喜爱哪一派哪一路的文章。揣摩此时此际此考试官员可能出什么样的题目。一方面揣摩,一方面实习。挑选若干份先前被录取的人的考卷,把它读得烂熟,这是实习。自己写若干篇文章,请教师或名家琢磨修改,然后把它读得烂熟,这也是实习。这样实习做什么?目的在临到考试的时候碰碰运气。

……

科举制度废掉了,开办了新式学校,用命题作文的方式举行考试的办法却继承了下来。在高考的语文(过去叫国文)试题中,命题作文所占评分的比率比较大,因而从前那种揣摩和实习的办法也延续下来了。

……

但是,做这样准备的考生绝不该受到责备。语文试题中既有命题作文这一项,所占评分的比率又比较大,就必然会产生这样的后果。

去年高考不再命题作文,不是出个题目让考生发挥一通,可能把千百年来不良的老传统从此杜绝了,所以我认为值得大大称赞。

回顾叶老的这篇小文章,我们热切期望当下的语文教学能够对考试与应试问题进行科学研讨,尤其期望高考命题者能静下心来研究考试,把"命题"的工作做得更科学,更合乎学科的本质要求。命题工作也应该是语文教学工作的关键一环,命题者也应当对教学实际情况有深入的了解与体验,对语文学科的本质有深入的认知与把握。我们必须树立起一个正确的认识:命题者也是语文教育工作者,而不应该是高于语文教学的"考试操控者"。

遗憾的是,当下的语文教学存在着许多"脱节"的现象。笔者以为,这大约也不是语文学科独有的现象,其他学科也可能存在这类现象。一线的教师承担"教书"者的角色,命题的"专家们"承担"出题"的角色,阅卷的同人们承担着"给分"的角色,教材的编写者承担"编教材"的角色,各级机构还有教育的"行政管理者""专职教研员",社会上还有一批"教育培训者"以及"专营"教辅材料的人,如此等等,不能不说是一种悲情的社会现象。

叶老说"做这样准备的考生绝不该受到责备",因为这是命题带来的必然结果。我们也可以说,教师们在一线的教学中针对考试所做的"应试"准备,也是无可厚非的,因为这是社会生活的实际问题,不容回避。但是,我们也同叶老一样,有一个迫切的愿望,希望

"可能把千百年来不良的老传统从此杜绝了"！而新课改十年来对考试与教学关系的研究尤其缺乏，竟至"应试教育"的风气愈演愈烈，社会上某些教育培训机构浑水摸鱼，情况并不如预期乐观。

新课改十年来，高考语文试题尤其是作文试题，命题作文、话题作文、各类材料作文（含看图作文）等，命题的形式并无突破，题目的内容并无改观，仍然存在一些不健康的写作风气。通过考试上了大学的学生仍然存在写作表达方面的困难，甚至文笔都还不通顺，作文考试并没有能够帮助一线教学实现写作指导的实质性突破。作文命题研究工作亟待加强。

单就写作来说，叶老对一般学生的要求很明确。1962年9月1日，叶老有如下陈述。

所谓通过写作关，目的在能顺顺当当地写好一般文章，记事记得一清二楚，说理说得明白晓畅。文艺创作是另外一回事，先要通过了写作关，才谈得上文艺创作。在中学阶段，语文课教学生作文，并不希望学生从事创作。

需要说明的是，叶老并不反对学生从事文艺创作，只是表示语文课的任务不在要求学生从事文艺创作，而在"通过写作关"。遗憾的是，迄今为止，中学语文教学还没有能够达成这样的认识。对学生"写作关"的实际情况视而不见，作文评改时，期望学生都是"文艺创作"者，也许算得一种好大喜功的教学"思想"吧！

另一个实际情况是，一线教师的作文教学实践还承担着语言表达的训练任务——这是帮助学生"通过写作关"的基本途径。在帮助学生消灭错别字、消灭病句、厘清概念、理清思路、讲求语言准确、简明、连贯、得体的时候，我们必须意识到语言表达训练的重要。在这方面，叶老早有论及，他在《论写作教学》开篇写道：

国文课定期命题作文，原是不得已的办法。写作的根源是发表的欲望；正同说话一样，胸中有所积蓄，不吐不快。同时写作是一种技术；有所积蓄，是一回事；怎样用文字表达所积蓄的，使他恰到好处，让自己有如量倾吐的快感，人家有情感心通的妙趣，又是一回事。依理说，心中有所积蓄，自然要说话；感到说话不足以行远传久，自然要作文。作文既以表达所急需的为目的，对于一字一词的得当与否，一语一句的顺适与否，前后组织是否完密，材料取舍的是否合宜，自然该按照至当不易的标准，一一求能解答。

帮助学生养成规范使用语言文字的好习惯，是语文课程的重要任务之一。叶老在这里不仅表明要激发学生"发表的欲望"，更具体要求作文"对于一字一词的得当与否，一语一句的顺适与否，前后组织是否完密，材料取舍的是否合宜，自然该按照至当不易的标准，一一求能解答"，这一要求是中肯的、科学的，也是实事求是的。

对于语言表达，叶老早在1947年11月就有过相关思考。

像有一派心理学者所说，思想的根据是语言，脱离语言就无从思想。就咱们的经验来考察，这种说法大概是不错的。咱们坐在那儿闷声不响，心里在想心思，转念头，的确是在说一串不出声的语言——朦胧的思想是不清不楚的语言，清澈的思想是有条有理的语言。

1953年，叶老在中国文学艺术工作者第二次代表大会上做了题为《语言和语言教育》的发言，他说：

要是我的语言杂乱无章，人家绝不会承认我的思想有条有理，因为语言杂乱无章正就是思想杂乱无章。要是我的语言含糊朦胧，人家绝不会承认我的思想清楚明确，因为语言含糊朦胧正就是思想含糊朦胧。要是我的语言干干巴巴的,人家绝不会承认我的思想就像刚开的花朵,因为语言干干巴巴的正就是思想干干巴巴的——照这样说下去可以说的更多,不要说吧。总之,在思想交流上,我跟人家,人家跟我,关系是这样的:只有我拿出来的定型的语言对头,人家才会承认我的思维跟认识对头。反过来,我拿出来的不对头,人家就无从承认我的思维跟认识对头。

承担语言训练与思维训练的任务,是语文学科的使命之一。早在1919年,叶老就提出教材"只宜用来帮助思考",到1981年,他还强调"语文课的主要任务是训练思维,训练语言"。

叶老对语文科"训练要求"的这种认识,还体现在他所编选的教材中。20世纪30年代,叶老与夏丏尊老合编了《国文百八课》,主张把"学习国文的目标侧重在形式的探究",在《关于〈国文百八课〉》一文中,叶老有一段陈述。

依我们的信念,国文科和别的学科性质不同,除了文法、修辞等部分以外,是拿不出独立固定的材料来的。凡是在白纸上写着黑字的东西,当作文章来阅读、来玩索的时候,什么都是国文科的工作,否则不是……竟有许多青年在学校里学过好几年国文,而文章还写不通的。其原因也许就在学习未得要领。他们每日在教室里对着书或油印的文选,听教师讲故事,故事是记得了,而对于那些表现故事的方法仍旧茫然。难怪他们表现能力缺乏了。

诚然,《国文百八课》存在诸多问题,而且由于诸多社会原因没能最后完成,但这部教材在语文教育史上的价值不可磨灭。进入21世纪以后,十多年来我们的语文教材仍然期待突破。现在,许多地方和学校编辑了为数不少的地方课程与校本课程教材,是值得肯定的,但包含许多必修教材在内,编辑思想与教材体例仍然相对陈旧,甚至严重滞后。单就写作来说,迄今为止,似乎还没有哪一套教材能够有所突破,有所建树。

以"普通高中课程标准实验教科书"《语文》必修教材(经全国中小学教材审定委员会2004年初审通过,人民教育出版社出版)为例,在"表达交流"方面,这套教材的必修1至必修5中,每册有1个单元,总共含5个专题,其中1个专题针对"口语交际",4个专题针对"写作"。

必修1:

心音共鸣　写触动心灵的人和事

园丁赞歌　记叙要选好角度

人性光辉　写人要凸显个性

黄河九曲　写事要有点波澜

朗诵(针对"口语交际"——笔者注)

必修2:

亲近自然　写景要抓住特征

直面挫折　学习描写

美的发现　学习抒情

想象世界　学习虚构

演讲(针对"口语交际"——笔者注)

必修3：

多思善想　学习选取立论的角度

学会宽容　学习选择和使用论据

善待生命　学习论证

爱的奉献　学习议论中的记叙

讨论（针对"口语交际"——笔者注）

必修4：

解读时间　学习横向展开议论

发现幸福　学习纵向展开议论

确立自信　学习反驳

善于思辨　学习辩证分析

辩论（针对"口语交际"——笔者注）

必修5：

缘事析理　学习写得深刻

讴歌亲情　学习写得充实

锤炼思想　学习写得有文采

注重创新　学习写得新颖

访谈（针对"口语交际"——笔者注）

乍一看，必修1到必修5对写作与口语交际的问题做了"系统"的安排。但仔细一想，写作教学似乎不能在短时间内（这套教材在正文之前的"致同学们"栏目中明确说明：必修共五册，所有内容需在不到一个半学年内学完）这样支离破碎地"各个击破"，似乎也无法真正"各个击破"。从标题的表述来看，必修1、必修2针对记叙文，必修3、必修4针对议论文。这其中，必修1强调一个"要"字，大概是要在必修1为记叙文确定"标准"；必修2到必修5强调"学习"，大概是指导学生掌握一些写作的技巧；必修5突出文章要"写得"怎么样，突出的是表达效果。在一定程度上了解乃至于掌握了这些"标准""技巧"等之后，是否就能写出一篇好文章呢？"技巧"毕竟是"皮毛"，"标准"毕竟没有"个性"，缺乏思想，缺乏写作的欲求，缺乏个性与文采，缺乏文字基本功，只有技巧，只熟悉标准，是无法写出好文章的。

必须指出，在上述作文系列"专题"中，议论文的标准处于缺失状态。不知道编者是有意避开，还是无意遗漏，或是认为没有必要触及。如果是有意避开，避的是什么呢？

与此相应的是，从必修1到必修5，每本书都有4个单元共计13篇（必修3有14篇）"阅读鉴赏"文章，教材编写者明确指出，"阅读鉴赏"是这套教科书的"主体"。显然，写作部分当然是"次要内容"——教材对写作做出如此安排，肯定不是成功的。相较叶老对于"写作教学"和"听说教学"的阐述，这样的安排也是简陋的，单就作文指导的过程来说，叶老对"命题""审题""批改""评讲"等都有详尽的阐述，充分显示出作文教学的实践特色。

还需指出的是，整部教材对于语言训练的内容设计，是缺失的。

下面，仅以董菊初先生在《叶圣陶语文教育思想概论》一书中关于叶老对"命题"部分的阐述为例,一窥叶老作文教学思想之一斑。

（一）出题目是门学问

（1）命题作文是重要的训练方式,出题极为重要,不可被忽略。

（2）命题有着十分重要的作用。

（3）所命之题,确乎有优劣之别。

（4）传统命题问题的消极影响。

（5）题目出得好,绝非易事。

（二）题目出得不好的消极作用

（1）易于阻塞发表自己东西的途径。

（2）甚至把学生的头脑搅糊涂了。

（3）达不到写作训练的目的。

（4）难以准确测出学生的实际写作水平。

（三）命题的操作要则

（1）目标要明确。

（2）范围要适切。

（3）内容多启发。

（4）取材要广博。

（5）方式要灵活。

（6）功能在实用。

（四）命题的技法

（1）站定立足点:设身处地为写作者着想。

（2）搭准学生脉搏:钻到学生心里去出题目。（叶老有一个著名观点:题目生根于思想感情）

（3）摸清学生家底:应揣知学生之所蕴蓄。

（4）教师决不越位:排除自己成见与偏好。

（5）要留有余地:不把题目出僵了。

"命题"是作文教学的重要组成部分,认真研究命题,是语文教育的重要任务之一。课改十年来,作文"命题"的随意性并未得到改观。这里有"命题"与"教学"脱节的问题,也有对"命题"缺少研究的问题。重温叶老对"命题"所做的研究,或有助于我们对此做深入反思。

作文教学是语文教学的重要内容,理应得到重视,我们应该对此做深入研究,并在教材中得到充分体现。遗憾的是,迄今为止,语文教材中关于写作的部分仍然是粗糙的,乃至于是缺失的。叶老对写作教学所做的总体论述与局部阐说,比如写作教学的具体原则:读写综合原则、练习与应需相统一原则、写生为主原则、通而且好原则、行中求知原则等,仍有待于我们进一步深入学习,深刻领会,以期建立起对作文教学乃至语文教学的正确认识。

二、如何达到"不需要教"的境界

叶老的教育思想反复强调,教语文的一个核心问题是帮助学生养成使用语文的良好习惯,最终臻于"教是为了达到不需要教"的境界。

1961 年 7 月,叶老有如下阐述。

学生须能读书,须能作文,故特设语文课以训练之。最终目的为:自能读书,不待教师讲;自能作文,不待教师改。教师之训练必做到此两点,乃为教学之成功。

学生"自能读书""自能作文",不能不说是每一位语文教师的期盼。叶老强调说,要达到这一点,语文课上的"训练"必不可少。"训练"的内容是什么?叶老在这里强调的是"读"和"写"。而在更全面的意义上,叶老反复强调"听说读写"并重的原则,注重基础知识基本技能。自然,学生还应提高文学修养,得到精神的涵养等。

新"课标"有如下观点。

建设高中语文课程……应继续坚持义务教育语文课程标准中提出的基本理念,正确把握语文教育的特点,积极倡导自主、合作、探究的学习方式,按"知识和能力""过程和方法""情感态度和价值观"三个维度的目标,全面提高学生的语文素养;同时应根据新时期高中语文教育的任务和学生的需求,努力改革课程的内容、结构和实施机制。

新"课标"所说要按三个维度的目标,全面提高学生的"语文素养",同传统上所说的注重语文"基础知识和基本技能",提高"语文能力",似乎有些差别,好像"基础知识和基本技能"与"能力"缺少了"人文性",这其实是一种错觉。学生在熟悉使用语言文字的过程中,精神的发扬体现"人文"光辉;而"知识""能力"的需求却主要求助于"训练",并不能凭借"人文"获得。"基础知识基本技能"侧重于手段的运用,运用的效果体现"能力"的高低,而"人文"属于精神的发扬,二者本来不在一个层面上。就语文教育的目的来说,帮助学生熟练运用语言文字,本就是不容置疑的。叶老所指"训练"的内容,正是我们语文课程的责任。没有实际的训练手段帮助学生熟练运用语言文字,即使有好的想法,表达出来也可能是粗糙的,"人文"要透过学生的"能力"才能体现价值。帮助学生熟练掌握语言文字,这是语文课程实在没有办法回避的。新课改所说"情感态度和价值观",如果离开了"知识和能力""过程和方法",将没有存在的依托,成为没有根基的空中楼阁。所以,从本质上讲,这三个不可分割的"纬度",前两者在教学过程中属于实体存在,后者则属于通过实体存在体现出来的精神参与,它们有虚实之分。就"语文素养"来说,它的具体内容是什么呢?新"课标"中有"语文应用能力""语文审美能力、探究能力"之说,这些能力的根基是什么?恐怕正是以"听说读写"为内容的"基础知识和基本技能"吧。

关于语文"知识"和"能力",新"课标"中有这样的表述。

高中语文课程,应进一步注重语文的应用性特征,加强与社会发展、科技进步的联系,加强与其他课程的沟通,更新内容,以适应现实生活和学生自我发展的需要。不但要使学生掌握口语、书面语交际的规范和基本能力,还要帮助学生养成认真负责、实事求是的科学态度。

新"课标"在这里提到"要使学生掌握口语、书面语交际的规范和基本能力",笔者不由得想起叶老对于"语文"这个概念的阐述。1949 年,叶圣陶担任华北人民政府教材编审委员会主任,与胡绳等同志商定,将"语文"作为学科的名称。关于"语文"这个概念的含义,叶老在1964年2月1日做过如下阐述。

"语文"一名,始用于一九四九年华北人民政府教科书编审委员会选用中小学课本之时。前此中学称"国文",小学称"国语",至是乃统而一之。彼时同人之意,以为口头为"语",书面为"文",文本于语,不可偏指,故合言之。亦见此学科"听""说""读""写"宜并重,诵习课本,练习作文,固为读写之事,而苟忽于听说,不注意训练,则读写之成效亦将减损。原意如是,兹承询及,特以奉告。其后有人释为"语言""文字",有人释为"语言""文学",皆非立此名之原意。第二种解释与原意为近,惟"文"字之含义较"文学"为广,缘书面之"文"不尽属于"文学"也。课本中有文学作品,有非文学之各体文章,可以证之。第一种解释之"文字",如理解为成篇之书面语,则亦与原意合矣。

"口语"与"书面语"两个概念,囊括了语文教学的所有内容,既包括"语言""文字",也包含"文学"。叶老做"语文"概念的辨析说明,实际上是在为语文教学的内容正本清源——厘清语文课程应该做什么的问题。在"人文性"口号的冲击下,原本重点属于"应用"层面的"口语、书面语交际的规范和基本能力",尽管出现在"课标"中,但在实际教学评价时往往被视为无关创新的"死"知识,俨然成为"探索精神""创新能力"的绊脚石。导致的直接后果就是应该扎实进行的基本能力训练被严重削弱,直接影响了学生口语与书面语言的表达交流能力。

"人文性"到底是怎么一回事呢? 其实,对于"人文性"在语文学科中的地位,叶老早有论及。

道德必须求其能够见诸践履,意识必须求其能够化为行动。要达到这样的地步,仅仅读一些书籍与文篇是不够的。必须有关各种学科都注意这方面,学科以外的一切训练也注重这方面,然后有实效可言。国文诚然是这方面的有关学科,却不是独当其任的唯一学科。所以,国文教学,选材能够不忽略教育意义,也就足够了,把精神训练的一切责任都担在自己的肩膀上,实在是不必的。

叶老在这里已经明确指出:"思想性""人文性"不是语文学科的专有特性。现在看来,新课改高喊语文学科的"人文性",其实是背离语文学科课程的特点的。专注于"听说读写"的指导才可能是语文课程的要义所在。这一点,潘新和先生在《语文:表现与存在》一书中也有深入的论述:人文性是人文学科的共性。其实,哪一门学科不具有"人文性"呢? 历史学科关乎人类历史的进程,岂不是更应该具有人文精神? 学习物理不也具有"人文性"吗,造出核弹的科学家也许更应该具有人文情怀吧,否则人类不就危险了?"化学美"也是一种美,也具有"人文性",不是吗? 笔者看来,"人文性"是所有学科的共性。

叶老坚持排除"人文性"的干扰,对于语文课程怎样"教",如何"讲",提出了相应的原则。董菊初先生总结叶老秉持的语文教学原则,概括为:"文道统一原则""听说读写并重原则""语言训练与思维训练并举原则""课内外一起抓原则"(详见董菊初:《叶圣陶语文教育思想概论》,第332~342页),兹不赘述。

1978年3月,叶老做过如下讲话。

教师教任何功课(不限于语文),"讲"都是为了达到用不着"讲",换个说法,"教"都是为了达到用不着"教"。怎么叫用不着"讲"用不着"教"? 学生入了门了,上了路了,他们能在繁复的事事物物之间自己探索，独立实践，解决问题了，岂不是就用不着给"讲"给"教"了？这是多么好的境界啊！教师不该朝这样的好境界努力吗？再说怎么"讲"。我也曾经朦胧地想过，知识是教不尽的，工具拿在手里，必须不断地用心地使用才能练成熟练技能的，语文教材无非是个例子，凭这个例子要使学生能够举一而反三，练成阅读和作文的熟练技能，因此，教师就要朝着促使学生"反三"这个目标精要地"讲"，务必启发学生的能动性，引导他们尽可能自己去探索。

叶老强调要"精要地讲""务必启发学生的能动性""引导他们尽可能自己去探索"，这类指导意见已经成为语文教育的重要原则。新课改以后出现的诸多教学探索，实质上是遵循了叶老所提教学原则所做的探索。

新课改十年了，学生的语文素养并未见明显提高，一个重要的原因就是课改的新理念未能继承并发扬以叶圣陶为代表的合理的语文教学传统，在无视传统教学合理性因素的情况下，用所谓"人文精神"消解了语文课程在社会生活实际运用中的基本功力要求。新"课标"中也多次强调"语文课程应联系学生生活，加强语文实践"，但由于"人文性"因素的干扰，在语文实践中看重学生思路的"发散"与思维的"创新"，轻视语文基础知识基本能力的"训练"与运用，导致学生在语文学习根基不稳的情况下构建"人文"空中楼阁，直接影响了学生语文学习的实效。

对于语文课程的"基础性"，新"课标"在"课程设计思路"中有这样的表述：

必修课必须突出课程的基础性，使学生具有正确、熟练、有效地运用语文的能力，为今后进一步学习打下比较扎实的基础；同时，帮助学生形成较为成熟的文化心理和健全的人格。

本段表述中，"正确、熟练、有效地运用语文的能力"句之"语文"概念，语焉不详，是一个缺憾。笔者以为，这段表述如果将"语文"界定为"口语、书面语言"，或者直接定义为"听、说、读、写"，就比较明确了。

新"课标""教科书编写建议"中，有这样的陈述：

（三）教科书要适应高中学生身心发展的特点，符合语文能力形成和发展的规律，要有助于培养学生的实践能力和创新精神，有助于形成学生良好的个性和健全的人格。

（四）教科书应突出语文课程的特点，要便于指导学生自学。内容的确定和教学方法的选择，都要有利于学生自主、合作与探究的学习，掌握自学的方法，养成自学的习惯，不断提高独立学习和探究的能力。

这段陈述是鼓舞人心的。但语文教科书建设，如何"培养学生的实践能力""突出语文课程的特点"？实际操作的办法与原则，恐怕不能求助于"人文性"，而要让学生在语言的实际运用中培养能力；以"听说读写"诸要点来凸显语文课程的特点，当然，鉴赏与审美，也是"听说读写"的题中应有之义。

而这段新"课标""教材编写建议"中所说的"有利于学生……掌握自学的方法，养成自学的习惯，不断提高独立学习和探究的能力"，正同叶圣陶先生一贯提倡的那样：

此如扶小孩走路，虽小心扶持，而时时不忘放手也。我近来常以一语语人，凡为教，目的在达到不需要教。以其欲达到不需要教，故随时宜注意减轻学生之依赖性，而多讲则与此相违也。

　　这也是叶老"教是为了达到不需要教"思想的一贯表述。遗憾的是,新课改以来的教科书,质量上还很不能令人满意,做到"有利于学生自学",还只是一句口号而已。

　　重温叶老的有关教导,对后来者也算是一种激励吧。

　　1980年,教育科学出版社出版了《叶圣陶语文教育论集》一书,叶老以1962年创作的《语文教学二十韵》作为这本书的"代自序",全文如下。

> 教亦多术矣,运用在乎人,孰善孰寡效,贵能验诸身。
>
> 为教纵详密,亦仅一隅陈,贵能令三反,触处自引伸。
>
> 陶不求甚解,疏狂不可循。甚解岂难致?潜心会本文。
>
> 作者思有路,遵路识斯真。作者胸有境,入境始与亲。
>
> 一字未宜忽,语语悟其神,惟文通彼此,譬如梁与津。
>
> 学子由是进,智赡德日新。文理亦畅晓,习焉术渐纯。
>
> 操觚令抒发,二事有可云,多方善诱导,厥绩将无伦。
>
> 一使需之切,能文意乃申,况复生今世,交流特纷纭。
>
> 一使乐其业,为文非苦辛,立诚最为贵,推敲宁厌频。
>
> 常谈贡同辈,见浅意殷勤。前途愿共勉,服务为新民。

　　这是一段特殊的"自序"。在这首诗中,叶老首先指出,为教的可贵之处在于能够让学生"触处自引申",不仅如新"课标"所言要"让学生掌握自学的方法,养成自学的习惯,不断提高独立学习和探究的能力",还要求学生能够自己解决问题,这正是"达到不需要教"的教学境界。接着,叶老指出,读书要"潜心会本文""求甚解",循着作者的思路"入境",并强调需"语语悟其神",这是教学的具体方法。最后,叶老特意强调了两件事:一是"使需之切",二是"使乐其业",分别强调"交流"与"立诚",这是教学的基本规律与原则。这首小诗,阐明了语文教学的"目标""方法"与"原则",对我们今天的语文教学仍然具有指导意义。

　　"教是为了达到不需要教"的教学思想,是叶老毕生教育智慧的结晶。1977年8月,《人民教育》编辑部向叶老约稿,叶老欣然挥笔,作诗二十二韵,诗的最后有这样几句。

> 譬引儿学步,独行所切盼。
>
> 独行将若何?诸般咸自办:
>
> 疑难能自决,是非能自辨,
>
> 斗争能自奋,高精能自探。
>
> 学者臻此境,固非于一旦,
>
> 而在导之者,胸中存成算,
>
> 逐渐去扶翼,终酬放手愿。
>
> 当其放手时,此才必精干,
>
> 服务为人民,于国多贡献。

　　通过语文教学,我们的学生如果能够"诸般咸自办",那我们的语文课程就是成功的语文课程,我们就可以自豪地说我们"于国多贡献"。而要达到这一点,诚如叶老所言,做教师的需要"胸中存成算"。我们胸中的成算从哪里来? 从对语文学科及语文教学的正确认识上来。在语文教学研究与语文教学改革的路途中,我们需要创新与变革,也需要经常反省与调整。对优良传统的继承与发扬是我们变革与创新的基础,对优良传统的无端否定或视而不见只会导致迷失与茫然。叶老长达 76 年的语文教育实践探索总结出来的宝贵财富,值得我们好好学习,认真借鉴。

参考文献

[1] 叶圣陶. 叶圣陶语文教育论集[M]. 北京:教育科学出版社,1980.

[2] 叶圣陶. 去年高考的语文试题[J]. 中学语文教学,1979(2).

[3] 叶圣陶. 语言和语言教育[N]. 光明日报,1953-10-11.

[4] 董菊初. 叶圣陶语文教育思想概论[M]. 北京:开明出版社,1998.

[5] 叶圣陶. 大力研究语文教学 尽快改进语文教学[J]. 中国语文,1978(2).

（作于 2012 年 8 月）